Bertelsmann

Frank Böckelmann
Hersch Fischler

Bertelsmann

Hinter der Fassade
des Medienimperiums

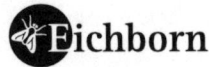

1 2 3 4   06 05 04

© Eichborn AG, Frankfurt am Main, Oktober 2004
Umschlaggestaltung: Christina Hucke
Lektorat: Dr. Barbara Werner, Carmen Kölz
Gesamtherstellung: Fuldaer Verlagsanstalt, Fulda
ISBN 3-8218-5551-7

Verlagsverzeichnis schickt gern:
Eichborn Verlag, Kaiserstraße 66, D-60329 Frankfurt/Main
www.eichborn.de

Inhalt

Vorwort

Bertelsmanns Fassade blendet und beschwichtigt. Wer mit Bertelsmann zu tun hat, sieht zunächst ein großes Aushängeschild mit einer Achtung gebietenden ethischen Selbstverpflichtung: Einer der größten Medienkonzerne der Welt ordnet das Geschäft dem Gemeinwohl unter. Seit seiner Gründung im Jahr 1835 legitimiert sich das Unternehmen durch den selbst erteilten höheren Auftrag. Dieser wurde zunächst rein religiös, dann sehr weltlich ausgelegt. Im 19. Jahrhundert verrichtete der protestantische Verlag Gottes Werk, indem er Erbauungsliteratur für die Gläubigen druckte. Im 20. Jahrhundert bescherte er dem Volk die Volksausgabe, den Wehrmachtssoldaten die Frontliteratur und den Lesering-Mitgliedern die Allgemeinbildung. In der Gegenwart überzieht man von Gütersloh aus die Medienlandschaft mit einem Rundum-Freizeitangebot an seichter Unterhaltung, spannt ein weltweites Netz von Fusionen und Beteiligungen und präsentiert sich nebenbei über die Bertelsmann Stiftung als Geld- und Ideengeber in allen kulturellen und sozialen Belangen.

Zu den Jubiläen wird der steile Aufstieg als Konsequenz verdienstvoller Arbeit gefeiert. Bertelsmann scheint ein schier unmögliches Kunststück zu vollbringen. Man gibt vor, nicht durch unternehmerische Strategie oder gar dubiose Geschäfte, sondern durch den Vorsatz, Gutes zu tun, in die Spitze der Weltkonzerne aufgestiegen zu sein. Doch der Schein trügt. Hinter dieser Abschirmung bevorzugt die Gütersloher Unternehmensleitung ethikferne und rabiate Methoden. Nur: Weil man sich rühmt, einen »Leistungsbeitrag für die Gesellschaft« zu erbringen, wird das kaum wahrgenommen. Bis heute vertraut die Öffentlichkeit nahezu blindlings der Selbstdarstellung des Konzerns. Gutmenschentum und die Produktion massenattraktiver Angebote sind zur Gesamtmarke Bertelsmann verschmolzen, die vage an humane Unternehmenskultur und soziale Anliegen erinnert. Von allen großen deutschen Parteien hofiert, hat sich Bertelsmann auf diese Weise der Kritik weitgehend entzogen.

Darüber hinaus dient die Bertelsmann AG selbst als Fassade – für die hauseigene Stiftung. Die Aktiengesellschaft repräsentiert die Sphäre von Profit, Macht und Einfluss, von der sich die Bertelsmann Stiftung als unabhängige und gemeinnützige Denkfabrik vorteilhaft abhebt. So lässt der Konzern vergessen, dass die Stiftung einen immensen politischen Einfluss ausübt und dabei stets den Profit des Unternehmens im Auge behält, aus dem sie hervorgegangen ist. Sie ebnet dem Medienimperium die Bahn für aktuelle Vorhaben, sorgt für die notwendigen Kontakte und vermag es, bei schwierigen Entscheidungsprozessen in den passenden Momenten nachzuhelfen. Über die Stiftung wirkt der Konzern in Deutschland und Europa auf undurchsichtige Weise an fast allen bedeutsamen sozial- und bildungspolitischen Reformen und sicherheitspolitischen Entscheidungen mit. Diese doppelte Fassade reizte uns, Bertelsmanns Geschichte und gegenwärtige Verfassung eingehend zu untersuchen.

Gegen Kritik gefeit ist man in Gütersloh allerdings nicht, oder besser gesagt: nicht mehr. Nach der Ablösung des Vorstandsvorsitzenden Thomas Middelhoff durch Gunter Thielen im Sommer 2002 wurde festgeschrieben, dass Bertelsmann auch künftig zu bleiben hat, was es immer gewesen ist: ein Familienbetrieb. Seitdem lässt die deutsche Presse den gewohnten Respekt vor der Familie Mohn vermissen. Über Liz Mohn wird gelästert, und auch an Reinhard Mohn, dem die Zügel entgleiten, wird neuerdings herumgemäkelt.

Das Phänomen Bertelsmann streift diese Kritik jedoch nur am Rande. Bei solchen Sticheleien spielt viel enttäuschte Liebe mit. Man hatte den Aufstieg Bertelsmanns zum mondänen Weltstar und Thomas Middelhoffs Schneid bewundert und rümpft nun die Nase über das provinzielle Führungspersonal und die Winkelzüge zur Sicherung des Familieneinflusses. Aber alle diejenigen, die den Konzernvorständen ankreiden, sie handelten den Prinzipien Reinhard Mohns zuwider, glauben vergeblich an den guten Kern von Bertelsmann. Und alle diejenigen, die die Zukunftsperspektive des Konzerns an der Person Liz Mohns festmachen, verkennen gleichfalls die wahren Zusammenhänge. So ist auch Thomas Schuler, der in seinem lesenswerten Buch über *Die Mohns* die Machtspiele der Familie aufgedeckt hat, die angekündigte kritische Unternehmensgeschichte schuldig geblieben.

Denn der Konzern ist ganz und gar das Produkt seiner eigenen fragwürdigen Geschichte. Bertelsmann aber hat es verstanden, bei aller Publizität – und dank dieser Publizität – eine unbekannte Größe zu bleiben. Nirgends wurden bisher die einfachsten und nächstliegenden Fragen gestellt. Wie gelang ausgerechnet dem christlichen Provinzverlag C. Bertelsmann der Aufstieg zum Weltkonzern? Was ist Bertelsmanns Erfolgsgeheimnis? Wie wirken Aktiengesellschaft und Stiftung zusammen? In welches Gesamtkonzept sind die sechs Geschäftsfelder des Konzerns eingebunden? Welche Rolle will und kann Bertelsmann in den nächsten Jahren auf den globalen Medienmärkten spielen? In diesem Buch versuchen wir, diese Fragen ohne Ehrfurcht vor der Macht in Gütersloh zu beantworten. Das ist durchaus eine Premiere.

Die Materialgrundlage entstand in jahrelanger Fleißarbeit. Die Arbeit teilten sich ein Rechercheur (Hersch Fischler) und ein Analytiker (Frank Böckelmann). Die Idee zum Buch reifte mit der Erfahrung, dass bei Bertelsmann vieles nicht stimmt, dass die Geschichte, der Geschäftsgang und die Verhältnisse in den Bertelsmann-Betrieben den Anspruch, Vorbild für Staat und Gesellschaft zu sein, in keiner Weise rechtfertigen. Ein erfahrener Journalist formulierte es so: »Bei Bertelsmann ist alles gelogen.« Der eine von uns (Fischler) erlebte 1998, wie unduldsam der Konzern reagiert, wenn man an seiner Traditionsfassade kratzt. Der andere (Böckelmann) registrierte bei seiner Tätigkeit als Medienwissenschaftler oftmals, dass bei Bertelsmann Methoden an der Tagesordnung sind, die man anderen Medienunternehmen, etwa der Kirch-Gruppe, als Lobbyismus, Verdrängungswettbewerb, unstete Bündnispolitik oder Unersättlichkeit übel ankreidete. Bei Bertelsmann hingegen werden sie ignoriert oder wohlwollend hingenommen. Unsere Absicht war es deshalb, die Bertelsmann-Praxis nüchtern und ohne den üblichen Vertrauensvorschuss in Augenschein zu nehmen. Die vorliegenden Berichte neu und gründlich auszuwerten – das hätte bereits genügt, um die Selbstdarstellung des Konzerns gegen den Strich zu bürsten. Beim Sammeln, Zuordnen und Recherchieren jedoch stießen wir immer wieder auf Unbekanntes, Verdrängtes und Verstecktes.

Überrascht wurden wir von einer Kontinuität im Hause Bertelsmann, die sich in der hartnäckigen Wiederkehr bestimmter Strategien, Kunstgriffe und Begriffe äußert. Stets spricht man von einer »Arbeitsgemeinschaft« im Betrieb. Stets leugnet man, ein Unternehmen zu sein, das einfach nur gute Geschäfte machen will. Stets pocht man darauf, eine Unternehmenskultur zu haben. In Gütersloh versucht man mit allen Mitteln, nicht als ein Konzern wie jeder andere zu erscheinen. Selbstverleugnung in vielen Varianten ist eine bewährte Bertelsmann-Methode. In dieser ethischen Selbstüberhöhung wurzelt dann auch das gegenwärtige Hauptproblem des Konzerns: Er weiß nicht, was er auf den Weltmärkten will. Bei allem Streben nach Expansion ist bei Bertelsmann keine klare Linie, kein Konzept zu erkennen. Der Raum, in dem andere Medienkonzerne ihre tragende Geschäftsidee entwickeln, ist in Gütersloh von inhaltsleeren ethischen Prinzipien besetzt.

Wie erforscht man einen solchen Apparat der Selbstverklärung? Wir erhofften uns nicht den geringsten Erkenntnisgewinn von einer Wiederholung der sattsam bekannten Aussagen über »Leistungsbeitrag« und »Unternehmenskultur«. Daher bemühten wir uns nicht um Interviews mit den Repräsentanten der Bertelsmann-Fassade, Reinhard Mohn, Liz Mohn und Gunter Thielen. (Zumal Gespräche, die Hersch Fischler im November 2002 in Gütersloh mit Thielen und den Leitern der Unternehmenskommunikation, Tim Arnold und Bernd Bauer, über die Reaktion des Unternehmens auf seine Recherchen in den Neunzigerjahren geführt hatte, ohne Aussicht auf Verständigung beendet worden waren.) Wir versuchten auch nicht, Kontakt zu anderen Angehörigen der Familie Mohn aufzunehmen.

Bis zur Fertigstellung des Buches im Juni 2004 befragten wir etwa 70 Experten zu verschiedenen Aspekten der Entwicklung und gegenwärtigen Situation des Unternehmens und der Stiftung. Unter ihnen befanden sich (ehemalige) Mitarbeiter der Gütersloher Konzern- und Stiftungszentralen sowie einzelner Firmen des Konzerns in leitender und nachgeordneter Stellung, ferner Journalisten, Reporter und Autoren aus den Bereichen der Tages- und Wochenzeitungen, der Wirtschaftsfachpresse und des Fernsehens in Deutschland und den Vereinigten Staaten sowie Arbeitnehmervertreter, Verleger und Literaturagenten. Die meisten dieser Experten machten ihre Gesprächsbereitschaft von der Zusicherung uneingeschränkter Vertraulichkeit abhängig. Offensichtlich befürchteten sie für den Fall, dass ihre Kontakte zu uns bekannt werden würden, gewisse Nachteile bei der Fortführung ihrer gegenwärtigen Tätigkeit beziehungsweise auf ihrem künftigen Lebensweg. Es ist offenbar riskant, als (ehemaliger) Konzernmitarbeiter oder Journalist im Verdacht zu stehen, unabgesprochen über Vorgänge bei Bertelsmann informiert oder diese bewertet zu haben, und das auch noch gegenüber Autoren, die nicht in die weit greifende Bertelsmann-Kommunikation eingebunden sind. Manche Gespräche wurden auf geradezu konspirative Weise angebahnt. Wir sicherten den meisten Gesprächspartnern auf deren Wunsch hin zu, weder ihre Namen zu nennen noch auf ihre Identität anzuspielen. Auf die Darstellung bestimmter Sachverhalte mussten wir daher verzichten, weil daraus möglicherweise auf den betreffenden Informanten hätte geschlossen werden können.

Die Diagnosen der Befragten gingen nur dann in die Darstellung ein, wenn sie nach Abgleich mit zuverlässigen Informationen aus anderer Quelle plausibel erschienen. Bewertungen, die unter Ranküneverdacht standen, wurden nicht berücksichtigt. Auch so genannte schmutzige Wäsche, Hinweise auf Amouren und persönliche Zerwürfnisse der Gütersloher Akteure, fand keine Verwendung.

Den größten Teil des Informationsmaterials sammelten wir in Archiven sowie bei der Auswertung der Fachliteratur und der Berichterstattung in der Tages-, Wochen- und Fachpresse. Wir recherchierten unter anderem im Bertelsmann Archiv, im Dortmunder Institut für Zeitungsforschung, im Stadtarchiv Gütersloh, im Archiv der amerikanischen Wertpapier- und Börsenaufsichtsbehörde SEC, im Financial Times World Press Archive und in der Faktiva Datenbank. Bei Erkundungsreisen in den Vereinigten Staaten tauschten wir Informationen mit Experten in Behörden, Forschungsinstituten und Presseredaktionen aus, unter anderem bei der *Washington Post* und der *New York Times*.

Nach unserer Beobachtung befinden sich viele Wirtschafts- und Medienjournalisten, Medienexperten und Politiker gegenüber dem Phänomen Bertelsmann in einem Haltungskonflikt. Aber sie leben mit diesem Konflikt seit zehn oder zwanzig Jahren. Auf ihm liegt schon die Patina der Resignation. Respekt vor Bertelsmanns Größe und Interesse an weiterhin guten Direktkontakten nach Gütersloh mischen sich mit Unbehagen über die aufgesetzte Firmenethik und mit Besorgnis über einen Staat im Staate, dessen Einflussgrenzen nicht erkennbar sind. Für diese widerstreitenden Empfindungen fehlen den Bertelsmann-Kennern meist die Worte. Die häufig gebrauchte Wendung von der »unkontrollierten Macht« besagt nicht viel. Denn viele Mächte, von denen angenommen wird, sie seien demokratisch kontrolliert, haben die Mechanismen der Kontrolle längst ihrer eigenen Selbsterhaltung dienstbar gemacht. Die Forderung nach (mehr) Kontrolle ist zur Phrase geworden.

Man muss im Fall Bertelsmann vielmehr von einer gefährlichen Selbstüberschätzung sprechen – gefährlich, weil sie auf den schablonenhaften, in der betrieblichen Praxis gerade *nicht* erprobten Lehren Reinhard Mohns beruht. Die Gütersloher Symbiose von Marktbeherrschung und flächendeckender Politikberatung verstärkt die Tendenz zur Privatisierung der Politik. Konzeptionslose Politiker suchen Rat und Unterstützung in einer Denkwerkstatt, die mal diese, mal jene Ausdeutung der Mohn'schen »Führungsphilosophie« als

Lösung für die Probleme von Politik, Verwaltung und Gesellschaft empfiehlt. In den Gremien der europäischen Wirtschafts-, Sozial-, Bildungs- und Sicherheitspolitik geht ohne die Experten von Bertelsmann nichts mehr. Hier entscheiden Elite-Netzwerke aus Parteien und Konzernen darüber, welche Probleme vordringlich und welche Lösungen akzeptabel sind. Die Repräsentanten des staatlich protegierten Bertelsmann-Konzerns sind als Akteure der Wirtschaft dabei. Zugleich beraten sie in ihrer Eigenschaft als Sachverständige mit über die Rahmenbedingungen ihrer eigenen Geschäftstätigkeit.

Um es klar zu sagen: Wir polemisieren nicht gegen die Privatisierung der Politik schlechthin. Das ist ein Thema mit vielen Etagen, Zugängen und Ausgängen. Aber keinesfalls möchten wir von Bertelsmann regiert werden. Wenn Sie dieses Buch lesen, wissen Sie, warum.

Wir danken unseren Gesprächspartnern für wertvolle, unverzichtbare Einschätzungen und Informationen, umso mehr, als sie vielfach in Zeitnot und/oder als Informanten in schwieriger Lage waren. Wir werden ihr Vertrauen nicht enttäuschen. Carmen Kölz, unserer Lektorin beim Eichborn Verlag, danken wir für die energische Gesamtleitung des Projekts, schonungslose Kritik und Zuspruch auf Durststrecken. In großer Dankesschuld stehen wir bei Barbara Werner, die das Buch redigierte. Sie machte undurchdringliche Textwälder zugänglich, rodete an einigen Stellen großflächig und forstete mit eigener Hand wieder auf. Sie ist die dritte Autorin des Buches.

Der Fall Thomas Middelhoff –
Was hinter den Kulissen geschah

»Thomas, es ist aus …«

»Gestern noch wurde Thomas Middelhoff auf der ersten Seite der *Internatio-nal Herald Tribune* als einer der erfolgreichsten Manager gefeiert, der beim Auf-bau von Bertelsmann zum Weltkonzern nicht die Fehler von Vivendi oder AOL Time Warner begangen habe. ›Die Zeit scheint auf Middelhoffs Seite zu sein‹, stand da. Doch heute schon ist die Zeit abgelaufen. Bertelsmann hat sich von seinem Vorstandschef Middelhoff getrennt.«

Die Nachricht, die Ulrich Wickert am 28. Juli 2002 in den *Tagesthemen* verlas, versetzte Presse und Öffentlichkeit in Erstaunen. Niemand hatte damit gerechnet, dass der Topmanager, der während seines steilen Aufstiegs inner-halb des Gütersloher Konzerns diesen endgültig an die Weltspitze geführt und dabei das volle Vertrauen von Bertelsmann-Chef Reinhard Mohn genossen hat-te, einen derart abrupten und tiefen Fall erleben würde. Thomas Middelhoff, von dem viele meinten, dass er sich in den Fußstapfen seines Förderers Mohn in den Führungsetagen fest etabliert habe, wurde innerhalb weniger Stunden aus der Konzernspitze entfernt. Wie kam es dazu?

»Thomas, es ist aus«, soll Liz Mohn nach dem kürzlich erschienenen Buch von Thomas Schuler über *Die Mohns* gesagt haben, bevor sie am Freitag, dem 26. Juli 2002, gemeinsam mit Thomas Middelhoff zur Sitzung des Personal-ausschusses des Aufsichtsrates fuhr, die seinen Rücktritt zur Folge hatte. »Du, Thomas, es geht nicht mehr«, seien laut *manager magazin* die entscheidenden Worte gewesen, und zwar am Telefon. Vorangegangen sei die Beratung im Fami-lienkreis, bei der Frau Mohn, so Hans Leyendecker in der *Süddeutschen Zeitung*, »die kühle Regie« geführt habe. Ihren Mann, immerhin einen der mächtigsten Konzernlenker der Welt, habe sie, folgt man dem Bericht von Hans-Jürgen Jakobs, mit Leichtigkeit um den Finger gewickelt: »Liz Mohn handelte. Sie

wolle den Abgang von Middelhoff, sagte sie ihrem Mann Reinhard. Die Antwort: ›Wenn du das für richtig hältst, dann mach' es.‹«[1]

Ganz gleich, welches dieser finalen Trennungsszenarien der Wahrheit am
nächsten kommt, sie festigen Liz Mohns Ruf als »Killerin« und »Firmenma-
triarchin«, die, begabt mit starkem Machtinstinkt, in den letzten Jahren aus
dem Schatten ihres Ehemannes und Firmenpatriarchen Reinhard Mohn her-
vorgetreten ist und nun die Führungsetage des Konzerns das Fürchten lehrt.
Die *Süddeutsche Zeitung* kolportiert, vor Middelhoffs Entlassung habe es »qual-
volle Momente mit internen Intrigen und Machtkämpfen« gegeben, in denen
dieser – der einstige Kronprinz Reinhard Mohns und Shooting Star des Konzerns während des Internet-Hypes – »von einem Triumvirat umstellt« ins unternehmerische Aus manövriert worden war.[2] Jenes »Triumvirat« bildeten der Auf-
sichtsratschef Gerd Schulte-Hillen, der neue erste Mann nach Middelhoff,
Gunter Thielen, und Liz Mohn, der die Presse nachsagt, mit allen Mitteln nach
oben zu wollen, ihren Einfluss als zweite Frau des alternden Bertelsmann-Va-
ters auszunutzen und sich mit Vorliebe als Strippenzieherin im Geflecht zwischen Bertelsmann-Familie, Bertelsmann Stiftung und Bertelsmann-Management zu betätigen. Aber ist das wirklich der Fall? Wird hier vielleicht nur das
Klischee der weiblichen Macht hinter der Macht bemüht, um andere Vorgänge zu verdecken?

Die Pressemitteilung, die der *Tagesthemen*-Nachricht voranging und mit
der am Sonntag, dem 28. Juli 2002, der Rücktritt von Thomas Middelhoff bekannt gegeben wurde, sagt darüber wie über mögliche andere Hintergründe
nichts aus. Die Erklärung klingt nüchtern, lapidar, auf einen ganz normalen
Vorgang bezogen: »Der Grund für die Trennung sind unterschiedliche Auffassungen zwischen dem Vorstandsvorsitzenden und dem Aufsichtsrat über die
künftige Strategie der Bertelsmann AG sowie über die Zusammenarbeit zwischen Aufsichtsrat und Vorstand. Mit den Gesellschaftern und dem Aufsichtsrat wurde vereinbart, keine weiteren Erklärungen abzugeben. Das Ergebnis der operativen Geschäfte des Medienkonzerns ist im ersten Halbjahr
2002 (per 30. Juni) planmäßig.«[3]

Nach seinem Sturz gab Middelhoff noch drei Interviews, in den *Tagesthemen,* in der *Neuen Westfälischen Zeitung* und in der *FAZ.* Er bestätigte Differenzen über die künftige Strategie als Grund der Trennung und stellte sich ansonsten, so der Journalist Stefan Brams, »schützend vor seinen ehemaligen
Arbeitgeber«, indem er bekräftigte, dass es keine Intrigen gegeben habe. Da-

nach zog er sich ins Schweigen zurück. Geschwiegen hat übrigens auch Reinhard Mohn. Er, der Middelhoffs Aufstieg nach Kräften gefördert und damit die Spekulationen um den Ziehsohn, der einstmals das »väterliche« Erbe verwalten werde, genährt hatte, verlor damals kein Wort: weder gegenüber der Presse noch gegenüber Middelhoff. Erst 2003 hat er in seinem Buch *Die gesellschaftliche Verantwortung des Unternehmers* Thomas Middelhoff – ohne ihn beim Namen zu nennen – des menschlichen Versagens bezichtigt. Aber da war die Geschichte in der Presse schon lange verpufft.

Die Zeitungen folgten wie Middelhoff der in der Bertelsmann-Pressemitteilung vorgegebenen Darstellung. Weltweit war auf den Titelseiten zu lesen, der Manager sei mit seinem Plan, den Konzern mit mehr als den bisherigen 25,1 Prozent der Aktien an die Börse zu bringen, bei Reinhard Mohn und seiner Ehefrau Liz auf heftige Ablehnung gestoßen. Mohn weigere sich, das in langer Familientradition geführte Unternehmen Börsenmoden und -spekulationen auszuliefern, und wolle weiter auf die gute, alte Bertelsmann-Unternehmenskultur setzen. Eine gute, aber langweilige Nachricht, die bei genauerer Hinsicht einige Widersprüche aufweist.

Warum sollte ausgerechnet diese Differenz zur Aufsehen erregenden Entlassung desjenigen Bertelsmann-Managers führen, der das Eigenkapital des Konzerns in vier Jahren verdreifacht hatte? Noch dazu in einer an einem Sonntag anberaumten Not-Aufsichtsratssitzung? Von den Vorstandsvorsitzenden aller großen Medienkonzerne war Middelhoff der erfolgreichste und weitsichtigste. Er war ein Sympathieträger, »locker im Ton, knallhart in der Sache«, wie es im *Tagesthemen*-Bericht hieß: der Prototyp des aufstrebenden Konzernlenkers, der nicht mehr vom deutschen Medienkonzern, sondern vom »internationalen Medienhaus mit deutschen Wurzeln« sprach, die personifizierte Zukunft des Weltkonzerns mit annähernd 80 000 Mitarbeitern. Anfang Juli, knapp drei Wochen vor seinem Sturz, verlängerte der Aufsichtsrat seinen Vertrag als Vorstandsvorsitzender für fünf Jahre. Man wusste schließlich, was man an ihm hatte. 1995 erkannte Thomas Middelhoff den Aufstieg der Online-Medien als einer der Ersten und sorgte rechtzeitig dafür, dass Bertelsmann in das Internet-Unternehmen America Online (AOL) investierte. Genau zur richtigen Zeit stieg er auf dem Höhepunkt des Internet-Booms an der Börse mit riesigen Gewinnen wieder aus. Ein ähnlich gutes Geschäft machte er mit dem Telekommunikationsdienstleister mediaWays. Das relativ kleine Unternehmen verkaufte er für ein Vielfaches des Umsatzes an den spanischen Telefonriesen Telefonica. Thomas Middelhoffs Gespür für das richtige Timing muss Reinhard Mohn von den großen Möglichkeiten und Fähigkeiten seines Top-managers überzeugt haben. Schon 1997 machte er ihn zum designierten Nach-folger von Mark Wössner, damit Middelhoff diesen im Herbst 1998 als Vor-standsvorsitzenden der Bertelsmann AG beerben konnte. Und Mohn, der scheinbar erklärte Gegner der Börsenfinanzierung von Unternehmen, beton-te 1999, als die Internet-Euphorie die Anleger spendabel stimmte, plötzlich gegenüber dem *manager magazin*, es werde in naher Zukunft bei Bertelsmann einen »Aufmarsch« von Tochterunternehmen geben, die man an die Börse bringen wolle.[4]

Welch ein Sinneswandel – auf den bald bei Mohns vorausschauendem Vor-standsvorsitzenden die Kehrtwende folgte. Bereits im Frühsommer 2001 räumte Middelhoff ein, das Geschäftspotenzial des Internets und des E-Com-merce überschätzt zu haben. Was ihn allerdings nicht weiter in Schwierigkeiten brachte, denn er hatte vorgesorgt: 1998 hatte er den größten amerikanischen Buchverlagskonzern Random House erworben – und den Kauf vor allem mit Gewinnen finanziert, die er mit dem Verkauf von AOL-Aktien erzielt hatte. Außerdem hatte er im Sommer 2000 die Bertelsmann-Beteiligung an RTL an die Londoner Börse gebracht, um im folgenden Frühjahr durch Aktientausch die Anteile der beiden Milliardäre Albert Frère und Paul Desmarais und damit zugleich die Mehrheit bei RTL zu übernehmen. So war es ein Leichtes, die In-vestitionsschwerpunkte wieder auf die herkömmlichen Massengeschäfte des Weltkonzerns zu verlegen und neben dem Buchbereich auch den TV-Bereich über die Beteiligung an RTL weiter auszubauen.

Und Middelhoffs Pläne, weitere Bertelsmann-Aktien an der Börse zu plat-zieren, hätten 2002 angesichts der damaligen Börsenlage in jedem Fall noch mindestens zwei Jahre beansprucht. Außerdem bot der Manager an, bei Ab-lehnung dieser Börsenpläne zurückzutreten und in einer Übergangszeit von ei-nem Jahr seinen Nachfolger einzuarbeiten. Noch am 17. Juli 2002 erläuterte Middelhoff in der *Süddeutschen Zeitung* die Business-Strategie für Bertels-mann. Sie sah für die nächsten Jahre keine weitere Expansion, sondern eine Konzentration auf die »old economy« und eine Anpassung an die zu erwar-tenden Konjunkturschwierigkeiten vor. Das entsprach dem, was Gunter Thie-len nach der spektakulären Entlassung als vermeintlich neue Strategie der Nach-Middelhoff-Ära verkaufte. Das war im Sinne der Bertelsmann-Unter-nehmenskultur. Und trotzdem war diese angeblich nach Meinung der Mohns durch Middelhoffs Börsengeschäfte derart gefährdet, dass sie keine andere Möglichkeit mehr sahen, als ihn nur elf Tage später, am 28. Juli, sofort zu entlassen.

Warum also wird Middelhoff ausgerechnet dann wegen seiner »Börsenpläne« entlassen, als diese noch nicht aktuell sind und er einen Konsolidierungskurs wählt, der sich kaum von den Vorstellungen seines Nachfolgers unterscheidet? Warum all die Widersprüche, die Eile und die Aufregung im Sommer 2002? Warum der spektakuläre Sturz? Worum ging es wirklich?

Solche nahe liegenden Fragen wurden von der Presse im Fall Middelhoff nicht gestellt, wohl aber in zwei vergleichbaren Fällen, in denen es ebenfalls um den Rücktritt respektive die Entlassung von Topmanagern an der Spitze großer Medienkonzerne ging. Im Juli 2002 stürzten Robert Pittman bei AOL Time Warner (AOL-TW) und Jean-Marie Messier bei Vivendi Universal. Doch dort, wo im Fall Bertelsmann über Firmenkultur, verlorenes Vertrauen des Firmenpatriarchen in den potenziellen Nachfolger und Ränkespiele der Unternehmersgattin spekuliert wurde, fahndete die Presse bei AOL-TW und Vivendi nach dem Versagen beider Manager nach schwer wiegenden, unschönen Gründen. Und solche Gründe fanden sich auch. Pittman wurde mit Buchhaltungsmanipulationen großen Stils in Verbindung gebracht, Messier wurden Fehlinvestitionen in Multimilliardenhöhe vorgehalten. Die plötzliche Entlassung eines Chief Executives geschieht eben nicht ohne zwingenden Grund, denn sie schafft enorme Unruhe, Misstrauen und Verunsicherung. Sie wird nur vorgenommen, wenn sie absolut unvermeidlich ist. Wirtschaftsjournalisten wissen das sehr genau. Warum hatten sie es im Fall Middelhoff vergessen?

Kein vergleichbares Großunternehmen kontrolliert seine Pressemitteilungen so streng wie Bertelsmann, keines wirft mit einer derartigen Vehemenz die eigenen ethisch-moralischen Prinzipien in die Waagschale, wenn es um die Rechtfertigung firmeninterner Entscheidungen geht. Und immer geschieht dies nach demselben Muster, das uns in diesem Buch noch mehrmals begegnen wird: In den Pressemitteilungen wird auf das Wohl der Firmentradition, das Bewahren der Unternehmenskultur und die persönliche Integrität des Firmenpatriarchen Reinhard Mohn verwiesen. Mithilfe der einem Mediengroßkonzern zur Verfügung stehenden Kontaktnetze werden diese Sprachregelungen dann in den Medien lanciert. Bertelsmann hat gute Beziehungen zu Nachrichtenagenturen (man ist bei praktisch allen einer der größten Kunden) sowie zu anderen Mediengroßunternehmen (mit fast allen macht man gute Geschäfte).

Hintergrundrecherchen werden von der Bertelsmann-PR, wenn möglich, blockiert oder unterlaufen – weil man über das weit verzweigte Netz die offizielle Bertelsmann-Version bereits überall lesen und hören kann, bevor die Arbeit der kritischen Journalisten sich auswirken kann. Wer trotzdem kritisch berichten möchte, erlebt mitunter wirksame Beschwerden bei Chefredakteuren, Verlegern und sogar Intendanten. Und der Konzern hat es nicht schwer, seinen Einfluss geltend zu machen.

Vor diesem Hintergrund scheint der Fall Middelhoff 2002 keine Ausnahme zu sein. Warum aber wurden überhaupt alle Register der Bertelsmann-PR gezogen, um andere als die gewünschten Erklärungen für den freiwilligen oder unfreiwilligen Rücktritt des Topmanagers gar nicht erst zuzulassen? Ging es wirklich nur um Differenzen beim Börsengang, waren es wirklich nur die vermeintlichen Intrigen einer Liz Mohn, die Thomas Middelhoff zum Rücktritt drängten? Wohl kaum. Aber worum ging es dann? Ging es vielleicht um ein unzulässiges Geschäft über 400 Millionen Dollar, das ans Tageslicht zu kommen und Middelhoffs größten geschäftlichen Erfolg, den Verkauf von Bertelsmanns AOL-Europe-Anteil für 6,75 Milliarden Dollar, zu gefährden drohte?

Der Fall AOL Time Warner:
Aktionäre klagen, Börsenaufsicht und US-Justiz ermitteln

Am 18. Juli 2002 – zehn Tage vor Middelhoffs Rücktritt – erschien in der *Washington Post* ein Artikel von Alec Klein unter dem Titel »Unconventional Transactions Boosted Sales«. Gestützt auf interne AOL-Dokumente berichtete Klein von falscher Buchhaltung und vorgetäuschten Werbeumsätzen bei America Online in den Jahren 2000 bis 2002. Der Artikel löste in den USA einen Skandal aus, obwohl das durch Fusion entstandene weltweit größte Medien- und Internet-Unternehmen AOL Time Warner alle Unregelmäßigkeiten bestritt. Zunächst wollte man überhaupt keine unstimmigen Buchungen erkennen, dann sprach man von 49 Millionen Dollar Umsatz, der eventuell zweifelhaft sei, dann gab der Präsident von AOL Time Warner, Richard D. Parsons, nach einer angeblich genauen Buchprüfung bekannt, man müsse die AOL-Werbeumsätze für den fraglichen Zeitraum rückwirkend um 190 Millionen Dollar reduzieren. Erst viel später, am 28. März 2003, war man gezwungen, im Jahresbericht öffentlich einzuräumen, dass die amerikanische Börsenaufsicht verlangt habe, für die Jahre 2001 und 2002 die Höhe der gemeldeten AOL-Umsätze aus der Online-Werbung um bis zu 400 Millionen Dollar zu reduzieren.

Was hatte das mit Bertelsmann zu tun? 1995 war der Gütersloher Konzern mit 5 Prozent bei AOL eingestiegen. Middelhoff war für Bertelsmann Mitglied des AOL Boards geworden und hatte mit AOL den Internet-Dienstleister AOL Europe als Joint Venture gegründet. Im März 2000 wurde dann eine so genannte »Restrukturierung« von AOL Europe bekannt gegeben, die sich als gigantisches Optionsgeschäft entpuppte. Von diesem profitierte man vor allem in Gütersloh. Im Januar und im Juli 2002 kaufte AOL Time Warner, wie vertraglich ausgehandelt, die Bertelsmann-Anteile an AOL Europe von 49,5 Prozent für den mittlerweile völlig überhöhten Preis von 6,75 Milliarden Dollar zurück. Im Laufe der bereits im Jahr 2001 geführten Verhandlungen zur Abwicklung der Verkaufsoption erklärte sich Bertelsmann gegenüber AOL Time Warner auf deren Verlangen bereit, für Zahlung in Cash einen Nachlass von 400 Millionen Dollar auf den Kaufpreis zu gewähren. Dann kamen beide überein, dass AOL Time Warner den Kaufpreis von 6,75 Milliarden Dollar doch voll bezahlen und Bertelsmann den vereinbarten Preisnachlass über Online-Werbeaufträge für 400 Millionen Dollar an Time Warner zurückführen sollte. De facto handelte es sich bei dem 400-Millionen-Dollar-Deal um einen Preisnachlass, AOL und Bertelsmann verwandelten ihn in Online-Werbeumsätze. Die Aktionäre erfuhren davon erst im Jahr 2003.[5] In der Bertelsmann-Führung muss man aber schon damals von dem fragwürdigen Deal gewusst haben, denn ein 400-Millionen-Dollar-Geschäft muss vom Vorstand entschieden und vom Aufsichtsrat genehmigt werden.

Brisant war der Artikel in der *Washington Post* zudem, weil die Fusion zwischen AOL und Time Warner anderthalb Jahre zuvor zwar viel versprechend begonnen, dann aber nahezu alle Erwartungen enttäuscht hatte. Im Januar 2000 machte AOL als größtes amerikanisches Internet-Unternehmen mit einem Börsenwert von 165 Milliarden Dollar dem weltgrößten Medienkonzern Time Warner mit einem Börsenwert von 100 Milliarden Dollar ein Übernahmeangebot. Den Aktionären versprach man den dynamischsten Medienkonzern des 21. Jahrhunderts. Daraufhin stimmten sie im Juni 2000 der Fusion zu. Im Januar 2001 wurde die Fusion von den amerikanischen Behörden genehmigt und damit offiziell vollzogen. Für eine Time-Warner-Aktie gab es anderthalb AOL-Aktien. Die AOL-Aktionäre erhielten mit 55 Prozent die Mehrheit an der neuen Gesellschaft. Deren Chairman wurde AOL-Präsident Steve Case. Doch gegen alle Erwartungen entwickelte sich AOL zum Problemfall und Kostgänger von Time Warner. Bei America Online verlangsamte sich das Wachstum der Abonnentenzahlen; die profitablen Online-Werbeumsätze, die das Multimilliardendollargeschäft der Zukunft zu werden versprachen, das Time Warner keinesfalls verpassen wollte, brachen regelrecht ein. Der Auftragsbestand in der Online-Werbung lag im Jahr 2000 noch bei 2,6 Milliarden. Im Jahr 2002 reduzierte er sich auf 0,5 Milliarden Dollar. Parallel dazu fiel die AOL-TW-Aktie von 44 Dollar am Tag des Zusammenschlusses auf 13 Dollar Mitte Juli 2002.

Da war es natürlich kein Wunder, dass die Enthüllung, AOL habe seit Mitte 2000 durch fragwürdige Geschäfte und Buchungen die Werbeumsätze nach oben manipuliert, wie ein Blitz einschlug. Laut *Washington Post* hielten AOL-Spitzenmanager, insbesondere Robert Pittman und Steve Case, im Herbst 2000 Informationen über Einbrüche bei den Werbeeinnahmen zurück, um den schwebenden Zusammenschluss von AOL und Time Warner nicht zu gefährden – das Management von Time Warner hätte die Fusion damals noch abblasen können. Darüber hinaus praktizierten sie bis ins Jahr 2002 hinein unzulässige Methoden, um die Aktionäre über den wahren Umsatzrückgang im Unklaren zu lassen. Die *Washington Post* lieferte Beispiele: Wenn AOL Werbung für andere Anbieter verkaufte, seien nicht nur die Provisionen, sondern der gesamte Umsatz verbucht worden. Und als die Dot.com-Firmen, früher die besten AOL-Werbekunden, ihre langfristigen Verträge mit AOL nicht mehr einhalten konnten, sei AOL Gegengeschäfte eingegangen: Man habe sich mit Optionsscheinen auf Aktien bezahlen lassen und deren erwarteten Wert als Umsätze verbucht.

Bereits am Tag nach der Veröffentlichung des Artikels von Alec Klein erhoben zwei Rechtsanwaltsbüros Sammelklagen gegen AOL, Robert Pittman und andere. Begründung: Sie hätten die Aktionäre über die tatsächliche Lage des Unternehmens mit nach oben manipulierten Werbeumsätzen getäuscht und nach dem Merger im ersten Halbjahr 2001 mit ihrem Insiderwissen um die wahre Situation selber AOL-TW-Aktien verkauft. Die Anwälte klagten auf Schadenersatz für die inzwischen eingetretenen Vermögensverluste ihrer Klienten – ein in den USA durchaus übliches und bei den Unternehmen gefürchtetes Verfahren, das sie in vielen Fällen zur Zahlung von Hunderten von Millionen Dollar an die geprellten Anleger verpflichtet. Die Nachricht war Thema Nummer 1 an der Wall Street. Die AOL-TW-Aktie fiel in wenigen Tagen vorübergehend auf unter 9 Dollar. Robert Pittman war noch am Tag der Veröffentlichung in der *Washington Post* zurückgetreten.

Rechtsanwaltsbüros aus verschiedenen Teilen der USA reichten bis zum 26. Juli 2002 reihenweise weitere Sammelklagen ein.

Doch damit nicht genug: Wegen des Verdachts auf Insidergeschäfte und Anlegertäuschung kündigte die amerikanische Wertpapier- und Börsenaufsichtsbehörde (SEC) eine Untersuchung der AOL-Buchhaltung an. Das Justizministerium begann mit Ermittlungen, wobei die zweifelhaften Geschäfts- und Buchhaltungspraktiken sehr genau unter die Lupe genommen wurden. Bei der Firma Homestore, die im zweiten Teil von Alec Kleins Artikel in der *Washington Post* am 19. Juli als Partner von AOL bei überhöhten Umsatzbuchungen genannt worden war, fand man Beweise für die Manipulationen. Homestore-Manager gestanden, sie hätten mit AOL Round-Trip-Geschäfte abgeschlossen: Homestore kaufte zu stark überhöhten Preisen Dienstleistungen und Produkte bei anderen Firmen, die wiederum für einen Großteil des Homestore-Geldes Werbung bei AOL in Auftrag gaben. Mit diesen Einnahmen buchte AOL dann Werbung auf den Homestore-Internetseiten. So täuschte Homestore mit eigenem Geld und der Hilfe von AOL Umsätze vor, die den eigenen Börsenkurs positiv beeinflussten. Ein Deal, der wiederum auf Gegenleistung beruhte: AOL war Aktionär bei Homestore, denn man hatte sich einen Online-Werbevertrag über 200 Millionen Dollar vorwiegend mit Homestore-Aktien bezahlen lassen. Weil hierbei eigene Gelder über Scheintransaktionen als Umsätze ausgewiesen und wieder ins Unternehmen zurückgeführt wurden, werden solche Deals Round-Trip-Geschäfte genannt. Die Geschäfte sind legal, solange der Umfang geringfügig und der Round-Trip-Charakter offensichtlich ist. Deren Verschweigen oder Verschleiern jedoch ist gesetzeswidrig.

Als diese Geschäfte bei AOL ruchbar wurden, war es absehbar, dass die Behörden und Rechtsanwälte auf Bertelsmann stoßen würden. Schließlich hatte es im fraglichen Zeitraum das Optionsgeschäft über die Anteile an AOL Europe gegeben, und schließlich waren während der Abwicklung dieses Geschäfts Geldeingänge von Bertelsmann bei AOL nicht korrekt als Werbeumsätze verbucht worden – allein in den Jahren 2001 und 2002 400 Millionen Dollar. Es war abzusehen, dass die Börsen- und Justizbehörden in den USA über kurz oder lang beginnen würden, sich mit Bertelsmanns Vorstandsvorsitzendem Thomas

Middelhoff zu beschäftigen. Dieser hatte gemeinsam mit Steve Case den Optionsvertrag über AOL Europe ausgehandelt, ihn als »Restrukturierung« verkauft und dann während des Verkaufs des Bertelsmann-Anteils die Zusicherung der Werbeaufträge verantwortet. Das wirft ein völlig neues Licht auf die überraschende Entlassung des Bertelsmann-Managers – die man knapp zehn Tage nach dem Erscheinen des Artikels in der *Washington Post* verkündete.

In Gütersloh musste man täglich damit rechnen, dass die irreguläre Buchung der 400-Millionen-Dollar-Werbeumsätze bei AOL herauskam. Hatte man da nicht zu befürchten, selbst ins Fadenkreuz der Ermittler zu geraten und sich im Zusammenhang mit den Klagen amerikanischer Rechtsanwälte gegen AOL wegen Bilanzfälschung und Anlegerbetrug erklären zu müssen? Die Unruhe und die Wut unter den AOL-Aktionären war in jenen Tagen enorm. Bestand da nicht sogar die Gefahr, dass diese AOL-TW dazu drängen würden, den Kauf der von Bertelsmann gehaltenen knapp 50 Prozent an AOL Europe auf weitere Fragwürdigkeiten hin zu überprüfen? Es war nicht einmal auszuschließen, dass AOL-TW versuchen würde, über eine Klage den Kauf der Bertelsmann-Anteile an AOL Europe rückgängig zu machen und den Kaufpreis von 6,75 Milliarden Dollar aus Gütersloh zurückzufordern. Und Klagen, ob nun von AOL-TW oder von den Aktionären, hätten sich zu einer existenziellen Bedrohung für den Konzern auswirken können.

Vor solchen Perspektiven konnte man in der Konzernzentrale im Juli 2002 nicht einfach die Augen verschließen. Und das größte Risiko hieß Thomas Middelhoff. Als langjähriges Mitglied im Verwaltungsrat von AOL hatte dieser bis zu seinem Rücktritt im Januar 2000 die erst über die *Washington Post* publik gewordenen Round-Trip-Geschäfte, die bereits seit 1998 praktiziert wurden, mitverantwortet. Und er war zusammen mit Steve Case der Initiator des AOL-Europe-Deals gewesen. Die Spur der 400-Millionen-Dollar-Werbeumsätze ließ sich somit bis zu ihm zurückverfolgen. America Online hatte wegen fragwürdiger Buchhaltungspraktiken Ende der Neunzigerjahre einen sehr schlechten Ruf. Es war wegen irreführender Buchhaltung bezüglich Investitionen und Gewinnen mehrfach von Aktionären und der Börsenbehörde mit Erfolg verklagt worden. Auch Middelhoff beziehungsweise seine Versicherung hatte in den Jahren 1997/1998 bei einer Aktionärsklage gegen America Online wegen irreführender Buchhaltungspraktiken als damaliger Direktor des AOL Boards im Rahmen eines Vergleichs – ohne Schuldeingeständnis – Schadenersatzzahlungen geleistet. [6]

In dieser Situation erschien es wohl zweckmäßig, sich so schnell wie möglich von Middelhoff zu trennen. Man setzte die erprobte PR-Maschinerie in Gang, verbreitete die Mär von der Trennung von Middelhoff wegen strategischer Differenzen, nahm die weitere Rufschädigung Liz Mohns als Drahtzieherin in Kauf und verschanzte sich hinter Allgemeinplätzen. Der Topmanager mit dem Instinkt für große Börsen- und Optionstransaktionen war zur existenziellen Bedrohung geworden. Jetzt konnte er gehen. Würden dennoch Anschuldigungen laut werden, konnte man sich bei Bertelsmann auf einen ebenso taktisch klugen wie moralisch einwandfreien Standpunkt stellen und behaupten: Wir haben uns von ihm getrennt, wir haben nichts damit zu tun, seine Zusammenarbeit mit dem Aufsichtsrat war unzureichend, wir haben nichts davon gewusst. Eine Strategie übrigens, die bei Bertelsmann in kritischen Situationen schon mehrfach verfolgt worden war, wie die folgenden Kapitel zeigen werden.

Gab es auch bei Bertelsmann Insidergeschäfte?

Wenn ein Unternehmen von gravierenden Ereignissen überrascht wird, passiert es oft, dass Insider reagieren, bevor diese Ereignisse publik werden. Gab es bei Bertelsmann solche Insidergeschäfte? Die Frage liegt nahe, zumal bei allen anderen Beteiligten an den Umsatzmanipulationen bereits Verfahren deswegen anhängig sind. Gegen Robert Pittman und Steve Case wird ermittelt. Mit beiden ehemaligen AOL-Managern pflegte Bertelsmann über AOL Europe enge Geschäftsbeziehungen. Mit Steve Case verband Thomas Middelhoff nach dessen Aussage sogar eine Freundschaft.

Der Gütersloher Konzern ist eine Aktiengesellschaft, deren Aktien an keiner Börse notiert sind. Dafür werden an den Börsen in Düsseldorf und Frankfurt Bertelsmann-Genussscheine gehandelt: aktiennahe Wertpapiere ohne Stimmrecht, die vor allem den Bertelsmann-Mitarbeitern in den oberen Etagen eine jährliche Ausschüttung von ungefähr 15 Prozent bescheren. Der Kurs dieser Optionsscheine entwickelte sich mit beeindruckender Konstanz auch gegen den Negativtrend des DAX und des Nemax nach oben – bis Mitte Juli 2002. Dann brach der Kurs ein, und zwar wenige Tage nach Alec Kleins Enthüllungen in der *Washington Post*, als AOL Time Warner am 24. Juli 2002 bekannt gab, dass die amerikanische Börsenaufsicht und die US-Justiz in Sachen AOL ermittelten – also vier Tage vor Middelhoffs offizieller Entlassung.

Die Kurseinbrüche waren so auffällig, dass das *Handelsblatt* berichtete, die Aufsichtsbehörde BaFin untersuche die Kursbewegung wegen Verdachts auf Insiderhandel. Vorzeitiges Wissen um Middelhoffs Entlassung allein konnte den plötzlichen Kursverfall kaum erklären. Dennoch wurde die Überprüfung ohne Ergebnis eingestellt. Mittlerweile weiß man jedoch dank eines Berichts der *New York Times*, dass manche Bertelsmann-Manager schon 2002 über den 400-Millionen-Dollar-Werbedeal und seine Hintergründe informiert waren. Soll man trotzdem an Zufall glauben?[7]

With a little help from Bertelsmann ...

Um das Spiel mit den Scheinumsätzen in der Online-Werbung richtig einschätzen zu können, müssen wir noch einmal zurückblicken: Bertelsmann hatte sich 1995 mit 5 Prozent an AOL beteiligt. Middelhoff hatte als Vorstandsmitglied die Investition in das damals noch kleine Unternehmen durchgesetzt und erhielt einen Sitz als Direktor im Verwaltungsrat von AOL. Im gleichen Jahr gründeten AOL und Bertelsmann das Unternehmen AOL Europe, das den Internet-Zugangsservice in Europa anbieten sollte. Ende 1999, als AOL Europe über ungefähr 2,8 Millionen Mitglieder verfügte, beschloss Bertelsmann, seinen Anteil von 49,5 Prozent entweder an die Börse zu bringen oder an eine andere Firma zu verkaufen. Anfang 2000 – AOL hatte soeben verkündet, eine Fusion mit dem Bertelsmann-Konkurrenten Time Warner eingehen zu wollen – verließ Middelhoff den AOL-Verwaltungsrat. Im März 2000 wurde er mit Steve Case über den Verkauf des Bertelsmann-Anteils an AOL Europe handelseinig. Bertelsmann und AOL unterzeichneten eine Optionsvereinbarung. Danach hatte Bertelsmann das Recht, seinen Anteil an AOL für 6,75 Milliarden Dollar in zwei Raten bis Ende Januar und Anfang Juli 2002 zu verkaufen. Kam es bis dahin nicht zum Verkauf, hatte AOL das Recht, den Bertelsmann-Anteil ebenfalls in zwei Raten von Ende Januar 2002 bis Juli 2003 für 8,25 Milliarden Dollar zu erwerben. Auf Wunsch von AOL konnte die Bezahlung in Cash, Aktien oder einer Mischung von beiden erfolgen. Für Bertelsmann war das Geschäft ein Riesenerfolg. Man hatte, wie Thomas Middelhoff im Oktober 2000 an der Stanford Business School referierte, 310 Millionen Dollar investiert und würde nun mindestens 6,75 Milliarden zurückgewinnen.

Im März 2001 – die im Januar 2000 beschlossene Fusion zwischen AOL und Time Warner war seit zwei Monaten offiziell vollzogen – begannen die per Optionsvertrag vereinbarten Verkaufsverhandlungen zwischen Bertelsmann und AOL über den Anteil des Ersteren an AOL Europe. Der Gütersloher Konzern drängte darauf, den gesamten Kaufpreis in Cash zu erhalten. Verhandlungspartner waren die Manager von AOL, zu denen Middelhoff aus seiner Zeit als Direktor bei AOL gute Beziehungen pflegte, unter anderem der ehemalige AOL-Finanzvorstand Michael J. Kelly, der nun in derselben Position bei AOL-TW tätig war, dort aber über weitaus höhere Finanzmittel und einen größeren Kreditrahmen verfügte. Laut eigenen späteren Einräumungen gegenüber der SEC argumentierte AOL, für eine Zahlung in Cash statt in AOL-TW-Aktien sollte Bertelsmann einen Preisnachlass von 400 bis 800 Millionen Dollar gewähren. Dann kam man überein, dass Bertelsmann der Kaufpreis von 6,75 Milliarden Dollar in voller Höhe ausbezahlt werde. Dafür sollte der Konzern im Gegenzug in den Jahren 2001 und 2002 Online-Werbung bei AOL im Wert von 400 Millionen Dollar schalten.

Bertelsmann bekam wie gewünscht Cash. AOL war in der Lage, das tatsächliche Ausmaß der sinkenden Umsatzzahlen in der Online-Werbung zu verschleiern. Die 400 Millionen wurden in Werbeumsätze verwandelt, die AOL dringend brauchte. Diese – falsch deklarierten – Umsätze machten 2001 erst 5 Prozent der gesamten AOL-Online-Werbeumsätze aus. Im Jahr 2002, als das Geschäft noch gravierender einbrach, waren es bereits mehr als 20 Prozent. Die Aktionäre von AOL Time Warner erfuhren nichts von der Verwandlung, weder 2001 noch 2002. Erst die SEC bewegte AOL-TW im März 2003 dazu, darüber zu berichten. Der Scheincharakter dieser Geschäfte blieb aber Mitarbeitern in den US-Niederlassungen der Bertelsmann AG offenbar nicht verborgen. Wie die *New York Times* berichtete, äußerten einige Angestellte Verwunderung und Kritik, weil sie von der Konzernzentrale angewiesen worden waren, Online-Werbung zu überhöhten Preisen zu buchen, damit die mit AOL vereinbarten Umsätze überhaupt erreicht wurden. Auch andere bekamen etwas mit: Homestore-Manager hatten laut *New York Times* über AOL-Führungskräfte von einem Pool mit Bertelsmann-Werbegeldern erfahren, aus denen sie Online-Werbeumsätze bei Homestore erzeugen konnten, an denen AOL dann wieder mitverdiente.[8]

Der Verkauf von AOL Europe war demnach aufs Engste mit Round-Trip-Geschäften in der Online-Werbung verknüpft, mit denen die Umsatzzahlen von AOL aufgeblasen wurden und bei denen es in den Jahren 2001 und 2002 – soweit sie von Bertelsmann kamen – um 400 Millionen Dollar ging. Solche Deals sind, wie gesagt, per Gesetz nicht verboten, sofern sie geringfügig sind und die Anleger nicht getäuscht werden. Die verschleierten Round-Trip-Deals werden hingegen mittlerweile als so gravierend angesehen, dass die amerikanische Börsenaufsicht und die Justizbehörden nicht mehr nur gegen AOL-Manager ermitteln, sondern auch gegen die Geschäftspartner, die ihnen wissentlich dabei halfen. Ob Middelhoff derzeit dazu gehört, ist ungewiss, weil die Behörden keine Auskunft geben über den Stand der Ermittlungen.

Das Online-Werbeparadies Europa – eine Fata Morgana für Aktionäre

Doch ganz gleich, wie die Ermittlungen in juristischer Hinsicht enden, getäuscht wurden die Anleger von AOL und Time Warner durch den AOL-Europe-Deal auf jeden Fall. Oder besser gesagt: Thomas Middelhoff und Steve Case weckten bei den Anlegern Erwartungen von blühenden Absatzmärkten in einem Online-Werbeparadies Europa, die es nicht gab.

Die Optionsverträge, die es Middelhoff ermöglichten, den Bertelsmann-Anteil an AOL Europe für 6,75 Milliarden Dollar an den AOL-Nachfolger AOL-TW abzutreten, wurden am 16. März 2000 noch zwischen dem alten AOL-Unternehmen und Bertelsmann geschlossen und am 17. März mit einer gemeinsamen Presseerklärung besiegelt. Am selben Tag hielten die Vorstandsvorsitzenden beider Unternehmen, Steve Case und Thomas Middelhoff, eine Telefonpressekonferenz ab, an der auch AOL-Präsident Robert Pittman teilnahm. Die folgenreichen Verträge spielten dabei nur eine Nebenrolle. Hervorgehoben wurden vielmehr die Vorteile der globalen strategischen Allianz. Middelhoff kündigte an, durch die Vereinbarungen werde Bertelsmann zum weltweit führenden Anbieter von Internet-Inhalten und E-Commerce-Produkten avancieren. Steve Case gab das Versprechen, AOL Europe zusammen mit Bertelsmann zum führenden pan-europäischen Internet-Provider auf dem expandierenden europäischen Markt zu machen. Die Pressemitteilung sagte unmissverständlich: AOL und Bertelsmann werden Cross-Promotion füreinander betreiben. Bertelsmann werde AOL die erforderliche Breitband-Distribution – also Kabel- und DSL-Leitungen – zur Verfügung stellen. Alle Erlöse aus dem Verkauf, also mindestens 6,75 Milliarden Dollar, werde Bertelsmann in den Ausbau des bestehenden E-Commerce-Geschäftes und weitere internetrelevante Start-up-Investitionen fließen lassen. Nach diesen Zusicherungen konnten die AOL- und die Time-Warner-Aktionäre nicht mehr zweifeln: In Europa und insbesondere bei AOL Europe lag die Zukunft des Internet-Geschäftes, das in Amerika erste Ermüdungserscheinungen zeigte. Bereits 2004, so prophezeite man, werde es außerhalb der USA doppelt so viele Online-Nutzer geben wie in den USA, in Europa werde sich deren Zahl vervierfachen, der Markt für Online-Werbung werde um jährlich 80 Prozent wachsen.[9] Schon damals ging Bertelsmann mit gutem Beispiel voran. Die Allianz war, wie Middelhoff hervorhob, mit Online-Werbung verbunden: Bertelsmann werde Werbung im Wert von 250 Millionen Dollar schalten. Als es dann später um die Abwicklung der Allianz ging, war Middelhoff sogar bereit, 400 Millionen Dollar in die Online-Werbung fließen zu lassen.

Eine schöne neue Internet-Welt mit unbegrenzten Werbemöglichkeiten wurde da heraufbeschworen, mit AOL und Bertelsmann als unschlagbarer Marketing-Allianz. Rosige Aussichten, nur: völlig unbegründete. AOL Europe war von Anfang an nicht der erfolgreiche, führende Internet-Provider in Europa, als der er am 17. März vorgestellt wurde. Die Mitgliederwerbung erwies sich als kostspielig und enttäuschend, weil das Geschäftsmodell von America Online in Europa nicht funktionierte und Bertelsmann keine den europäischen Bedingungen angepasste, erfolgreichere Variante entwickeln konnte. Anders als in den USA gab es auf dem europäischen Kontinent noch keine im Telefongrundpreis enthaltenen Ortsgespräche, mit denen sich die Kunden ins AOL-Netzwerk einwählen konnten. Die europäischen AOL-Kunden mussten zusätzlich zur AOL-Gebühr noch Telefongebühren im Minutentakt zahlen. Für die Online-Werbung war das fatal. Zu allem Übel setzten die Telekomgesellschaften nicht auf AOL, sondern investierten in eigene Provider, die günstigere Preise und schnellere Verbindungen boten: T-Online in Deutschland, Wanadoo in Frankreich, British Telecom in England und Terra Network in Spanien. Diese hatten Ende 1999 in den einzelnen Ländern AOL Europe nach Mitgliederzahlen überholt, die Telekom-Tochter T-Online sogar in ganz Europa. Zugleich waren neue Internet-Provider entstanden, die AOL Europe immer mehr Kunden abwarben, da sie ohne Abonnementvertrag und feste Grundgebühren Internet zum Minutenpreis inklusive Telefonkosten anboten.

So kam das Unternehmen auch 2000, fünf Jahre nach dem Start in Europa, nicht in die Gewinnzone, sondern machte hohe Verluste. Die Online-Werbung, die AOL in den USA seit 1998 rasant steigende Gewinne brachte, entwickelte sich bei AOL Europe völlig enttäuschend. Middelhoff war sich darüber im Klaren, was er im September 2000 vor den Studenten der Stanford Business School auch leichtfertig zugab. Schon 1999 entschied er, dass Bertelsmann wegen der übermächtigen Konkurrenz der Telekomgesellschaften AOL Europe wieder abstoßen müsse.

Bertelsmanns Ankündigung, im Bereich des E-Content und des E-Commerce Marktführer zu werden, erwies sich schon bald als nicht realisierbar. Die meisten Projekte wie evenbetter.com (Internetpreisvergleich) oder andsold.com (Internetauktionen) wurden rasch wieder eingestellt oder veräußert. Der Internet-Buchhandel BOL blieb weit hinter Amazon zurück und wurde ab Mitte 2001 zurückgefahren. Auch Napster, Middelhoffs größtes Online-Abenteuer, entpuppte sich als Luftblase, in die Bertelsmann 120 Millionen Dollar investierte. Als Anfang 2001 deutlich wurde, dass das Internet für Zeitschriftenverlage kein Eldorado war, drosselte Bertelsmanns Zeitschriftenverlag Gruner + Jahr konsequent seine Investitionen in Online-Projekte. Und was wurde aus der angekündigten Cross-Promotion zwischen AOL und Bertelsmann, die AOL Mitglieder zuführen sollte? Das Gegenteil trat ein. Bertelsmann hatte sich schon 1997 an einem anderen Internet-Portal, Lycos Europe, beteiligt, das AOL die Abonnenten abjagte. Mit-Aktionär von Lycos Europe war Christoph Mohn, Sohn von Reinhard Mohn. Nicht ohne Stolz berichtete er, in den Jahren 2000 und 2001 mit großem Erfolg Kunden beim Konkurrenten akquiriert zu haben. In den Bertelsmann-Buchclubs und teilweise sogar in den Bertelsmann-Medien wurde Lycos Europe stärker beachtet als AOL Europe.

Nichts war es also mit dem Online-Werbeparadies Europa. Beim Gütersloher Partner trat rechtzeitig Ernüchterung ein. Die Investitionspolitik wandte sich schon 2001 wieder anderen Zielen zu. Aus dieser Zeit stammt jene viel zitierte Aussage von Middelhoff gegenüber der *Neuen Westfälischen Zeitung*, wonach er die Möglichkeiten des E-Commerce überschätzt habe und man sich nun wieder verstärkt den ertragreicheren Sparten des Konzerns im Buch- und Fernsehbereich widmen müsse.[10] Die vollmundigen Ankündigungen, mit denen Thomas Middelhoff und Steve Case den Anlegern das Optionsgeschäft um AOL Europe schmackhaft gemacht hatten, offenbarten sich als Luftnummern. Auch die zugesagte Breitbanddistribution, die man AOL Europe mithilfe der Bertelsmann Broadband Group in Aussicht gestellt hatte, kam nicht zum Durchbruch. Ende 2001, als just die ersten großen Zahlungen aus dem Verkauf des Bertelsmann-Anteils bevorstanden, war die gepriesene globale Allianz schon ohne Leben. Die von beiden Gesellschaften gemeinsam bekannt gegebenen Vereinbarungen wurden von Bertelsmann de facto nicht mehr eingehalten.

AOL Europe schockt die AOL-Time-Warner-Aktionäre

Die Hoffnung auf das schnelle Geld im Internet war inzwischen auch bei dem neuen Multikonzern AOL-TW der Ernüchterung gewichen. Das Anzeigengeschäft lief 2001 in allen Sparten schwächer als erwartet. Die Entwicklung der Online-Werbung und des E-Commerce bei AOL enttäuschte besonders. AOL-TW musste Mitte des Jahres die Umsatzprognosen reduzieren. Dies erschütterte das Vertrauen der Anleger und ließ den Aktienkurs rapide sinken. Am 8. Oktober 2001 berichtete das maßgebliche Börsen-Magazin *Barron's* über Leerverkäufe von AOL-TW-Aktien, die der bekannte Hedgefondsmanager Doug Kaas tätigte. Dieser erwarte, dass Bertelsmann seine Anteile an AOL Europe entsprechend der Option zum mittlerweile drastisch überhöhten Preis von 6,75 Milliarden Dollar an AOL-TW abgeben werde. Und das werde, so Kaas, den Kurs der AOL-TW-Aktien noch weiter schwächen. Am Tag der Publikation gab die Aktie um 5 Prozent nach. Analysten unkten, AOL-TW zahle mit den 6,75 Milliarden Dollar mindestens das Dreifache des tatsächlichen Werts. Der Erwerb des überteuerten Anteils werde bei Cash-Zahlung die Verschuldung von AOL-TW in die Höhe treiben oder bei Bezahlung in Aktien die Gewinne pro Aktie spürbar senken. Am 11. Oktober erschien in der *Wirtschafts-Woche* eine Notiz, nach der Bertelsmann-Chef Middelhoff »später Ärger mit einem seiner besten Deals« drohe. Man müsse sich auf harte Nachverhandlungen mit dem amerikanischen Partner gefasst machen. Aber nichts von alledem trat ein. AOL-TW stellte am 14. November in einer Pflichtmitteilung an die amerikanische Börse klar: Man sehe sich in der Lage, die erste Tranche an Bertelsmann gemäß Optionsvertrag in Cash zu bezahlen.

Man ging sogar noch weiter. Am 7. Januar 2002 gestand AOL-TW in einer Presseerklärung zwar ein, dass der Konzern im Jahr nach der Fusion die gewünschten Umsätze und Gewinne nicht erreicht habe und in den ersten zwei

Quartalen des Jahres 2002 im amerikanischen Markt kein Wachstum zu erwarten sei. Dennoch wolle man, so hieß es, den Bertelsmann-Anteil an AOL Europe in zwei Raten (5,3 Milliarden am 31. Januar und 1, 45 Milliarden am 1. Juli 2002) in voller Höhe und in Cash bezahlen. Begründung: Bertelsmann habe AOL Europe finanziert, seit der Optionsvereinbarung vom März 2000 habe AOL Europe signifikantes Wachstum gezeigt, die Zahl der Mitglieder sei stetig gewachsen. Der damalige AOL-TW-Chef Gerald Levin erklärte im Namen von AOL-TW, die Dynamik in den internationalen Märkten verspreche, einer der wichtigsten Faktoren für nachhaltiges Wachstum zu werden. AOL Europe könne mit seiner Infrastruktur und der Cross-Promotion der zentrale Wachstumsmotor für den gesamten Konzern AOL Time Warner sein.

Natürlich berichtete die Pressemitteilung AOL Time Warners nicht von den 400 Millionen Dollar Preisnachlass für die Cashzahlung und deren Verwandlung in Online-Werbeumsätze, und auch nicht davon, dass Bertelsmann mit Zustimmung von AOL Time Warner seinen AOL-Europe-Anteil durch Zwischenverkauf an einen Finanzinvestor vor den Ausübungsterminen für seine Verkaufsoption vorab zu Geld gemacht hatte. Die Aktionäre erlebten in Bezug auf AOL Europe böse Überraschungen. Analysten errechneten, dass AOL Europe trotz der schönen Verheißungen der Pressemitteilung vom 7. Januar 2002 im Jahr 2001 bei 800 Millionen Dollar Umsatz 600 Millionen Dollar Verlust gemacht habe. Drei Monate später, im März 2002, erfuhren sie aus einer Pflichtmitteilung an die SEC, dass AOL Time Warner zusätzlich zum Kaufpreis von 6,75 Milliarden Dollar auch noch über 800 Million Dollar Verbindlichkeiten habe übernehmen müssen, weil Bertelsmann doch nicht, wie es die Presseerklärung behauptet hatte, die Entwicklung von AOL Europe bis Ende 2001 allein finanziert habe. Beide Überraschungen schockierten AOL-Time-Warner-Aktionäre und Analysten und wirkten entscheidend daran mit, den Kurs der AOL-Time-Warner-Aktie in der ersten Hälfte des Jahres 2002 abstürzen zu lassen.

Die Übernahme von Bertelsmanns AOL-Europe-Anteil für 6,75 Millarden Dollar im Januar 2002 war für AOL Time Warner ein desaströses Geschäft. Der im März 2000 abgeschlossene Optionsvertrag allein kann nicht erklären, warum im Januar und Juli 2002 dann 6,75 Milliarden Dollar für diesen Anteil in Cash gezahlt wurden. Optionsgeschäfte sind zu den vereinbarten Preisen und Terminen zu erfüllen, auch wenn die Preise sich seit Abschluss der Option drastisch verändert haben. Beim Verkauf von Bertelsmanns Anteil über

49,5 Prozent ging es aber nicht um den Verkauf börsennotierter Aktien, sondern um Unternehmenshandel. Warum machte AOL Time Warner nicht geltend, dass die mit der Restrukturierung und der Verkaufsoption verbundene globale Allianz von Bertelsmann und AOL im E-Commerce-Geschäft bereits vor Ausübung der Option faktisch beendet war, mit sehr negativen Folgen, die in den hohen Verlusten AOL Europes und den von AOL Time Warner zusätzlich zu übernehmenden Verbindlichkeiten zum Ausdruck kamen? Warum verhandelte AOL Time Warner nicht über einen dieser Realität angemessenen Nachlass auf den Kaufpreis, der wesentlich höher hätte ausfallen müssen als der Nachlass von 400 Millionen Dollar, der nicht einmal ausgewiesen, sondern, wie später SEC und Aktionärsanwälte vorbrachten, zur Vortäuschung von Online-Werbeumsätzen verwandt wurde? Warum beeilte sich AOL Time Warner unter seinem Präsidenten Steve Case und unter Finanzchef Michael J. Kelly, sich auf eine Cashzahlung an Bertelsmann festzulegen, bevor es laut Optionsvertrag überhaupt erforderlich war?

Die Antwort auf diese Fragen muss bei dem 400-Millionen-Online-Werbegeschäft gesucht werden. Doch Vorgänge bei europäischen Niederlassungen von US-Firmen sind der amerikanischen Wirtschaftspresse immer noch recht fremd. Auch nachdem das 400-Millionen-Dollar-Geschäft und sein Zusammenhang mit dem Optionsgeschäft über AOL Europe im März 2003 dank der SEC bekannt geworden war, beschäftigte sich bisher kein amerikanischer Journalist mit dem als kompliziert empfundenen AOL-Europe-Optionsdeal selbst.

Es sei offensichtlich, sagte Carol J. Loomis in *Fortune*, dass diese Werbebuchungen ebenso wie die anderen von der *Washington Post* recherchierten fragwürdigen Deals dazu dienten, die Anleger über die Umsatzeinbrüche hinwegzutäuschen und die geschönten Analysen des zukünftigen Wachstums auf dem Online-Werbemarkt (die AOL für TW erst zum attraktiven Partner gemacht hatten) möglichst lange zu stützen.[11] David Kirkpatrick fragte in der *New York Times*, welche Rolle Steve Case und Thomas Middelhoff bei der Vereinbarung über die Werbebuchung gespielt hatten.[12] Obwohl beide über Vertrauenspersonen mitteilen ließen, nach dem Merger an keinen weiteren Verhandlungen beteiligt gewesen zu sein, hatte Kirkpatrick von AOL- und Bertelsmann-Mitarbeitern das Gegenteil gehört: Case und Middelhoff hätten die Werbedeals zwischen AOL-TW und Bertelsmann auch weiterhin entscheidend beeinflusst. Kirkpatrick berief sich auf die Äußerung eines nicht genannten Bertelsmann-Mitarbeiters, wonach Middelhoff zumindest bei den

Verhandlungen über einen der beiden Deals von 125 Millionen und 275 Millionen Dollar zeitweilig anwesend gewesen sei. Für Thomas Middelhoff dürfte es sehr schwierig sein zu behaupten, er habe von dem Round-Trip-Charakter der Online-Werbedeals nichts gewusst. Gleiches gilt für den Aufsichtsrat von Bertelsmann. Denn schon sehr viel kleinere Vereinbarungen als ein Preisnachlass von 400 Millionen Dollar oder Werbeaufträge von 125 und 275 Millionen Dollar müssen ihm zur Prüfung vorgelegt werden.

Man muss also bei Bertelsmann von den Vorgängen gewusst haben. Aber nach wie vor beantworten AOL-TW, Bertelsmann und die beteiligten Manager keine Fragen zu den dubiosen Werbedeals. Man versichert lediglich, mit den Behörden kooperieren zu wollen. Dabei legt man in Gütersloh Wert auf die Feststellung, selbst nicht Gegenstand der Ermittlungen zu sein. Und die Börsenaufsicht ist schweigsam bezüglich des Fortgangs ihrer Untersuchungen. Die Öffentlichkeit erfuhr von den Ermittlungen ja auch erst durch die Pflichtpublikationen von Time Warner für die Aktionäre. Solche Veröffentlichungen gibt es bei Bertelsmann nicht.

Bereits der Wortlaut der praktisch vergessenen Rahmenvereinbarungen zum Optionsvertrag über AOL Europe und eine Analyse der Geschäftsbeziehungen zwischen Bertelsmann und AOL vor dem Merger geben Aufschluss. Schon eine Suche über den Namen Middelhoff in den Pflichtmitteilungen, die in den Archiven der Börsenaufsicht liegen und über Internet abgerufen werden können, ist äußerst aufschlussreich. Unsere Funde zeigen, dass Thomas Middelhoff schon 2000 Online-Werbedeals arrangierte, um AOL für Time Warner und die Anleger attraktiver als gerechtfertigt erscheinen zu lassen. Er nutzte Aufsehen erregende Online-Werbeverträge geschickt für große Internet-Deals, die sich einseitig zum Vorteil von Bertelsmann und zum Nachteil vieler Börseninvestoren auswirkten. Zu denjenigen, die das Nachsehen hatten, gehörten neben den Aktionären von AOL das Management und die Aktionäre von Time Warner sowie die Aktionäre von Terra Lycos.

Seit Jahresanfang 2000 deutete an der Technologiebörse Nasdaq vieles darauf hin, dass der Internet-Boom ein baldiges grausames Ende finden werde. Am selben Wochenende, an dem AOL und Bertelsmann den Optionsvertrag für AOL Europe bestätigten, erschien im US-Anlegermagazin *Barron's* eine Titelstory, die auf die zunehmenden Schwierigkeiten aufmerksam machte und Ergebnisse einer Studie über die finanzielle Lage von 207 Internet-Unternehmen zitierte: Mindestens 51 dieser Unternehmen würden ihre Finanzmittel innerhalb der nächsten zwölf Monate verbraucht haben. Unter den sechs aktuell gefährdeten Unternehmen befanden sich drei wichtige AOL-Werbepartner: CDnow, Drkoop.com und Medscape. Diese hatten sich zu mehrjährigen Werbebuchungen in Multimillionenhöhe gegenüber AOL verpflichtet. Diese Buchungen waren nun infrage gestellt. Vor diesem Hintergrund war es beruhigend und überaus medienwirksam, dass Bertelsmann bei AOL als potenter Partner mit Aufträgen für Online-Werbung und E-Commerce in die Bresche sprang.

Thomas Middelhoff kann man nicht vorwerfen, seine Geschäftspartner arglistig getäuscht zu haben. Steve Case und Michael J. Kelly waren bestens über die schwierige Lage von AOL Europe und die sich anbahnenden Probleme mit den Online-Werbeumsätzen bei AOL informiert. Aber Middelhoff hat sich den Aktionären von AOL und Time Warner gegenüber – zurückhaltend formuliert – nicht korrekt verhalten. Er wirkte massiv dabei mit, falsche Erwartungen hinsichtlich der Zukunftschancen von AOL und AOL Europe zu wecken, die AOL als Fusionskandidaten für Time Warner attraktiv erscheinen ließen.

Warten auf Bertelsmann – Der Deal mit Terra Lycos

Wer hier System vermutet, hat Recht: Das Geschäft mit angeblich großen Werbeaufträgen war eine gemeinsam von AOL und Bertelsmann, von Steve Case und Thomas Middelhoff, betriebene Strategie. Sie heizten das Internet- und Fusionsfieber auch dann noch an, als die Realität der New Economy längst ganz anders aussah – um anstehende Fusionen nicht in letzter Minute scheitern zu lassen und sich mit möglichst hohem Gewinn aus den Internet-Geschäften zurückzuziehen, bevor die Euphorie erlosch. Round-Trip-Geschäfte waren in den Jahren 1999 und 2000 bei AOL hinter den Kulissen eine gängige Geschäftsmethode. Wie geschickt Thomas Middelhoff dabei vorging, enthüllt ein Dokument der Börsenaufsicht, das wir in der SEC-Datenbank entdeckten. Die Spur führt nach Miami und zu einem Round-Trip, der den 400-Millionen-Dollar-Deal weit in den Schatten stellte. Sie führt zu einer schillernden Figur des Topmanagements: zu Juan Villalonga, damals Vorstandsvorsitzender der spanischen Telefonica, und deren Internet-Ableger Terra Networks.

Am 16. Mai 2000 war Thomas Middelhoff in New York und nahm an einer großen Pressekonferenz teil. Hier verkündete man die Übernahme des US-Internet-Portals Lycos durch Terra Networks für 12,5 Milliarden Dollar, gezahlt in Terra-Networks-Aktien. Die Pressekonfererenz hielten ab: Juan Villalonga, Präsident von Telefonica, Robert Davis, Chef von Lycos, und Thomas Middelhoff von Bertelsmann. Den Journalisten wurde erklärt, man werde eine große Internet-Allianz eingehen. Das neue Unternehmen Terra Lycos werde als erster wirklich globaler Internet-Konzern der Welt in 37 Ländern tätig sein und täglich 50 Millionen User und 175 Millionen Zugriffe haben. Eine dominierende Stellung werde es sehr schnell in der Spanisch und Portugiesisch sprechenden Welt einnehmen, insbesondere in Südamerika. Man präsentierte folgende Vereinbarung: Bertelsmann werde bei Terra Lycos innerhalb von fünf Jahren Online-Werbung und E-Commerce-Platzierungen für 1 Milliarde Dollar kaufen; Terra Lycos werde dafür privilegierten Zugang zu Bertelsmanns *media content* (Bücher, Zeitschriften, Filme, Musik) erhalten. Das alles wurde in der begleitenden Presseerklärung schriftlich niedergelegt.[13]

Die Fusionsankündigung und die Presseerklärung zeigten Wirkung: Journalisten interpretierten die gegenseitigen Verpflichtungen der beiden Konzerne als sicheren Beleg dafür, dass der Umsatz in der Online-Werbung Zukunft habe und substanziell gesund sei. Was bei Terra Lycos funktioniere, so suggerierte man, könne bei AOL und Time Warner nicht falsch sein. Die Allianz von Terra und Lycos werde sich positiv auf die Akzeptanz des unmittelbar bevorstehenden Zusammenschlusses von AOL und Time Warner auswirken. Wieder ging man nach dem bewährten Muster vor: Es wurden gigantische Online-Werbeumsätze angekündigt, und Bertelsmann selbst half sie zu erreichen.

Die Börse nahm die Nachricht sehr positiv auf. Das war seit sechs Wochen die erste gute Nachricht an der Wall Street. Kaum ein Journalist vergaß, Bertelsmanns eindrucksvolle Verpflichtung über 1 Milliarde Auftragsvolumen zu erwähnen, die der Vorstandsvorsitzende Thomas Middelhoff durch seine persönliche Teilnahme an der Pressekonferenz bekräftigt hatte. Auch viele Analysten meinten nun, die Fusionen zwischen Terra und Lycos und zwischen AOL und Time Warner seien richtungsweisend für die Zukunft. Die Übernahme von Lycos durch Terra und Bertelsmanns Großauftrag wurden als Signale gedeutet, dass amerikanische Internet-Unternehmen trotz des Kurseinbruchs nach wie vor attraktive Anlagemöglichkeiten darstellten. Der Nasdaq stieg um mehr als 3 Prozent, die Lycos-Aktien stiegen zwei Tage in Folge und gewan-

nen allein am 16. Mai 17,5 Prozent. Am 19. Mai 2000 erhielten die Aktionäre von AOL und Time Warner ihre Einladungen zu den Hauptversammlungen am 23. Juni. Dort sollten sie dem Vorschlag zur Fusion beider Unternehmen zustimmen. Hätte der Zeitpunkt günstiger gewählt sein können?

Kritische Stimmen waren selten. Eine davon gehörte John Dvorak. Dieser
spekulierte am 22. Mai 2000 in *Forbes* nicht über Branchentrends, sondern
spottete über die neuartige unternehmerische Fusions-Mathematik von Villalonga, Davis und Middelhoff. Wie kann eine Firma, die 1999 78,9 Millionen
Dollar Umsatz machte (Terra Networks) eine andere Firma mit einem Jahresumsatz von 135,5 Millionen Dollar (Lycos) für 12,5 Milliarden Dollar übernehmen? Nur der große Online-Werbevertrag von Bertelsmann könnte zum
inflationierten Kaufpreis von Terra Lycos führen, rechtfertigt ihn aber nicht.
Dvorak kam der Wahrheit hinter dem Terra-Lycos-Deal sehr nahe, als er einen
alten amerikanischen Witz aufpolierte: »Frage: Wie verdient man eine Milliarde Dollar? Antwort: Man gibt 12,5 Milliarden Dollar aus – und wartet auf
Bertelsmann.«[14]

John Dvorak behielt mit seiner Skepsis Recht. Nach drei Jahren war der
Spuk vorbei: 2003, noch vor Ablauf der verkündeten Fünf-Jahres-Allianz, berichteten die Medien, Telefonica beabsichtige, Terra Lycos wieder in den Mut-
terkonzern zu integrieren. Die Terra-Lycos-Aktionäre sollten nur noch etwa 15
Prozent dessen erhalten, was die Aktie zur Zeit der Fusionsankündigung ge-
kostet hatte. Die Rückintegration ist nicht gelungen. Im April 2004 konnte
man lesen, Terra wolle das Lycos-Portal, das es 2000 für 12,5 Milliarden Dollar übernommen hatte, für 200 Millionen Dollar verkaufen – und finde selbst
mit diesem Dumping-Preis keinen Kunden. Terra Lycos konnte nämlich – wie
AOL Europe – die geweckten Erwartungen nicht einmal ansatzweise erfüllen.
Die Werbeeinnahmen brachen ein, und die Gesellschaft machte kontinuierlich hohe Verluste. Hinzu kam, dass im Februar 2002, also noch zu Middelhoffs Zeiten, Bertelsmann ankündigte, die Vereinbarung mit Terra Lycos über
1 Milliarde Dollar Online-Werbung überprüfen zu wollen. Am 25. Juli, wenige Tage vor Middelhoffs Entlassung, meldete die *Financial Times*, Bertelsmann habe beschlossen, keine weitere Online-Werbung bei Terra Lycos zu
schalten. In Gütersloh wurde sofort dementiert. Aber zum 1. November 2002
wurde der Werbevertrag dann tatsächlich gekündigt: In den ersten beiden Jahren habe man 325 Millionen Dollar an Lycos bezahlt; für die restlichen 675
Millionen werde man keine Werbung mehr schalten.

Wie war diese für Terra Lycos folgenreiche Beschränkung auf ein Drittel des Auftragsvolumens möglich? Middelhoff hatte vorgesorgt. Die Vereinbarung sah nämlich ein wenig anders aus, als man es der Presse am 16. Mai 2000 erläutert hatte. Der Bertelsmann-Manager hatte noch Stunden vor der Pressekonferenz eine Klausel in den Vertrag aufnehmen lassen. Danach hatte Bertelsmann die Möglichkeit, nach zwei Jahren und der Zahlung von 325 Millionen die Online-Werbung einzustellen. Aber davon war auf der Pressekonferenz natürlich keine Rede. Das kam erst später, am 27. Juni 2000, heraus, als Terra Lycos in der Registrierungserklärung für die amerikanische Börsenaufsicht SEC die Geschäftsgrundlagen offen legen musste. Erst fünf Tage zuvor war die Fusion von AOL und Time Warner durch die Aktionäre auf den Hauptversammlungen abgesegnet worden. Der *Boston Globe* berichtete darüber und zitierte Middelhoff. Dieser betonte, er stehe trotz dieser Zusatzklausel zur fünfjährigen Allianz mit Terra Lycos. Es sei sehr, sehr unwahrscheinlich, dass Bertelsmann nicht die volle Milliarde bei Terra Lycos ausgeben werde.[15] Weit gefehlt, wie die Aktionäre später erfuhren. Middelhoff, Villalonga und Davis hatten auf ihrer Pressekonferenz und mit der Presseerklärung vom 16. Mai die Öffentlichkeit irregeführt.

Miami Vice: Villalonga, Quattrone, Middelhoff und Co.

Anhand der SEC-Datenbank lässt sich nachzeichnen, wie der Deal um Terra Lycos zustande kam. Treibende Kraft war der damalige Vorstandsvorsitzende der Telefonica, Juan Villalonga. Villalonga war langjähriger Schulfreund des damaligen spanischen Ministerpräsidenten Aznar. Er hatte nach Stationen als Partner bei McKinsey und als Vorstandsvorsitzender der spanischen Niederlassung der Credit Suisse First Boston (CSFB) 1996 die Führung der staatseigenen Telefongesellschaft Telefonica übernommen. 1997 begann er mit deren Privatisierung. Er kaufte ein Mediennetzwerk von Tageszeitungen, Rundfunk- und Fernsehsendern und baute die Position des Unternehmens in Südamerika aus. Nach der Trennung von seiner Ehefrau Concha Tallada, einer engen Freundin von Aznars Ehefrau, verlegte er seinen Wohnsitz nach Miami, um mit seiner neuen Frau leben zu können. Von dort führte er die Geschäfte zunehmend per Videokonferenz. Im Jahr 2000 kam es zum Skandal wegen Telefonica-Optionen, die er sich und dem Management ohne Zustimmung des Aufsichtsrats im Wert von Hunderten Millionen Euro genehmigte. Villalonga überstand den Skandal und plante noch im selben Jahr, die Telefonica zu einem Global Player über die spanisch sprechenden Märkte hinaus zu machen. Er versuchte, den von ihm erfolgreich an die spanische Börse gebrachten Internet-Provider Terra mit einem großen US-Portal zu vereinen und so einen Internet-Riesen zu schaffen, der AOL weltweit Konkurrenz machen konnte. Es war Thomas Middelhoff, der ihm dabei zum Erfolg verhalf.

In dem Prospekt für die Fusion, der in den Archiven der amerikanischen Börsenaufsicht lagert, ist nachzulesen, wie die Verhandlungen abliefen.[16] Im Februar 2000 war Terra an Lycos herangetreten, stieß aber nach mehreren Treffen, an denen Villalonga und Lycos-Chef Robert Davis beteiligt waren, auf Desinteresse. Lycos benötigte Online-Werbeumsätze, und die konnte Telefonica in die Fusion nicht einbringen. Das änderte sich, als am 14. April Thomas Middelhoff mit Robert Davis telefonierte und die Wiederaufnahme der Verhandlungen anregte. Bei einem erneuten Treffen zwischen Villalonga, Davis und Middelhoff am 28. April in Miami wurden die Online-Werbeaufträge von Bertelsmann ins Spiel gebracht. Das führte zum Durchbruch. Terra allein, beschränkt auf den rückständigen spanischen Markt, wäre ebenso wie Lycos zu umsatzschwach gewesen. Erst die Einnahmen, die Bertelsmann in Aussicht stellte, schufen die Grundlage für ein »tragfähiges« Business-Modell für Terra Lycos.

Eine Übernahme, wie sie Terra mit Lycos beabsichtigte, war nicht durchführbar ohne die Beratungs- und Kurspflegeaktivitäten der Investmentbanken. Lycos ließ sich durch die Technology-Group Credit Suisse First Boston (CSFB) und deren Chef Frank Quattrone beraten. Auch hier war die Bertelsmann-Beteiligung entscheidend. Die Aussicht, dass der deutsche Konzern innerhalb der nächsten fünf Jahre bei der neuen Gesellschaft für 1 Milliarde Online-Werbung und E-Commerce kaufen werde, genügte bereits. Quattrone und die CSFB prognostizierten, das neue Unternehmen werde wahrscheinlich schon bald Gewinne machen, und riet Terra am 16. Mai, den Aktionären das Übernahmeangebot zu empfehlen. Auf den 420 (!) Seiten des Börsenprospektes fand sich nicht nur genügend Platz, um die Berechnungen und das Empfehlungsschreiben der Credit Suisse First Boston vom 16. Mai 2000 abzudrucken. Ausführlich dokumentiert wurde auch, wie sehr die Investmentbank den Angaben des Managements von Lycos und seiner Vertragspartner ohne eigene Prüfung vertraute. Ganz selbstverständlich ging man davon aus, dass Bertelsmann die Aufträge in Höhe von insgesamt 1 Milliarde Dollar erteilen werde.

Laut Registrierungsakten waren mehr als zwei Drittel der eindrucksvollen Bertelsmann-Milliarde – 675 Millionen Dollar – in Wirklichkeit eine Verpflichtung von Telefonica, die Umsätze von Terra Lycos selbst zu bezahlen. Es handelte sich also letztlich wieder um einen Round-Trip-Deal. Villalonga ließ sogar die 325 Millionen, die Bertelsmann nach eigener Aussage in den ersten beiden Jahren in Werbeaufträge bei Terra Lycos investierte, insgeheim von Telefonica finanzieren. Und zwar wieder nach einer bereits erprobten Strategie.

Drei Wochen nach der Pressemitteilung zur Lycos-Übernahme durch Terra in New York, am 5. Juni 2000, gaben Telefonica und Bertelsmann ein Statement folgenden Inhalts ab: Telefonica und Bertelsmann hätten ein Optionsgeschäft nach dem Vorbild von AOL Europe abgeschlossen, demzufolge Bertelsmann ab Januar 2001 die Firma mediaWays an Telefonica verkaufen könne. Was dann auch bald geschah. In der »sagenhaften« Kaufsumme von 1,6 Milliarden Dollar war, wie der *Spiegel* berichtete, so viel Luft, dass die 325 Werbe-Millionen problemlos hineinpassten.[17] Ein Dealmaker zeigte sich dem anderen erkenntlich. Middelhoff verschaffte Villalonga sein »globales Internet-Powerhouse«. Villalonga ebnete Middelhoff den Weg, mediaWays zum genannten Preis zu verkaufen und auf diesem Umweg den 325-Millionen-Einsatz zurückzuerhalten.

Dass in dem Verkauf von mediaWays ein Round-Trip enthalten war, plauderte übrigens ein Jahr danach kein Geringerer als der für gewöhnlich auf äußerste Solidität bedachte Bertelsmann-Finanzvorstand Siegfried Luther aus. Als er auf der Bilanzpressekonferenz am 27. September 2001 auf die riesigen Verluste zu sprechen kam, die durch die Online-Werbung angefallen waren, empfahl er den Journalisten, die Bertelsmann-Vorstände nicht für schlechte Kaufleute zu halten. Man sei die Werbe-Verpflichtungen erst eingegangen, nachdem man AOL Europe und eben auch mediaWays durch Optionsverträge verkauft hatte.[18] Reportern der *Financial Times* kam der mediaWays-Deal schon im Frühjahr 2001 spanisch vor. Am 11. April berichtete die Zeitung unter Berufung auf Telefonica-Insider beiläufig, Villalonga habe für das kleine Dienstleistungsunternehmen deshalb viel zu viel bezahlt, weil er mit Middelhoff zusammen ein ganz großes Geschäft machen wollte.[19]

Perfektes Teamwork unter Spitzenmanagern. Thomas Middelhoffs Beitrag bestand darin, Villalonga bei Terra Lycos große Umsätze in der Online-Werbung zu ermöglichen. Er gab diese für Bertelsmann »in Auftrag«. Telefonica musste die Werbung zwar selbst finanzieren, durfte sie dafür aber auch bei Terra Lycos als Umsatzsteigerungen verbuchen. Der Dritte im Bunde, Lycos-Präsident Robert Davis, blickte hinter die Fassade und begann drei Tage nach der beschlossenen Fusion im Oktober 2000, seine 3,5 Millionen Terra-Lycos-Aktien zu stark fallenden Kursen zu verkaufen. Er erlöste immerhin noch 72 Millionen Dollar und verließ die neue Gesellschaft weitere drei Monate später als Multimillionär ohne Groll.

Groll hegen heute jedoch die spanischen Terra-Aktionäre, denen von Telefonica bei der geplanten Auflösung von Terra Lycos und der Rücknahme ihrer Aktien gerade mal die Häfte des Kurspreises angeboten wurde, zu dem sie diese 1999 erworben hatten. Sie drohen Telefonica in Spanien mit einer Aktionärsklage. Groll hegen schließlich auch die Aktionäre von AOL und Time Warner, die sich durch manipulierte Online-Werbegeschäfte größten Stils weismachen ließen, der Terra-Lycos-Merger zeige, wie notwendig und Erfolg versprechend auch die Fusion von AOL und Time Warner sei. Von ihnen sind bereits einige Dutzend Klagen bei AOL eingegangen. Letztlich sind alle der Strategie der unkorrekten Buchungen und verschleierten Round-Trips erlegen, durch die sich Fusionen und Aktienkurse nach Belieben schönreden ließen. Middelhoff war der Regisseur; seine Partner bei AOL Europe, AOL-TW, Telefonica und Terra Lycos waren die Nebendarsteller.

Und Bertelsmann? Der Konzern ging stets als Gewinner aus den Geschäften hervor. Er zog sich beizeiten ebenso diskret wie vertraglich abgesichert wieder zurück und wahrte so den Ruf des untadeligen, aber äußerst profitablen Weltkonzerns – bis Alec Kleins Artikel vom 18. Juli 2002 in der *Washington Post* und der Artikel der *Financial Times* vom 25. Juli 2002 die Konzernleitung aufschreckte. Die Bertelsmann-Führung erkannte offenbar schnell die heraufziehende Gefahr und handelte entschlossen. Den Mann, der für Bertelsmann – ungehindert von Unternehmens-Vater Reinhard Mohn – den Profit aus jenen Geschäften einfuhr, solange man über jedweden Verdacht eigener Verstrickung erhaben war, hat die Gütersloher Konzernspitze am 28. Juli 2002 fallen gelassen. Da waren gerade mal zehn Tage nach den ersten Enthüllungen vergangen. Thomas Middelhoff musste also keinesfalls gehen, weil Liz Mohn irgendeine Intrige gegen ihn spann. Er musste auch nicht gehen, weil es laut Pressemitteilung Differenzen über einen längst nicht mehr aktuellen Börsengang gab. Wer aufmerksam den Hintergrund der Werbedeals und Optionsgeschäfte zu Zeiten des Fusionsfiebers und des Internet-Hypes beleuchtet, kann darin den Grund für Thomas Middelhoffs Abgang erkennen.

Was in Sachen Bertelsmann und Thomas Middelhoff noch folgen kann

Juan Villalonga hat es nicht geschafft, Terra Lycos auch nur einen Tag als Executive Chairman von Miami aus zu steuern. Im Juni 2000 wurden in Spanien Insidervorwürfe wegen der Optionsregelung gegen ihn vorgebracht. Im Juli 2000 trat er als Präsident von Telefonica zurück. Die Ermittlungen gegen ihn wegen des Verdachts auf Insidergeschäfte wurden zwar eingestellt. Aber als er im Frühjahr 2003 mit einem Privatjet nach Madrid flog, war der Anlass kein Geschäftsessen, sondern eine Aussage vor dem Untersuchungsrichter, der gegen ihn wegen Korruption in einer weiteren Angelegenheit ermittelt.

Frank Quattrone und die Credit Suisse First Boston erhielten 2000 aus dem Terra-Lycos-Merger für ihre Beratung nicht nur hohe Honorare, sondern auch höchstes professionelles Lob. Die Zeitschrift *Corporate Finance* krönte die Übernahme mit ihrer begehrten Auszeichnung *Deal of the Year*. Allerdings hatte das Platzen der Internet-Blase auch für Quattrone unerfreuliche Folgen. Während des Internet-Booms war er mit 100 Millionen Dollar jährlich einer der höchst bezahlten Banker gewesen. Aber schon Ende 2000 betrieben Anwälte Sammelklagen gegen ihn. Ermittlungen des FBI und der Börsenaufsicht schlossen sich an. Ein FBI-Agent fand E-Mails von Anfang Dezember 2000, in denen Quattrone seine Mitarbeiter anwies, noch vor dem Weihnachtsfest Arbeitsunterlagen und Dokumente zu entsorgen. Daraus leiteten Staatsanwälte den Vorwurf ab, Quattrone habe seine Mitarbeiter zur Beseitigung von Beweismitteln aufgefordert. Im Februar 2003 ließ Quattrone sich beurlauben, um sich auf seine Verteidigung in mehreren Verfahren konzentrieren zu können. Allerdings mit mäßigem Erfolg. Im Mai nahm sein Fall eine dramatische Wendung. Unter großer Beachtung der Medien kam er in Untersuchungshaft. Nur gegen Kaution und Abgabe seines Passes wurde er wieder entlassen. Ein erster Prozess gegen ihn endete 2003 ohne Urteil, weil die Jury sich zu keinem gemeinsamen Beschluss durchringen konnte. In einem zweiten Prozess wurde er im April 2004 dann für schuldig erklärt. Quattrone geht nun in die Revision.

Steve Case zog im Laufe des Jahres 2002 wegen seiner Beteiligung an den Round-Trip-Deals bei AOL und AOL Europe immer mehr Kritik von Großaktionären auf sich. Im Januar 2003 trat er als Chairman von AOL-TW und Executive zurück. Dem Aufsichtsrat gehört er allerdings weiterhin an. Auch im Mai 2004 wurde er mit knapper Mehrheit wieder gewählt. Da hatte AOL Time Warner »AOL« bereits aus dem Firmennamen gestrichen.

Robert Pittman, der als Präsident von AOL das Geschäft mit der Online-Werbung und den Round-Trips anbahnte und noch am Tag des Erscheinens des *Washington-Post*-Artikels AOL-TW verließ, hat als vielhundertfacher Millionär seine eigene Investmentfirma gegründet. Gegen ihn wurden Dutzende von Sammelklagen eingereicht; die Ermittlungen der amerikanischen Börsenaufsicht und der US-Justiz laufen noch. Im Mai 2004 ließ ein New Yorker Gericht eine Aktionärsklage gegen Pittman zu. Die Richterin Shirley Wohl-Kram machte in ihrer Entscheidung deutlich, sie sehe hinreichende Belege dafür, dass unter anderem Robert Pittman und Michael J. Kelly die Anleger betrogen hätten. Die Anwälte haben nach dieser Entscheidung nun die Möglichkeit, Einsicht in die Akten bei AOL-TW zu nehmen.

Und Thomas Middelhoff? Nach seinem spektakulären Abgang am 28. Juli 2002 war es für längere Zeit still geworden um den einstigen Vorzeigemanager in der Bertelsmann-Spitze. Jetzt aber ist »der Medienexperte mit exquisiten internationalen Kontakten«, wie ihn das *manager magazin* charakterisiert, wieder ganz oben angekommen: als Aufsichtsratsvorsitzender der Karstadt-Quelle AG.

Thomas Middelhoffs Abgang bei Bertelsmann war nicht unehrenhaft wie der Abgang von Juan Villalonga bei Telefonica und von Frank Quattrone bei der Credit Suisse First Boston. Aber er war auch nicht zufällig und rein sachlich begründet, auch wenn das Bertelsmann-Management eben dies glauben machen möchte. Die Legende über die Differenzen mit der Familie Mohn als Rücktrittsgrund und sein Verschwinden aus der Öffentlichkeit waren eine effiziente Strategie, die – bisher – verhindern half, dass Middelhoff und die Bertelsmann AG wegen ihrer Beteiligung an den großen Deals um AOL Europe, Terra Lycos und die Fusion von AOL und Time Warner zum Gegenstand investigativer Berichterstattung wurden. Diese Beteiligung war natürlich nicht selbstlos. Sie verschaffte Bertelsmann Milliardengewinne, an denen Middelhoff märchenhaft mitverdiente.

Das Verschwinden des Bertelsmann-Vorstandsvorsitzenden in der Versenkung nach seinem spektakulären Rücktritt ergibt also einen Sinn. Management und Wirtschaftsprüfer von AOL-TW bestreiten allerdings, dass bei den bislang nachgewiesenen falsch gebuchten Online-Umsätzen Betrugsabsichten überhaupt eine Rolle gespielt haben und dass es sich bei den von der Börsenaufsicht monierten Umsätzen mit Bertelsmann in Höhe von 400 Millionen Dollar tatsächlich um solche getürkten Umsätze handelte. So wäscht immer noch eine Hand die andere. Die alten Seilschaften funktionieren nach wie vor: Im Time-Warner-Aufsichtsrat sitzen Steve Case und dessen Vertraute Novack, Barksdale und Gilburne. Sie alle haben großes Interesse daran, eine Aufdeckung der Umsatzmanipulationen und Täuschungsmanöver oder auch nur das Eingeständnis eines Fehlverhaltens zu verhindern.

Falschbuchungen, die AOL-TW bislang einräumen musste, betrafen Umsätze in den USA aus Online-Werbegeschäften, die erst bekannt und zum Gegenstand der Ermittlungen wurden, nachdem die *Washington Post* Presse und Behörden alarmiert hatte. Die Unregelmäßigkeiten im Zusammenhang mit der Online-Werbung bei AOL Europe interessieren amerikanische Journalisten nur am Rande. Die Hintergründe dieses Optionsgeschäfts sind überdies schwer aufzuhellen, da AOL Europe in den USA als Auslandsgesellschaft von AOL gilt. Terra Lycos ist nach der Fusion im Oktober 2000 und der gescheiterten Rückintegration eine spanische Aktiengesellschaft mit Hauptsitz in Madrid. Ihre Aktien werden an der US-Börse Nasdaq nur noch in kleinem Umfang als Auslandszertifikate gehandelt und finden bei US-Anlegern kein Interesse. So blieben die Vorgänge um Terra Lycos und Middelhoffs Rolle bisher bei amerikanischen Medien nahezu unbeachtet.

Die Vorstellung vom »sauberen«, moralisch einwandfreien Weltkonzern aus der protestantischen Gütersloher Provinz sollte einem wirklichkeitsnahen Bild weichen. Denn wer will allen Ernstes behaupten, dass Reinhard Mohn, der Firmenpatriarch, die graue Eminenz im Hintergrund, der – wenn schon aus gesundheitlichen Gründen nicht mehr selbst, so doch über seine Ehefrau Liz und die Bertelsmann Stiftung – die Geschicke des Konzerns überwacht, von Geschäften in solcher Größenordnung nichts gewusst hätte? Dass Thomas Middelhoff wenige Tage nach der Veröffentlichung des Artikels in der *Washington Post* sein Amt aufgeben musste, lässt erahnen, wie sensibel man in Gütersloh auf jede Gefährdung der glänzenden Konzernfassade reagiert. Diese Fassade wird immer dann mit Begriffen wie Firmenkultur oder Firmentradition aufpoliert, wenn es darum geht, skrupellose Geschäftsmethoden zu vertuschen. Aber nur sie ermöglichte jene beispiellose Erfolgsgeschichte, die den ostwestfälischen Familienbetrieb seit 1835 vom christlichen Provinzverlag zum Weltkonzern geführt hat.

Reinhard Mohn, der ehrwürdige Firmenpatriarch, war zu jeder Zeit über Middelhoffs Tricks und Transaktionen informiert. Die ihm nachgesagte Furcht vor der Börse und das Misstrauen gegenüber dem Börsengeschäft ist ein Teil seiner Legende und damit der Bertelsmann-Legende. Mohn arbeitet an ihr, seitdem er das Unternehmen von seinem Vater übernommen hat. Vor allem diese Legende unterscheidet Bertelsmann von den anderen Medienkonzernen gleichen und ähnlichen Zuschnitts. Man macht nicht nur Profite, sondern »tut Gutes« – in den Anfängen für die ausgewählte protestantische Leserschaft, dann für »das Volk«, für die Wehrmachtssoldaten, nach 1945 per Lesering für die lesehungrigen Nachkriegsdeutschen, dann für das auf Zerstreuung abonnierte Massenpublikum in der ganzen Welt und schließlich als Global Player, der sich für Fusionen und Expansionen stark zu machen hat. Man handelt also nicht aus selbstverständlichen und nahe liegenden ökonomischen Gründen, nein: Man handelt auf der Grundlage eines »gesellschaftlichen Auftrags«. Reinhard Mohn beschwört ihn bei jeder passenden Gelegenheit und hat ihm die Bertelsmann Stiftung gewidmet. Wer – als Weltkonzern – einen derart strengen ethischen Maßstab an sich selbst legt, ist natürlich noch verwundbarer, wenn solche Verstrickungen wie die des Vorstandsvorsitzenden Thomas Middelhoff ans Licht der Öffentlichkeit geraten. Die Bertelsmann AG hat nicht nur – und das wäre schwer wiegend genug – rechtliche Konsequenzen, Klagen und finanzielle Einbußen zu erwarten, wenn es zu Ermittlungen kommt. Sie befindet sich auch in einem völlig unnötigen, selbst verschuldeten Dilemma. Man hat nämlich ein Gesicht zu verlieren, eine seit der Gründung 1835 tradierte Identität: mehr zu sein als alle Konkurrenzunternehmen, ein Konzern mit ethischem Selbstverständnis und sozialem Gewissen, dessen Oberhaupt sich mit diesem Postulat den Beinamen »Roter Mohn« verdient hat. Umso interessanter und erhellender wird es sein, in den folgenden Kapiteln hinter diese Fassade zu blicken und das andere Gesicht der Bertelsmann AG kennen zu lernen. Im Rückblick sind dessen Züge, verschwommen allerdings, schon in den Anfängen erkennbar. Sie treten deutlich hervor in der Zeit der guten Geschäfte des »Widerstandsverlags« mit den Nationalsozialisten, beim forschen Aufbau der Buchclubs in den Fünfziger- und Sechzigerjahren, bei der Neustrukturierung des Konzerns und der Gründung der Bertelsmann Stiftung. Auch die Konturen des Falls Middelhoff passen in dieses Gesicht. Sie geben ihm ein globales Gepräge.

Ein theologischer Verlag
in der westfälischen Provinz –
Die Frühgeschichte
des Hauses Bertelsmann (1835–1932)

Was du ererbt von deinen Vätern ...

Die Geschichte des Hauses Bertelsmann ist die Geschichte von fünf Männern, einem Gründer und vier Nachfolgern, die das Firmenerbe jeweils vom Vater oder Schwiegervater übernahmen und es gewissenhaft im Sinne der Familie verwalteten. Mit kaufmännischem Geschick und religiöser Überzeugung schufen sie nicht nur die Grundlagen für den heutigen Weltkonzern, sondern auch für die Legende, die sich bis in die Gegenwart um den Familienbetrieb rankt und in Bertelsmann-Kreisen als Unternehmensphilosophie verkauft wird. Diese Legende ist eine von Bertelsmann selbst geschriebene oder zumindest in Auftrag gegebene.

Wie sie begann, berichtete zuerst Heinrich Mohn, der dritte Erbe. Anlässlich des 100. Firmenjubiläums im Jahr 1935 stellte er die Ergebnisse seiner Ahnenforschung vor. In *Carl Bertelsmann. Ein Bild seines Lebens* richtete er den Stammbaum des Firmengründers auf, dokumentierte dessen Tagebuch und Briefe und beschrieb das Werk der Nachfolger als Fortsetzung des Gründungsakts. Diese Familiengeschichte wurde mehrmals nacherzählt und auf verschiedene Weise angereichert. Roland Gööck brachte 1968 unter dem Titel *Bücher für Millionen. Fritz Wixforth und die Geschichte des Hauses Bertelsmann* Heinrich Mohns Informationen in eine chronologische Reihenfolge. Walter Kempowski verknüpfte die erhaltenen Erbstücke und Dokumente 1985, zum 150. Firmenjubiläum, mit Anekdoten unter dem nostalgischen Motto

»Schwarzbrod und Freiheit sei mir beschieden ...«. Der große Bericht der *Unabhängigen Historischen Kommission zur Erforschung der Geschichte des Hauses Bertelsmann im Dritten Reich* (UHK) von 2002 handelt die Frühgeschichte im ersten Kapitel als »Das fromme Erbe« ab. Hier erscheinen die historischen Fakten als Indizien für eine kritische Gesinnungsgeschichte[1] – wiederum im Auftrag der Bertelsmann AG und damit als Teil der Bertelsmann-Legende. An der Selbstdarstellung – oder Selbstinszenierung – des Konzerns kommt offenbar niemand vorbei, nicht einmal beim Blick auf die Frühzeit der Firmengeschichte.

Carl Bertelsmann, der Gründer (1835–1850)

Die Urerfahrung des Hauses Bertelsmann ist bittere Not – und wie sie der Verlagsgründer durch Zielstrebigkeit und Selbstaufopferung überwand. Carl Bertelsmann wurde 1791 in Gütersloh geboren, einem Dorf mit 300 armseligen Häusern und ungepflasterten Straßen. Die Einwohner ernährten sich vornehmlich durch Flachsspinnerei und Garnhandel. Carl war gerade anderthalb Jahre alt, als sein Vater, ein Kaufmann und Bierbrauer, nach schwerer Krankheit starb. Die Mutter brachte ihre fünf (überlebenden) Kinder unter erbärmlichen Umständen allein durch und sorgte sogar für eine gute Ausbildung. Wie sein elf Jahre älterer Bruder erlernte Carl das Buchbinderhandwerk. Da er in seinem Beruf keine Anstellung fand, diente er ab Februar 1811 dem von den napoleonischen Behörden eingesetzten Bürgermeister als Sekretär.

Während dieser Tätigkeit erhielt er einen Wink des Schicksals. Auf einer Rekrutierungsliste der westfälischen Armee für den Russlandfeldzug Napoleons entdeckte er seinen Namen; unverzüglich machte sich Carl aus dem Staub. Auf einer dreijährigen Wanderschaft ins Ungewisse, die ihn bis nach Breslau und erst im Oktober 1815 zurück nach Gütersloh führte, sammelte er Kenntnisse in der Buchdruckerkunst. In der Ferne reifte sein Entschluss, die vorgezeichnete Lebensbahn zu ändern. Das Tagebuch, dem er seine Eindrücke und Überlegungen anvertraute, offenbart das verblüffend hohe Bildungsniveau des Schreibers. Woher, fragt Walter Kempowski, »kommt der Ehrgeiz, sich eines schriftstellerischen Gestus' zu bedienen«? Kulturelle Ambitionen paarten sich mit ökonomischem Ehrgeiz. Auf der letzten Seite des Tagebuchs ist noch heute der Abdruck eines aufgeklebten Geldstücks zu erkennen, das ihm jemand aus

Mitleid geschenkt hatte. Carl Bertelsmann hatte es nicht ausgegeben, sondern als bleibenden Ansporn in Ehren gehalten, das Schicksal mit aller Kraft zu meistern und keinen Taler zu vergeuden.

Nach dem Tod seines älteren Bruders nahm Carl dessen Platz als Buchbinder im gewachsenen, aber noch weiter verarmten Gütersloh ein. Er arbeitete täglich vierzehn Stunden oder mehr. Dennoch musste er, um sein Auskommen zu finden, zusätzlich das Amt des staatlichen Steuereinnehmers ausüben und die Gütersloher Kommunalkasse verwalten: der Beginn seiner zweiten, öffentlichen Karriere. Der Nebenerwerb erlaubte es ihm endlich, seine Braut zu ehelichen. Mutig ergriff er noch einen weiteren Beruf, den des Steindruckers. Nun begann das Geschäft zu florieren. Weil er mehr Platz für Familie, Werkstatt und Mitarbeiter benötigte, kaufte er 1824 ein kleines Fachwerkhaus am Kirchplatz. Einen 7 Meter langen Balken dieses Hauses schmückte ein Wort aus dem 56. Psalm: »Wirf dein Anliegen auf den Herren. Der wird den Gerechten nicht ewiglich in Unruh lasen.« Dieser Balken ist heute in eine Spannbetonwand im Treppenhaus der Hauptverwaltung des Bertelsmann-Konzerns eingelassen. Der hier formulierte Anspruch ist, ins Weltliche gekehrt, bis ins 21. Jahrhundert ein Leitmotiv der Bertelsmann-Legende geblieben.

Carl Bertelsmann ließ die begehrten *Nürnberger Bilderbögen* lithografieren und von armen Kindern der Gemeinde farbig ausmalen. Die Kunde von dieser Mildtätigkeit gelangte bis in die Regionalzeitung. Anfang der Dreißigerjahre begann er, in hoher Auflage ein Schulbuch zu drucken. Seit 1833 verkaufte er zu Tausenden die *Theomele*, eine mehrbändige Sammlung christlicher Lieder und Gesänge in Texten und Noten, herausgegeben von seinem späteren Schwiegersohn, dem Lehrer und Chronisten Friedrich Eickhoff. 1835 kaufte er eine Druckerpresse sowie die Lettern verschiedener Schriftarten und erhielt von der Königlich-Preußischen Regierung in Minden die Genehmigung zur Eröffnung einer Buchdruckerei. Der »unpoetische ordinaire Geist«, wie er sich selbst charakterisierte, hatte sein Fernziel erreicht: Er war Verleger geworden. Als Motto und Emblem seines Verlags wählte er ein Wort aus dem 24. Psalm: »Machet die Tore weit und die Türen in der Welt hoch, dass der König der Ehren einziehe! Wer ist derselbe König der Ehren? Es ist der Herr, stark und mächtig, der Herr, mächtig im Streit.« Als eine jener Kräfte, die in der Welt die Tore öffnen und die Kunde von der Macht und Strenge des Herrn verbreiten, sah sich der Verleger Carl Bertelsmann, ganz ähnlich wie seine Nachfolger.

Der neben Eickhoff wichtigste Autor, Freund und Initiator des jungen Verlags C. Bertelsmann war Pastor Johann Hinrich Volkening, der leutselig-barsche Begründer der Minden-Ravensbergischen Erweckungsbewegung. Die Gottesdienste und Missionsfeste des imposanten Predigers zogen Tausende evangelischer Christen an. Der Verlag druckte Volkenings *Auswahl geistlicher Lieder oder alte und neue Stimmen aus Zion* und *Die kleine Missionsharfe*, eine weitere Liederauswahl, eigens zusammengestellt für die Teilnehmer der Missionsfeste, die in Westfalen seit 1835 regelmäßig stattfanden. Von dieser Sammlung wurden im Laufe der folgenden Jahrzehnte nahezu zwei Millionen Exemplare verkauft. Volkening und Bertelsmann erhofften sich von der massenhaften Verbreitung ihrer Lieder und Schriften eine aufrüttelnde Breitenwirkung.

Vor allem als Sprachrohr der pietistischen Erweckungsbewegung in Westfalen erlebte der Verlag einen raschen wirtschaftlichen Aufschwung. Seine volkstümlich-kirchlichen Erbauungsschriften und Liedersammlungen bedurften keiner Werbung und keiner Rezensionen. Sie verkauften sich bei den Veranstaltungen der Pietisten von selbst. Später kamen Ausgaben des Neuen Testaments, evangelische Missionsschriften und theologische Fachliteratur hinzu. Ergänzt wurde die christlich-theologische Produktion durch Schullesebücher *(Der Jugendfreund für Schule und Haus)*, Jugendbücher und weltliche Liedersammlungen *(60 Lieder für 30 Pfennig, 80 Lieder nach dem Urtext und mit Berücksichtigung der preußischen Schul-Reputation)*. Die zuletzt genannte Sammlung erreichte eine Auflage von 200 000 Exemplaren. Darüber hinaus erwarb der Verlag das Recht, populäre und schultaugliche literarische Werke nachzudrucken. So erschienen bei Bertelsmann die Sagen und Märchen von Adalbert von Chamisso, Johann Wolfgang von Goethe und Friedrich Rückert.

Zur pietistischen Erbauungsliteratur gehörten außerdem die in schlichter Sprache verfassten religiösen Zeitschriften. Auch sie garantierten einen kontinuierlichen Absatz. Das zentrale Organ der Minden-Ravensberger Erweckungsbewegung, das *Evangelische Monatsblatt für Westfalen*, die so genannten *Blauen Hefte*, wurde seit 1845 von Bertelsmann gedruckt und vertrieben. In Kürze hatte der Verlag unter den Anhängern der Bewegung an die 20 000 Abonnenten gewonnen. Weitaus schwerer tat sich Carl Bertelsmann, wenn er ein Periodikum für die Allgemeinheit herausgab. Bereits 1833 trat er mit einem Wochenblatt, dem *Oeffentlichen Anzeiger für den Kreis Wiedenbrück*, hervor. Er schrieb den gesamten Inhalt bis zu den Bekanntmachungen und den privaten Anzeigen mit der Hand und übertrug das Geschriebene auf die Drucksteine. Nach 25 Ausgaben musste er den *Anzeiger* mangels Interesse der Behörden und des Publikums einstellen. Im Revolutionsjahr 1848 unternahm er einen erneuten Versuch, bei dem das Ende noch schneller kam. Das *Volksblatt* erschien nur zweimal.

Ganz so, als hätte er sich ein persönliches Bilderverbot auferlegt, ist von Carl Bertelsmann kein einziges Porträt überliefert. Wir besitzen nur Charakterbilder von ihm. Der Verlagsgründer galt seinen Zeitgenossen, so Heinrich Mohn, »als ein Mann von strenger Rechtlichkeit, tiefer Frömmigkeit, großem Fleiß und erprobter Königstreue«. Anspruchslosigkeit war im Fachwerkhaus am Kirchplatz ein selbstverständliches Lebensprinzip. Gespart wurde bis zur Knauserei, auch bei Hochzeits- und Geburtstagsgeschenken. Als puritanischer Verleger puritanischer Literatur versah Carl Bertelsmann sein einträgliches Geschäft im Auftrag eines Höheren. Ob er sich auserwählt glaubte, wissen wir nicht. Jedenfalls sah er sich durch seinen unternehmerischen Erfolg zu weiterer Sparsamkeit und Investition aufgerufen. Als er am 3. Mai 1846 in einem Brief seinem ältesten Sohn Heinrich die Absicht eröffnet, in Gütersloh eine Sortimentsbuchhandlung zu gründen, gesteht er zunächst ein, dass er im Interesse des Familienlebens am liebsten auf diesen Plan verzichten würde. Jedoch: »Anders ist es, wenn man das Ganze ins Auge fasst ... Du weißt, dass wir mehr unsern Beruf fürs Leben als Verdienst und Wohlleben berücksichtigen müssen, damit es nicht heiße, dass wir unser Pfund vergraben haben. Hier würde also die Frage von Gewicht sein: ›Hat der Buchhändler Gelegenheit, mehr als ein anderer den Menschen seiner Bestimmung entgegenzuführen?‹«[2] Das Motiv des buchhändlerischen Dienstes für die Menschen wird gut 100 Jahre später Reinhard Mohn wieder aufgreifen.

Am 1. März 1847 gesteht Carl Bertelsmann seinem Sohn erneut die »Sehnsucht nach Ruhe«, um sich sofort selbst zu ermahnen: »Nur dürfen wir das Pfund nicht vergraben, das uns anvertraut ist, vielmehr mit demselben wuchern, auch besonders für höhere Zwecke, wozu jedoch immer und vorzugsweise die Ausbildung fürs praktische Leben gehört.«[3] Hier bekennt sich ein Anhänger der Erweckungsbewegung zu der Aufgabe, alle Kräfte, einschließlich des Kapitals, für die Erneuerung des christlichen Geistes in den Gemeinden und Familien einzusetzen. Die Erweckten forderten die Rückbesinnung auf neutestamentarische Frömmigkeit als Grundlage staatlicher und sozialer Ordnung. Heute würde man sie Fundamentalisten nennen. Infolge der starken Bevölkerungszunahme und der urbanen Industrialisierung waren in der ersten Hälfte des 19. Jahrhunderts auch in Westfalen große Teile der ländlichen Gesellschaft verelendet. Scharen von Kindern zogen sich selbst überlassen bettelnd über das Land. Durch die so genannte Innere Mission sollten die Verelendeten neuen religiösen Halt bekommen, straffällig Gewordene sollten nicht der strafenden Obrigkeit, sondern in »Rettungs«-Anstalten der missionarischen Erziehung übergeben werden. Volkenings Bewegung bekämpfte Unordnung, »Tanzerei, Hurerei und Kartenspielen« ebenso erbittert wie die Folgen der Aufklärung und den politischen Liberalismus. In den Forderungen nach Autonomie und Emanzipation erkannte sie den Abfall von Gott und sah sich darin im Einklang mit dem frommen, ebenfalls erweckten Preußenkönig Friedrich Wilhelm IV. Nicht von eitler Weltläufigkeit, sondern vom »Geist der Zucht« im schlichten Volksglauben erhoffte sich Volkening Rettung, auch von den Folgen der Massenarmut. Als 1848 das fortschrittliche Bürgertum gegen den Absolutismus Sturm lief, erwies sich die Erweckungsbewegung als Bollwerk der Gegenrevolution.

Viele Publizisten, die für den Aufstieg des Hauses Bertelsmann Erklärungen suchen, werden in Max Webers Schrift *Die protestantische Ethik und der Geist des Kapitalismus* fündig. Weber kennzeichnet die Haltung der disziplinierten protestantischen Unternehmer mit prägnanten Wendungen wie »innerweltliche Askese«, »Philosophie des Geizes«, »Berufsethik« und »Werkheiligkeit«. Nach Weber werden Gewinnstreben und Geschäftstüchtigkeit dieser rastlosen Kapitalisten von einer »ethisch gefärbten Maxime der Lebensführung« überlagert. Solche Kapitalisten verbrauchen den erwirtschafteten Mehrwert nicht, sondern stecken ihn unablässig in die Erweiterung des Werks. Dies alles scheint auf Carl Bertelsmann und seine Nachfolger zuzutreffen, erklärt aber nicht deren Aufstieg. Die Bertelsmann-Interpreten wollen ja gerade darlegen, wie es dem Verlag gelingen konnte, derartig erfolgreich zu werden, das heißt, viele andere Verlage hinter sich zurückzulassen. Diese Konkurrenten handelten aber größtenteils ebenfalls im kapitalistischen »Geist« der Selbstdisziplinierung. Der »Geist« erklärt noch lange nicht den tatsächlichen Erfolg. Er ist nur eine wichtige Erfolgsbedingung.

Auch das Bekenntnis des Verlags C. Bertelsmann zum westfälischen Pietismus lässt sich nicht vollständig mit der These des Soziologen vereinbaren. Die »pathetische Unmenschlichkeit« der calvinistisch geprägten Großindustriellen war Volkenings Bewegung fremd. Diese Bewegung reagierte auf die

Massenarmut und sah ihre Hauptaufgabe darin, das Elend, die Verwahrlosung und die Unsittlichkeit zu »heilen«. Carl Bertelsmann deutete seinen Weg zu Wohlstand und Ansehen als Verpflichtung zur öffentlichen Caritas. Er widmete sich der kommunalen Armenpflege, spendete für den Bau der Eisenbahnlinie Berlin–Köln (mit Halt in Gütersloh), ließ sich ins Stadtverordnetenkollegium wählen und zum Kirchmeister ernennen. Er beaufsichtigte den Bau des Pfarrhauses und gründete mit anderen Erweckten einen »Enthaltsamkeitsverein«. Sein Ältester, Heinrich Bertelsmann, zog nach Abschluss seiner Schulzeit in das Pfarrhaus Volkenings in Jöllenbeck ein, wo er den letzten christlichen Schliff erhielt. Carl Bertelsmanns größtes und letztes öffentliches Werk war die Vorarbeit zur Gründung des Evangelisch-Stiftischen Gymnasiums in Gütersloh, das kurz nach seinem Tod im Dezember 1850 im Rahmen eines Missionsfestes von König Friedrich Wilhelm IV. feierlich eröffnet wurde. In der zweiten Nummer seines *Volksblatts* hatte Bertelsmann 1848 beteuert, das zu gründende Gymnasium sei keineswegs Eigentum der Gütersloher Bevölkerung. Vielmehr sei es »vorab für das gesamte protestantische Deutschland bestimmt, dem es fromme, pflichtgetreue Söhne und Leiter des Volkes ausbilden soll, die da helfen, dass wir eine bessere Zeit erhalten, die lediglich in der Durchdringung des Christentums zu finden ist; wir sind daher der Gesamtheit Rechenschaft schuldig an diesem uns anvertrauten Pfunde.«[4] Das Pfund war für das öffentliche Wohl bestimmt, und dieses Wohl lag im christlichen Heil.

Gleichzeitig wucherte das Pfund im Verlag. Jene Journalisten und Medienexperten, die im Rückblick auf Bertelsmanns Erfolgsgeschichte den Faktor »protestantische Ethik« herausstellen, übersehen einen anderen, den nächstliegenden Faktor. Carl Bertelsmann wurde von protestantischer Verzichtsethik geleitet, doch zugleich druckte er diese Ethik, und zwar im Auftrag der Erweckungsbewegung. Er war für die nahen und fernen Sympathisanten der Inneren Mission derjenige, der die Ethik »machte«, indem er sie aufs Papier brachte und verbreitete. Das war seine Geschäftsgrundlage. Bertelsmanns Gewinne dienten der guten Sache, waren also gottgefällig und brachten dem Wohltäter ganz nebenbei auch einen beträchtlichen Profit. Die Überzeugung, Gutes zu tun und dafür belohnt zu werden, spornte Carl Bertelsmann zu kaufmännischen Bravourtaten an.

Heinrich Bertelsmann, der Käufer (1851–1887)

Im Alter von 23 Jahren trat Heinrich Bertelsmann als gelernter Buchhändler das Erbe des Vaters an, ein tief religiöser, kontrollierter, verschlossener Mann. Wie seinen Vater verpflichtete der wachsende Umsatz den Sohn zu gottgefälligem Tun. Und wie sein Vater verordnete sich Heinrich öffentlich ebenso wie im Selbstgespräch per Tagebuch harte Arbeit, Verzicht und tägliche Prüfung im Gebet. Gleichwohl neigte er zu kühnen Entschlüssen. Schon zu Beginn seiner 36-jährigen Verlegertätigkeit verschuldete er sich durch den Ankauf eines Schulbuchverlags und die Erweiterung der Geschäftsräume. Als sich 1856 die Mutter als offizielle Firmeninhaberin aufs Altenteil zurückzog, musste er auch noch seinen jüngeren Bruder Wilhelm auszahlen.

Im »festen Vertrauen auf die göttliche Durchhilfe«, mit Sparsamkeit und Tatkraft überwand er die finanzielle Durststrecke. Dass er es schaffte, den Schuldenberg abzutragen, gab ihm den Auftrieb zur Expansion. Es passt so gar nicht zum Genrebild bedächtiger ostwestfälischer Buchbinder, Drucker und Buchhändler, dass Heinrich Bertelsmann zwischen 1861 und 1887 eine Reihe von Schul- und Jugendbuchverlagen in Stuttgart, Nürnberg, Berlin und Düsseldorf aufkaufte. Dabei riet ihm sein »kühl-sachlicher Kaufmannsgeist«, nicht immer gleich den ganzen Betrieb zu übernehmen. Bei S.G. Liesching in Stuttgart und Ferdinand Dümmler in Berlin holte er sich zunächst nur die wertvollsten Titel und Reihen: Gustav Schwabs millionenfach aufgelegte *Sagen des klassischen Altertums*, Friedrich Gills *Deutsche Kinderheimat in Bildern und Liedern*, die Schriften der Brüder Grimm einschließlich der *Kinder- und Hausmärchen* oder Friedrich Rückerts *Sieben Bücher morgenländischer Sagen und Geschichten*.

Der Zugriff auf Verlage in verschiedenen, weit auseinander liegenden Teilen des Deutschen Reiches und die Erweiterung des Angebots um populäre Jugendbücher und historische, pädagogische und philologische Schriften waren nicht allein von der günstigen Gelegenheit motiviert. Den Plan zum Wachstum schmiedete Heinrich Bertelsmann schon lange. Seit der Übernahme des Verlags strebte er eine deutliche Erweiterung des Absatzmarktes an. Er besorgte sich ein wissenschaftlich-literarisches Mischprogramm und trat mit ihm aus der theologischen Nische heraus. Ein Wagnis ging er damit streng genommen nicht ein, da er nur Buchreihen und Autoren kaufte, die ihre Zugkraft bei anderen Verlagen schon bewiesen hatten, sodass sie im öffentlichen Buchhandel bevorzugt angeboten wurden. Das weit verbreitete Jugendbuch fand seine wissenschaftliche Entsprechung in pädagogischen Standardwerken wie dem *Methodischen Handbuch für den Gesamtunterricht im Rechnen* von Diesterweg und Henser, in Auswahlbänden internationaler Erfolgsautoren wie Lord Byrons *Dichtungen* und in Zeitschriften aufstrebender wissenschaftlicher Disziplinen, zum Beispiel der *Zeitschrift für vergleichende Sprachforschung*. Die Zahl der Bücher und Mitarbeiter wuchs rasch. Unter Heinrich Bertelsmanns Leitung erschienen im Verlag 554 Titel, neunmal mehr als bis zum Tod des Vaters, und Dutzende von Zeitschriften. Bei etwa 9 Prozent der Titel handelte es sich um klassisch-belletristische Werke, bei etwa 22 Prozent um Sachbücher.

Die theologischen Schriften erbaulicher und wissenschaftlicher Art hatten mit gut 68 Prozent der Titel nach wie vor den Löwenanteil. Immer noch erreichten die Liederbücher und Werke der Erweckungsbewegung die höchsten Auflagen; ansonsten erweiterte sich das theologische Spektrum des Verlags auf alle Strömungen des orthodox und konfessionell ausgerichteten Neuluthertums. Bertelsmann stieg zu einem der vier größten theologischen Verlagshäuser Deutschlands auf. Und das war durchaus kein Aufstieg in einem Randmarkt. Im Deutschland der zweiten Hälfte des 19. Jahrhunderts weckten theologische Schriften ein größeres Publikumsinteresse als alle anderen Literatursparten. Es ist heute kaum mehr vorstellbar, aber das damalige Bedürfnis breiter Schichten nach religiöser Orientierung und Erneuerung erlaubte eine kontinuierliche Massenproduktion von Gesangbüchern, religiösen Kalendern, belehrenden Erzählungen und Schriften der inneren und äußeren Mission. Das große Interesse der christlichen Leserschaft prägte das öffentlich bekundete Selbstverständnis des Verlags. Als dieser 1885 sein 50-jähriges Bestehen feierte, war auf einem großen Transparent zu lesen: »Vor fünfzig Jahren fing man an / Zu drucken bei C. Bertelsmann. / Seitdem druckt man mit großem Fleiß, / Was dient zu Gottes Lob und Preis. / Jetzt können selbst die fernen Heiden / An hier gedrucktem Wort sich weiden.«

Heinrich Bertelsmann festigte die Bindung an die pietistische Erweckungsbewegung, in deren Schoß er aufgewachsen war. Dadurch wurde der Verlag personell und organisatorisch eng verflochten mit dem Kundenkreis, für den er seine theologischen Schriften druckte: mit den protestantischen Vereinen, Bewegungen und Schulen. Unter sämtlichen großen deutschen Verlagsunternehmen des ausgehenden 19. und des 20. Jahrhunderts zeichnet sich der C. Bertelsmann Verlag vor allem dadurch aus, dass er sich größtenteils über

Kundenbeziehungen außerhalb des allgemeinen Buchmarkts entwickelte. Hier musste er sich nur selten gegenüber Wettbewerbern behaupten und konnte den Absatz bestimmter Titel vorausplanen und steuern. Wenn Pfarreien, Schulen, religiöse Vereine und Lesezirkel eine Schrift abonnierten und verteilten, gedieh die Auflage wie in einem witterungsbeständigen Schutzraum. Auf öffentlichen Veranstaltungen übernahmen häufig die Gemeinden und Vereine selbst den Verkauf. Bei den meisten Titeln des Verlags handelte es sich um christliche, auf verschiedenen Wegen direkt vertriebene Verbandsliteratur. Das trifft sicherlich auch auf viele andere deutsche Verlage zu. Doch diese blieben vergleichsweise klein oder auf regionale Märkte beschränkt. Nicht so Bertelsmann. Der Gütersloher Verlag suchte überall die Gelegenheit zum massenhaften Absatz für eine möglichst große Zahl seiner Titel. Wenn die Potenziale des Direktvertriebs schrumpften, wechselte er seinen (exklusiven) Massenmarkt. An die Stelle der evangelischen Missionsbewegung als Hauptabnehmerschaft traten später die Kunden der Reisebuchhändler, während des Dritten Reiches die Soldaten der Wehrmacht und in den Fünfzigerjahren die Mitglieder des Leserings.

Eine weitere unternehmerische Tradition des Hauses Bertelsmann wurde gleichfalls im 19. Jahrhundert begründet: der Verkauf an der Haustür. Seit 1864 (dem Jahr, in dem in Preußen und anderen deutschen Bundesstaaten viele Gewerbebeschränkungen aufgehoben wurden) bediente sich der C. Bertelsmann Verlag einer neuen Zunft von Buchhausierern, der so genannten Kolporteure. Diese Vorgänger der Reisebuchhändler boten ihre Ware an der Haustür feil, überwiegend in Groß- und Kleinstädten und hier vor allem in den Wohnvierteln der Arbeiterschaft und des unteren Kleinbürgertums. Kolporteure vertrieben für Bertelsmann den größten Teil der religiös-erbaulichen Schriften, die nicht von christlichen Organisationen abgenommen wurden, sowie jenen Teil der Auflage von Jugendbüchern, der nicht in die Buchhandlungen kam. Sie verwickelten meist die Hausfrauen, seltener die Familienväter in Verkaufsgespräche und wandten dabei routinierte Überredungskünste an. Sie beherrschten den Jargon ihrer Zielgruppen und beschworen die einmalige Gelegenheit, sich durch die Lektüre preiswerter Sonderausgaben zu bilden.[5] Mit dem im 19. Jahrhundert nicht ungewöhnlichen Kolportagebuchhandel entdeckte Heinrich Bertelsmann für seinen Verlag eine ideale Ergänzung zum Direktvertrieb, die seine Nachfolger im 20. Jahrhundert perfektionierten.

Die engsten Bindungen an den Verlag hatten die Abonnenten der evangelischen Monats- und Jahresschriften. Sie bildeten wahre Lesergemeinden, in denen Bertelsmann auch für seine sonstigen Publikationen werben konnte. Jede Neugründung eines kirchlichen beziehungsweise theologischen Gesinnungsforums vergrößerte den Umfang des zuverlässigen, kontinuierlichen Geschäfts mit den direkt ansprechbaren Kundengruppen. Daher erhöhte sich im Laufe der Zeit die Häufigkeit solcher Gründungen und Übernahmen. Ihre Titel sprechen für sich selbst. 1857 erschien bei Bertelsmann erstmals das *Evangelische Schulblatt*, 1864 der *Beweis des Glaubens* (später *Geisteskampf der Gegenwart)*, 1869 der *Amtskalender für evangelische Geistliche* und Schneiders *Kirchliches Jahrbuch*, 1874 die *Allgemeine Missionszeitschrift*, 1876 *Siona* (von *Zion*, »die Himmlische«), 1878 der *Theologische Literaturbericht* und 1880 die *Monatsschrift für Innere Mission*.

Mit der Gründung allgemeiner Zeitungen hatte dagegen auch Carl Bertelsmanns Sohn keine glückliche Hand. Für die große Öffentlichkeit fand der Verlag kein Erfolgsrezept. Um politischen Einfluss zu gewinnen, brachte Heinrich Bertelsmann 1859 das *Volksblatt für Minden-Ravensberg* heraus – im selben Jahr, in dem er mit einigen Gesinnungsgenossen die Christlich-Konservative Partei in Minden, Ravensberg und Lippe gründete. Im Untertitel deklarierte sich das Blatt als »christlich«, »deutsch« und »preußisch«. Es erschien zweimal wöchentlich und unterhielt nahezu eine Vollredaktion, nämlich ein innenpolitisches, ein außenpolitisches, ein kirchliches und ein lokales Ressort. Später, als die Auflage unaufhaltsam sank, verwandelte sich die Zeitung unter dem Titel *Konservativer Volksfreund – Organ der Konservativen Partei* in ein erklärtes Kampfblatt. Damit wurde es endgültig in eine publizistische Nische gedrängt und 1892 schließlich eingestellt. Ein zweiter Versuch, die *Gütersloher Wochenzeitung*, ein »Blatt für Industrie, Gewerbe und Landwirtschaft«, scheiterte 1883 bereits nach einem halben Jahr. Mit dem Versuch eigener publizistischer Einflussnahme verlor Bertelsmann Leser, anstatt weitere zu gewinnen. Sogar der Einstieg in den öffentlichen Buchhandel missglückte. Die von Carl Bertelsmann eröffnete Sortimentsbuchhandlung war ein Verlustgeschäft. Heinrich Bertelsmann gab sie 1869 an einen früheren Mitarbeiter ab.

Auch als Politiker manövrierte sich der Verleger ins Abseits. Zwar wurde er zum Stadtverordneten in Gütersloh gewählt. Aber seine Christlich-Konservative Partei errang keinen einzigen Abgeordnetensitz in Berlin, obwohl sie mit populären Parolen gegen die kirchenfeindliche, liberale Haltung der ostwestfälischen Sozialdemokratie ankämpfte. Öffentliche Anerkennung erhielt Bertelsmann nur in Ehrenämtern (als Kirchmeister und Presbyter seiner Gemeinde) und als Wohltäter, der für das Gymnasium, eine Kinderschule, eine Stiftung im Bereich der Armen- und Krankenpflege, Not leidende Witwen und eine Strick- und Nähschule großzügig spendete. »Gleich seinem Vater stellte auch Heinrich Bertelsmann Kraft und Erfahrung seines Lebens in reichem Maße der Allgemeinheit zur Verfügung«, schrieb Heinrich Mohn.

Man kann in Heinrich Bertelsmanns Gemeinnützigkeit eine Vorstufe des Wirkens der heutigen Bertelsmann Stiftung sehen – und in der Einrichtung einer Invaliden- und Pensionskasse im Betrieb eine Vorstufe der vom gegenwärtigen Oberhaupt der Eigentümerfamilie Reinhard Mohn geförderten »Unternehmenskultur«, die wir im fünften Kapitel darstellen. In beiden Fällen festigt die Wohltätigkeit des »Firmenpatriarchen« die Abhängigkeit der Angestellten. Ab Januar 1887, zwei Jahre bevor das Bismarck'sche Invaliditäts- und Altersversicherungsgesetz in Kraft trat, erhielten bei Bertelsmann alle Arbeiter und Angestellten, die dem Unternehmen mindestens zehn Jahre angehörten, im Ruhestand und im Falle schwerer Erkrankung Zahlungen aus der betriebseigenen Versorgungskasse. Die Zeithistoriker Sybille Steinbacher und Norbert Frei erkannten 2002 als Mitarbeiter der Unabhängigen Historischen Kommission (UHK) in Heinrich Bertelsmanns »sozialfürsorgerischen« Maßnahmen lediglich eine »Disziplinierung im Dienste sozialer Harmonie« und eine Art »paternalistischer Wohltätigkeit«, die das Pflichtbewusstsein und die Leistungsbereitschaft der Beschäftigten stärken sollte.[6] Aus einer solchen Analyse betrieblicher Herrschaftsstrukturen 115 Jahre danach kann aber nicht gefolgert werden, dass Heinrich Bertelsmann die genannten Auswirkungen bewusst einkalkulierte oder dass er eine Alternative gehabt hätte. Er handelte nach seinem pietistischen Verständnis und gemäß seiner paternalistischen Einstellung gegenüber Familienmitgliedern und Untergebenen. Letztere machten sich ohnehin keine Illusionen über ihre Stellung im Verlag. Heinrich Bertelsmann unterwarf seine Arbeiter und Angestellten ebenso wie sich selbst den Geboten eiserner Pflichterfüllung. Und er verlangte viel: »Wer nicht zur festgesetzten Zeit am Arbeitsplatz erschien, fehlerhaften Satz lieferte oder Korrekturen nachlässig ausführte, musste sich Lohnabzüge gefallen lassen. Mit fristloser Entlassung war bedroht, wer sich während der Arbeitszeit wiederholt Speisen und Getränke holen ließ. Diese Arbeitszeit betrug netto elf Stunden, von sechs Uhr morgens bis acht Uhr abends.«[7]

Johannes Mohn, der »vierte Pastor von Gütersloh« (1887–1921)

Seit 1887 tragen die Eigentümer des C. Bertelsmann Verlags den Namen Mohn. Die beiden Söhne Heinrich Bertelsmanns waren schon als Säuglinge gestorben. Der Verleger bestimmte daher seine einzige Tochter Friederike zur Nachfolgerin, führte sie persönlich in die Geheimnisse des Verlagswesens und der Buchhaltung ein und nahm sie auf seinen Geschäftsreisen mit. 1881, in ihrem 21. Lebensjahr, »vertraute« er sie, wie es bei Roland Gööck heißt, dem 24-jährigen Buchhändler Johannes Mohn an. Dieser war ein Pastorensohn aus Niederwambach im kargen, armen Westerwald, der wegen seiner »ständig belegten Stimme und dauernden Heiserkeit« nicht in die Fußstapfen seines Vaters treten konnte. Als Glied einer pietistisch »erweckten« Familie besuchte er das Evangelisch-Stiftische Gymnasium zu Gütersloh, lernte bei C. Bertelsmann und bei Buchhandlungen in Basel, Berlin und München und kehrte 1879 in den Verlag zurück. Für Heinrich Bertelsmann war er der wahlverwandte Sohn, den ihm die Vorsehung schenkte. Beide waren verschworene Parteigänger der altpreußischen Konservativen. Kurz vor der Hochzeit erteilte Heinrich seinem Schwiegersohn Prokura. In der Verlagsleitung endete damit zwar »die Linie Bertelsmann«, doch nur auf der symbolischen Ebene des Familiennamens. Das religiöse und geschäftliche Familienerbe war gesichert, obwohl man Johannes Mohn nachsagte, er sei »impulsiver« und »weichherziger« als sein Schwiegervater und denke weniger »in kaufmännischen Begriffen«.

Vielleicht leitete er – ab 1887 – den Verlag weniger als Kaufmann denn als verlegerischer Theologe. Falls aber kaufmännische Unsicherheit bei ihm überhaupt eine Rolle spielte, bestärkte sie ihn in der Absicht, vor allem auf das Stammgeschäft des Unternehmens zu setzen. Johannes Mohn förderte den Vertrieb in direkt ansprechbaren Leserkreisen, wobei er sich in erster Linie auf die Pflege und Gründung theologischer Zeitschriften und Schriftenreihen konzentrierte. Mit Erfolg: Gegen Ende des 19. Jahrhunderts avancierte C. Bertelsmann zum größten missionswissenschaftlichen Verlag im Deutschen Reich. Neben die Themenfelder der Inneren Mission traten nun die Missionslandschaften des »Schwarzen Kontinents«, in dem die Pioniere der aufstrebenden deutschen Kolonialmacht vielfach die Bestrebungen der Landnahme, des Plantagenbaus und der Erziehung heidnischer Seelen miteinander verknüpften. Einige Reihen- und Zeitschriftentitel der Neunzigerjahre und des beginnenden

20. Jahrhunderts im Bertelsmann Verlag sprechen auch hier wieder für sich selbst: *Saat und Ernte auf dem Missionsfelde, Das evangelische Deutschland, Die ärztliche Mission, Handreichung zur Vertiefung christlicher Erkenntnis, Für Gottes Wort und Luthers Lehr, Flugschriften der Deutschen Evangelischen Missionshilfe.*

In zweiter Linie widmete sich Johannes Mohn der Schul- und Jugendliteratur. Von Verlagen in Berlin und Düsseldorf kaufte er die *Deutschen Klassiker-Ausgaben*, eine Reihe von Verteilheften unter dem Namen *Schneeflocken!*, die *Beiträge zur pädagogischen Pathologie* sowie eine *Gymnasial-Bibliothek*, eine broschierte Reihe, die ständig erweitert wurde, am Ende mehr als 50 Hefte umfasste und jenen Schulen, die sich zum Gesamtbezug nach Sonderkonditionen entschlossen, eine komplette Literaturbasis für den Geschichtsunterricht vermittelte. Manche Reihen und »Büchereien« vertrieb der Verlag nur direkt oder durch seine Kolporteure, andere (auch) über den Buchhandel. Johannes Mohn war an Serienkäufern und Abonnenten in Kirchengemeinden, religiösen Vereinen, Missionsgesellschaften, Schulen und bei jugendlichen Lesern gelegen. Historische und philosophische Monografien nahm er nur vereinzelt ins Programm auf.

Nicht nur als Verleger, sondern auch als väterlicher Freund und Erzieher seiner Mitarbeiter eiferte er seinem Schwiegervater nach. Für ihn war das Verhältnis zwischen Unternehmer und Belegschaft nichts als persönliche Vertrauenssache. Im Bedarfsfall machte er seinen Arbeitern großzügige Geschenke, gern setzte er sich mit ihnen an einen Tisch. Jeden erkrankten Arbeiter besuchte er, um sich nach dessen Wohlergehen und Sorgen zu erkundigen. Wenn ein mittelloser Gehilfe für sich und seine Familie ein Haus bauen wollte, half Johannes Mohn mit einem Darlehen zu niedrigem Zins aus. Zum 75-jährigen Firmenjubiläum gewährte er 1910 jedem Arbeiter pro Jahr drei Tage bezahlten Urlaub. Die Wohlfahrtskasse des Betriebs war für Unglücks- und Krankheitsfälle gut gefüllt. Auch bekleidete er, der Tradition des Hauses Bertelsmann entsprechend, eine große Zahl kommunaler und kirchlicher Ehrenämter und spendete für öffentliche Anliegen, unter anderem für Parkanlagen und Kirchenfenster. Gesetzliche Regelungen des Verhältnisses zwischen Arbeitgeber und Arbeitnehmer wies er jedoch zurück. »Stark war seine soziale Gesinnung«, sagte Heinrich Mohn von seinem Vater, »wenn sie sich auch gern in älterer patriarchaler Weise äußerte.« Eine erstaunliche Feststellung. Denn wie, wenn nicht mit den gleichen Worten, sollte man Heinrich Mohns eigene Haltung gegenüber seiner Belegschaft kennzeichnen? Und wie, wenn nicht mit ähnlichen Worten, könnte man treffender die heutige Haltung von dessen Sohn Reinhard Mohn den Mitgliedern der Bertelsmann-Familie gegenüber beschreiben, die dieser unter dem Dach einer »Unternehmenskultur« vereint sehen will?

Heinrich Mohn, der Romanverleger, und sein Vertriebsgenie (ab 1921)

Heinrich Mohn, der 1885 geborene einzige Sohn Johannes Mohns, tat alles, was die Regeln der Erbfolge im Hause Bertelsmann vorschrieben. Er besuchte das Evangelisch-Stiftische Gymnasium, das sein Urgroßvater Carl begründet hatte, und absolvierte seine Lehrjahre im Unternehmen des Vaters. Im Alter von 27 Jahren heiratete er die vier Jahre jüngere Agnes Seippel, Tochter eines Pastors in Gütersloh. Seit 1910 war er Teilhaber im Verlag, seit 1921 dessen alleiniger Besitzer (persönlich haftender Gesellschafter). Weil er zeit seines Lebens kränkelte, übernahm er keine öffentlichen Verpflichtungen, abgesehen vom Amt des Vorsitzenden im Verwaltungsrat der Barth'schen Stiftung. Da die Ärzte bei Heinrich Mohn chronisches Asthma diagnostizierten, wirkte er seit dem Ende der Zwanzigerjahre meist im Hintergrund und überließ seinen Mitarbeitern die Initiative. Eine Art graue Eminenz im eigenen Unternehmen? Die Krankheit zwang den Verleger einerseits sicherlich zu einer gewissen Zurückhaltung, andererseits aber erleichterte sie es ihm, eine vorteilhafte unternehmerische Position einzunehmen, aus der er die Erfolge des Verlags mitverantworten, Misserfolge und Schwierigkeiten jedoch anderen Personen zuweisen konnte – eine Strategie, die wiederum erblich zu sein scheint. Sein Sohn Reinhard beherrscht sie bis in die Gegenwart hinein meisterhaft, wie sich unter anderem 2002 im Fall Thomas Middelhoffs gezeigt hat.

Walter Kempowski zufolge trainierte Heinrich Mohn sein Gedächtnis, um seine körperliche Schwäche zu kompensieren. So habe er 140 Lieder des Minden-Ravensbergischen Kirchengesangbuches auswendig gelernt, und die Namen aller 200 Verlagsmitarbeiter dazu. Aber war das eine »reine Gedächtnisübung«, wie Kempowski meint? Heinrich Mohn hatte nicht Theologie studiert; er musste wegen seiner schwachen Konstitution sogar das Gymnasium vorzeitig verlassen. Doch er lektorierte die von ihm verlegte theologische Fachliteratur persönlich und legte großen Wert darauf, in der Öffentlichkeit als schlichter frommer Mann und seinen Fachautoren gegenüber als »gelehrter und viel belesener Theologe« aufzutreten. Die christlich-biedere Gesinnung und die Theologie waren für Heinrich Mohn die unentbehrlichen Stützen seines kaufmännisch nüchternen Verstandes.

In der Inflationszeit 1922/23 geriet der Verlag C. Bertelsmann in eine existenzgefährdende Krise, deren Ursachen laut UHK »weitgehend im Dunkeln« liegen, das heißt, vielleicht nicht allein in der Geldentwertung zu suchen sind. Bis auf sechs Mitarbeiter entließ Heinrich Mohn vorübergehend sämtliche Drucker, Buchbinder und Setzer. Doch der Verlag überlebte, dank gewisser kindgerechter religiöser Zeitschriften und nicht zuletzt deswegen, weil Mohn seine Lagerbestände dem Buchhandel mithilfe einer währungsunabhängigen Verrechnungseinheit, der so genannten Buch-Mark, anbot. Dann zeigte sich, dass Mohn ein weit vorausschauender Firmenlenker war. Er modernisierte Setzerei, Druckerei und Buchbinderei und schuf dabei die technischen Voraussetzungen für eine rationelle Produktion hoher Auflagen. Zugleich erneuerte er die Invalidenkasse des Unternehmens und öffnete sie für die Witwen und Waisen der Mitarbeiter. Wie seine Vorgänger vergewisserte sich Heinrich Mohn seiner Arbeiter und Angestellten als Glieder einer bedingungslos loyalen Unternehmensfamilie. Alle sprach er mit Vornamen und Nachnamen an. Alle hatten ihm etwas zu verdanken, und wenn einer in seiner Treuepflicht träge wurde – rauchte, unpünktlich, nachlässig, unsauber oder schlampig war –, rügte er ihn. Und wenn das nichts bewirkte, entließ er ihn.

Die unter Heinrich Mohn in den Dreißigerjahren geltenden *Vorschriften für das Kontorpersonal* besagten, dass »jegliches Schwatzen miteinander zu unterbleiben« habe. Sie geboten es auch, Vergütungen für Überstunden mit dem Weihnachtsgeschenk zu verrechnen: »Falls einem Abteilungsleiter für seine Abteilung Überstunden dringend nötig erscheinen, setzt er sich mit Herrn Steinsiek (dem Stellvertreter des Chefs) in Verbindung. Sieht Herr Steinsiek die Notwendigkeit ein, so ordnet er für die betreffende Abteilung Überstunden an. Diese werden mit 1/160 des Monatsgehalts vergütet. Die geleisteten Überstunden werden von Herrn XX täglich dem Abteilungsleiter mitgeteilt. Das allgemeine Weihnachtsgeschenk fällt dafür fort.«[8]

Derselbe Heinrich Mohn stärkte bereits in den frühen Zwanzigerjahren den Teamgeist seiner Mitarbeiter, indem er den Verlagsbetrieb nach verblüffend aktuell erscheinenden Grundsätzen reorganisierte. Er schuf »eine größere Zahl selbstständiger Arbeitsbereiche« und wollte darüber hinaus »die Arbeit für den einzelnen Angestellten möglichst interessant« gestalten. All dies tat er, »um das Geschäftsinteresse und Verständnis zu wecken«.[9] Sein Sohn Reinhard griff Ende der Fünfzigerjahre dieses Rezept zur Förderung der Eigeninitiative auf und plädierte für die »Dezentralisierung« des Unternehmens mit nahezu identischen Formulierungen. In seinen Büchern pries er die Eigenverantwortung des Mitarbeiters als Kernelement der »Unternehmenskultur« des Hauses.

Als Verleger konzentrierte sich Heinrich Mohn wie sein Vater auf wenige ausbau- und zukunftsfähig erscheinende Programmbereiche. Anfangs, noch als Teilhaber des Vaters, glaubte er in der Pädagogik einen Wachstumsmarkt zu erkennen. Nachdem entsprechende Programmänderungen fruchtlos geblieben waren, beschnitt er rigoros das Angebot des Verlags an Schul- und Jugendbüchern und pädagogischer, philologischer und philosophischer Fachliteratur. Die Theologie mitsamt Erbauungsschriften, Gesangbüchern und Handbüchern der Gemeindearbeit hatte sich erneut als die rentabelste Sparte, als »Hauptverlagsgebiet«, erwiesen. Vorrangig befriedigte Bertelsmann somit nach wie vor die Lektürebedürfnisse der evangelischen Pfarrer, der »verantwortungsbewussten Gemeindemitglieder« und der Repräsentanten religiöser Vereine. Doch Heinrich Mohn ergänzte dieses Traditionsprogramm um ein religionspädagogisches Spezialgebiet, dessen Titel hohe Auflagen erreichten und nahezu zehn Jahre lang die wichtigste kommerzielle Stütze des Verlags waren: Schriften für den Kindergottesdienst, herausgegeben von dem rührigen Bremer Pfarrer Paul Zauleck. Da gab es die Reihe *Weihnachten im Kindergottesdienst*, das Blatt *Für unsere Kinder*, die Monatsschrift *Der Kindergottesdienst*, das *Taschenbuch für Leiter und Helfer im Kindergottesdienst* und das *Deutsche Kindergesangbuch*, von einem Bremer Verlag übernommen. Bei der Versorgung von Leitern und Kindern in diesem Bereich erlangte Bertelsmann eine Monopolstellung. Nach außen hin zählte für Heinrich Mohn freilich vor allem der ideelle Wert des neuen Programmschwerpunkts: »Nach den Erfahrungen von 1918 musste gerade diese Arbeit an der Jugend für den Wiederaufbau unseres Volkes ganz besonders wichtig erscheinen.«[10]

Von ebenfalls wesentlicher, aber doch nachrangiger Bedeutung für die Ertragslage waren neue theologische Zeitschriften und Buchreihen. Mit Letzteren hatte Bertelsmann großen Anteil an der Selbstverständigung theologischer Aufbruchsbewegungen, insbesondere der »Lutherrenaissance«, einer Rückbesinnung auf den reformatorischen Rechtfertigungsglauben. Heinrich Mohn war einer der Hauptinitiatoren des Zusammenschlusses von 15 konservativen protestantischen Verlagen, die im Interesse der gemeinsamen »Volksmissionsaufgabe« ihre Programme aufeinander abstimmten. Im Rückblick auf dieses Engagement fällt auf, dass Bertelsmann damals offenbar noch keine verlegerische und gesellschaftliche Sonderrolle beanspruchte.

Immer noch existierte der Verlag C. Bertelsmann im Wesentlichen als Teil des Netzwerks protestantischer Gemeinden, Vereinigungen und Buchhandlungen. In dieser weitgehend abgekapselten Teilöffentlichkeit rekrutierten sich aus den Lesern der Verlagsschriften zugleich deren Autoren und finanzielle Förderer. Hier passten sich Inhalt und Auflage der Zeitschriften und sonstigen Reihenpublikationen präzise bestimmbaren Zielgruppen an: Abonnenten (Pfarrern, Theologen) und Bibliothekaren. Das dem Verlag entgegengebrachte Vertrauen verringerte das Absatzrisiko und übertrug sich auf neue Leser- und Autorengenerationen. Verleger, Buchhändler und Bibliothekare gehörten denselben regionalen (ostwestfälischen) Vereinen und Verbänden der protestantischen Volksmission an. Und dies wiederum bedeutete, dass die Wege, auf denen die Verlagserzeugnisse abgesetzt wurden, verschiedene Varianten des Direktvertriebs waren. Die Bertelsmann-Schriften lagen bei Gemeindeabenden auf den Büchertischen aus, gingen bei Arbeitsgemeinschaften und Tagungen reihum, wurden an Abonnenten verschickt und von protestantischen Fachbuchhandlungen gewohnheitsmäßig bestellt. Dagegen erschien der reguläre Sortimentsbuchhandel als unbekannter, risikoreicher, nicht kontrollierbarer Buchmarkt.

Und doch schwante es Heinrich Mohn und seinen Mitarbeitern, dass sie auf diesem Markt ihr Glück versuchen mussten. Einige traditionelle Käufergruppen waren in den Zwanzigerjahren verarmt oder lösten sich auf, neue lesefreudige soziale Milieus, insbesondere die der Angestellten, erhielten starken Zulauf. Im gesellschaftlichen Wandel schmolz die Leserschaft der volkskirchlichen und theologischen Publikationen. Die Abonnentenzahl aller theologischen Zeitschriften ging kontinuierlich zurück; bei den Buch- und Schriftenreihen stagnierte sie auf niedrigem Niveau. Unmittelbar bedroht sah sich der Bertelsmann Verlag durch die Attraktivität der Evangelischen Buchgemeinschaft, die von der Vereinigung Evangelischer Buchhändler getragen wurde, was für die Zukunft nichts Gutes verhieß.

Einen Ausweg aus der »Bücherkrise« suchte Heinrich Mohn zunächst auf noch sicherem Gelände. Er machte einen ersten Schritt in die Belletristik, genauer: in die christliche und periodische, langfristig kalkulierbare Belletristik. Seine meistgelesenen Titel, das Verteilblatt *Für unsere Kinder* und andere Begleiter des Kindergottesdienstes, enthielten bereits bestimmte erzählende Inhalte – kleine Geschichten »erbaulicher« Art über brave Menschen, die in Not- und Ausnahmesituationen vorbildlich und Sympathie erweckend handelten. Mit diesen Periodika hatte Mohn seinen Verlag durch die Inflation gebracht – warum also nicht mit Periodika für die ganze Familie durch die Bücherkrise? Seit 1925 publizierte Johannes Zauleck auf Anregung Mohns *Acht Seiten / Freude zu bereiten – Vierteljährliche Geschichtsfolgen zur Pflege von Herz und Gemüt.* Das Blatt war der ganzen Familie zugedacht und druckte andernorts veröffentlichte Geschichten auszugsweise nach. Es wurde als Faltblatt von Pfarreien gekauft und von deren Helfern unentgeltlich an die Familien der Gemeinde verteilt. Schon 1927, zwei Jahre später, wurden jeweils eine Million Exemplare der *Acht Seiten* abgesetzt.

Im selben Jahr erwarb Heinrich Mohn das bereits gut eingeführte Halbmonatsblatt *Der Christliche Erzähler.* Es bot ebenfalls kleine Prosastücke, zugleich aber auch Romane und Novellen in Fortsetzungen an. Mohns Vertriebsleiter Fritz Wixforth stellte erstmals seinen Verkaufsinstinkt unter Beweis, als er den Buchhändlern für jeden neuen Abonnenten jeweils eine Reichsmark als Prämie anrechnete. Auf diese Weise gewann er binnen zehn Wochen 10 000 und bis Ende 1929 nahezu 22 000 Bezieher. Diese erste rein belletristische Zeitschrift des Verlags gewährleistete keimfreie Lektüre für kirchentreue Familien. Die Stücke handelten von pseudorealistischen, »dem Leben nacherzählten« Schicksalen treuherziger Figuren in Kleinstädten und Dörfern. Kein Lektorat unterstützte die wechselnden Herausgeber des *Christlichen Erzählers* und anderer belletristischer Zeitschriften, die sich jeweils auf bestimmte Altersgruppen konzentrierten, von den *Schneeflocken!* für die Sechs- bis Zwölfjährigen bis zu dem *Evangelischen Sonntagsgruß ins Altersstübchen,* der, so der Haupttitel, *Für alte Augen* gedacht war. Den Inhalt bestimmte die Publikumsnachfrage, die Verantwortung für diese Nachfrage trug allein der Vertriebsleiter, und das mit Erfolg. In den Jahren zwischen 1924 und 1931 verdoppelte sich der Buchumsatz, der Zeitschriftenumsatz versechsfachte sich.

Fritz Wixforth war der erste in einer Reihe von Generalbevollmächtigten des Hauses Bertelsmann, die mit (scheinbar) unbegrenztem Kredit des jeweiligen Firmenchefs neue Märkte erschlossen. Er wurde 1897 als Sohn des Leiters der Bertelsmann-Buchbinderei, Arnold Wixforth, in Gütersloh geboren.

Mit 14 Jahren trat er als Lehrling in den Verlag ein und erwarb sich in der Inflationszeit das Vertrauen Heinrich Mohns. Nach den Schilderungen seiner dankbaren Mitarbeiter war er ein instinktsicherer Gemütsmensch von überwältigender Jovialität. Als 1927 dem *Christlichen Erzähler* auf dem großen, unwegsamen Buchmarkt, also im allgemeinen Sortimentsbuchhandel ohne Direktvertrieb, zu einem großen Bezieherkreis verholfen werden sollte, leitete Fritz Wixforth ein »Kontor« zur Förderung einzelner Buchprojekte. Ermutigt durch seinen Erfolg empfahl er Heinrich Mohn die Erweiterung des »Kontors« zu einer Romanabteilung (ohne Lektorat). So wurde Wixforth, kurz gesagt, zum Mann, der Bertelsmann von der Theologie in die Belletristik hievte. In einer Sonderausgabe der firmeninternen *Bertelsmann Illustrierten* vom September 1960 wird seine Leistung wie folgt beschrieben: »Von Heinrich Mohn verständnisvoll gefördert, ergriff Fritz Wixforth die Initiative zur Aufnahme schöngeistiger Titel und gehobener Unterhaltungsliteratur in das Verlagsprogramm. Es war die Geburtsstunde der Volksausgaben, von denen ein gerader Weg zum Lesering führt.«

Die Pionierjahre 1928 bis 1932, in denen Wixforth Romane von Bertelsmann in die Buchhandlungen brachte, sind von einem dichten Legendengeflecht bedeckt, sodass es kaum mehr möglich ist, die verklärende Eigenperspektive Fritz Wixforths zu verlassen. Angeblich hatte ein Schweizer Buchhändler Wixforth gefragt, ob es denn nicht möglich sei, die Fortsetzungsromane des *Christlichen Erzählers* auch in Buchform anzubieten. Wixforth folgte der Anregung und zielte auf ein Publikum jenseits der gewöhnlichen Buchhandelskundschaft und der Buchgemeinschaften. 1928 legte Bertelsmann die ersten vier Romane vor. Sie ließen sich aber offenbar nur über den evangelischen Buchhandel vertreiben, führten also in eine Sackgasse, in der auch keine neuen, populären Autoren für Bertelsmann zu gewinnen waren. Unverdrossen ließ Wixforth 1929 weitere fünf Romane folgen. Einem »glücklichen Zufall« sei es zu verdanken – so die Legende –, dass sich unter den fünf Titeln der Roman *Heimat wider Heimat* des Thüringer Heimatschriftstellers Gustav Schröer befand. Die Werke dieses ersten neuen Autors ließen sich wenigstens im Thüringer Sortimentsbuchhandel gut verkaufen. Unterstützt von seinem Vertriebsassistenten Otto Oeltze, schaffte nun Wixforth in Thüringen und später auch in anderen Regionen den Durchbruch, und zwar – so die Legende weiter – mittels zweier ingeniöser Vertriebsideen: die des freien Rückgaberechts für die Hälfte der jeweils bestellten Bücher und die des Sonderschaufensters.

Wixforths schlichte Einfälle erscheinen in den Darstellungen von Bertelsmann-Chronisten wie eine Revolution auf dem deutschen Buchmarkt: »So etwas hatte es im Buchhandel noch nicht gegeben«, betonte zum Beispiel Roland Gööck. Einige der »energischen werblichen Maßnahmen« Wixforths, etwa die direkten Preisvergleiche, wären heute Musterbeispiele für unlauteren Wettbewerb. Die den Buchhändlern offerierten außergewöhnlichen Gewinnspannen und Rückgaberechte scheinen aber vielerorts überzeugt zu haben. Jedenfalls »schweißten« die halbjährlichen Verkaufsreisen jener Jahre ein Team zusammen, das die Verkaufsgeschicke des Bertelsmann Verlags im Dritten Reich und teilweise noch in der Nachkriegszeit bestimmte. Zu Fritz Wixforth und Otto Oeltze gesellten sich der Buchhandelsgehilfe Wilhelm Beimdiek, der Buchhändler, CVJM-Mitarbeiter und (spätere) Autor Johannes Banzhaf, der Buchhändler Theodor Berthoud, die Außendienst-Mitarbeiter Wilhelm Baumann und Oskar Tack und schließlich der Hauptschriftleiter (Lektor) Gustav Dessin. Als Stellvertreter des Firmenchefs und Werbeleiter wirkte Mohns Schwager Gerhard Steinsiek, Sohn eines Missionars, studierter Theologe und ebenfalls Absolvent des Evangelisch-Stiftischen Gymnasiums zu Gütersloh. In jenen Pionierjahren des belletristischen Verlags pflegten Heinrich Mohn und Johannes Banzhaf die Autorenkontakte, während Gerhard Steinsiek provisorisch die Manuskripte durchsah und die Vertragsverhandlungen führte.

Die Historiker-Kommission der Bertelsmann AG bestätigt in ihrem Bericht vom Oktober 2002, dass der C. Bertelsmann Verlag vor 1929 »auf dem allgemeinen Buchmarkt kaum präsent gewesen« sei, abgesehen von wenigen Jugendbüchern, die als Konfirmations- und Weihnachtsgeschenke angeboten wurden.[11] Mit seinem so genannten schöngeistigen Verlagsprogramm ging das Unternehmen ein hohes Risiko ein, da die für den Erfolg der »Volksausgaben« erforderlichen niedrigen Ladenpreise nur mit hohen verkauften Auflagen ermöglicht werden konnten. Heinrich Mohn und Fritz Wixforth waren somit zum Erfolg und zum weiteren Ausbau des »schöngeistigen« Programms gleichsam verdammt. Im Jahr 1932, auf dem Höhepunkt der Weltwirtschaftskrise, unter der auch Bertelsmann zu leiden hatte, wurden zehn »Volksausgaben« hergestellt, und außerdem die ersten sieben Titel der neuen Reihe *Das Kleine Buch*. Mittlerweile hatte man prominente Autoren wie Will Vesper (*Ulrich von Hutten*), Heinz Gumprecht (*Die magischen Wälder*), Fritz Müller-Partenkirchen (*Kramer und Friemann*), P. C. Ettighoffer (*Verdun*), Heinz Steguweit, Max Jungnickel, Anna Schieber und andere für den Verlag gewonnen beziehungsweise von anderen Verlagen abgeworben. Um das Risiko so weit wie möglich zu verringern, setzte Wixforth alles daran, auf dem allgemeinen Buchmarkt Vertriebswege zu finden, die den bei Bertelsmann tradierten Formen des Direktvertriebs in spezifischen, an den Verlag gebundenen Lesergruppen nahe kamen oder entsprachen. Diese Bemühungen ebneten den Weg, den Bertelsmann in den kommenden Jahrzehnten ging. Mit ihnen begann die fragwürdige Geschichte des Hauses Bertelsmann, die Geschichte seiner Anmaßung.

Wer nachliest, was über die ersten hundert Jahre des Unternehmens berichtet wird, macht die Erfahrung der ständigen Wiederkehr eines spezifischen Verhaltensmusters. Alle vier Leiter des theologischen Verlags – Carl und Heinrich Bertelsmann, Johannes und Heinrich Mohn – bevorzugten die gleichen Geschäftspraktiken und entsprachen als Vorgesetzte und Personen des öffentlichen Lebens dem gleichen Idealbild pietistischer Uneigennützigkeit und Fürsorglichkeit. Sie belieferten, meist im Direktvertrieb, bestimmte religiöse, theologische und pädagogische Lesergemeinden, eben »ihre« Lesergemeinden. Nur vereinzelt machten sie Angebote für ein suchendes und auswählendes Publikum. Hauptsächlich führten sie Aufträge aus: für Bewegungen, Verbände, wissenschaftliche Gesellschaften, Vereine und Pfarreien, die das Anwerben von Abonnenten und den Verkauf von Schriften, Kalendern und Gesangbüchern zu ihrer eigenen Sache machten, für evangelische Buchhandlungen und Schulen, die neue Bände bestimmter Reihen und »Büchereien« bestellt oder unbestellt abnahmen, oder auch im Dienst einer anhaltenden Nachfrage (nach Klassikern, den *Sagen des klassischen Altertums*, den *Kinder- und Hausmärchen*, Liedersammlungen und anderen obligatorischen Schul- und Geschenkbüchern). Als Verleger dachten die Bertelsmann-Chefs wie Druckereibesitzer.

Wo Wettbewerb um öffentliches Interesse und Laufkundschaft herrschten, hielt sich der theologische Verlag Bertelsmann heraus. Darin lag seine Schwäche und zugleich seine Stärke. Es fielen nur sehr niedrige Werbe- und Vertriebskosten an; auf ein Lektorat verzichtete man gänzlich. Sein Programm erweiterte der Verlag durch Gründung fremdredigierter Zeitschriften und Reihen oder dadurch, dass er sich aus anderen Verlagsprogrammen erfolgreiche Titel herauspflückte. Systematische Markterweiterung war keine Bertelsmann-Strategie; man mied ja gerade die allgemeinen Buchmärkte. Bertelsmann verstand sich noch als ein christliches Verlagsunternehmen unter vielen anderen. Das sollte sich erst in den Dreißigerjahren des 20. Jahrhunderts ändern. Der Plan, Millionen von Nicht- und Weniglesern exklusiv an sich zu binden, lag noch in weiter Ferne.

Alle erwähnten Oberhäupter des Hauses Bertelsmann nahmen ihren Untergebenen gegenüber eine väterliche Attitüde ein, man verstand sich als Firmenpatriarch und behandelte die Arbeiter und Angestellten wie schutzbedürftige und ihrerseits zu Gehorsam und Höchstleistung verpflichtete Abhängige, die notfalls streng zu bestrafen waren. Aber nicht der Paternalismus war das Hauptmerkmal des Verhältnisses zwischen den Mitarbeitern und den Verlegern, die großzügige Invaliden- und Pensionskassen einrichteten, sondern der dadurch geförderte Ausnahmestatus aller Unternehmensangehörigen als Glieder einer »Arbeitsgemeinschaft«, in der die gesellschaftlichen Interessengegensätze und die Sozialgesetzgebung neutralisiert wurden. Eingebettet war dieses Selbstverständnis in die christlich-religiöse Überzeugung. Alle vier Leiter des theologischen Verlags C. Bertelsmann betätigten sich als gottgefällige Wohltäter. In der städtischen und kirchlichen Öffentlichkeit setzten sie fort, was sie als fromme Verlagsbuchhändler leisteten.

Diese verblüffende Kontinuität in der frühen Unternehmensgeschichte hat eine familiäre Grundlage: Jedem Nachfolger vererbten sich die Erwartungen des Erblassers. Zur Kontinuität genötigt waren die Nachfolger aber auch deswegen, weil die Erfolgsbedingungen der Verlagstätigkeit mit deren thematischer, organisatorischer und größtenteils auch regionaler Beschränktheit zusammenfielen. In jeder Generation des Hauses Bertelsmann, bei jeder Überwindung einer finanziellen Krise und bei jeder Erweiterung des Geschäfts wiederholte sich gewissermaßen die Gründungsgeschichte des Verlags. Dieser erlangte seine Stärke als erklärtes Medium eines übergeordneten Auftrags, nicht als eigenständiges Wirtschaftsunternehmen.

Hundert Jahre lang begründete der Verlag seine Arbeit theologisch. Für den belletristischen Verlag Bertelsmann jedoch ließ sich eine solche Letztbegründung schwerlich beibringen. Dennoch wollten die Verlagsleiter weder auf eine unanfechtbare Legitimation ihres neuen Geschäfts noch auf Absatzgarantien, sprich: exklusive Kundenstämme, verzichten. Auf dem allgemeinen Buchmarkt hätten sie sich sonst verloren gefühlt. Hier liegt die Wurzel für die angestrengte ethische Selbstüberhöhung der heutigen Bertelsmann AG und der Bertelsmann Stiftung sowie für das stete Bemühen ethischer Prinzipien, hinter denen sich die bedenkenlose – und unternehmerisch fahrlässige? – Expansionsstrategie des Medienriesen verbirgt. So wird die Geschichte des Hauses Bertelsmann in den nun folgenden Jahrzehnten zu einer Geschichte der chronischen Selbstverleugnung.

Die Kriegsgewinnler –
Bertelsmann im Dritten Reich

Die Geschichtsklitterung

Familienunternehmen neigen dazu, ihre Geschichte als Privatbesitz zu betrachten. Das gilt insbesondere für solche Unternehmen, die ihren Namen als »Markenpersönlichkeit« pflegen. Auf dem Weg vom christlichen Provinzverlag zu einem der weltweit größten Medienkonzerne hielt es die Firma Bertelsmann mehrmals für vorteilhaft, die eigene Vergangenheit zu redigieren.

Nach Kriegsende 1945 improvisierten Heinrich Mohn und sein Vertriebsleiter Fritz Wixforth eine beschönigende Darstellung vom Verhältnis des Verlags zum Dritten Reich. Diese Darstellung wurde jahrzehntelang wie ein unantastbares Erbe angenommen und weitergegeben. Sie verlieh Bertelsmann die Aura der Rechtschaffenheit. Gegenüber der britischen Militärregierung bestritten Mohn und Wixforth, »irgendwelche nationalsozialistische Literatur« unter das Volk gebracht zu haben. Wie denn auch? Schließlich habe man im Kampf um die religiöse Freiheit Verfolgung erlitten, behauptete Wixforth.[1] Im April 1947 versicherte Heinrich Mohn, seine beiden Verlage – C. Bertelsmann und Der Rufer – seien »in den ganzen zwölf Jahren auf das Schwerste bedrückt und verfolgt und schließlich geschlossen worden«. Ursache hierfür sei die »betont evangelisch-christliche und liberale Haltung«, die er selbst und seine Mitarbeiter unter dem nationalsozialistischen Regime bekundet hätten.[2]

Die Legende vom frommen widerständigen Verleger war geboren. Sie war zunächst nichts anderes als eine Notlüge. Aber an ihrer Verbreitung wirkten Verdrängung und Selbstverklärung mit. Wesentlich ist, dass Heinrich Mohn und Fritz Wixforth mit dieser Legende durchkamen und ihre Mitarbeiter und Nachfolger auf sie verpflichteten. Auch der neue junge Verlagschef Reinhard Mohn verbürgte sich im April 1947 für sie.

Gut fünfzig Jahre lang suggerierte Bertelsmann in seinen Betriebsblättern, Festschriften und Chroniken, den Nationalsozialisten sei das Unternehmen unter der Leitung Heinrich Mohns, eines Mitglieds der Bekennenden Kirche, ein Dorn im Auge gewesen. Einige nahezu beliebige Beispiele: In der *Bertelsmann Illustrierten* wurde 1961 berichtet, man habe Wixforth 1944 »als politischen Gefangenen« nach Berlin gebracht. Die Machthaber hätten damals einen Vorwand gefunden, den missliebigen Verlag zu schließen. Wenig später war zu lesen, man habe nie »NS-Schriftsteller« gedruckt und damit »die Herren vom Propagandaministerium« provoziert. Mit Heimatliteratur und Familienbüchern sei man bestrebt gewesen, »dem Volke zu dienen«, »niemals aber dem Völkischen«, schrieb Wixforths Weggefährte Theodor Berthoud 1966. Heinrich Mohn habe es vermocht, »in den Jahren des Zwanges nicht zu weichen, als viele sich so gern und leicht oder berechnend den falschen Götzen beugten«.[3] Historiker wie Dirk Bavendamm, die zum Firmenjubiläum 1985 eine Geschichte des Verlagsunternehmens unter dem Titel *150 Jahre Bertelsmann* vorlegten, frischten die Überlieferung auf.

Unterschiedliche Auffassungen gab es nur bei den Mutmaßungen darüber, was die Nationalsozialisten wohl am meisten gereizt habe. War es das entschiedene Christentum Heinrich Mohns oder die Parteiferne seiner Führungskräfte? Oder die Publikation evangelischer Schriften und der »bewusst unpolitische Charakter« der Feldpostausgaben, die der Verlag in Millionenauflage verbreitete? Reinhard Mohn hob 1992 in der ZDF-Sendung *Zeitzeugen des Jahrhunderts* die hartnäckige, christlich fundierte »Opposition« seines Vaters hervor. Der Bekennermut des Vaters habe Kontroversen ausgelöst, in deren Verlauf die leitenden Angestellten des Verlags verhaftet worden seien. Dann habe man durch »Sperren von Papier die Schließung des Hauses erreicht«. Eine rätselhafte Aussage und eine weitere Variante der »Schließungs«-Geschichte, deren wahre Hintergründe in diesem Kapitel beleuchtet werden.

Wie lange die Legendenbildung von 1945 vorhielt, belegte ein Auftritt des designierten Vorstandsvorsitzenden Thomas Middelhoff am 10. Juni 1998 im Hotel Waldorf Astoria in New York. Wenige Monate zuvor hatte Bertelsmann die ehemals jüdische Verlagsgruppe Random House aufgekauft und war damit zum weltweit größten Verlagsunternehmen geworden. Viele amerikanische Medienexperten hatten Bedenken gegen die Übernahme vorgebracht. Da traf es sich gut, dass das deutsch-jüdische Armonk-Institut ausgerechnet Middelhoff mit dem hoch angesehenen Vernon A. Walters Award auszeichnete. In seiner Dankesrede bemühte sich dieser, alle Zweifel an der Reputation von Bertelsmann zu zerstreuen: »Ich schätze mich glücklich, für ein Unternehmen zu arbeiten, das sich schon immer für die Freiheit der Religionen und Rassen eingesetzt hat. Während des Zweiten Weltkriegs haben wir Bücher publiziert, die vom Dritten Reich als ›subversiv‹ verboten wurden. Das Weiterbestehen von Bertelsmann war eine Bedrohung für die Nazis bei ihrem Versuch, die Meinungsfreiheit unter ihre Kontrolle zu bringen.«[4]

Eine haltlose Schutzbehauptung, doch auf die Vertreter der jüdischen Organisationen machte sie Eindruck. Der amerikanische Zweig der jüdischen Dachloge B'nai B'rith befürwortete den Verkauf von Random House und verstieg sich in einer Presseerklärung vom Juli 1998 zu der Feststellung, Bertelsmann sei »von den Nazis wegen der Publikation religiöser Bücher« geschlossen worden. Die von Bertelsmann in die Welt gesetzte Widerstandsmär pflanzte sich nun auch in den Vereinigten Staaten fort.

Aber in seiner forcierten Unbekümmertheit überspannte Middelhoff den Bogen, verkaufte die Firmenlegende zum Nennwert und renommierte mit ihr vor großem internationalem Publikum. Damit hatte sich Bertelsmann zu weit vorgewagt. Fortan gelang es nicht mehr, die Stimmen derer auszublenden, die auf eigene Faust nachforschten und das routiniert Heuchlerische in der Selbstdarstellung der Mohn-Dynastie aufspürten.

Vor allem Hersch Fischler, der Mitverfasser dieses Buches, widersprach Middelhoff entschieden, indem er die Ergebnisse seiner Recherchen über die Geschichte des Medienkonzerns zusammenfasste und von Bertelsmann forderte, den eigenen ethischen Grundsätzen endlich zu entsprechen. (Es versteht sich von selbst, dass die Fischler betreffenden Passagen dieses Buches sein Ko-Autor verfasst hat.) Im Sommer 1998 und in den folgenden Jahren versorgte Fischler europäische und amerikanische Medien mit Informationen über Bertelsmann, die *nicht* in Gütersloh produziert oder gefiltert worden waren. Dabei ging es ihm nicht darum, ins antifaschistische Horn zu stoßen und ein weiteres deutsches Großunternehmen einer Mittäterschaft im Dritten Reich zu überführen. Was ihn provozierte, war nicht die Tat als solche, sondern deren Leugnung, deren Verdrängung, die zur fortgesetzten Verfälschung der Unternehmensgeschichte führte. Fischler hatte 1992 begonnen, sich mit dieser Geschichte zu befassen, nachdem der *stern* beziehungsweise Gruner + Jahr den Abdruck einer Enthüllungsstory zum Thema Reichstagsbrand zunächst zugesagt und dann – auf Vorstandsebene – abgelehnt hatte. Seine Versuche, den

Hintergrund der Ablehnung zu erhellen, lösten bei Gruner + Jahr ebenso wie bei der Muttergesellschaft Bertelsmann AG so heftige Abwehrreflexe aus, dass er neugierig wurde und sich mit Bertelsmanns eigener Firmengeschichte zu beschäftigen begann.[5]

Am 29. Oktober 1998 meldete sich Fischler in der Schweizer *Weltwoche* zu Wort. Er führte aus, dass Bertelsmann im Dritten Reich entgegen Middelhoffs Beteuerungen keine oppositionelle Literatur, wohl aber Hunderte von regimekonformen Schriften aller Schattierungen verlegt hatte. Außerdem machte er publik, dass Heinrich Mohn nach dessen eigener Formulierung von 1947 ein »passives« Mitglied der SS gewesen war. Von einem Widerstandsverlag konnte also keine Rede sein. Zwar waren laut Fischler einige leitende Mitarbeiter Mohns in den Jahren 1943/44 strafrechtlich verfolgt worden, doch nicht infolge der – von Bertelsmann unterstellten – oppositionellen Tätigkeit. Vielmehr habe der Verlag aus reinem Profitinteresse den Wehrmachtsapparat korrumpiert und betrogen.

Bertelsmann würdigte den Artikel keines Kommentars. Der persönlich angesprochene Thomas Middelhoff strafte Fischler mit Schweigen – und ging dafür an anderer Stelle mit bewährter Bertelsmann-Taktik in die Offensive: Am 30. Oktober übernahm er die Position des Vorstandsvorsitzenden der Bertelsmann AG und setzte noch am selben Tag gemeinsam mit seinem Vorgänger Mark Wössner die *Bertelsmann Essentials* in Kraft. In dieser neuen Version der »Unternehmensverfassung« von 1973 wurden die Bertelsmann-Firmen angewiesen, sich »von höchsten ethischen Maßstäben« leiten zu lassen.

Am 13. November 1998 berichtete das Magazin *Kulturzeit* auf 3sat über Fischlers Kritik und präsentierte Auszüge aus der offiziellen Bertelsmann-Website mit der geschönten Unternehmenschronik. Wenige Tage später verschwand die Chronik aus dem Internet. In Gütersloh bemühte man sich nun offenbar um Schadensbegrenzung, zunächst mit dem Ziel, ein öffentliches Eingeständnis der peinlichen Geschichtsklitterung zu vermeiden. Der Unternehmenssprecher Manfred Harnischfeger und seine PR-Abteilung ließen ihre Verbindungen spielen: Über den Magazinbeitrag, der am Image des größten deutschen Medienunternehmens kratzte, wurde nach unserer Kenntnis in der deutschen Tagespresse nicht berichtet. Als die freien Mitarbeiter Siegfried Aust und Nathalie Wappler vom *Kulturzeit*-Team weiter recherchieren wollten, standen sie überall vor verschlossenen Türen. Der PR-Chef von Random House und der Vorstand von Authors Guild, der größten amerikanischen Autorenvereinigung, sagten verabredete Gespräche in New York kurzfristig ab. Walter Konrad, der für 3sat zuständige Programmdirektor des ZDF, wies Aust und Wappler an, alle Nachforschungen in Sachen Bertelsmann einzustellen. Als *Arena*, das Kulturmagazin des Norddeutschen Fernsehens, am 7. Dezember den Verlauf der Auseinandersetzung dokumentierte, musste es ohne die Videobänder der *Kulturzeit*-Sendung auskommen. Das ZDF hatte sie unter Verschluss genommen.

Weil ZDF und ARD am 3sat-Programm beteiligt waren, versuchte Harnischfeger, beide Rundfunkanstalten auf die Wahrung der Interessen von Bertelsmann zu verpflichten. Er intervenierte telefonisch bei Dieter Stolte und fand ein offenes Ohr.[6] Martin Eggenschwyler, ein Schweizer Mitarbeiter von 3sat, bekundete Ende 2002 gegenüber dem *Wall Street Journal*, dass es der ZDF-Intendant gewesen sei, der weitere Recherchen und Sendungen über Bertelsmanns NS-Geschichte verhinderte. Dennoch wollten Aust und Wappler nicht aufgeben. Harnischfeger wusste, dass Peter Voß, der Intendant des Südwestrundfunks (SWR) und damalige ARD-Vorsitzende, bei 3sat ebenfalls ein gewichtiges Wort mitzureden hatte, und befürchtete, dass dieser Aust und Wappler den Rücken stärken könnte. Also versuchte er, auch Voß auf seine Seite zu ziehen. Da er ihn telefonisch nicht erreichen konnte, setzte er am 26. November 1998 einen Brief an Voß auf, in dem er Hersch Fischler vorwarf, in blindem Übereifer und mit unprofessionellen Recherchemethoden den guten Ruf von Bertelsmann zu schädigen. Man könne sich nicht vorstellen, schrieb er, »dass Bertelsmann in irgendeiner Weise zum publizistischen Handlanger des damaligen Regimes« geworden sei. Dessen ungeachtet kooperiere der Journalist Siegfried Aust mit Fischler, um in der *Kulturzeit* fehlerhafte Berichterstattung über Bertelsmann zu verbreiten, woraus dem Unternehmen großer internationaler Schaden erwachsen könne. Der Brief schloss mit einer Handlungsanweisung in Amtsdeutsch: »Wir wären Ihnen dankbar, wenn … Sie die notwendigen vorsorglichen Veranlassungen treffen.«

Peter Voß aber fürchtete mehr um die Rundfunkfreiheit als um den Ruf des Medienkonzerns. Er wies das Ansinnen zurück. Belegt sind diese Vorgänge durch den Brief Harnischfegers und Aussagen von Beteiligten. Volker Lilienthal vom Evangelischen Pressedienst hat mit Peter Voß und 3sat-Mitarbeitern gesprochen und in der *Frankfurter Allgemeinen Zeitung* vom 21. Dezember 1998 sowie in zwei Zeitschriftartikeln die Vorgänge um die Kujonierung des *Kulturzeit*-Teams geschildert.[7] In einem Bericht des politischen

Magazins *Monitor* vom 20. Mai 1999 über die »braune Vergangenheit von Bertelsmann« erklärte Lilienthal, Dieter Stolte habe »eine zu große Nähe zur Bertelsmann-Stiftung«. Er sitze im wissenschaftlichen Beirat der Stiftung und in deren Jury für den Carl-Bertelsmann-Preis. »Da sind sozusagen Freunde, da sind Geschäftspartner unter sich, die immer viel Verständnis für das wechselseitige Anliegen haben.« Stolte bestritt die Vorwürfe und stellte in Aussicht, er werde gegen *Monitor* klagen. Seine Ankündigung machte er allerdings nicht wahr.

Bertelsmann erforscht seine Geschichte

Mitte Dezember 1998 lenkte die Konzernleitung plötzlich ein und erklärte sich bereit, die Berechtigung von Fischlers Kritik und die Vergangenheit des Unternehmens untersuchen zu lassen. Was war geschehen? Die Angelegenheit war in die amerikanische Presse geraten. Am 12. Dezember hatte Hersch Fischler zusammen mit John Friedman einen Artikel in der Wochenzeitung *The Nation* publiziert. Unter der Überschrift »Bertelsmanns Nazi-Vergangenheit« hatten die Autoren den Legenden die Tatbestände gegenübergestellt und Zweifel an der Behauptung angemeldet, dass Bertelsmann im Krieg von den Behörden vollständig geschlossen worden sei. Anders als in Deutschland entstand in den USA kein Kartell des Schweigens. Die *New York Post* und die *Daily News* griffen das Thema auf. Am 16. Dezember zog die *New York Times* nach, nicht ohne eine Stellungnahme Middelhoffs eingeholt zu haben. Dieser räumte nun ein, dass Bertelsmann im Krieg tatsächlich einige Bücher mit Nazi-Propaganda verlegt habe und Heinrich Mohn ein »passives« Mitglied der SS gewesen sei. Middelhoff versprach, man werde die Archive des Unternehmens einer Kommission von Historikern zugänglich machen. Darüber hinaus werde man eine Kontroll-Kommission einsetzen, deren Aufgabe es sei, die unabhängige Arbeit der Historiker-Kommission zu gewährleisten.

Noch am selben Tag bekräftigten Reinhard Mohn, Thomas Middelhoff und Mark Wössner in einer Presseerklärung ihre Absicht, die Verlagstätigkeit in der Zeit des Dritten Reichs und die »Umstände der Schließung des Verlags« gründlich aufklären zu lassen. Dass die Öffentlichkeit über Jahrzehnte hinweg – von Middelhoff noch im Juni 1998 bei der Verleihung des Vernon A. Walters Award – getäuscht worden sei, dementierten sie jedoch. Zudem warfen sie

Hersch Fischler vor, die wenigen problematischen Schriften aus jener Zeit skandalisiert und die vielen von den Nationalsozialisten verbotenen Publikationen des Verlags unerwähnt gelassen zu haben. Einige ausgewählte Journalisten wurden von Bertelsmann mit einer Liste von zweihundert in den Kriegsjahren angeblich verbotenen Büchern und Broschüren bedacht. Hersch Fischler und den Rechercheuren von 3sat wollte man die Liste mit der – von Harnischfeger schriftlich gegebenen – Begründung vorenthalten, sie könnte womöglich gegen das Unternehmen verwendet werden. Und das offenbar nicht ohne Grund: Als Fischler sich die Liste auf Umwegen beschaffte, stellte er fest, dass sich unter den aufgeführten Werken eine größere Zahl von Büchern befand, die nationalsozialistisches oder antisemitisches Gedankengut enthielten und keineswegs verboten worden waren.

In den Monaten danach verfolgte Bertelsmann eine Doppelstrategie. Hersch Fischler wurde unterstellt, er hege verleumderische Absichten. In Deutschland stieß der Publizist bei Fernsehen und Presse auf höfliches Desinteresse und reserviertes Schweigen. Denn aus Gütersloh signalisierte man: Bitte jetzt keinen Ärger mehr – die Kommission muss in Ruhe arbeiten. So landeten alle Informationen, die nicht aus Bertelsmann-Quellen stammten, in den Schubladen der Redaktionen. Routinemäßig nachgedruckt wurde allein das Pressematerial aus Gütersloh. Solange der Themenkomplex Bertelsmann/Drittes Reich/Geschichtsfälschung noch einen gewissen Neuigkeitswert besaß, nährten Middelhoff und Harnischfeger die Vorstellung vom gesinnungsfesten Verleger Heinrich Mohn: Wie seine Vorgänger und Nachfolger habe er sich stets von ethischen Grundwerten leiten lassen. Nachdem er im Dritten Reich bemerkt habe, wie sich die Dinge entwickelten, sei das Verlagsprogramm »kritischer« geworden. Diese abwegige, jeder Grundlage entbehrende Behauptung brachte Middelhoff noch im März 2000 vor.

Zugleich gab sich der zur Durchleuchtung seiner Geschichte genötigte Konzern nun ganz so, als sei diese Durchleuchtung seine ureigene Idee gewesen. Die Bereitschaft Reinhard Mohns, das Firmenarchiv zu öffnen und die eigene Familie »infrage zu stellen«, feierte Middelhoff als weltweit einzigartigen Beweis von Charakterfestigkeit und Mut. Er hatte dabei nicht zuletzt die – überwiegend jüdischen – Mitarbeiter der amerikanischen Bertelsmann-Firmen im Auge, deren Zahl sich durch den Kauf von Random House und den angegliederten Verlagen beträchtlich gemehrt hatte. Diesen Mitarbeitern, sagte er beschwörend, werde Mohns entschlossenes Handeln sicherlich Vertrauen geben. Den anderen deutschen Verlagsunternehmen riet er, sich an Bertelsmann ein Beispiel zu nehmen. Sehr hoffnungsvoll zeigte er sich aber nicht. »Leider haben andere nicht die Größe, die der Mohn hat.«[8]

War die Entscheidung vom 16. Dezember 1998 mutig? Die Einsetzung der *Unabhängigen Historischen Kommission zur Erforschung der Geschichte des Hauses Bertelsmann* (UHK) unter der Leitung des angesehenen Holocaust-Forschers Saul Friedländer war doch wohl eher die zu diesem Zeitpunkt günstigste Taktik oder, wie André Schiffrin im Mai 1999 in der *New York Post* schrieb, eine »clevere PR-Maßnahme«. Man machte aus der Not eine Tugend und verschaffte sich ein probates Mittel, die bohrenden Fragen nach systematischer Geschichtsfälschung in eine ferne Zukunft zu verweisen. Zugleich beugte man künftigen Ärgernissen vor. Denn jede Auseinandersetzung um die Vorgeschichte der Bertelsmann AG würde sich nach der Veröffentlichung des Untersuchungsberichts auf diesen stützen müssen. Mit der Etablierung der Historischen Kommission holte sich das Unternehmen mittelbar – und wissenschaftlich abgesichert – die Verfügung über die eigene Vergangenheit zurück. Bertelsmann behielt die Fäden in der Hand und bestimmte die Sprachregelung. Die UHK fungierte als historisches Schiedsgericht. Von der Einsetzung einer begutachtenden Kontroll-Kommission nahm man dann übrigens Abstand. Im Juli 1999 erklärte Harnischfeger, in Anbetracht des »fachkundig und prominent besetzten Gremiums« sei diese überflüssig. Die heikle Angelegenheit war unter Kontrolle. Zwar konnte niemand wissen, wie der Schlussbericht der Historiker ausfallen würde. Aber das Risiko war begrenzt.

Gut fünfzig Jahre nach Kriegsende fanden sich etwa zur selben Zeit auch andere Konzerne bereit, Historikern Zugang zu den Akten aus den Jahren 1933 bis 1945 zu gewähren. Auch insofern war das Loblied Middelhoffs auf Reinhard Mohn und das leuchtende Beispiel Bertelsmann unangebracht. Die Deutsche Bank mit ihrem hauseigenen Historischen Institut, die Allianz AG, das Volkswagenwerk und Daimler-Benz hatten bereits vor 1998 aufwändige Studien namhafter Wissenschaftler über die dunklen Kapitel ihrer Firmengeschichte in Auftrag gegeben und zum Teil schon veröffentlicht. In ihrer exponierten Stellung zogen es diese Unternehmen vor, die Debatte über ihre Kollaboration mit den nationalsozialistischen Machthabern selbst zu moderieren. Und nun Bertelsmann. Als einziges deutsches Großunternehmen hatte sich der Medienkonzern in einen Schutzmantel christlich verbrämter Rechtfertigung gehüllt. Nur im Fall Bertelsmann trug ein Alleineigentümer – zuerst

Heinrich Mohn, dann Reinhard Mohn – die volle Verantwortung für die Schönfärberei. Die beiden bürgten sozusagen mit ihrer Person für die Legende. Mit der Loyalität vieler Mitarbeiter gegenüber der Mohn-Dynastie erklärt sich wohl das angestrengte Kaschieren von Verstrickungen, die so abstoßend doch gar nicht gewesen waren, vergleicht man sie etwa mit der massenhaften Ausbeutung von Zwangsarbeitern in anderen Betrieben, mit der Raubgold-Affäre oder mit der Arisierung jüdischer Firmen, von der viele deutsche Unternehmen kräftig profitierten.

Den Mitgliedern der Historiker-Kommission, die Anfang 1999 ihre Arbeit aufnimmt, ist natürlich bewusst, dass man sie angeworben hat, um dem Konzern und Reinhard Mohn persönlich aus einer argen Verlegenheit zu helfen. Sie lassen sich davon nicht anfechten und pochen auf ihre professionelle Unabhängigkeit. Dennoch befinden sie sich in einem Dilemma – wie alle Wissenschaftler, deren Auftrag ausgerechnet darin besteht, die Vergangenheit des Auftraggebers zu untersuchen. Als Empfänger von stattlichen Honoraren sind sie gezwungen, sich und der Öffentlichkeit zu beweisen, dass sie gerade kein Gefälligkeitsgutachten anfertigen. Sie sichten das gesamte Verlagsprogramm der Jahre 1921 bis 1947/48 und wollen das in sie gesetzte Vertrauen rechtfertigen. Schon die Berufung ins Gremium ist eine Auszeichnung, die auf eine symbolische Gegenleistung einstimmt: fair zu sein. Das Unternehmen und die Kommission tauschen Loyalitätsbeweise aus. Bertelsmann löst sein Versprechen ein, vertrauliche Dokumente vorzulegen, den Zugang zu anderen Privatarchiven zu erleichtern, Mitarbeiter und Familienangehörige von Schweigeverpflichtungen zu entbinden und gegebenenfalls den Etat zu erhöhen. Die Forscher wiederum demonstrieren, dass sie diskret sind, menschliches Versagen, von dem sie Kenntnis erlangen, nicht überbewerten und Dritten vorerst keine Akteneinsicht geben. Schon gar nicht dulden sie Parallelforschung auf der Grundlage der bei ihnen archivierten Dokumente. So schirmen sie in der Zeit ihrer Forschungstätigkeit die Bertelsmann AG und vor allem deren Chef Reinhard Mohn vor Kritik und vor lästigen Nachfragen ab.

Bertelsmann hat seiner Selbsterforschungskommission von vornherein ein Prädikat verliehen, das für jedwede wissenschaftliche Arbeit selbstverständlich sein sollte: das der »Unabhängigkeit«. Gerade diese plakativ hervorzuheben stellt sie in Zweifel, macht aus ihr ein Merkmal, das gewährt wird – weil man sie im gesetzten Rahmen augenscheinlich nicht voraussetzen kann. Die Proklamation des Selbstverständlichen rückt den Forschungsauftrag in den Bereich der Public Relations. Der Name der Kommission soll jedem Misstrauen zuvorkommen, so wie das Anheuern eines jüdischen Historikers für den Vorsitz in der Kommission. Saul Friedländer übernahm den Auftrag unter drei Bedingungen: seine Mitarbeiter selbst auswählen zu dürfen, uneingeschränkten Zugang zu allen Firmenarchiven zu erhalten und die Forschungsergebnisse ohne jede Einflussnahme des Unternehmens veröffentlichen zu können. Die Unternehmensleitung akzeptierte gern. Selbstverständlich war ihr bewusst, dass seriöse Forscher – wenn überhaupt – nur unter der Voraussetzung öffentlich zugesicherter Unabhängigkeit die stillschweigenden Erwartungen des Auftraggebers berücksichtigen.

Es war also keine gute Idee, dass Bertelsmann selbst die Vergangenheit von Bertelsmann erforschen ließ. Zumal Saul Friedländer bereits 1998 als Gutachter für eine Kommission der Dresdner Bank tätig gewesen war, die deren Beteiligung am Handel mit Raubgold im Zweiten Weltkrieg untersuchen sollte. Eine bemerkenswerte Parallele: Hersch Fischler hatte mit seinen Recherchen zum Goldhandel der Reichsbank auch den Anstoß für die Einsetzung dieser Kommission gegeben. Und auch diese Kommission hatte (wie die UHK bis zum Abschluss ihrer Tätigkeit) Fischler die Einsicht in die Archivunterlagen verwehrt. Friedländer hatte diese Entscheidung mitgetragen. Das wirft die Frage auf, ob Bertelsmann den Historiker trotz oder gerade wegen dieser Vorgeschichte mit der Leitung der UHK beauftragte.

Saul Friedländer sicherte sich die Unterstützung des Zeithistorikers Norbert Frei, des Theologen Trutz Rendtorff und des Buchhandelshistorikers Reinhard Wittmann. Die Unabhängige Historische Kommission konzentrierte sich zunächst auf die Klärung vordringlicher Fragen: die SS-Mitgliedschaft Heinrich Mohns, regimefreundliche Publikationen des Verlags, das Wehrmachtsgeschäft sowie der Hintergrund und das Ausmaß der »Schließung« im August 1944. Im Januar 2000 erstattete sie einen Zwischenbericht. Dann arbeitete sie an einer »Gesamtdarstellung der Geschichte des Hauses Bertelsmann« in den Jahren 1921 bis 1948. Der Abschlussbericht *Bertelsmann im Dritten Reich* vom Oktober 2002 hat einen Umfang von 794 Seiten und besteht, den Anhang nicht mitgerechnet, etwa zur Hälfte aus Inhaltsanalysen der Verlagsprodukte jener Jahre. Nachdem sich die Unruhe von 1998 längst gelegt hatte, hat er das Privileg des Hauses Bertelsmann, zur eigenen Vergangenheit das letzte Wort zu haben, eher bestätigt als erschüttert. Von Bertelsmann beauftragt und finanziert, rettete die Kommission gerade kraft ihrer zugesicherten Unabhängigkeit dem Unternehmen die Deutungshoheit über seinen Werdegang.

Zusammenfassende Einschätzungen sucht man in vielen Kapiteln des Berichts vergebens. Die auf die Verlagstätigkeit einwirkenden theologisch-weltanschaulichen Strömungen, der Geschäftsgang und die Familiengeschichte werden bis ins Kleinste beschrieben. Auch hierbei ließ das Bestreben nach Vollständigkeit wenig Raum für den Abstand nehmenden kritischen Blick. Ansonsten bemühte sich das Forscherteam, der Persönlichkeit Heinrich Mohns durch die detaillierte Schilderung seiner religiösen und politischen Einstellung und seines Verhaltens Gerechtigkeit widerfahren zu lassen. Unsere Darstellung der Bertelsmann-Methoden im Dritten Reich berücksichtigt diese gründliche Studie und orientiert sich an deren Deutungslücken.

Die UHK dokumentierte den Aufstieg eines theologischen Spezialverlags in Ostwestfalen zu einem der größten belletristischen Verlage Deutschlands und zum größten Lieferanten von Lesestoff für die Wehrmacht. Bei der mühevollen Arbeit, inhaltsanalytisch zu ermitteln, wie weit Bertelsmann den Erwartungen der Nationalsozialisten entgegengekommen war, vergaß man aber, sich darüber zu wundern, dass gerade dieser Spezialverlag so erfolgreich sein wollte und konnte. Die Historiker der Kommission sprechen von »Anpassungsfähigkeit« und »Beharrlichkeit«. Doch das ist keine Antwort, sondern eine Frage: Warum Bertelsmann? Und davon abgesehen: Anpassungsfähig und beharrlich waren andere Verlage auch. Unser Hauptaugenmerk ist daher auf die Frage gerichtet, was Bertelsmann von anderen, insbesondere anderen theologischen Verlagen unterschied. Wie gelang es Bertelsmann, in wenigen Jahren zu einem der umsatzstärksten Häuser Deutschlands zu werden?

Volksausgaben und Kriegserlebnisbücher (1933–1939)

Der C. Bertelsmann Verlag beginnt über sich hinauszuwachsen, als er sich 1928 mit seinen ersten Romanbänden in den Sortimentsbuchhandel wagt und dabei über einen so einfallsreichen Vertriebsleiter wie Fritz Wixforth verfügt. Dieser tut alles, um seine Produkte aus dem Sortiment herauszuheben. Auf das Urteil der Buchhändler und die Interessen der Laufkundschaft verlässt er sich nicht. Er stachelt den Eifer der Händler mit Werbeprämien an und gewährt ihnen großzügige neuartige Rückgaberechte. Ab 1932 unterstützt Bertelsmann den Buchhandel bei der Einrichtung dekorierter Sonderschaufenster, die jeweils für eine einzige Neuerscheinung des Verlags reserviert sind. Die neue Präsentationsform suggeriert: Hier gibt es etwas zu kaufen, das alle kaufen. Damit ist Bertelsmann im Sortimentsbuchhandel präsent, richtet sich aber auch hier einen komfortablen Sondermarkt ein. Und Fritz Wixforth gibt die zukunftweisende Losung aus, man wolle »neue Leserkreise für Bücher interessieren«.

Fast ein Jahrhundert lang hat der C. Bertelsmann Verlag die Glaubensschwachen und Heiden missioniert. Noch zur Feier des 100. Firmenjubiläums am 1. Juli 1935 unterstellt Heinrich Mohn die Verlagsarbeit Gottes Ratschluss. In der selbst verfassten Festschrift listet er als Früchte seiner Unternehmensführung ausschließlich theologische Zeitschriften und Buchreihen auf, obwohl der Verlag längst auf das Geschäft mit Kriegserlebnisbüchern umgestiegen ist. Auch Fritz Wixforth ist von missionarischem Eifer erfüllt, als er in den frühen Dreißigerjahren zwischen Provinzbuchhandlungen hin und her reist. Er folgt Bertelsmanns neuer Bestimmung, möglichst vielen Menschen »das Buch« zu bringen. Und auch bei ihm steckt hinter dem Missionsideal ein kaufmännisches Kalkül. Damit die Bücher- und Buchhandlungsscheuen endlich Mut zum Kaufen finden, sollen die Bücher billig und müssen die Auflagen hoch sein. Besser als die Einflussnahme auf die Wünsche der Buchkäufer ist die Öffnung eines neuen Marktes: die Hinführung der Nichtkäufer zum Buch. Das war Fritz Wixforths Standardpredigt. Den Aufstieg des Verlags ordnen Mohn und Wixforth nach außen hin dem »Aufstieg des Buches« unter. »Kein Verlag hat je erfolgreicher als wir mit dem Gedanken aufgeräumt, dass das Buch nur für eine ausgewählte Bevölkerungsschicht da sei.«[9]

Wie stets steht Bertelsmann also auf der Seite derjenigen, die bei allem Profit in erster Linie auf das Gemeinwohl bedacht sind. Vor 1933, im Dritten Reich und in der Nachkriegszeit rühmt sich die Unternehmensleitung zu allen öffentlichen und betriebsinternen Anlässen ihrer Arbeit für etwas Höheres und Umfassendes. Das hat seine Wirkung auch bei denen, die distanziert zu urteilen beabsichtigen. Sie lassen sich von der moralisierenden Redeweise der Verlagsleitung beeindrucken und rechnen deren gute Absichten gegen die fragwürdigen Verlagsprogramme und Absatzmethoden während der Nazi-Zeit auf, anstatt beide miteinander zu konfrontieren. Heinrich Mohn weisen sie nach, dass er Kriegsbücher verlegte, halten ihm aber zugute, dass er es um der Theologie willen tat. Im Hinblick auf die Rolle von Bertelsmann im Dritten

Reich scheint es nur noch um die moralische Frage zu gehen, inwieweit der Verlag dem Bösen gegenüber willfährig und inwieweit er widersetzlich war.

Prompt gelangt auch die Unabhängige Historische Kommission zu dem Ergebnis, das »Handeln des Verlegers Heinrich Mohn« sei »ambivalent« gewesen. Einerseits habe er seine besondere Aufmerksamkeit »der Integrität und Gestaltung des theologischen Verlags« gewidmet. So habe er noch im Oktober 1940 seine theologischen Titel als das »kulturell wertvollste Schrifttum, das es überhaupt geben kann«, bezeichnet. Berichtet wird, er habe an den Wochenenden mit Vorliebe seine theologischen Autoren zum besinnlichen Gespräch im eigenen Heim empfangen. Die von der Reichsschrifttumskammer gewünschte Trennung belletristischer und religiöser Verlagsteile habe er »mit einer hinhaltenden Taktik« lange hinausgezögert. Andererseits sei es der »offenbare Ehrgeiz« Heinrich Mohns gewesen, seinen Verlag »zu einem der umsatzstärksten Buchunternehmen Deutschlands zu machen«. Und bei der Verfolgung dieses Ziels sei er dem herrschenden Ungeist sehr weit entgegengekommen.

Im Reich der Haltungen und Absichten muss das kein Widerspruch sein. Hat Heinrich Mohn nicht immer wieder sinngemäß geäußert, er brauche den kommerziellen Erfolg, um sich seine theologische Produktion leisten zu können? Eine Produktion, die, wenn schon nicht regimekritisch, so doch zumindest nicht strikt nationalsozialistisch war. Eine Produktion, die in manchen Jahren Gewinne einbrachte und in den anderen Jahren immerhin ein vortreffliches Alibi lieferte. Das Moralische und das Unmoralische bei Bertelsmann lassen sich offenbar nicht so präzise trennen, wie es für eine Gesamtwürdigung von Vorteil wäre. Um es kurz zu machen: Es sind nur zwei von vielen Facetten einer Unternehmensentwicklung, die zu verstehen vor allem den Blick für das in ihr Dominierende, Ausschlaggebende erfordert – und keine Würdigung. Daher empfiehlt es sich, Heinrich Mohn nicht nach seinen möglichen Motiven und Wünschen und auch nicht als Gesamtpersönlichkeit einzuschätzen, sondern seine unternehmerischen Entscheidungen und deren Konsequenzen zu verfolgen. Diese Entscheidungen haben eine deutliche und eindeutige Spur hinterlassen.

Als 1932, auf dem Höhepunkt der Weltwirtschaftskrise, der Umsatz des Unternehmens einbricht, senkt Heinrich Mohn die Gesamtkosten und investiert zugleich beträchtliche Mittel in die – noch völlig unrentable – Produktion von Belletristik. 1933 werden die ersten »Volksausgaben« von Heimat-, Bauern- und Frauenromanen ausgeliefert. In diesem Jahr übertreffen die Herstellungskosten des belletristischen Programms erstmals die der theologischen Schriften. In der Folgezeit drosselt Mohn die Produktion der Letzteren drastisch. Ihr Anteil am gesamten Druckvolumen des Verlags sinkt von knapp 20 Prozent zu Beginn des Jahrzehnts auf 5 Prozent im Jahr 1939. Im Zeitraum von 1933 bis 1941 wächst der Umsatz des Unternehmens um nahezu das Achtfache auf die Rekordhöhe von 8 065 000 Reichsmark und der Gewinn um das 48fache auf 3 319 000 Reichsmark. Diese Gewinnexplosion ereignet sich ausschließlich im Bereich der Belletristik. Deren Anteil am Gesamtumsatz erhöht sich von 1933 bis 1941 von 50,8 Prozent auf nahezu 97 Prozent. Der entsprechende Anteil der Schriften mit religiösen Themen im weitesten Sinne (einschließlich des *Christlichen Erzählers* und anderer religiöser Zeitschriften) schrumpft von 49,2 Prozent auf 3,5 Prozent.[10]

1939 erwirbt Heinrich Mohn vorsorglich den evangelischen Verlag Der Rufer, um die theologische Sparte weisungsgemäß ausgliedern zu können. Eine neue Durchführungsverordnung der Reichsschrifttumskammer vom April 1940 erlaubt es ihm aber, alles beim Alten zu lassen. Der »evangelische Verlag« Bertelsmann unterwirft sich im Dritten Reich einer entschlossenen Wachstumsstrategie. Doch er bekennt sich nicht dazu, sondern segelt weiter unter der Flagge der Theologie, die in Wahrheit nur noch eine Nebenrolle spielt. Zugleich passt der Verlag sein belletristisches Programm so radikal der politischen Konjunktur an, dass er in wenigen Jahren von einer Randposition aus eine beherrschende Stellung auf diesem Markt erringt. Er streift die Fesseln seines protestantischen Herkunftsmilieus ab und bereichert sich wie kein anderes privates Unternehmen der deutschen Kulturindustrie am Kriegsgeschäft. Mit der Geschwindigkeit und Wucht dieser Expansion hält kein anderer deutscher Verlag Schritt.

Wer diese Expansion als »ökonomische Existenzsicherung« bezeichnet, wie das der Theologe Trutz Rendtorff getan hat, setzt die Geschichtsklitterung des Unternehmens fort. Kommerzieller Erfolg im Dritten Reich lässt sich nicht einfach nach betriebswirtschaftlichen Maßstäben bewerten. In der bürokratisierten nationalsozialistischen Volkswirtschaft kamen Verlage ohne exzellente Kontakte zur Reichsschrifttumskammer und zum Bund Reichsdeutscher Buchhändler niemals ins Massengeschäft. Auch der flinke Wechsel von der Theologie zur Belletristik und dann weiter zur Kriegsbelletristik ist unter diesen Umständen mehr als eine optimale Entscheidung im Absatzmanagement. »Was vor 1933 als eine rein ökonomische Antwort auf die Krise des Buchmarkts verstanden werden konnte, war seitdem Politikum.«[11]

Der Begriff Kriegsgeschäft ist hier übrigens wörtlich zu verstehen. Bereits im Herbst 1934 produziert Bertelsmann Kriegsliteratur für Jugendliche und Erwachsene. Das von Fritz Wixforth forcierte Roman-Geschäft entwickelt sich nach Achtungserfolgen einzelner Titel nur schleppend. Die meisten Romane sowie die Titel der drei belletristischen Reihen *Das kleine Buch, Schmuckbücher* und *Zielbücher* erreichen keine Auflage von mehr als 10 000 Exemplaren. Wieder macht der Vertriebsexperte Wixforth, unterstützt vom Herstellungsleiter Johannes Banzhaf, den Verleger auf eine Literatursparte aufmerksam, die reißenden Absatz zu finden verspricht, zumal auf dem regulierten Buchmarkt der organisierten Volksgemeinschaft: die Kriegs- und Kriegserlebnisbücher. Heinrich Mohn ist sofort überzeugt. Das Debüt gestaltet sich überaus erfreulich. Werner von Langsdorffs *Flieger am Feind*, das »Buch der todesbereiten Pflichterfüllung«, wird Ende November 1934 zum »Weihnachtsbuch der Hitlerjugend« gekürt und in mehreren Auflagen insgesamt 124 000 Mal verkauft. Andere kriegerische Dauerbrenner folgen. Auf Banzhafs Anregung hin wird die Jugendheftreihe *Spannende Geschichten*, deren Absatz stagniert, vollständig auf militärische, maritime und koloniale Sujets hin ausgerichtet. Ihre Jahresgesamtauflage 1935 umfasst 264 000 Hefte. 1937 werden annähernd 700 000 Exemplare gedruckt. Alle Wehrmachtsteile und Waffengattungen werden in dieser Reihe möglichst gleichmäßig bedacht. *Deutsche Tanks fahren in die Hölle* titelt man, oder auch *Bomben gegen England* und *Torpedoboote vor!*

Verglichen mit anderen großen deutschen Verlagshäusern engagiert sich Bertelsmann erst spät in der Kriegsbuchproduktion, dafür aber mit dem Einsatz seines gesamten personellen und finanziellen Potenzials und ohne jede ideologische Zurückhaltung. Nachdem sich die ersten Hoffnungen bestätigt haben, stößt Heinrich Mohn 1936 kurz entschlossen das gesamte christlich-deutschnationale Jugendbuchangebot an einen Großantiquar in Leipzig ab. Um für die geplanten Absatzsteigerungen gerüstet zu sein, lässt er die Produktionsanlage modernisieren. Zwei Jahre später beanspruchen die Kriegstitel bereits nahezu drei Viertel der Kapazitäten und erbringen 77 Prozent des Umsatzes. Was Heinrich Mohn »schöngeistige Literatur« nennt, ist im Wesentlichen ein Synonym für Militaria. Das hindert ihn nicht daran, sich nach Kriegsende bei den britischen Militärbehörden als theologischen Feingeist in Szene zu setzen und eben jene *Spannenden Geschichten* als politikferne Abenteuerliteratur auszugeben.

Bertelsmann verbucht mit seinen Kriegsbüchern so enorme Gewinne, dass

Heinrich Mohn die Missgunst des großen nationalsozialistischen Parteiverlags Franz Eher Nachf. fürchtet. Dessen Direktor Wilhelm Baur fungiert als Vorsteher des Börsenvereins und stellvertretender Vorsitzender der Reichsschrifttumskammer. Just bei diesen Institutionen muss der C. Bertelsmann Verlag seine Umsätze offen legen. Um nicht als skrupelloser Kriegsgewinnler zu erscheinen und um der für die so genannten »Kriegsgewinne« vorgesehenen Sonderbesteuerung zu entgehen, bemüht sich Heinrich Mohn, das neue, kriegerische Gesicht seines Unternehmens weitmöglichst zu verschleiern. Wer die Anzeigen im damaligen *Börsenblatt* liest, muss annehmen, dass Bertelsmann nahezu ausschließlich Theologica und Heimatromane verlegt. Was von der Theologieproduktion übrig geblieben ist, erweist sich somit als unentbehrlich. Es dient als Aushängeschild, hinter dem der Verlag seine radikale Neuorientierung verbirgt. Nach Kriegsende zahlt sich dieses Arrangement ein weiteres Mal aus.

Seinen wirtschaftlichen Triumph im Dritten Reich verdankt Bertelsmann mehreren Faktoren. Schwer ins Gewicht fallen seine beispiellos niedrigen Herstellungs- und Gemeinkosten, die dem Unternehmen einen Wettbewerbsvorteil verschaffen. Der Verlag bevorzugt freilich den indirekten Wettbewerb. Der Schwerpunkt seiner Tätigkeit liegt bei neuen, nahezu konkurrenzlosen Vertriebsformen für Sonderangebote außerhalb der Buchhandlungen und bei der Massenverbreitung der Volksausgaben. Zugleich vervollkommnet der Gütersloher Verlag die im Unternehmen überlieferten Methoden der Zweitverwertung nun auch im Bereich der Belletristik. Die meisten Autoren, deren Romane, Erzählungen und Berichte von Bertelsmann verkauft werden, haben seit Jahren, wenn nicht Jahrzehnten bei anderen Verlagen publiziert und sich dort ihre Lesergemeinden erobert. Mit der Zusage von Prämien und ungewöhnlich hohen Honoraren und notfalls sehr beharrlich wirbt Heinrich Mohn um Erfolgsautoren wie Hans Grimm, Will Vesper und Paul Coelestin Ettighoffer. Mohn animiert die Dichter zu neuen Werken, greift aber auch auf ihre älteren Titel zurück. Dabei stört es ihn nicht, dass diese Autoren zu den ersten zählten, die sich zum Nationalsozialismus bekannten, und, wie Will Vesper, zum Teil schon 1931 in die NSDAP eintraten.

Bis in die Dreißigerjahre hinein spart sich Heinrich Mohn ein Lektorat. Er ist davon überzeugt, dass im Teich der Unterhaltungsliteratur nur derjenige sein Glück macht, dem es gelingt, die richtigen Themen und Autoren abzufischen. Über den *Christlichen Erzähler* und die Auswahl der Bände für die weniger einträglichen Buchreihen bahnt er Kontakte zu gut eingeführten Schriftstellern an. Erspart werden dem Verlag auch die Mühen einer taktischen Anpassung an die Weltanschauung der Nationalsozialisten. Was die neuen Machthaber über die Verseuchung und Gesundung des Blutes, des Bodens, des Glaubens und des Kunstschaffens verkünden, ist diffus genug, alle deutschnational und wertkonservativ gesinnten Kreise zur vorsorglichen Beteiligung einzuladen. Auch die Autoren des alten theologischen und neuen belletristischen Verlags C. Bertelsmann schöpfen – lange vor 1933 – aus ihrem Leiden an Traditionsverlust, Vermassung und nationaler Demütigung und sehnen sich nach einer »Zeitenwende«. Weder Ettighoffer in seinem Roman *Verdun* noch Vesper in *Das harte Geschlecht* oder Hans Grimm in *Volk ohne Raum* machen einen Hehl aus ihrer völkischen und antisemitischen Denkweise.

Die Unabhängige Historische Kommission hat in ihrer Pressemitteilung vom Oktober 2002 resümierend festgestellt, dass der C. Bertelsmann Verlag in einem »antimodernen Milieu« situiert gewesen sei. Seine theologischen Autoren hätten sich in der Debatte um das »wahre Christentum« teilweise mit der NS-Weltanschauung kritisch auseinander gesetzt und teilweise »obrigkeitsfromm« für sie Partei ergriffen (beispielsweise im viel verkauften *Kleinen Katechismus Dr. Martin Luthers für den braunen Mann*). Das belletristische Verlagsprogramm sei gleichfalls »von nationalistischen Tönen und Parteinahme gegen die Moderne« geprägt gewesen. Der Begriff »antimodern« verschleiert mehr, als er erklärt, und kennzeichnet weder die »Milieus«, in denen Bertelsmann wurzelt, noch den Zusammenhang, aus dem der Nationalsozialismus hervorgegangen ist.

Unbestreitbar ist, dass die Entwicklung des Mohn'schen Verlagsprogramms auf dem Weg zum belletristischen Massengeschäft zwischen 1928 und 1935 völlig bruchlos verläuft. Die Betreuung volkskirchlicher Leserkreise mit erbaulichen Schriften folgt nahezu den gleichen Gesetzen wie die Belieferung der »Volksgemeinschaft« mit opferbereit machendem Lesefutter. Ebenso selbstherrlich wie naiv glaubt Heinrich Mohn, dass es sein Publikum ist, das ihm hunderttausendfach die Werke regimenaher Dichter und Denker abnimmt, und nicht etwa eine (auch) von der NSDAP mobilisierte Masse. Als sei weiter nichts geschehen, bemüht er sich schon unmittelbar nach Kriegsende, im Juli 1945, wieder um seine Starautoren Will Vesper und Hans Grimm, die nach dem Ende des Nationalsozialismus immer noch nicht von ihren Überzeugungen abweichen. Es sind schließlich »seine« Autoren, die Garanten »seiner« Markterschließung, und somit der politischen Festlegung ebenso enthoben wie das kontinuierliche Massengeschäft.

Ohne Einschränkung bedient Bertelsmann das angeheizte Bedürfnis nach völkischer Idylle und pflegt die allseits propagierten Feindbilder, antisemitische Stereotype eingeschlossen. Was zählt, ist der Erfolg. »Worin liegt dieser Erfolg begründet?«, fragt sich das Unternehmen in einer vierseitigen Selbstdarstellung in der Weihnachtsnummer 1933 des *Börsenblatts*, nachdem die ersten Volksausgaben die »freudige Anteilnahme des Sortiments« gefunden haben. »Erstlich und vor allem in den literarischen und gesinnungsmäßigen Leitgedanken des Verlags«, lautet die Antwort. »Es ist das Bekenntnis zum deutschen Menschen, verwurzelt in der Scholle seiner Heimat ... Heute ist die Stunde dieses deutschen Menschen erfüllt.«[12]

Der Verlag verleiht seiner Vergangenheit nachträglich eine »völkische« Identität, die ihm als protestantischem Regionalverlag, jedenfalls vor dem Schritt in die Belletristik 1928, eindeutig mangelte. So betreibt Bertelsmann im Dritten Reich eine erste unauffällige Geschichtsklitterung, die auch in den Werbe- und Klappentexten zum Ausdruck kommt. Auf einem Werbeplakat für die Buchhandlungen aus dem Jahre 1934 prangt das Bekenntnis: »Für Deutsche Art und Deutsches Wesen / für Glaube und Volkstum / Hier steht unsere Front.« Und im Herbst 1934 ist in der *Bertelsmann Illustrierten* unter dem Titel »Mensch und Landschaft« im Blick auf den künftigen Programmschwerpunkt über die Sammlung *Das kleine Buch* zu lesen: »Es werden ... Bücher sein, die den deutschen Menschen in seinen naturgegebenen Lebensraum stellen, also erd- und heimatgebundene Romane, wie sie schon immer im Vordergrund des dichterischen Schaffens unserer Besten standen.«

Stellt sich so ein Widerstandsverlag dar? Wohl kaum. Zwar werden einige bei Bertelsmann verlegte kirchenpolitische Schriften in einem Sonderbericht des Reichssicherheitshauptamtes als staatspolitisch bedenklich getadelt. Im Jahr 1941 stößt sich die Militärzensur an einem Heft der *Spannenden Geschichten* und an dem Kriegsbericht *Panzer am Feind* von Fritz Fechner, weil sie strategische Geheimnisse ausgeplaudert sieht. Dem Führer persönlich missfällt die christliche Tendenz einiger Passagen im Kriegserlebnisbuch *Narvik*. Bertelsmanns gelegentlicher Ärger mit Zensurbehörden zeugt jedoch nicht von Opposition gegen das Regime. Vielmehr entspringt er, wie es im Bericht der UHK heißt, nahezu ausschließlich »der Unberechenbarkeit eines auf Vorzensur verzichtenden Kontrollsystems«. Der neue reportagehafte Typus von

Kriegsbüchern, den Bertelsmann ab 1940 mit Feuereifer produziert, erfüllt vollständig die Propagandawünsche des Regimes.

Manchmal sind es versteckte und beiläufige Bemerkungen von Angehörigen des Leitungsstabs in Gütersloh, die erkennen lassen, wie bei Bertelsmann wichtige Programmentscheidungen gefallen sind. 1966 bringt Theodor Berthoud, zeitweiliger »Hauptschriftleiter« und Vertriebsexperte des Verlags, in einem Rückblick auf das Wirken Fritz Wixforths zu Papier, wer bei der Suche nach »aussichtsreichen Titeln« das erste und letzte Wort gehabt hat. In aller Regel nämlich »waren wir gewohnt, bei ausgedehnten Spaziergängen die Titel selbst zu suchen, wir, das Wixforth'sche Team, das anfangs nur aus Wixforth, Otto Oeltze und mir bestand«. Man habe heiß diskutiert und vieles verworfen und sei doch fast immer mit einem »brauchbaren Ergebnis nach Hause gekommen«. Berthoud rechnet es Wixforth als Verdienst an, »diese Titelsuche nach allen Regeln der Kunst, die uns die Verkaufspraxis gelehrt hat, betrieben zu haben«.[13]

In den meisten Verlagen wurden damals (wie heute) die Urteile der Vertriebsleute bei Programmentscheidungen sehr ernst genommen. Bei Bertelsmann erscheint die Schlüsselrolle Fritz Wixforths jedoch zunächst überraschend, denn viele Äußerungen Heinrich Mohns in persönlichen Niederschriften, im Briefwechsel mit seinen Autoren und bei Festansprachen im Betrieb suggerieren, dass zumindest die Vorzeigetitel mit hoher Auflage nach streng politischen Kriterien von ihm persönlich ausgewählt wurden. 1936 beispielsweise schreibt Mohn an Hans Grimm, er wolle mit der Jugendheftreihe *Spannende Geschichten* dem »gesunden Drang der Jugend zum Heroischen entgegenkommen« sowie der Jugend »den kolonialen Gedanken nahe bringen«.[14] Und in einem Rückblick auf die Erfolgsgeschichte seines Verlags betont er, dass die von ihm geknüpften »Autorenkontakte« der ausschlaggebende Faktor gewesen seien.

Offenbar war aber das »Vertriebsgenie« Wixforth der Dreh- und Angelpunkt der damaligen Verlagsaktivitäten. Er schafft nicht nur mittels Preisausschreiben, Wettbewerben, Sonderfenstern, Plakaten und exquisiten Rückgaberechten »die Voraussetzung für eine gute Kaufpsychose«, so Berthoud, sondern entscheidet mit der Hand am Puls des Volkslesekörpers auch über das belletristische Verlagsprogramm. Außerdem erschließt er zusätzliche Vertriebswege. Ab 1934 bezieht er den Buchgrosshandel ein, der die Schreib- und Gemischtwarengeschäfte und andere »Buchverkaufsstellen« beliefert. Für diese Sparte werden »Neuigkeitspakete« – heute würde man sagen: Aktionspakete – mit vollem Rückgaberecht zusammengestellt. 1936 folgt Wixforths wichtigste Weichenstellung. Er überredet Heinrich Mohn, die Bertelsmann-Produkte nach der Tradition der Kolportagebuchhändler nun auch den Reise- und Versandbuchhändlern anzuvertrauen. Diese offerieren ihre Ware an der Haustür, in Betrieben und sogar bei Behörden und sprechen, wie Wixforth selbst, sogar bei Pfarrämtern vor, um die Namen von Lesern in der Gemeinde zu erfahren und bei diesen auf Empfehlung des Herrn Pfarrer anzuklopfen. Ohne Zutun des Verlags schicken die Experten des Direktvertriebs umfangreiche Bestellungen von Volksausgaben nach Gütersloh und bestätigen damit deren Popularität. Mohn und Wixforth setzen auf die bei Verlagen und Sortimentern unbeliebten Reisebuchhändler und müssen es nicht bereuen. Ab 1937 erwirtschaftet der Reise- und Versandbuchhandel für Bertelsmann rund ein Viertel der in ungeahnte Höhen wachsenden Umsätze.

Mit seinen Volksausgaben, den Sonderschaufenstern, den »Neuigkeitspaketen« für Gemischtwarenläden und den fliegenden Buchhändlern an der Haustür erreicht Bertelsmann Kundenkreise, die allen anderen großen Verlagshäusern fremd bleiben. Das bedeutet nicht mehr und nicht weniger, als dass Bertelsmann seine Bücher größtenteils auf einem exklusiven Massenmarkt vertreibt. Dabei sichert sich der Verlag mit vergleichsweise wenigen Frühjahrs- und Herbsttiteln ein kontinuierliches Geschäft über mehrere Jahre hinweg. Bertelsmann unterläuft den Wettbewerb auf dem allgemeinen Buchmarkt. Zugleich prägt sich Millionen von Lesern außerhalb des Sortimentsbuchhandels der Name Bertelsmann als Volksbuchmarke ein.

Ein einziger Umstand erlaubt die Annahme, dass Heinrich Mohn sich selbst und sein Unternehmen vom Nationalsozialismus nicht völlig vereinnahmen lassen will: Er wird nicht Mitglied der NSDAP. Ansonsten bemüht er sich nach Kräften um die Gunst des Regimes, insbesondere der für das Verlagswesen zuständigen Instanzen. Seine paternalistischen Vorstellungen von Fürsorgepflicht und Treue fügen sich nahtlos in das Konzept der nationalsozialistischen Betriebsgemeinschaft ein. Bei Betriebsappellen zu den Gedenktagen des Regimes entbieten der Verleger und seine Angestellten einander den »Führergruß«. Gemeinsam lauscht man den Reden Hitlers und begeht feierlich »Führers Geburtstag«. Auch nimmt man am »Leistungskampf der deutschen Betriebe« teil. Heinrich Mohn liebt es, vor der komplett versammelten Belegschaft den Geist der Firma zu beschwören und »Führerworte« zu verlesen. Anlässlich der Aufnahme eines neuen »Gefolgschaftsmitglieds« in die Belegschaft verspricht er, »dass wir als nationalsozialistischer Betrieb eine wirkliche Arbeitsgemeinschaft, ja darüber hinaus eine Lebensgemeinschaft bilden wollen«, und versichert: »Dieses Gefühl der Zusammengehörigkeit ist seit je eine Sonderheit des Hauses C. Bertelsmann.«[15] Zwanzig Jahre später wird auch Reinhard Mohn den Begriff der »Arbeitsgemeinschaft« verwenden und diese zu einer Art Lebensgemeinschaft aufwerten, um an den Teamgeist der Mitarbeiter zu appellieren.

Einer Reihe nationalsozialistischer Organisationen spendet Heinrich Mohn regelmäßig kleinere oder größere Geldbeträge, aber solche symbolischen Gesten sind wohl generell für Betriebsführer obligatorisch gewesen. Auch lässt sich Mohn als »förderndes Mitglied« der SS anwerben, was er 1947 als »passive« SS-Mitgliedschaft bezeichnet. Nach Einschätzung der UHK verpflichtet diese Mitgliedschaft zu nichts außer zu Spenden von mindestens 50 Pfennig und maximal 50 Reichsmark monatlich. Der Förderkreis der SS umfasst 1934 etwa 343 000 Mitglieder, offenbar überwiegend Kaufleute und Industrielle, aber auch Adlige, Intellektuelle und kirchliche Würdenträger. Die Historiker-Kommission spekuliert im Schlussbericht, die Mitgliedschaft könne für Heinrich Mohn »eine Art Rückversicherung« gewesen sein, mit deren Hilfe er weitergehenden Forderungen ausweichen konnte. Gleichwohl deute sie auf Mohns Bereitschaft hin, »sich mit dem Regime zu arrangieren«.[16]

Für die Verhandlungen mit dem Reichspropagandaministerium ist bei Bertelsmann ab 1937 ein Parteimitglied mit vorzüglichen Manieren und Kontakten im Literaturbetrieb zuständig: Gustav Dessin, einziger Lektor des Hauses, ein Experte für den Umgang mit prominenten Autoren. Er tritt in Berlin als Repräsentant des Verlags auf und genießt das Vertrauen der Regierungs- und Parteidienststellen. Mit seiner Hilfe fällt bis 1943 kein Schatten auf das gute Einvernehmen zwischen Bertelsmann und dem Apparat von Joseph Goebbels.

Großlieferant der Wehrmacht

Der Beginn des Krieges entzieht dem ausgeklügelten Vertriebskonzept Fritz Wixforths den Boden. Die reisenden Bücherhändler werden eingezogen, auch Wixforth selbst, der ständigen Kontakt mit den Sortimentern hält. Im Bann der täglichen Sondermeldungen haben die Leser kein Interesse mehr an den Kriegserlebnisbüchern der Vorkriegszeit. Jetzt wächst das Bedürfnis nach reiner Unterhaltung. Bertelsmann kann nun seine Volksausgaben nicht mehr nach eigenem Gutdünken drucken. Die bald einsetzende Papierrationierung führt in die Abhängigkeit von staatlichen Stellen, die über die Zuteilung entscheiden.

Bertelsmann, der Allesverwerter, wittert in der Krise die neue große Geschäftsidee. Ein neuer Massenmarkt wird ins Visier genommen: Millionen von Wehrmachtsangehörigen, meist im Wartestand, für jede Ablenkung dankbar. Der Gütersloher Verlag ist nicht der einzige, der über den geeigneten Lesestoff passenden Umfangs und eigene Druckereien verfügt, aber einer der reaktionsschnellsten. Gustav Dessin und Johannes Banzhaf sprechen in Berlin und Leipzig bei den zuständigen staatlichen Stellen vor. Noch im Herbst 1939 bietet Bertelsmann – wie andere Verlage auch – die ersten *Feldausgaben* an, einfache broschierte Bände mit dem Höchstgewicht von 200 Gramm, von der Feldpost kostenlos befördert. Zugleich plant man ein neues Kriegsbuchgeschäft mit aktueller Kriegsberichterstattung und zugkräftigen Autorennamen.

Die Marktlage hat sich mit Kriegsbeginn radikal verändert. Der Staat und die Wehrmacht treten als Großkunde auf und garantieren den Absatz des überwiegenden Teils der Verlagsproduktion. Alles hängt nun von der richtigen Herstellungsplanung ab: Hat man genügend Papier auf Lager? Stehen die benötigten Arbeitskräfte bereit? Reichen die Druckkapazitäten aus? Der angespannten Rohstofflage entsprechend sinkt das Gewicht der Wehrmachtsausgaben. Bertelsmann ergänzt seine *Feldausgaben* 1942 durch eine *Kleine Feldpost-Reihe* (Gewicht: 80 Gramm) und die *Feldposthefte* (Gewicht: 17 Gramm). Hinzu kommen Sonderausgaben für einzelne Wehrmachtsteile, Waffen-SS und Polizei. Umworben werden nicht mehr private Käufer, sondern die staatlich eingesetzten Verkäufer: in erster Linie die Zentrale der Frontbuchhandlungen, die Buchhandlung Arnold im parteieigenen Eher-Konzern und einige Wehrmachtsteile, die bestimmte Titel direkt beim Verlag bestellen, in zweiter Linie eine große Zahl sonstiger Buchhandlungen, die ihrerseits Gliederungen der NSDAP und der SS, Instanzen der Wehrmacht und Wohlfahrtsverbände beliefern. Wieder produziert Bertelsmann für einen Sondermarkt, muss ihn allerdings mit anderen Verlagen teilen. Der Wettbewerb um die Großkunden wird mittels Lieferkonditionen und Gesinnungsnachweisen ausgetragen.

Von Herbst 1939 bis Sommer 1944 verkauft Bertelsmann insgesamt 19 Millionen, nach anderer Zählung bis zu 21 Millionen Feld- und Feldpostausgaben. Der Verlag behauptet sich damit über fünf Kriegsjahre hinweg als der mit Abstand erfolgreichste Lieferant von Wehrmachtsliteratur. Schätzungsweise jede vierte Wehrmachtsausgabe kommt aus Gütersloh oder von den anderen zweihundert Druckereien im In- und Ausland, die für Bertelsmann arbeiten. Da hat sogar der Zentralverlag der NSDAP, Franz Eher Nachf., mit insgesamt rund 14 Millionen Exemplaren das Nachsehen. Das Bibliographische Institut in Leipzig und der Stuttgarter W. Kohlhammer Verlag stellen jeweils etwa 10 Millionen Exemplare her. Es folgen der Münchner Buchverlag mit 4 Millionen und Insel sowie Reclam mit jeweils annähernd 2 Millionen Exemplaren.[17] Merkwürdigerweise bleibt im Bericht der UHK einer der größten Produzenten von Feldausgaben unerwähnt: John Jahr mit seiner *Heimbücherei*, später Mitinhaber des Gruner + Jahr Verlags und enger Partner von Bertelsmann.

Für die Versorgung des reglementierten Buchmarkts der Kriegszeit ist der C. Bertelsmann Verlag wie geschaffen. Seine Verkaufsexperten schätzen die Vorteile von Exklusivverträgen. Und sie kennen aus langjähriger Erfahrung den Zerstreuungsbedarf der schweigenden Mehrheiten von Wenig- und Nichtlesern. Nach Kriegsende hält sich Bertelsmann zugute, dass durch die Feldausgaben »Hunderttausende erstmalig mit dem Buch in Berührung« gekommen seien – und dabei den Namen Bertelsmann kennen lernten.[18] In den Kriegsjahren hingegen verweist man lieber auf die Anerkennung der Verlagsarbeit durch »hohe Wehrmachtsstellen, Propagandaministerium und Reichsschrifttumskammer«.[19] In der Tat erklären die Erfahrungen des Verlags auf Massenmärkten nicht das ganze Ausmaß seiner Privilegierung. Bertelsmann kann auf die Gunst einflussreicher Funktionsträger in den genannten Institutionen zählen. Und auf deren Protektion in heiklen Situationen.

In den Kriegsjahren sinken die Herstellungs- und Gemeinkosten. Der Verlag beschäftigt billige Aushilfskräfte, minimiert die Ausgaben für Werbung, Lagerhaltung und Vertrieb und nutzt den Rationalisierungseffekt von Großauflagen. Um die hohen Ladenpreise für die Kriegsberichtsbände zu rechtfertigen, kalkuliert er dennoch mit dem Kostenschema der Friedensjahre. So wachsen die Gewinne in Dimensionen, die man lieber nicht publik macht. Als Kriegsgewinne unterliegen sie nämlich einer Sondersteuer. Doch der Wirtschaftsprüfer weiß Rat. Er empfiehlt, den Behörden klar zu machen, dass man bereits vor 1939 »in erheblichem Maße« populäre Kriegsbücher verkauft habe, weshalb Bertelsmann keinen »konjunkturmäßig auftretenden Kriegsgewinn« einstreiche, sondern lediglich einer »planmäßigen nationalistischen Verlagsrichtung« folge.[20]

Als die Ämter im Sommer 1941 die Offenlegung und Abführung von Kriegsgewinnen fordern, verteidigt Heinrich Mohn seine Gewinne mit Verbissenheit. Er überschüttet den Wirtschaftsprüfer mit Argumentationshilfen und Statistiken und betont, dass die gegenwärtige große Nachfrage nach schöngeistiger Literatur von Bertelsmann das Resultat jahrzehntelanger Aufbauarbeit sei. Nur widerstrebend und unter Vorbehalt erfüllt er die Forderungen des Finanzamts, wohl wissend, dass der kriegsbedingte Profit des Unternehmens die amtliche Schätzung weit übertrifft. Diese Episode zeigt, dass Mohn durchaus bereit ist, einen Konflikt mit der Staatsmacht zu riskieren – falls diese ihm in die Tasche greifen will.

Mohns Mitarbeiter haben genaue Vorstellungen davon, was die Soldaten lesen wollen. Größter Beliebtheit erfreuen sich Humoranthologien und spannende Erlebnisberichte – ohne Kriegsthematik, wohlbemerkt. Bertelsmanns Gesamtangebot für die Truppe ist reichhaltig. Die Soldaten können sich die Grotesken von Wilhelm Busch in den sprichwörtlichen Tornister stecken, oder Erzählungen von Joseph von Eichendorff, Adalbert Stifter und Gottfried Keller, oder heroisierende Schriften der völkischen Vorzeigeautoren Ettighoffer, Grimm, Schröer und Vesper. Nach Kriegsende glorifiziert Heinrich Mohn sein Wehrmachts-Potpourri als Widerstandsprogramm. Im April 1947 attestiert er sich, er habe zum Verdruss der damaligen Machthaber seine Feldausgaben »sorgfältig danach ausgesucht«, dass sie keine nationalsozialistischen oder antichristlichen Aussagen enthielten. Die meisten anderen Verlage hingegen hätten »nationalsozialistisches Schrifttum« an die Front gebracht. Der große Erfolg seiner »betont unpolitischen Reihen« habe das Regime schließlich alarmiert und zu Unterdrückungsmaßnahmen angestachelt.[21]

Aber wie sollte ein Frontbuchprogramm den Unwillen der Reichsschrifttumskammer erregen, wenn der Zuschnitt dieses Programms einer Empfehlung des Propagandaministeriums entsprach? Eine Untersuchung des Ministeriums führte Anfang 1942 nämlich zu dem Ergebnis, dass die Soldaten der leichten Unterhaltung, insbesondere Kriminal-, Abenteuer- und Liebesromanen, den Vorzug gaben. Daraufhin empfahl eine für Goebbels ausgearbeitete Ministerialvorlage, den Lesestoff der Soldaten zu 95 Prozent aus eben dieser Unterhaltungsliteratur zu gewinnen. Nur die restlichen 5 Prozent sollten Fragen der Weltanschauung behandeln. Goebbels war durchaus bekannt, dass leichte Kost der Moral der Truppe zuträglicher war als Propaganda. Bertelsmann war einer der Verlage, die die Einsicht des Ministers in die Tat umsetzten, und der einzige, der bis zum Ende des Jahrhunderts dafür gelobt werden wollte.

Korruption, Hasardeure, Blanko-Schecks

Auf die zunehmende Papierverknappung reagierte der nationalsozialistische Staat Mitte 1942 mit strenger Rationierung. Die Verwaltung des Mangels nutzte er als Kontrollinstrument. Über die Zuteilung eines Rohstoffs wurde entschieden, was gedruckt werden durfte und wie viele Leser das Gedruckte haben sollte. Man bearbeitete die Anträge der Verlage und Druckereien und formte dabei mittelbar das Bewusstsein der Volksgemeinschaft – für Techniker der Massenmanipulation ein in seiner Schlichtheit unwiderstehliches Konzept. Die Zensur per Papierbewirtschaftung fiel unter die Zuständigkeit des Reichspropagandaministeriums, genauer: einer für diesen Zweck geschaffenen Instanz, der Wirtschaftsstelle des deutschen Buchhandels (WiBu). Ebenfalls im Jahr 1942 wurde das Zusammenspiel von Angebot und Nachfrage zwischen Verlagen und Sortimentern durch das »Zuteilungsverfahren« abgelöst. Politische und schöngeistige Schriften sowie Kinder- und Jugendbücher verteilte man nun, der jeweiligen Bevölkerungszahl entsprechend, auf Länder, Orte und Buchhandlungen. Ein exemplarischer Fall von Staatswirtschaft.

Um die Abenteuer des Hauses Bertelsmann in den Jahren 1942 bis 1944 verständlich schildern zu können, müssen wir zunächst ein wenig ins bürokratische Detail gehen. Das komplizierte Verfahren, das eine vollständige Kontrolle der Herstellung und Verbreitung von Büchern ermöglichen sollte, trug den schlichten Namen »Papierscheck«. Weisungsgemäß hatte es wie folgt abzulaufen: Das verfügbare Papier wurde ausschließlich bestimmten Kontingentträgern zugewiesen. Im zivilen Bereich war das die WiBu, im militärischen Bereich waren es das Oberkommando der Wehrmacht (OKW), die Wehrmachtsteile und die Zentrale der Frontbuchhandlungen (ZdF), außerdem die Organisation Todt und andere halbmilitärische Organisationen. Heer, Luftwaffe und Marine wurden von speziellen Versandbuchhandlungen beliefert, in erster Linie von der Berliner Buchhandlung Arnold im Deutschen Verlag (dem »arisierten« Haus Ullstein), gelegentlich auch direkt von beauftragten Verlagen. Wollte ein Verlag für die Wehrmacht produzieren, hatte er auf dem Scheckformular präzise Angaben über Titel, Auflage, Ausstattung, Materialbedarf und (anvisierten) Auftraggeber einzutragen und per Stempel zu bestätigen. Den zweiten Stempel fügte die kontingentverwaltende Wehrmachtsdienststelle als Auftraggeberin hinzu, den dritten das allgemeine Wehrmachtsamt des OKW, das die »Kriegswichtigkeit« des Auftrags prüfte, den vierten die »Verteilungsstelle der Reichsstelle für Papier«. Darüber hinaus war die WiBu zu informieren; beratend wirkte ein Ausschuss des Propagandaministeriums oder die Militärzensur. Erst wenn die Unbedenklichkeit des Druckvorhabens durch alle Instanzen beglaubigt worden war, durfte der Verlag Papier in genehmigter Menge kaufen oder seinen eigenen Vorräten entnehmen.

In ihrer Ausuferung und Lückenlosigkeit sabotierte sich die Kontrolle jedoch selbst. Auf dem Parcours der Entscheidungsträger dauerte es viele Monate, bis ein Antrag bewilligt oder abgelehnt worden war. Damit die Produktion nicht ins Stocken geriet und nicht für jeden kleinen Auftrag eigens Papier beschafft werden musste, durften die Verlage einen Dreimonatsvorrat anlegen. Wo die Grenze zur verbotenen Hortung überschritten wurde, entschied die Justiz erst im Nachhinein. Weil sich einige Regelungen in der Praxis widersprachen, wuchsen die Auslegungsspielräume. Die Papiergrossisten durften Papier auch dann – in beschränktem Umfang – verkaufen, wenn keine Druckgenehmigung vorlag. Im Hinblick auf frühere Genehmigungen druckte man auf Vorrat. Man wartete nicht immer auf den mehrfach signierten Papierscheck, sondern traf informelle Absprachen mit Kontingentträgern. Auf den langen Wegen rivalisierten die Verlage um bevorzugte Behandlung durch die zuteilenden Stellen. Und wie überall, wo der Bedarf das Angebot weit übertraf, wucherte die Schattenwirtschaft.

Der C. Bertelsmann Verlag wollte seine starke Stellung auf dem regulierten Buchmarkt mit allen Mitteln behaupten. Heinrich Mohn war entschlossen, aus der Papiernot einen geschäftlichen Vorteil zu machen. Vorausschauend hatte er in den ersten Kriegsjahren große Papiervorräte anlegen lassen. In der ersten Phase der Papierrationierung erlaubte man Bertelsmann, mehr und schneller zu produzieren als nahezu alle anderen Verlage. Außerdem bewährten sich die guten Beziehungen Gustav Dessins zum Ministerium von Joseph Goebbels. Noch zur Kriegsweihnacht 1943 verkündete Mohn der versammelten Belegschaft, dass die Feldbucharbeit des Hauses bei den zuständigen Stellen sehr geschätzt werde und »in diesem Jahr eine besonders große Papierzuteilung durch den Reichsminister für Volksaufklärung und Propaganda hierzu überwiesen« worden sei.[22] Zu diesem Zeitpunkt stand Bertelsmann aber schon unter dem Verdacht, sich Papier und Druckaufträge illegal beschafft zu haben. Und dieser Verdacht war begründet.

Vielleicht wäre der Verlag nicht in Schwierigkeiten geraten, wenn er auch zu Heer und Luftwaffe direkte und zuverlässige Kontakte geknüpft hätte. Aber hier mangelte es an eigenen Ansprechpartnern. Da erschien es als günstige Fügung, dass ein Vertrauensmann der zuständigen Wehrwirtschaftsämter seine Dienste in Gütersloh anbot: ein Reisender in Sonderaufträgen namens Matthias Lackas, Angestellter der Buchhandlung Arnold, der auf Provisionsbasis beim Luftwaffenführungsstab und beim Oberkommando des Heeres (OKH) große Buchgeschäfte in die Wege leitete und für diese Geschäfte die geeigneten Hersteller suchte. Das Ganze nannte sich Wehrbetreuung und sollte dem Aufbau von Feldbüchereien dienen. Im Frühsommer 1942 kam es bei Bertelsmann zu ersten Engpässen in der Papierversorgung. Die leitenden Mitarbeiter drängten sich geradezu danach, zu den Bedingungen von Lackas Wehrmachtsaufträge in hohen Auflagen auszuführen. Dankbar griffen Prokurist Gerhard Steinsiek, Herstellungsleiter Johannes Banzhaf und Auslieferungsleiter Wilhelm Beimdiek nach den Schreiben von Wehrmachts- und Parteistellen, in denen der Tätigkeit ihres Verlags eine hochgradige Wehrwichtigkeit bescheinigt wurde. Der alerte Vermittler, der diese Schreiben besorgte, schien über die Zuteilung von Wehrmachtspapier selbstständig verfügen zu können. Gern beherzigten seine Geschäftspartner in Gütersloh und anderswo die Bitte, nur mit ihm persönlich – und nicht mit der Buchhandlung Arnold – zu korrespondieren. Dass Matthias Lackas in die eigene Tasche wirtschaftete, mochten sie ahnen. Doch solange die Geschäfte florierten, unterschrieben sie bedenkenlos die von ihm erbetenen Blanko-Papierschecks.

Matthias Lackas war ein Genie der Improvisation in Bereichen der Überregulierung. In ihm fanden die Lenker und Nutznießer des deutschen Kriegsbuchmarkts ihren Meister, wenigstens 18 Monate lang. Die Geschichte seiner Manipulationen bietet ausreichend Stoff für einen satirischen Betrüger-, Hochstapler- oder Schelmenroman. Sie offenbart, dass die Zuteilungswirtschaft versagte und die Korruption förderte. 18 Monate lang tanzten die großen deutschen Verlage und die Dienststellen der Wehrbetreuung nach der Pfeife von Matthias Lackas, dem umtriebigen Saarländer, der sich vom kleinen Sortimentsleiter zum Spitzenvertreter des größten nationalsozialistischen Verlagsunternehmens emporgearbeitet hatte. In der Zeit seiner Komplizenschaft mit Bertelsmann war er 37 Jahre alt und natürlich »uk« (unabkömmlich) gestellt.

Als er im Dezember 1942 nach Auseinandersetzungen über die Höhe seiner Provisionen die Buchhandlung Arnold verließ, zeigte er die Tollkühnheit des auf sich allein gestellten Hasardeurs. Er versuchte allen Ernstes, den Deutschen Verlag zu erpressen – mit Unterlagen, aus denen hervorging, dass der Parteiverlag selbst der größte Papierschieber des Reiches war. Es gelang ihm, dem »kleinen Lackas«, 60 Prozent der von ihm für die Truppenbetreuung des Luftwaffenführungsstabes akquirierten Aufträge von der Buchhandlung Arnold abzuziehen und anderen Verlagen zuzuschanzen. Ein Drittel davon (20 Prozent) orderte er für den Deutschen Archiv-Verlag, seinen neuen Arbeitgeber. Aber auch dessen großzügige Rabatte genügten ihm nicht. Im April 1943 machte er sich selbstständig.

Lackas stellte Direktverbindungen zwischen Interessenten in verschiedenen Sektoren der Zwangsbewirtschaftung her und erhob dafür Gebühren. Zu den Wehrbetreuungs- und Rohstoffstellen kam er als Garant einer bedarfs- und fristgerechten Buchproduktion, zu den Verlagen als Abgesandter militärischer Dienststellen. Von beiden Seiten ließ er sich am liebsten blanko bevollmächtigen. Von den Verlegern verlangte er, die Papierschecks unausgefüllt, ohne Angabe des Titels und der benötigten Papiermenge, zu unterschreiben. Dann erkundete er die Papierzuteilungsbereitschaft der Wehrmachtsdienststellen und füllte die Schecks nach eigenem Gutdünken selbst aus. Die Sachbearbeiter in den Dienststellen wiederum machte er sich durch kleine Geschenke gefügig. Den Oberstleutnant Schepelmann vom Luftwaffenführungsstab bedachte er mit Cognac, Kaffee, Zigarren und einem Damenmantel, dessen Mitarbeiterin mit Strümpfen, Kaffee und Likör, einen Gefreiten von der Luftwaffen-Rohstoffstelle mit Seife, Parfüm, Würsten und freiem Logis, den Oberleutnant Dr. Pinski vom OKH mit denselben »Mangelwaren« sowie Bewirtungen in Paris und Amsterdam, dessen Chef, einen Oberst, mit Kaffee. Und nie vergaß Lackas die Vorzimmerdamen, denen häufig die Bearbeitung der Formulare für die Papierzuteilung oblag. Bestechen ließen sich auch der Geschäftsführer der Reichsstelle Papier, eine Angestellte des Reichsluftfahrtministeriums und ein Regierungsrat vom Reichswirtschaftsministerium. Einigen Unteroffizieren und Gefreiten versprach Lackas die Beteiligung an Buchprojekten, einem in der Nachwuchswerbung eingesetzten Leutnant stellte er einen Posten als Lektor in Aussicht. Oberleutnant Dr. Pinski und der erwähnte Regierungsrat beschafften Devisen, die Lackas für den Kauf der »Mangelwaren« und zur Verlagerung von Verlagsaufträgen ins Ausland benötigte. Dieses Perpetuum mobile der Bestechung produzierte Auftragsbestätigungen: Papierschecks, blanko unterschrieben von beschenkten Wehrbetreuern oder Papiermengenverwaltern. Lackas brauchte nur den Namen des meistbietenden Verlags und eines gewünschten – vielleicht schon vorab gedruckten – Buchtitels einzutragen. Mit anderen Worten: Er ließ sich von Bertelsmann und anderen Verlagen für die Chance zum Drucken und Nachdrucken hoher Auflagen schmieren. Dabei konnte er die (festgelegten) Preise so weit erhöhen, dass es sich für die Verlage lohnte, ihm hohe Provisionen zu zahlen.

1943 erklärte sich beispielsweise Bertelsmann bereit, zum vereinbarten Preis mehr Bücher als vorgesehen zu drucken und überdies noch Sonderrabatte von mehr als 10 Prozent zu gewähren. Lackas forderte und erhielt zunehmend mehr »Prozente« vom Auftragsvolumen. Gleichwohl war die Wehrmacht die einzige Geschädigte. Denn Bertelsmann drehte ihr mit Lackas' Hilfe riesige Büchermengen zu überhöhten Preisen an. Die Methoden des Matthias Lackas stehen in schroffem Gegensatz zum Nimbus der Ehrbarkeit, den der C. Bertelsmann Verlag bei seinen Geschäften zu verbreiten bestrebt war. Dennoch waren sie die notwendige Ergänzung des »seriösen« Geschäftsgebarens, sozusagen dessen verleugnete Dimension. Da es eine solche Dimension bei Bertelsmann auch in der Nachkriegszeit gab, lohnt ein kleiner Exkurs zu einigen dieser Methoden.

Lackas beherrschte die Kunst, seinen Beutezügen ein offizielles Gepräge zu geben und die von ihm ergatterten Blanko-Papierschecks gleich mehrfach auszuwerten. Abgesehen von Blanko-Schecks sammelte er amtliche Bescheinigungen: Auf Schreiben mit dem Briefkopf des »Oberbefehlshabers der Luftwaffe« ließ er alle Ordnungskräfte bitten, »ihm zur beschleunigten Durchführung seines Auftrags bei der Benutzung öffentlicher Verkehrsmittel, insbesondere auch Kraftdroschken, behilflich zu sein«. Und ein beflissener Gefreiter bestätigte ohne Angabe seines Dienstrangs unter dem Briefkopf des »Reichsministers der Luftfahrt«, dass Lackas über bestimmte zugeteilte Papiermengen weiterhin verfügen könne. Mit solchen bedeutungsvoll nichtssagenden Bescheinigungen ging Lackas bei den Verlagen hausieren, wo man ihn für einen selbstständigen Unternehmer hielt. »In dieser Funktion« entzog er einigen Unternehmen, die Waffenhefte, Broschüren und Zeitschriften für die Wehrmacht druckten, kurzerhand den Auftrag und übertrug ihn anderen, ohne auf irgendeine Weise dazu bevollmächtigt zu sein. Nach seinem Ausscheiden aus dem Deutschen Verlag und dem Deutschen Archiv-Verlag versandte er Gefälligkeitsschreiben von

Wehrmachtsstellen, in denen seine Geschäftspartner aufgefordert wurden, sich ihm auch künftig anzuvertrauen. Später schätzte ein Sachverständiger, dass Lackas in einem Zeitraum von gut sechs Monaten rund 600 000 Reichsmark an Verlagsprovisionen erhalten habe.[23] Stets ging er mit skrupellosem Mut vor; nie zögerte er. Gewährten die Wehrmachtsdienststellen Preisnachlässe, strichen Lackas und seine Komplizen die Differenzbeträge ein. Er luchste der Rohstoffstelle 50 Tonnen Kunstdruckpapier zur eigenen freien Verfügung ab, verkaufte »Schwarzpapier aus dem zivilen Sektor« zum vierfachen Überpreis und hortete große Papiermengen bei mehreren ihm verpflichteten Verlagen, unter ihnen Bertelsmann.

Wie es sich für die Hauptfigur eines Hochstaplerromans gehörte, pflegte Lackas einen exzessiven Lebensstil. Ein in der Nachbarschaft wohnender Major beschwerte sich in einem Brief an das OKW über den Lebemann: Er empfinde es als unerträglich, dass ein verhältnismäßig junger Mann mitten im Krieg über viel freie Zeit verfüge, sich dem Alkoholgenuss ergebe und Militärkraftwagen zu Fahrten von und nach seiner Wohnung benutze.[24] Doch auch im Höhenrausch triumphaler Abschlüsse war sich Lackas über seine aberwitzige Rolle durchaus im Klaren. Nie vergaß er, dass sein schwunghafter Zwischenhandel von der Gier korrupter Bürokraten und korrumpierender Großanbieter lebte. Als er sich später damit herausreden wollte, stellte er sein Licht allerdings unter den Scheffel: »Durch meine riesenhaften Erfolge bin ich in meiner Großmannssucht innerhalb eines einzigen Jahres, angetrieben von sechzig bis siebzig Verlegern, die nicht minder papierhungrig waren wie ich, ins Unglück regelrecht hineingelaufen. Als ›kleiner Lackas‹ wurde ich von fast allen bedeutenden Verlegern, Dienststellen, Behörden usw. hofiert und poussiert und mein (Ehrgeiz) so weit gesteigert, bis er strafbar wurde.«[25] Einer dieser Verleger war Heinrich Mohn.

Im Bericht der Unabhängigen Historischen Kommission wird festgestellt, dass es unklar sei, ob Heinrich Mohn von den Geschäften mit faulen Papierschecks wusste und ob er sie duldete. Das Rätseln darüber, wie weit der Verleger unterrichtet und selbst mit von der Partie war, entbindet ihn nicht von seiner Verantwortung. Abgesehen davon kennzeichnete es das Verhältnis zwischen Heinrich Mohn und seinen leitenden Angestellten, dass Letztere selbstständig im Sinne des Unternehmers handelten. Von solchen Angestellten – Steinsiek, Wixforth, Banzhaf, Beimdiek – war Heinrich Mohn umgeben. Diese Mitarbeiter stellten fast ein Drittel der mehr als hundert Blanko-Papierscheks aus, mit denen sich Lackas seine Kontingentszuweisungen erschlich. Insgesamt 37 illegale Geschäfte wickelten sie mit Lackas ab. Sie druckten und lieferten mit und ohne Erlaubnis der WiBu und mit und ohne Drängen der Wehrmacht. Als der Höhenflug des Matthias Lackas ein abruptes Ende nahm, war Bertelsmann sein zweitwichtigster Partner, und die genannten Mitarbeiter hatten noch Großes mit ihm vor. Banzhaf und Beimdiek betrieben außerdem mit Lackas ihre privaten Nebengeschäfte. Auch diese anrüchigen Transaktionen entsprachen ganz dem alten neuen Geist des Hauses Bertelsmann. Dass Heinrich Mohn es zuließ und ihnen nachsah, war nichts anderes als eine symbolische Prämie für gute Dienste. Diese Nachsicht hatte freilich dort ihre Grenze, wo es um die eigene Haut des Unternehmers ging.

Herstellungsleiter Banzhaf stieg mit Lackas in den Immobilienhandel ein. Gemeinsam kauften sie 36 Offiziershäuser in Ostpreußen für 1,4 Millionen Reichsmark. Banzhaf konnte die Hälfte der Summe selbst aufbringen, nachdem er große Mengen der von ihm herausgegebenen Humoranthologien per Blanko-Papierscheck abgesetzt hatte. Beteiligt werden sollte er auch bei einer Stuttgarter Verlagsbuchhandlung, deren Übernahme Lackas anbahnte, um seiner Papier- und Bücherschleusung ein stabiles Fundament zu geben. Und Banzhaf wollte »uk« bleiben. »Es wäre schade«, schrieb er im Juli 1943 an Lackas, »wenn ich jetzt eingezogen würde, wo wir gerade anfangen, ganz große Geschäfte miteinander zu tätigen.« Die Betonung lag auf »anfangen«. Als gelehriger Schüler des großen Zwischenhändlers verehrte Banzhaf dem bereits kirre gemachten Hauptmann Lamprecht vom Luftwaffenführungsstab zwei Kisten Zigarren. Dieser versprach zu tun, was möglich war, und Lackas blieb ihm auf den Fersen. Für Auslieferungsleiter Beimdiek bewerkstelligte Lackas mittels einer rückdatierten Rechnung den Vertrieb eines von den Zensurbehörden indizierten Buches und andere Sonderlieferungen. Beimdiek erbat sich von Lackas bestimmte Provisionsanteile, außerdem »200 Flaschen Wein aus Trier und ein paar Pullen BOLS«. Fritz Wixforth, im April 1943 aus der Wehrmacht entlassen, wurde von Banzhaf und Beimdiek ins Vertrauen gezogen.

Als wollte er seine Furcht vor den Gewalten, die er herausgefordert hatte, betäuben, dehnte Lackas 1943 seine waghalsige Geschäftätigkeit beständig aus. Doch dann verließ den Glücksritter die Fortune. Am 26. August 1943 wurde er festgenommen, wenige Tage später inhaftiert. Die Ermittlungen bei seinen Auftraggebern und Günstlingen gestalteten sich schwieriger als erwartet. Erst am 14. März 1944 wurde der Prozess gegen Lackas und seine Komplizen Moldt und von Riewel vor dem Kriegsgericht der Wehrmachtskommandantur Berlin eröffnet. Der Ankläger nannte Lackas einen »Hochstapler ersten Ranges« und »Wirtschaftsvampyr ganz großen Ausmaßes« und seine Geschäftspartner »bedenkliche Freibeuter- und Schiebernaturen«. Am 31. Mai 1944 wurde das »Feldurteil« verkündet. Lackas wurde als »Volksschädling« wegen Bestechung, Kriegswirtschaftsverbrechens und Untreue zum Tode verurteilt. Sein Partner Moldt erhielt zwei Jahre Gefängnis, von Riewel zehn Jahre Zuchthaus. Die beiden wichtigsten Handlanger von Lackas in den Wehrwirtschaftsämtern der Luftwaffe und des Heeres, Schepelmann und Dr. Pinski, wurden in getrennten Prozessen ebenfalls zum Tode verurteilt.

Bertelsmann im Visier der NS-Justiz

Die Verhaftung und Verurteilung von Lackas löste eine Welle weiterer Ermittlungsverfahren und Festnahmen aus. Auch Bertelsmann geriet ins Visier der Staatsanwaltschaft. In der Wohnung von Lackas waren der Polizei Briefe aus Gütersloh mit Blanko-Papierschecks in die Hände gefallen. Es wurde ernst für die geschickten Kaufleute aus dem »evangelischen Verlag«, umso mehr, als sich der Zentralverlag der NSDAP Franz Eher Nachf. von einem Konkurrenten mit christlicher Fassade nicht den Rang ablaufen lassen wollte und gegen Bertelsmann intrigierte. Doch bewährte sich auch jetzt und gerade jetzt das Organisationsprinzip des Hauses, nach dem die leitenden Mitarbeiter für die Ausgestaltung der Unternehmenspolitik Heinrich Mohns Eigenverantwortung tragen sollten. Wie im Fall Thomas Middelhoff rund sechzig Jahre später ging es den Angestellten, die mit Lackas unmittelbar zusammengearbeitet hatten, an den Kragen; der Chef namens Mohn blieb nahezu ungeschoren. Im September 1943 durchsuchte die Polizei die Verlagsräume in Gütersloh und beschlagnahmte die eingelagerten Papiervorräte von Lackas. Banzhaf wurde vernommen und im Dezember verhaftet. Steinsiek eröffnete den Berliner Kriminalbeamten, dass Lackas von Banzhaf und Beimdiek betreut worden war. Letzterer erlitt beim Verhör einen Herzanfall, und in seiner Wohnung fand sich belastendes Material. Es half auch nichts, dass Verlagsmitarbeiter sich für Steinsiek verbürgten: Der gewissenhafte Prokurist könne nur im Zustand völliger Arbeitsüberlastung Papierschecks blanko unterzeichnet haben. Letztlich scheiterte auch der Versuch, die gesamte Verantwortung auf Lackas und die Verfasser von dessen Empfehlungsschreiben abzuwälzen. Denn dass man diesem Lackas über einen längeren Zeitraum hinweg immer wieder Blanko-Vollmacht erteilt hatte, ließ die betrügerische Absicht und die Missachtung der Wehrwirtschaftsämter zweifelsfrei erkennen.

Heinrich Mohn befürchtete nun auch für sich selbst das Schlimmste und beeilte sich, einer weiteren Bedrohung vorzubeugen. Da die Druckerei in Gütersloh die Millionenauflagen der Wehrmachtsausgaben nicht bewältigen konnte, hatte man seit Jahren einen Teil der Aufträge zu anderen Druckereien innerhalb des Reiches und im besetzten Ausland verlagert. Die dazu benötigte Genehmigung der Wirtschaftsgruppe Druck (Wigru) einzuholen, hatte man sich wohlweislich erspart. Jetzt, im Februar 1944, plagte Mohn das schlechte Gewissen. Beraten von seinem Wirtschaftsprüfer Fritz Möhle, brachte er die eigenmächtigen Druckverlagerungen zur Selbstanzeige. Kurz darauf ging ihm ein Bescheid über eine Ordnungsstrafe in Höhe von 10 000 Reichsmark zu. Ausgestanden war die Sache damit allerdings noch nicht.

Wenn es in jenen Jahren bei den leitenden Mitarbeitern des Verlags einen Maßstab für gegenseitige Wertschätzung gab, so war es der Erfolg auf der Jagd nach Zusatzgeschäften. Heinrich Mohn tolerierte Auswüchse bei dieser Jagd, weil er die Einsatzfreude seiner Untergebenen erhalten und verstärken wollte. Nach Einschätzung der UHK hatte er »ein Betriebsklima geschaffen, in dem … persönlicher und geschäftlicher Ehrgeiz, Bereicherungsstreben und laxe Kaufmannsmoral gedeihen konnten«.[26] Hier war es ohne weiteres möglich, dass ein Angestellter wie Johannes Banzhaf sich als Privatperson schwarze Druckaufträge genehmigte. Die aus den Anfängen im 19. Jahrhundert tradierte familienähnliche Loyalität der Angestellten dem Firmenchef gegenüber mutierte in den Kriegsjahren zu einer Art von Komplizenschaft. Es stärkte den Zusammenhalt in der Führungsetage, dass jeder von den Verfehlungen der anderen wusste. Im Räderwerk der Korruptionswirtschaft verpflichteten die bei Bertelsmann eingeführten Gewinn- und Honorarbeteiligungen die Nutznießer zur Verschwiegenheit. Die Tantiemen der leitenden Mitarbeiter übertrafen – bei kriegsbedingtem Lohnstopp – häufig das Grundgehalt um ein Mehrfaches. Externe und interne Korruption ergänzten sich.

Im Jahr 1943 schweißte Heinrich Mohn die Angehörigen der Führungsclique noch enger zusammen. Er kaufte die Versandbuchhandlung Honig & Co. in Birkenwerder bei Berlin und verlegte deren Sitz nach Gütersloh. Offizieller Zweck der Tochterfirma war der »Buchversand an die Wehrmacht, Parteidienststellen, Werkbetriebe u.a.m.«, inoffizieller Zweck die Ausschüttung von Gewinnen und Provisionen aus Wehrmachtsgeschäften an die Teilhaber. Zu diesen gehörten außer den Gesellschaftern Wixforth und Banzhaf die stillen Gesellschafter Heinrich Mohn, Gerhard Steinsiek, Theodor Berthoud, Wilhelm Beimdiek, Otto Oeltze, Oskar Tack und Willi Baumann. Ein Teil der Großaufträge für die Wehrmacht wurde nun über Honig & Co. abgewickelt. Die Ermittlungen der Kriminalpolizei jedoch entzogen diesem Modell der Mitarbeiterbeteiligung am Gewinn bald den Boden.[27]

Auch unabhängig von den Aufträgen des Matthias Lackas fand Bertelsmann Mittel und Wege, aus dem totalen Krieg ein großes Zusatzgeschäft zu machen. Mit einer Kauferlaubnis für 50 Tonnen (minderwertigen) Finnland-Papiers ausgestattet, rafften Wixforth und Banzhaf bei mehreren Grossisten insgesamt 879 Tonnen zusammen und horteten nahezu drei Viertel davon in Gütersloh für spätere Genehmigungen und ungenehmigte Gelegenheitsdrucke – und dies im Herbst 1943, als gegen Bertelsmann bereits ermittelt wurde. Seit Februar 1943 hatten Wixforth und Banzhaf in den besetzten Niederlanden den Schwarzmarkt abgegrast und zu teilweise weit überhöhten Preisen mehr als 700 Tonnen Papier ergattert. Heinrich Mohn war eingeweiht und missbilligte lediglich den Wucherpreis. Bei den Durchsuchungen und Verhören wurde der Hamsterkauf ruchbar. Ein Jahr danach gestand die Sekretärin Magdalene Christöphler, zuständig für die Auftragskontrolle, was sich in Holland abgespielt hatte und dass auf Anweisung von Banzhaf insgesamt 1 583 000 Buchexemplare eigenmächtig gedruckt worden seien. Die ermittelnden Beamten zeigten sich bestürzt über das Ausmaß der illegalen Aktivitäten.[28]

Im Winter 1943/44 drohte auch Heinrich Mohn die Verhaftung. Von den Kriminalbeamten wurde er des fortgesetzten Kriegswirtschaftsverbrechens bezichtigt. Das war ihm durchaus bewusst, und zwar nicht erst seit dem 10. März 1944, als ihn Kriminalassistent Vogel zu einer amtsärztlichen Untersuchung zum Gesundheitsamt in der Kreisstadt Wiedenbrück führte (wo festgestellt wurde, »dass Mohn haft-, aber nicht lagerfähig« sei). In dieser Grenzsituation versuchte der Verleger, die gesamte Verantwortung für die Schwarzdrucke, den Missbrauch der Wehrmachtspapierschecks und die ungedeckten Papierkäufe seinen Mitarbeitern zuzuschieben. Nur eine nachträgliche Mitwisserschaft in der holländischen Schwarzmarkt-Affäre räumte er ein. Schon bei einer Vernehmung am 5. Februar 1944 stellte er sich als ahnungslosen, vom Tagesgeschäft nahezu unbehelligten Ehrenvorsitzenden des Unternehmens dar. Er gab zu Protokoll, dass er die Bearbeitung der Geschäftsvorgänge entweder den einzelnen Sachbearbeitern oder seinem Stellvertreter und Schwager Steinsiek überlasse. Auf die ungenehmigten Riesenauflagen angesprochen, nannte er Ross und Reiter: »Mitverantwortlich für dieses Geschäftsgebaren sind 1. Prokurist Wixforth, 2. Angestellter Banzhaf, die die Auflagen ohne Druckgenehmigung durchführen ließen und zum Teil Papier auf dem schwarzen Markt erstanden. Mein Stellvertreter, der 1. Prokurist Steinsiek, hat in allen Fällen dieses Geschäftsgebarens gutgeheißen, wenigstens ist anzunehmen, dass er dieses duldete.«[29]

In den Zeitzeugengesprächen der UHK konnte sich weder die Familie von Gerhard Steinsiek noch dessen ehemalige Mitarbeiterin Magdalene Christöphler daran erinnern, dass Heinrich Mohn jemals seinen Schwager und die anderen Inhaftierten auf irgendeine Weise persönlich oder wenigstens moralisch unterstützt hätte. Er betraute den Rechtsanwalt Gustav Landmeyer und seinen Wirtschaftsprüfer Fritz Möhle mit der Vertretung der Beschuldigten und bediente sich in Berlin des Rechtsanwalts Grünewald. Bei ihren Bemühungen für die Untersuchungshäftlinge, die ab 6. März in Berlin-Moabit einsaßen, versuchten die Juristen aber in erster Linie, das Renommee Heinrich Mohns zu schützen.

Die Verhörprotokolle belegen, dass die Häftlinge ihrerseits stets bestrebt waren, den Verleger zu schonen. (Ganz ähnlich wie Thomas Middelhoff im Jahr 2002, der die Familie Mohn in seinen drei einzigen Interviews nach seiner Entlassung noch in Schutz nahm, obwohl diese ihn soeben fallen gelassen hatte.) Untereinander freilich belasteten sich die Bertelsmann-Kollegen und schwärzten sich gegenseitig bei ihren Mitgefangenen an. Zum Leidwesen der Anwälte verwickelten sie sich bei ihren Aussagen wiederholt in Widersprüche, was eine einheitliche Verteidigung erschwerte. Mit zunehmender Dauer der Untersuchungshaft geriet Johannes Banzhaf immer mehr in die Rolle des schwarzen Schafs.[30]

Zugleich ergriff Heinrich Mohn Maßnahmen zur Sicherung des Familienbesitzes. Der Verlag C. Bertelsmann war seit der Gründung eine Einzelfirma gewesen, identisch mit der Person des Unternehmers. Am 17. Dezember 1943 wandelte Mohn seine Firma in eine Kommanditgesellschaft um. Zugleich übertrug er seinen gesamten Grund- und Hausbesitz auf die KG. Kommanditisten wurden alle fünf Kinder und Heinrich Mohn selbst. Der Fortbestand des Unternehmens war damit auch für den Fall garantiert, dass nach einer Verurteilung wegen verschiedener Kriegswirtschaftsverbrechen Mohns gesamtes Vermögen eingezogen werden sollte.

Heinrich Mohn aber blieb auf freiem Fuß. Die Gründe dafür sind bis heute nicht geklärt. Es ist auszuschließen, dass er nur deswegen nicht verhaftet wurde, weil er »schwer krank darniederlag«, wie der *Spiegel* 1957 schrieb. Im Bericht der UHK wird gemutmaßt, Mohn sei verschont worden, »da er zu den wichtigsten Honoratioren Güterslohs zählte«.[31] Mit Respekt und Rücksicht auf den Gütersloher Stadtfrieden allein ist diese Vorzugsbehandlung aber wohl nicht zu erklären. Der Briefwechsel Fritz Möhles mit den Bielefelder Justizbehörden belegt auf vielfache Weise, dass Heinrich Mohn als Leiter eines großen Traditionsunternehmens der Region und Produzent »vorbildlicher Feldausgaben« in Ostwestfalen bei Justiz, Verwaltung und Exekutive über günstige Beziehungen verfügte. Auch Mohns Rechtsanwälte pflegten gute persönliche Kontakte zu den regionalen Behörden.

Der Bertelsmann-Chef durfte somit hoffen, dass der Kriegswirtschaftsprozess gegen die leitenden Mitarbeiter seiner Firma wesentlich günstiger verlaufen werde, wenn er nicht beim Zentralgericht des Heeres in Berlin, sondern beim zuständigen regionalen Sondergericht stattfinden würde. Schon vor der Urteilsverkündung im Fall Lackas hatte er versucht, seine Beziehungen zum Propagandaministerium spielen zu lassen und dessen nachgeordnete Behörden mit entlastendem Material zu versorgen. Die Schriftsätze der Anwälte zielten darauf ab, den Tatbestand der ungenehmigten Buchverkäufe an die Wehrmacht zu relativieren. Nach dem Todesurteil gegen Lackas setzte Mohn alles daran, die Untersuchungshäftlinge Steinsiek, Wixforth, Banzhaf und Beimdiek gewissermaßen in heimischen Gewahrsam zu bringen, und hatte damit Erfolg. Übrigens nahm der Bertelsmann-Starautor Paul Coelestin Ettighoffer für sich das Verdienst in Anspruch, mittels seiner guten Kontakte zum Propagandaministerium die Herren aus Gütersloh in Berlin »herausgepaukt« zu haben.[32] Im Bericht der UHK bleibt dies unerwähnt.

Anfang Mai 1944 entschied der Berliner Ankläger, Oberkriegsgerichtsrat Jürgens, dass die aus dem Korruptionsverfahren gegen Lackas »hervorgegangene« Strafsache an das Bielefelder Sondergericht abzugeben sei. Zwar neigten auch die Sondergerichte dazu, zwecks Disziplinierung des Volkskörpers gelegentlich ein Exempel zu statuieren und Todesurteile zu fällen. Von der Justiz in Bielefeld jedoch wurde Mohns Mitarbeitern aufgrund der herausragenden Bedeutung Bertelsmanns als regionalem Arbeitgeber und Mäzen von vornherein

ein Sonderstatus eingeräumt. Insbesondere der Bielefelder Staatsanwalt Nieder-lag zeigte sich den Argumenten Fritz Möhles gegenüber sehr aufgeschlossen. Möhle unterhielt enge Verbindungen zum nationalsozialistischen Präsidium der Rechtsanwaltskammer in Westfalen und besaß bei Niederlag und dessen Er-mittlern persönlichen Kredit. Dieser Umstand sollte in dem langwierigen Ver-fahren trotz wiederholter Intervention der Berliner Wehrmachtsgerichtsbarkeit letztlich den Ausschlag geben.

Bis dahin waren allerdings noch einige Schwierigkeiten zu überwinden. Die zentralen Ermittlungsbehörden in Berlin beschäftigten sich mit der Kriegswirt-schaftssache Bertelsmann und ließen bis kurz vor dem Einmarsch der Amerika-ner in Gütersloh nicht locker. Mit einem umfangreichen Ermittlungsbericht vom 19. Oktober 1944 an die Bielefelder Staatsanwaltschaft versuchte Kriminalse-kretär Saal zu verhindern, dass sich Bertelsmann nahezu straflos aus der Affäre zog. Die Handlungsweisen der Verantwortlichen bei Bertelsmann seien, so ar-gumentierte er, nicht weniger zu verurteilen als die von Matthias Lackas, wes-halb er sie des »Kriegswirtschaftsverbrechens«, der »Wehrkraftzersetzung«, des »volksschädigenden Verhaltens«, der »Bestechung«, verschiedener Ausdrucksfor-men eines fortgesetzten »korrupten Geschäftsgebarens« sowie einer völlig neuen Verbrechensart, der »intellektuellen Urkundenfälschung«, bezichtigte.[33]

Nachdem Niederlag von einem Arbeitseinsatz an der Westfront zurückge-kehrt war, hielten Heinrich Mohns Anwälte mit entlastenden Gutachten und Schriftsätzen dagegen. Die Staatsanwaltschaft forderte Bertelsmann am 25. Februar 1945 auf, das gesamte gehortete Finnland-Papier der Wehrmacht aus-zuliefern; im Gegenzug wollte man das Verfahren einstellen. Bertelsmann ak-zeptierte, und Niederlag milderte die betreffenden Straftatbestände ab. Übrig blieben lediglich »Ordnungswidrigkeiten« und »unlauterer Wettbewerb«. Am 2. März hob die Staatsanwaltschaft die Beschlagnahmung des Papiers und der Rohdrucke auf. Am 12. März erließ der Oberstaatsanwalt beim Sondergericht Bielefeld eine Einstellungsverfügung, wonach es sich bei den Verstößen der Be-schuldigten im Wesentlichen um »Verfehlungen unbedeutender Art« gehan-delt habe. Das Verfahren war somit eingestellt, unter anderem mit der Be-gründung, dass Bertelsmann bei Partei und Wehrmacht hohes Ansehen genieße und sich um die Front verdient gemacht habe. Am 20. März 1945 setzte man die Haftbefehle gegen Steinsiek, Wixforth, Banzhaf und Beimdiek endgültig außer Kraft. Ein Freispruch, wie die UHK PR-wirksam behauptet, erfolgte jedoch nicht.

Bis zuletzt war es eines der Hauptmerkmale des nationalsozialistischen Machtapparats, dass sich die Zuständigkeiten der Amtsträger überschnitten und jeweils mehrere Behörden und Organisationen miteinander rivalisierten. Heinrich Mohns Buchfabrik schuf sich durch ihren ungestümen Expansionseifer im Zweiten Weltkrieg mächtige und hartnäckige Feinde, aber sie wurde auch von zentralen und regionalen Staats- und Parteistellen protegiert. Sie war eines der von Diktatur und Krieg meistbegünstigten deutschen Unternehmen, das kontinuierlich bis zum Kriegsende und über das Kriegsende hinaus weiterarbeitete. Oder etwa nicht?

Die »Schließung« des Verlags

Wir haben in der gerafften Darstellung des über dem Haus Bertelsmann schwebenden Kriegswirtschaftsverfahrens ein wichtiges Ereignis übergangen: die so genannte Schließung des Verlags. Heinrich Mohns theologischer Zweitverlag Der Rufer war schon im September 1943 kriegsbedingt stillgelegt worden. Am 26. August 1944 verfügte die Reichsschrifttumskammer, nicht ganz unerwartet, auch die »Schließung« des C. Bertelsmann Verlags, »soweit in ihm eine schrifttumskammerpflichtige Tätigkeit ausgeübt wird«. Begründet wurde diese Einschränkung der Verlagstätigkeit ebenso vage wie unangreifbar mit der Notwendigkeit, beim »Einsatz aller Kräfte für den Sieg« auf bestimmte kulturelle Einrichtungen zu verzichten. Wie Bertelsmann erging es in den Monaten August und September 1944 insgesamt 1 901 anderen deutschen Verlagen sowie 5 160 Sortimentern und Buchverkaufsstellen, 995 Reise- und Versandbuchhandlungen und 910 Leihbüchereien. Lediglich 250 Verlage durften ihre Tätigkeit unbeeinträchtigt fortsetzen.

Bertelsmann war also keineswegs der einzige von »Schließung« betroffene Betrieb in der Buchbranche. Gleichwohl brüstete man sich in Gütersloh in der Nachkriegszeit geradezu mit dieser Maßnahme, die es dem Unternehmen nach August 1944 versagte, Neuerscheinungen auf den Markt zu bringen. Man präsentierte sie als schlagenden Beweis dafür, dass man den Machthabern »missliebig«, wenn nicht gar »unliebsam« geworden sei. Heinrich Mohn streute das Gerücht, Himmlers Schergen hätten den Verlag ausschalten wollen. Später wurde in Aufzeichnungen und Vorträgen kolportiert, Goebbels persönlich, wahlweise die Gestapo, habe die Stilllegung betrieben. Die Kurzformel dafür prägte Wilhelm Beimdieck am 15. Oktober 1945 gegenüber der Finanzabteilung im Essener Hauptquartier der britischen Militärregierung. Sie lautete: Das Unternehmen sei »aus politischen Gründen« geschlossen worden.

Dabei liegt nicht einmal ein zwingender Beweis für die Schließungsverfügung vor. Unter ungeklärten Umständen verschwand ausgerechnet diese Urkunde, auf der ein wesentlicher Teil der Selbstdarstellung des Unternehmens beruht, aus dem Verlagsarchiv in Gütersloh. Auch die Unabhängige Historische Kommission konnte sie nicht aufspüren und behalf sich mit der Kopie einer verkleinerten Reproduktion in einem Heft der *Bertelsmann Illustrierten* von 1960. Das war ihr immerhin so peinlich, dass sie im Zwischenbericht und auf einer Pressekonferenz nach Vorlage des Berichts diesen Umstand zu kaschieren versuchte. Gäbe es nicht gewisse indirekte Belege – zumal den Ermittlungsbericht des Kriminalsekretärs Saal vom 19. Oktober 1944, der auf die »Schließung« Bezug nimmt –, müsste man ernsthaft die Möglichkeit einer Urkundenfälschung in Betracht ziehen. Jedenfalls nährten Bertelsmann und die Kommission Ende der Neunzigerjahre durch ihr Verhalten den Verdacht, die »Schließung« des Verlags sei nichts anderes als eine nützliche Legende.

Von einer Maßnahme, die den Terminus »Schließung« verdient, kann man tatsächlich nicht sprechen. Zu keinem Zeitpunkt gab es ein »Aus« für die Firma C. Bertelsmann oder eine Bedrohung ihres wirtschaftlichen Fundaments. Was bedeutet schon die Feststellung, dass »die Verlagsarbeit ruhte«, wenn Heinrich Mohn im Oktober 1944 dem Arbeitsamt Gütersloh meldete, die Setzerei, die Druckerei und die Buchbinderei seien »noch auf Monate hinaus mit Aufträgen der Dringlichkeitsstufe I–III voll ausgelastet« und die Belegschaft müsse im Zweischichtenbetrieb arbeiten? Die regionale und nationale Wehrbetreuung kam ohne Bertelsmann nicht aus. Mit bereits bewilligtem Papier durften weiterhin Feldausgaben gedruckt und – nach Anweisung der Schrifttumskammer – auch ausgeliefert werden, desgleichen alle unverdächtig produzierten belletristischen und theologischen Lagerbestände. Man sei »mit vielseitigen und kriegswichtigen Aufgaben betraut«, schrieb Heinrich Mohn Anfang November 1944 an Hans Grimm.[34] Und im Dezember 1944 gaben das Propagandaministerium und die Zentrale der Frontbuchhandlungen bei Bertelsmann die Herstellung von Grimm-Sonderausgaben in Auftrag. Noch im März 1945 erging der Bescheid, Bertelsmann solle in »Kriegsarbeitsgemeinschaft« mit dem Westermann-Verlag auf Anordnung bestimmte Wehrmachtsausgaben herstellen.

Die Erinnerung der leitenden Bertelsmann-Mitarbeiter an die Ereignisse in den Jahren 1943 und 1944 erweist sich also im Rückblick als merkwürdig selektiv. Bis 1998 wurden die Vorgänge um die »Schließung« des Verlags deutlich überbewertet, die Hintergründe der staatsanwaltschaftlichen Ermittlungen wegen »Kriegswirtschaftsverbrechens« hingegen bestritten. Der Hauschronist Roland Gööck behauptete beispielsweise, von den Vorwürfen gegen die leitenden Angestellten des Verlags im Jahr 1944 habe sich »kein einziger als stichhaltig erwiesen«. Und Reinhard Mohns eingangs referierte rätselhafte Äußerung aus dem Jahr 1992, wonach durch »Sperren von Papier« die »Schließung des Hauses« bewirkt worden sei, kann vor diesem Hintergrund allenfalls als Versprecher gewertet werden – mit an Sicherheit grenzender Wahrscheinlichkeit aber war sie ein strategisches Kalkül zur Aufrechterhaltung der Legende.

Warum aber führt man die Beschuldigungen der Nazi-Justiz wegen »Kriegswirtschaftsverbrechen« nicht als Belege für die behauptete oppositionelle Tätigkeit des Verlags an? Die einzig mögliche Erklärung dafür ist, dass die damals untersuchten Tatbestände tatsächlich kein gutes Licht auf die Geschäftspraktiken Heinrich Mohns und seiner Mitarbeiter werfen – und deshalb besser verschwiegen oder gar geleugnet wurden.

Das Schicksal des Matthias Lackas

Bevor wir uns der Nachkriegszeit und der Verwandlung des Wehrbetreuungsverlags Bertelsmann in einen »Widerstandsverlag« zuwenden, sei es erlaubt, vom Schicksal des Mannes zu berichten, dem Bertelsmann vieles verdankt: Matthias Lackas. Seine Verwandten haben uns erzählt, wie es ihm nach dem Todesurteil ergangen ist. Der unerschrockene Glücksritter saß bis 1945 in Moabit und wartete auf seine Hinrichtung. Da er auch dort die Augen offen hielt und seinen Charme nicht verlor, fühlte sich die Besucherin eines anderen Häftlings, Gerda Köhler, zu ihm hingezogen. Ein Fall von beidseitig bedingungsloser Liebe. Hin und wieder wurde Lackas in Sachen Bertelsmann und anderer Wehrmachtslieferanten verhört. Es gibt Anhaltspunkte dafür, dass sich hoch gestellte Mitwisser für ihn einsetzten. Im März 1945 wurde Lackas zusammen mit anderen Todeskandidaten zum Dienst in einem Strafbataillon begnadigt. Irgendwann im April wurde das Himmelfahrtskommando in Viehwagen gepfercht und zur Ostfront geschickt. Bei einem Zwischenhalt im tschechischen

Pilsen geriet der Transport in einen schweren Tieffliegerangriff. Die Wachmannschaft öffnete die Türen und scheuchte die Strafsoldaten davon. Auf Schleichpfaden schlug Lackas sich zu den Amerikanern ins südbayerische Aichach durch. Dort war sein älterer Bruder Josef – als Sicherheitsverwahrter politisch unbedenklich – von den Amerikanern als Landrat eingesetzt worden.

Durch Vermittlung dieses Bruders gelangte Lackas nach Saarbrücken, heiratete Gerda Köhler und übernahm die Geschäftsführung des Saar-Verlags. 1950 gründete er im württembergischen Marbach den Perlen-Verlag und die Buchgemeinschaft »Bücher für alle«. Wie seine früheren Auftraggeber von Bertelsmann suchte Lackas den direkten Weg zum Massenpublikum; seine populärwissenschaftlichen Bücher – Sport, Mode, Weltgeschichte, Sexualberatung, Tiere, Astrologie – setzte er bevorzugt in Kaufhäusern ab. Und kein deutscher Verleger war besser befähigt als der stets zuvorkommende und elegante Lackas, den »Etikette«-Ratgeber der Erica von Pappritz unter die verwahrloste deutsche Bevölkerung zu bringen. Dieses Handbuch war sein größter Erfolg.

Es konnte nicht ausbleiben, dass sich die Tätigkeitsbereiche von Lackas und seinen wahlverwandten Partnern von Bertelsmann wieder überschnitten. Reinhard Mohns Bevollmächtigte handelten Lackas die Lizenzen der Sauerbruch-Memoiren, des Olympia-Buchs und anderer Bestseller zur Zweitverwertung im Bertelsmann Lesering ab. Später brachte Lackas seine eigene Buchgemeinschaft in den Lesering ein und warb fortan in Süddeutschland Kunden für Bertelsmann. Die Provisionen für die Betreuung von 80 000 Abonnenten waren, wie es sich gehörte, ausnehmend hoch. »Meine lebenslängliche Rente« nannte er diese Garantieeinnahmen, die er jedoch nicht mehr lange in Anspruch nehmen konnte. Am 29. Mai 1968 erlag Lackas in München einem Krebsleiden.

Von den Nazis zu den Briten: Wie man eine Lizenz erschleicht

Autoren von deutschen Familien-, Unternehmens- und Ortsgeschichten nähern sich dem Kriegsende gewöhnlich wie einer historischen Wasserscheide. Ein neuer Zeitabschnitt beginnt, in dem die Verhaltensweisen, Maßstäbe und Ziele der Akteure gewissermaßen neu gepolt werden. Selbstverständlich war auch die Unabhängige Historische Kommission gehalten, ihren Bericht nach der Zäsur des Kriegsendes zu gliedern. Sie tat es und stellte fest, dass diese Zäsur bei Bertelsmann praktisch keinen Eindruck hinterlassen hatte.

Die Besetzung Ostwestfalens durch die Amerikaner und die spätere Eingliederung des Gebietes in die britische Besatzungszone bestärkten Heinrich Mohn und die Seinen darin, nun erst recht alles so zu machen wie bisher. »Infolge der inzwischen eingetretenen veränderten Verhältnisse«, so umschrieb Heinrich Mohn das Ende der Nazi- und den Beginn der Besatzungszeit, fuhren die holländischen Fremdarbeiter nach Hause; das war alles. Und dann sollte es wieder – nein: weiter – aufwärts gehen. Man wollte endlich wieder ungestört »gute populäre Romane«, auch von Grimm und Vesper, herausbringen und »moralisch wertvolles« Schrifttum an »weite Kreise des Volkes« herantragen, mit anderen Worten: hinter dem Schutzschild der Ethik und der Sorge für das Gemeinwohl mit den alten Mitteln richtig verdienen. Auch die Reihe der *Spannenden Geschichten* sollte nach wie vor die Abenteuerlust der Jugend mit Erzählungen von Kameradschaft, Gefahr und Bewährung anregen. Das Ende des Dritten Reiches war aus dieser Perspektive nicht viel mehr als der Übergang von einem großen Auftraggeber zum anderen. Man hielt die Betriebsfamilie zusammen, ermahnte sie zum Einsatz aller Leistungsreserven – und diente sich der neuen Obrigkeit, der britischen Militärregierung, an.

Ab Juni 1945 druckte Bertelsmann auf Anweisung der britischen Textbook-Commissions Hunderttausende von Schulbüchern für die gesamte britische Zone, in Doppelschichten, monatelang hart an der Auslastungsgrenze. Gerade noch rechtzeitig hatte Fritz Wixforth die in Holland lagernden, zwischenzeitlich beschlagnahmten Papiervorräte gerettet und mit gültigen Wehrmachtsfrachtbriefen auf Bahn- und Wasserwegen in die Gütersloher Scheuer transportiert. Man verfügte bei Kriegsende über insgesamt 550 Tonnen des wertvollen Rohstoffs und besaß damit einen unschätzbaren Wettbewerbsvorteil. Und stockte einmal der Nachschub an Dachpappe, Baustoffen oder Ersatzteilen für Setz- und Druckmaschinen, überzeugte man die Verwalter solcher knapp gewordenen Güter mit dem Hinweis, dass man im Auftrag der neuen Regierung tätig sei.

Natürlich nutzte man auch den hohen Bekanntheitsgrad, den Bertelsmann als Lieferant riesiger Auflagen von Volksausgaben, Kriegsbüchern und Feldausgaben in der Bevölkerung erreicht hatte. Als der Vorstandsvorsitzende Thomas Middelhoff im März 2000 gefragt wurde, ob der Erfolg von Bertelsmann in der Nachkriegszeit entscheidend auf dem in der Zeit des Nationalsozialismus gewonnenen »Markennamen« beruhe, antwortete dieser lapidar mit »ja«.

In der frühen Nachkriegszeit musste für jeden Druckauftrag und für jede

Art von verlegerischer Tätigkeit eine spezielle Genehmigung der Militärregierung vorliegen. Und diese vergab ihre Lizenzen zunächst nur an Firmen, die der Zusammenarbeit mit dem nationalsozialistischen Macht- und Kriegsapparat unverdächtig waren. Eine neue Herausforderung für Bertelsmann, den kommerziellen Tatendrang mit der geforderten Rechtschaffenheit zur Deckung zu bringen und sich vom Kriegsprofiteur zum »Widerstandsverlag« zu mausern. Das Textbuch für diese Verwandlung lag in Gütersloh vom Augenblick des Machtwechsels an bereit. Jeder Angehörige des Führungsteams spielte seinen Part mit Überzeugungskraft. Wer Fritz Wixforth zuhörte, konnte nicht daran zweifeln, dass die gesamte Geschäftspolitik des Hauses einer Strategie des Widerstands gehorcht hatte. In der Erinnerung Steinsieks und Berthouds mutierten die Ermittlungen gegen Bertelsmann wegen Betrügereien und Schiebereien zu tückischen Maßnahmen der politischen Verfolgung. Auch Wirtschaftsprüfer Möhle legte in einem vierseitigen Gutachten vom September 1945 für die Militärregierung Zeugnis ab. Er führte aus, wie man mit den Kriegserlebnisbüchern vor den Schrecken des Krieges gewarnt, mit den *Spannenden Geschichten* (zu denen Titel wie *Deutsche Tanks fahren in die Hölle* gehörten) den Erlebnishunger der Jugend christlich-ethisch gesättigt und mit den Feldausgaben für die Wehrmacht der nationalsozialistischen Indoktrinierung entgegengearbeitet habe (indem man exakt der Goebbel'schen Richtlinie nachkam, die Frontsoldaten mit leichter Literatur vom grausamen Geschehen abzulenken). In den Jahren 1941 und 1942 habe man »einige Prokuristen« schweren Herzens zum Eintritt in die NSDAP bewegt, um der drohenden Verlagsschließung »die Spitze zu nehmen und die kulturelle Aufgabe weiter erfüllen zu können«.[35]

Alle Tatbestände, für deren günstige Ausdeutung wenig Spielraum blieb, wurden konsequent unterschlagen. Heinrich Mohn ließ gegenüber dem Entnazifizierungsausschuss seine vielen Mitgliedschaften und Spenden unerwähnt und wollte im »Geschäftsfragebogen« gar glauben machen, dass seine Firma keine Aufträge von Staat und Partei erhalten habe. Noch wesentlich dreister als im Dritten Reich spekulierte er auf die Schwerfälligkeit und Ahnungslosigkeit der neuen Aufsichtsbehörden. Die ehemaligen Parteimitglieder Steinsiek, Dessin und Berthoud verließen auf Heinrich Mohns vorsorglichen Wunsch hin das Unternehmen. Und die Militärbehörden ließen sich täuschen. Am 27. März 1946 gewährte die britische Information Control dem Verlagschef eine Lizenz zur Herstellung von Büchern.

Kritisch wurde es erst, als Heinrich Mohn auch noch eine Zeitschriftenlizenz beantragte. Der zuständige Offizier in der Information Control, ein Herr namens Felix, äußerte den Verdacht, dass die Angaben im beiliegenden Entnazifizierungsfragebogen auf entlarvende Weise unvollständig seien. Auch die NSDAP-Mitgliedschaft seiner Tochter Ursula Fischer, Gesellschafterin des Verlags, sei verschwiegen worden. Einem nach Düsseldorf delegierten Lektor eröffnete Felix außerdem, dass »politische Bedenken gegen die früheren Veröffentlichungen des Verlages« der Erteilung einer Zeitschriftenlizenz entgegenstünden. Felix verlangte Informationen über die gesamte Buchproduktion des Verlags im Dritten Reich und die Vervollständigung des Fragebogens (den er dem Lektor wieder aushändigte, anstatt ihn zu behalten oder zu kopieren).

In dieser bedrohlichen Situation im Frühjahr 1947 griff der zweitälteste Sohn des Firmenchefs, Reinhard Mohn, in das Geschehen ein. Als fünftes von sechs Kindern Heinrich und Agnes Mohns 1921 geboren, war er in dem Bewusstsein aufgewachsen, dass sein älterer Bruder Sigbert (geboren 1918) dem Vater als Firmenchef nachfolgen sollte. Reinhard war somit frei von den hoch gesteckten Erwartungen der Eltern. Als Gütersloher Gymnasiast mit schwachen Schulnoten war er in der Hitlerjugend rasch in Führungspositionen aufgestiegen, ohne von der verabreichten Doktrin beeindruckt oder gar überzeugt zu sein. Das war charakteristisch für ihn. Immer wieder hörte er den Ruf der Pflicht und gehorchte ihm, eine energische, bescheiden-selbstbewusste Führernatur. Anderen wollte er Vorbild sein. Sicher bei öffentlichen Auftritten, liebte er doch die Zurückgezogenheit. Er wolle so viel leisten, »wie es nur irgend in meinen Kräften steht«, schrieb er als Sechzehnjähriger in einem Hausaufsatz. Den schlichten Lebensstil seiner Eltern machte er sich zu eigen; doch zur pietistischen Frömmigkeit ging er auf Distanz. Die regelmäßigen Andachtsübungen der Eltern empfand er als peinlich. Das verband ihn mit den beiden ältesten Geschwistern, Hans Heinrich (geboren 1913) und Ursula (geboren 1915), die gegen das Elternhaus rebellierten, indem sie sich für den Nationalsozialismus entschieden. Die drei anderen Geschwister, Annegret, die Drittälteste (Jahrgang 1916), der schon erwähnte Sigbert und Gerd, der Jüngste (Jahrgang 1926), waren hingegen tief gläubig.

Als der Krieg ausbrach, wollte Reinhard Mohn zur Luftwaffe, doch er wurde zur Flak-Artillerie einberufen. Von Frankreich verschlug es ihn nach Italien und im April 1943 als Leutnant nach Tunis. Dort geriet er in amerikanische Kriegsgefangenschaft. Zweieinhalb Jahre verbrachte er in einem Lager in Kansas, lernte fließend Englisch, studierte an der Lageruniversität Ingenieurwesen und bildete sein politisches Bewusstsein im Unterricht über amerikanische Geschichte und Demokratie. Als er im Januar 1946 nach Deutschland zurückkehrte, war Hans Heinrich gefallen und Sigbert in sowjetischer Gefangenschaft. Reinhard Mohn hielt sich im Hintergrund und beobachtete, was bei C. Bertelsmann unter der Leitung seines kränkelnden Vaters vor sich ging. Dann wurde er gebraucht, und er ließ sich nicht zweimal bitten, die Verantwortung zu übernehmen.

Auf seinen ersten Kontakt mit der Information Control bereitete er sich gründlich vor. Das Rechtfertigungsmaterial, das er in Düsseldorf vorlegen sollte, entstand sehr wahrscheinlich unter seiner Aufsicht, zumindest mit seiner Billigung. Er überbrachte am 11. April 1947 in Düsseldorf ein Schreiben Heinrich Mohns mit sieben Anlagen, die wie folgt betitelt waren: »Verzeichnis aller Verlagserscheinungen 1933–1945« (I), »Anteil der Kriegserlebnisbücher am Gesamtprogramm des Verlages 1933–1945« (II), »Feldpost-Veröffentlichungen« (III), »Über politische Schwierigkeiten des Verlages und Ursachen der Gewinnsteigerung« (IV), »Über die Entwicklung des Verlages C. Bertelsmann« (V), »Aufstellung der eingereichten Kriegsbücher und Feldausgaben« (VI), »Angaben über den Autor Hans Grimm« (VII). Die einzelnen Anlagen sind jeweils von »H. Mohn« signiert, zugleich jedoch von Reinhard Mohn abgezeichnet.

Die Unabhängige Historische Kommission erwähnt und kommentiert nur die Publikationsstatistiken, nicht aber die zusammenfassenden Darstellungen, in denen Heinrich Mohn die seit Kriegsende verbreiteten Legenden über die Rolle des Verlags im Dritten Reich komprimiert. Warum nicht? Etwa deswegen nicht, weil diese Dokumente beweisen, dass auch Reinhard Mohn an der Legendenbildung beteiligt war und mit ihr den befürchteten Entzug der Buchlizenz für Bertelsmann zu verhindern versuchte? Und damit der Irreführung der Öffentlichkeit im Jahre 1998 überführt wäre?

Im Brustton der Rechtgläubigkeit und verfolgten Unschuld trägt Heinrich Mohn in den Anlagen IV und V erneut das bekannte Märchen vom fortwährenden »Kampf« seines Verlags gegen die Nazi-Ideologie vor. Darüber hinaus improvisiert er in einem argumentativen Salto mortale eine schmeichelhafte Erklärung für den einzigartigen wirtschaftlichen Erfolg des Unternehmens: »In den ersten drei Kriegsjahren hat die Kampfhaltung dem Verlag durch seine grundsätzliche Ablehnung nationalsozialistischen Schrifttums sogar wirtschaftliche Vorteile gebracht, weil das Volk auf das von meinen Verlagen ge-

botene Schrifttum in der immer wachsenden Opposition gegen den Nationalsozialismus positiv reagierte.«[36] Anlage V schließt übrigens mit dem Satz:
»Der Partei gehörte ich nicht an, ebenso auch nicht der Arbeitsfront.« Die fördernde SS-Mitgliedschaft erwähnte er nicht. Auch jetzt noch hoffte Heinrich
Mohn, diese vor den Besatzungsbehörden verbergen zu können – mithilfe des
eingeweihten Sohnes.

Ein Meisterwerk der Verschleierung war die Aufgliederung der Buchproduktion in den Jahren 1933 bis 1945 nach verschiedenen Sparten. Titel mit win-
ziger Auflage wurden wie Titel mit Massenauflage jeweils nur einmal gezählt. Die
Spannenden Geschichten, ab 1936 ganz der vormilitärischen Erregung dienend,
verloren sich in der Rubrik »Jugendschriften«. Carl Kirchhoffs aggressives Welt-
kriegswerk *Von Hölle zu Hölle* wurde der Theologie (!) zugewiesen. Mit diesen
und anderen Tricks gelangte man zu dem Ergebnis, dass sich unter insgesamt
2 940 hergestellten Titeln nur 43 Kriegserlebnisbücher befanden: lächerliche
1,46 Prozent.[37]

Mister Felix erlag der Verfänglichkeit der für sich selbst sprechenden Titel
und Sparten. Argwöhnisch, wie er war, nahm er in dem Zahlenwerk aus Gütersloh zwar eigene Berechnungen vor, ermittelte aber einen nur unwesentlich
höheren und ebenso unrealistischen Prozentsatz. Im Mai 1947 konfrontierte
er Reinhard Mohn mit dem offiziellen Befund, »dass die Kriegsbücher etwa
sechs Prozent des Gesamtumsatzes ausmachten«.[38] Mohn junior verbarg seine
Erleichterung und ließ, weil er mittlerweile zuversichtlich sein konnte, das
Wichtigste, die Buchlizenz, gerettet zu haben, den eigenen Antrag auf eine
Zeitschriftenlizenz »einschlafen«.

Dennoch musste er in mehreren heiklen Situationen seine Geistesgegen-
wart und Fingerfertigkeit beweisen. Denn Felix von der Zeitschriftenabteilung
der britischen Nachrichtenkontrolle war der erste und vielleicht einzige Mitarbeiter der Besatzungsbehörden, der sich ein umfassendes Bild von der flexiblen Firma Bertelsmann machte. Am 11. April 1947 äußerte er gegenüber
Reinhard Mohn (nach dessen Gesprächsprotokoll), »er habe bei uns den Eindruck, dass wir uns früher so und heute so einstellten«. Zuvor hatte er Reinhard Mohn bei einer Lüge ertappt. Dieser hatte die Frage, ob sich unter den
Kommanditisten des Unternehmens ehemalige Parteimitglieder befänden, wider besseres Wissen verneint. Felix deutete an, dass er es besser wisse, und
dämpfte die Hoffnungen auf eine Zeitschriftenlizenz für Bertelsmann.

Nun begann man in Gütersloh doch noch um die bereits erteilte Verlagslizenz zu zittern. Ursula Fischer schied drei Tage später aus dem Kreis der Kommanditisten aus (und kehrte schon im August 1948 zurück). Wesentlich brisanter war die Frage: Würden die Engländer nun dahinter kommen, dass Heinrich Mohn im Antragsfragebogen zur Lizenzerteilung seine fördernde Mitgliedschaft in der SS verschwiegen hatte? Die Suche nach einem Ausweg aus der verfahrenen Lage konzentrierte sich bald auf eine familieninterne Lizenzübertragung. Als Nachfolger Heinrich Mohns kam unter dem Gesichtspunkt von Durchsetzungsvermögen und Leumund nur Reinhard Mohn infrage. Ab sofort war nicht mehr die Untadeligkeit des Vaters, sondern die des Sohnes bei allen Entscheidungen das oberste Kriterium. Heinrich Mohn wurde aus der Schusslinie genommen und war nun seinerseits nützlich. In einem Schreiben vom 20. April 1947 an die Information Control erklärte er, von seinem Sohn »auf die unvollständige Ausfüllung meines Personal-Fragebogens aufmerksam gemacht« worden zu sein und nunmehr »ergänzende Angaben« machen zu wollen. Er gestand nun ein, »förderndes Mitglied« bei der SS sowie bei etlichen anderen Gliederungen der Partei gewesen zu sein.

In Düsseldorf präsentierte sich Reinhard Mohn als entschlossener Aufklärer, der die »unvollständigen Angaben« seines Vaters und die Parteimitgliedschaft seiner Schwester aufgedeckt und Konsequenzen in der eigenen Familie erzwungen habe. Das Schreiben seines Vaters zeigte er vor, gab es jedoch nicht ab, als er bemerkte, dass man die fördernde SS-Mitgliedschaft doch noch verschweigen konnte. Damit rettete Reinhard Mohn möglicherweise zugleich die eigene Karriere. Im Büro von Felix setzte sich seine Glückssträhne fort. Dessen deutsche Mitarbeiterin händigte Reinhard Mohn den alten, unvollständig ausgefüllten Fragebogen seines Vaters zur Nachbearbeitung aus. Am 23. April 1947 trat Heinrich Mohn mit dem Hinweis auf sein Asthmaleiden aus der Verlagsleitung zurück und ersuchte um die Übertragung der Lizenz auf seinen Sohn Reinhard. Dieser machte sich am nächsten Tag mit dem ergänzten Fragebogen wieder auf den Weg zur Militärregierung nach Düsseldorf. Und wieder war Felix gerade abwesend. Die erwähnte Mitarbeiterin nahm die belastenden zusätzlichen Angaben des Vaters zur Kenntnis und empfahl dem Sohn, von der Bewerbung um eine Zeitschriftenlizenz besser Abstand zu nehmen. Reinhard Mohn nahm den Fragebogen wieder an sich und folgte ihrem Rat. Auf diese Weise verlor die Information Control ein wichtiges Beweisstück, das der Mohn-Dynastie hätte zum Verhängnis werden können.

Auch gegenüber dem Gütersloher Entnazifizierungsausschuss hatte Heinrich Mohn 1946 seine fördernde Mitgliedschaft in der SS verschwiegen. Reinhard Mohn erkannte wieder die Gefahr und half dem Vater, die Mitgliedschaft per Zusatzerklärung nachzumelden. Der Vorsitzende des Gütersloher Ausschusses, Bankdirektor Flöttmann, informierte weder die anderen Ausschuss-Mitglieder noch die übergeordneten britischen Behörden. Die Berichtigung wurde lediglich auf der Rückseite der Entnazifizierungskarteikarte in nahezu verschlüsselter Form eingetragen. Flöttmann wollte nicht, dass »Aufruhr« entstand, wie er gegenüber Reinhard Mohn erklärte. Die fördernden Mitgliedschaften des Vaters in nationalsozialistischen Organisationen (SS, HJ, NS-Fliegerkorps) waren jetzt zwar amtlich erfasst, aber kaum auffindbar. Der Sohn konnte beruhigt notieren: »Wenn nicht unvorhergesehene Ereignisse besondere Nachforschungen veranlassen, dürfte der Fall damit niedergeschlagen sein.«

Im Jahr 1981, als er schon dem Firmenjubiläum von 1985 entgegensah, stieß Reinhard Mohn auf die alte Korrespondenz und seine eigenen akribischen Aufzeichnungen von 1947. Nach eingehender und – wie er bekundete – erheiternder Lektüre ließ er die Dokumente aus einer Zeit, in der es ums Ganze gegangen war, im Firmenarchiv ablegen. Falls ihm das Gezerre um die leidigen Entnazifizierungsbögen teilweise aus dem Gedächtnis entglitten war, musste es ihm nun wieder deutlich vor Augen stehen.

Für Bertelsmann war es ein unvorhergesehenes Ereignis, als Hersch Fischler die kurze Eintragung auf der Rückseite der Entnazifizierungskarteikarte von Heinrich Mohn im Düsseldorfer Staatsarchiv fand und die Reihen- und Spaltenangaben als nachgereichte Angaben über »passive« Mitgliedschaften unter anderem in der SS entschlüsselte. Fischlers Bitte, im Firmenarchiv von Bertelsmann nach weiteren Informationen über die »passive« Mitgliedschaft recherchieren zu dürfen, wurde abgewiesen. Dann nahm Reinhard Mohn in seiner Erinnerungspolitik einen Kurswechsel vor. Dem Zwischenbericht der UHK zufolge hatte er 1947 in vorbildlicher Weise seinem Vater geraten, die fördernde Mitgliedschaft bei der SS nachzumelden. Die UHK verschwieg, dass Reinhard Mohn persönlich alle belastenden Daten wieder an sich gebracht hatte. Mit dem schmeichelhaften Zwischenbericht ging man in Gütersloh an die Öffentlichkeit, und Reinhard Mohns 1998 beschädigte Glaubwürdigkeit war wiederhergestellt. Der Schlussbericht der UHK dokumentierte zwar den richtigen Sachverhalt. Doch ist dies bisher niemandem aufgefallen. Denn in der Zusammenfassung wird der Sachverhalt ausgespart, und die modifizierte Darstellung ist in den Textmassen des Berichts ebenso gut versteckt wie die entlarvenden Informationen auf der

Rückseite der Entnazifizierungskarteikarte. Reinhard Mohn missbrauchte die Unabhängige Kommission zur Beglaubigung seiner persönlichen Unschuldslegende (was nur möglich war, weil diese mitspielte).

Warum tat er das? Man denke an den unlösbaren Zusammenhang zwischen der Existenz der Bertelsmann AG und der Selbstverleugnung des Verlags nach dem Krieg. Heinrich Mohn hat sich die Berechtigung, seinen Verlag nach dem Ende der nationalsozialistischen Herrschaft weiter zu betreiben, mit Lüge, Leugnung und Täuschung erschlichen. Reinhard Mohn war darüber im Bilde und hat mit weiteren Täuschungsmanövern verhindert, dass die Sache aufflog und die Lizenz wieder entzogen wurde. Wäre der britischen Militärregierung auch nur annähernd bekannt gewesen, mit welcher Unverfrorenheit sich Bertelsmann den zwischen 1933 und 1945 herrschenden Verhältnissen anpasste, hätte die Firma die Verlagslizenz sicher nicht so schnell erhalten. Dies hätte zwar nicht das Ende ihrer Existenz, aber doch eine Bedrohung bedeutet. Spätestens nach der Gründung der Bundesrepublik Deutschland 1949 hätte Bertelsmann die Verlagstätigkeit wieder aufnehmen können, ähnlich wie viele andere belastete Druck- und Verlagshäuser. Doch dann wäre der Massenmarkt für Volks-Belletristik und Buchgemeinschaften längst unter den »politisch unbelasteten« Lizenzträgern aufgeteilt gewesen. Hätte Bertelsmann einen solchen Vorsprung aufholen können? Wäre dann noch eine Bertelsmann Aktiengesellschaft, ein Bertelsmann-Weltkonzern entstanden? Dem Schwindel von 1947 verdankt man in Gütersloh viel, vielleicht alles.

Vor diesem Hintergrund waren die Tricksereien und Notlügen, die Schiebereien und Halbwahrheiten von Bertelsmann nichts anderes als die lebenserhaltenen Maßnahmen eines Großunternehmens zu Zeiten des Unrechtsregimes und in den Zeiten des Besatzungsrechts. Bertelsmann tat das, was viele andere auch taten. Das Schlimmste in Bertelsmanns jüngster Geschichte ist auch gar nicht das Geschehen selbst und nicht einmal die Geschichtsklitterung, mit der die Familie Mohn während und nach der Nazi-Zeit die Familien- und Unternehmenslegende weiterspann. Das Schlimmste ist die Methode, die hinter alldem steckt: Bertelsmann erhob die Selbstverleugnung zum obersten Geschäftsprinzip, und daran hat sich bis heute nichts geändert.

Der Verlag ließ sich vom Erfolg korrumpieren und hat es niemals zugegeben. Man leugnete stets, ein ganz normales Unternehmen wie jedes andere zu sein, das naturgemäß auf die Steigerung der Rentabilität bedacht ist. Man verbrämte das in den Dreißigerjahren wie entfesselt betriebene Romangeschäft zunächst als Beitrag zur Volksbildung und später als notwendiges Übel, nur dazu veranstaltet, um »der Theologie die wirtschaftliche Grundlage zu schaffen«. Bis zur Virtuosität entwickelte das Gütersloher Führungsteam vor und nach 1945 die Fähigkeit, das Offensichtliche vor sich selbst zu verbergen: dass man unzählige Signale der Ergebenheit an die nationalsozialistischen Machthaber sandte, die Verantwortung für rabiate Verkaufsmethoden jeweils anderen in die Schuhe schob, sich hinter dem theologischen Verlag versteckte und ihm dann ohne Bedauern den Laufpass gab, durch einen bedeutenden Beitrag zur Militarisierung der Gesellschaft die Grundlage für das spätere Massengeschäft legte. Das ist das eigentlich Erschreckende an der Gütersloher Scheinheiligkeit: Die Verantwortlichen glauben, was sie sagen.

Der Lesering als Fundament
des Weltunternehmens –
Bertelsmann in den Fünfziger-
und Sechzigerjahren

Wer lesen kann, liest Bertelsmann!

Das politisch bankrotte Kulturvolk der Deutschen wurde im Westen ab 1950 von einer Firma heimgesucht, die es als Lesegemeinschaft erneuern wollte. Die Firma wollte dem Volk keinen Zeitgeist verkaufen, nichts Sinnstiftendes oder Wegweisendes, sondern einfach nur Bücher und Schallplatten. Das wollten andere auch, aber diese Firma konnte es am besten. Damit allerdings begnügte sie sich nicht, denn sie hatte eine Mission zu erfüllen. Der Firmenchef und seine leitenden Angestellten wurden nicht müde zu verkünden, dass sie das Gemeinwohl im Auge hatten. Sie stünden den Menschen gegenüber in der Verantwortung, und eine hohe Verpflichtung sei ihnen auferlegt, nämlich, die nichtlesenden Schichten für das Buch zu gewinnen. Von Reinhard Mohn, dem Chef, kam die Gewissheit zu seinen Mitarbeitern, dass es im eigenen, wohl verstandenen Interesse der Menschen liege, Mitglieder seiner Buchgemeinschaft, des Bertelsmann Leserings, zu werden. Seine in alle Städte und Gemeinden ausgesandten Vertreter leisteten Pionierarbeit nach der Devise »Helfen, Beraten, Überzeugen, Dienen«. Und überzeugen sollten sie, nicht überreden. »Aus dieser Definition erkennen Sie«, so versicherte man ihnen, »dass Sie sich nicht entschuldigen müssen, wenn Sie zum Kunden kommen, sondern der Kunde froh sein kann, dass Sie gekommen sind«.[1] Das war nicht bloß ein Merkspruch zur Aufmunterung erschöpfter Hausierer. Das war und ist der Gründungsmythos des Weltunternehmens Bertelsmann.

Eine Folge der generalstabsmäßig durchgeführten Anwerbekampagnen für den Lesering ist es, dass nahezu alle älteren, vor 1955 geborenen Deutschen eine Bertelsmann-Anekdote zum Besten geben können. Jeder hat es einmal erlebt oder kennt jemanden, der es erlebt hat: Da klingelt es an der Tür, und vor der Tür steht ein netter, höflicher Mann im unauffälligen grauen Anzug mit einer Aktenmappe unter dem Arm, der, sobald er einen Fuß in eben jener Tür hat, in seiner bescheidenen und zugleich sehr bestimmenden Art darüber aufklärt, dass niemand, aber auch niemand auf die Bertelsmann-Bücher verzichten kann – weil alle sie kaufen und dieser Kauf dazugehört, zum guten Ton der Gesellschaft in den Fünfzigern und Sechzigern. Und wenn es schon kein Roman sein darf, dann, bitte schön, doch wenigstens ein Lexikon für die Allgemeinbildung, oder vielleicht eine Schallplatte zur gepflegten Unterhaltung, oder irgendein anderes Kulturgut ... Hauptsache, aus dem Hause Bertelsmann. All diese Geschichten handeln von einer Organisation, die sich unermüdlich aufdrängte. Man wurde belästigt, gab nach, trat ein in den Lesering, um die Hausierer in Sachen Volkskultur wieder loszuwerden, wollte austreten und schaffte es nicht ... Der Name Bertelsmann weckt kollektive Erinnerungen an die Alltagsgeschichte der Nachkriegsdeutschen. Wer in den Bücherkisten der Vorstadtantiquariate stöbert oder Altbauwohnungen entrümpelt, stößt auf die Papierziegel der Lexika und Bestsellerromane in gediegenem Halbledereinband mit goldener Rückenprägung. Ein vertrauter Anblick, auch wenn man die Bücher nie gelesen hat.

Die solide Massenware, die Bertelsmann in die Regale der Wohnzimmerschrankwände stellte, bestand aus gemütvoller Heimatliteratur nach dem Motto *Und ewig singen die Wälder*, beliebten Klassikern und angloamerikanischen Familienromanen, die die Dame des Hauses zum Beispiel mit Pearl S. Buck und deren Bestseller *Die gute Erde* aus dem grauen europäischen Alltag ins exotische China entführten. Sie verwandelte weitere Millionen von Nicht- und Weniglesern in Bücherwürmer. Zugleich verlieh sie der alten Kulturtechnik Lesen eine völlig neue Bedeutung. Aus der immer noch überwiegend exklusiven Tätigkeit der Gebildeten wurde eine überwiegend kollektive und vorsortierte Tätigkeit für die Massen. »Wer lesen kann, liest Bertelsmann.« Auf diese werbewirksame Formel brachte Bertelsmann den Vorsatz, das Lesen in die eigene Regie zu nehmen. Man deckte eine selbst definierte Nachfrage, indem man einem Mehrheitsgeschmack entsprach, den das Unternehmen eigens gesucht, propagiert und geschaffen hatte.

Die Buchgemeinschaft war – neben dem Taschenbuch – die durchschlagende Erfolgsidee auf dem literarischen Massenmarkt des 20. Jahrhunderts. Menschen mit Scheu vor der »Feierlichkeit des Buchladens« (Wolfgang R. Langenbucher) und dem Buchhändler als gebildetem Kulturträger konnten im Katalog des Buchclubs ohne Berührungsängste bestellen. Bücherfreunde wiederum schätzten die stark reduzierten Preise, mit denen die Buchgemeinschaften kalkulieren konnten, weil die Nachdruckrechte billig erworben, die Auflage hoch und keine Zwischenhändler beteiligt waren. Doch die »klassischen« Buchgemeinschaften wie die Deutsche Buchgemeinschaft, der Deutsche Bücherbund oder die Büchergilde Gutenberg hatten eine Schwachstelle. Sie warben mit allen möglichen Mitteln um Mitglieder und belieferten diese auf dem Postweg mit Pflicht- und Auswahlbänden, pflegten dann aber keinen unmittelbaren Kontakt mehr zu ihnen. Die Folge war, dass man die regelmäßig große Zahl von Kündigungen (meist nach Ablauf des ersten Jahres) durch immer wieder neue Zugänge wettmachen musste.

Als Reinhard Mohn und Fritz Wixforth 1949/50 die Gründung einer eigenen Buchgemeinschaft in Erwägung zogen, suchten sie nach Mitteln und Wegen, sich dieser Sisyphus-Arbeit zu entledigen. Wixforth leitete den Wiederaufbau der zerstörten Verlagsgebäude und besorgte in allen Teilen Deutschlands, auch in der sowjetischen Besatzungszone, Lizenzen für die Nachkriegsproduktion des Verlags. Nach wie vor hielt er Kontakt zu den Reisebuchhändlern, die ihm schon in der Vorkriegszeit geholfen hatten, die Bertelsmann-Belletristik über die Türschwellen der kleinen Leute an die Massen zu bringen. Das Vertriebsgenie wollte auf »keinen bereits vorhandenen Absatzkanal verzichten«, schon gar nicht auf die erprobten Verkaufstechniken des Direktvertriebs. So erneuerte er im Juli 1950 seine Allianz mit dem Reisebuchhandel für den Aufbau des Leserings. Damit die ambulanten Händler auf ihre Kosten kamen, betreuten sie die von ihnen angeworbenen Mitglieder selbst. Auch die Betriebe des Verbandes Deutscher Lesezirkel arbeiteten mit, ebenso wie – nach längerem Zögern – die Experten des Werbenden Buch- und Zeitschriftenhandels, die darauf spezialisiert waren, per Direktansprache und Inserat die Abonnentenstämme von Verlagen und Redaktionen zu vergrößern. Und nicht zuletzt galt Bertelsmanns Offerte dem Sortimentsbuchhandel, das heißt dem gewöhnlichen Ladenbuchhandel.

Alle sollten ins Boot geholt werden. Den unterschiedlichen Händlergruppen bot Bertelsmann an, als »Vertriebsfirmen« beziehungsweise »Betreuungsfirmen« des Leserings tätig zu werden. Für die Verwaltung der Kundenstämme sicherte ihnen der Verlag Rabatte in Höhe von 35 bis 41,6 Prozent (vom Ladenpreis der verkauften Bücher) zu. Diese Preisnachlässe waren überdurchschnittlich hoch. Die Vertriebsfirmen mussten jedoch, von Zuschüssen für die Werbung abgesehen, die gesamten Kosten selber tragen. Infolgedessen waren die Prämien ihrer Vertreter knapp kalkuliert und lagen vielfach unter dem Durchschnitt. Umso wichtiger war es, dass der Verlag versprach, keine Mitglieder in eigener Regie zu werben. Einziger direkter Partner des Lesering-Abonnenten sollte die jeweilige Vertriebsfirma sein. Diese »zweistufige Buchgemeinschaft« brachte – jedenfalls in der Konzeption – beiden Seiten langfristig Vorteile. Die Vertriebsfirmen erhielten Planungssicherheit und Anreize zu weiterer Kundenwerbung; Bertelsmann verfügte bis in die Kleinstädte hinein über ein dichtes Netz zuverlässiger Vertriebsstellen.

Im Laufe der Zeit zog der Verlag jedoch immer mehr Kompetenzen an sich. 1954 gründeten Bertelsmann und die Betreuungsfirmen im Gütersloher Nachbarort Rheda gemeinsam die Bertelsmann Lesering GmbH, meist »VG Rheda« genannt. Die Betreuungsfirmen verpachteten ihre Abonnementverträge an die zentrale Organisation, die »treuhänderisch« die Kontenführung, Korrespondenz, Werbung und Auslieferung sowie das Mahnwesen übernahm. Ein Jahr danach schuf Bertelsmann mit der Vertriebsgemeinschaft Buch und Wissen (später: Verlag Buch und Wissen) eine eigene Außendienstorganisation für den Vertrieb von Fachbüchern, Lexika und der Zeitschrift *Bertelsmann drei* sowie für die Anwerbung von Lesering-Abonnenten. Formal wurde die Absprache mit den Vertriebsfirmen eingehalten: Nicht der Verlag beziehungsweise der Lesering, sondern eine Tochterfirma des Verlags warb um die Mitglieder. De facto aber liefen bei Bertelsmann alle Fäden zusammen.

Wer Mitglied im Lesering wurde, ließ sich auf einen Knebelvertrag ein, bei dessen Kündigung man mit allen Tricks der aggressiven Kundenbindung konfrontiert wurde. Zu entrichten hatte der Abonnent bei Gründung des Leserings monatlich 3,20 DM, am Ende des Jahrzehnts 3,90 DM. Er wählte aus dem Lesering-Programm, das ihm als Mitglieder-Illustrierte zuging, pro Vierteljahr drei Bücher aus. Unterließ er das bis zum Beginn des dritten Quartalsmonats, wurden ihm Anfang der Fünfzigerjahre zwei oder drei »Hauptvorschlagsbände«, später nur noch ein Band zugesandt. Selbstverständlich konnte der Abonnent zum »Lesering-Vorzugspreis« auch weitere Bände in beliebiger Menge erwerben. Im zweiten Jahr, so hatten es Bertelsmanns Statistiker errechnet, begann für den Verlag und die Vertriebsfirmen das Geschäft. Darauf, dass die Gewinnzone erreicht und möglichst weit ausgedehnt wurde, war die Kundenorganisation perfekt eingestellt. Keine Buchgemeinschaft der Welt war jemals so erfolgreich wie der Bertelsmann Lesering.

Gewiss, der massenhafte Bücherkonsum hat eine lange Vorgeschichte. Der verlockende Gedanke eines Garantieabsatzes großer Auflagen führte in Deutschland schon nach dem Ersten Weltkrieg dazu, dass sich Buchgemeinschaften mit jeweils mehreren hunderttausend Abonnenten etablierten. Aber erst die neuen Techniken der Werbung, Herstellung, Belieferung und Kundenverwaltung, die Bertelsmann in den Fünfzigern nutzte, haben das Buch in Deutschland endgültig zu einem Massenmedium gemacht. Der eigentlich revolutionäre Gedankensprung Reinhard Mohns, Fritz Wixforths und ihrer leitenden Mitarbeiter war es, in jeder Person ab 14 Jahren einen potenziellen Kunden zu erkennen, den es nur noch aufzustöbern und zu mobilisieren galt. Konsequenterweise verkaufte Bertelsmann bald nicht nur Bücher, sondern ab 1956 auch Schallplatten. Und Büchermöbel, Leselampen, Bilder, Polstersessel, Phonovitrinen und Plattenspielschränke aus dem »Heim-und-Buch-Programm« des Leserings. Und Urlaubsreisen. Und Musiklizenzen. Und Werbefilme. Und Kinofilme. Und viele andere Dinge zum Ausfüllen freier Zeit. Hinter der scheinbar planlosen Diversifikation und Expansion des Unternehmens stand nicht mehr und nicht weniger als die Entschlossenheit, die gesamte Freizeit zu vermarkten. Nur das neue Medium Fernsehen schmälerte ab 1953 die Zeit zur Nutzung der Gütersloher Produkte – bis Bertelsmann sich in den Neunzigern auch hier mit dem Erwerb von RTL einen großen Teil der Hoheitsrechte für die Rundum-Freizeitversorgung der Bevölkerung erwarb.

Wie aber fängt man es an, derart hoch fliegende Pläne zu verwirklichen? Wie gelangt man überhaupt zu solchen Plänen? Der zweite revolutionäre Gedankensprung Reinhard Mohns bestand in der Gleichsetzung der eigenen Verkaufsinteressen mit den Bedürfnissen der Bevölkerung. Natürlich wollten die Menschen genau das und nichts anderes kaufen, was Bertelsmann ihnen anbot! Und bei denen, die noch nicht so dachten, musste man eben ein wenig nachhelfen. Nur wer über (positive) Erfahrung verfügte, konnte das unternehmerische Selbstbewusstsein zu einer solch kühnen Schlussfolgerung besitzen. Als Bertelsmann vor und während des Zweiten Weltkriegs Millionen von Volksausgaben, Kriegserlebnisbüchern und Feldausgaben unter das Volk beziehungsweise die Soldaten brachte, beanspruchte man vorerst noch keine Monopolstellung für den Verlag. Das sollte sich nach den Erfolgserlebnissen auf dem Massenmarkt der Kriegsliteratur ändern. Der selbst erteilte Auftrag, den Nichtlesern der Welt »das Buch« zu bringen, wurde Anfang der Fünfziger zur ökonomischen Kampfansage an die Konkurrenz mit ethisch-moralischer Legitimation. Die Realisationsform war der Lesering.

Reinhard Mohn und Fritz Wixforth wollten nun einer historischen »Verantwortung« gerecht werden und »zwischen Autor und Leser« vermitteln. Andere Verleger äußerten sich ganz ähnlich, zogen jedoch nicht dieselben Konsequenzen. Für Reinhard Mohn heiligte die Selbstverpflichtung den Dauereinsatz penetranter Methoden. Schließlich »wusste« man, wonach die Leute verlangten, auch wenn sie es selbst noch nicht wussten: »Wir müssen deshalb Vorwürfe aus falsch verstandener Standesehre und Traditionsauffassung als Beurteilungsmaßstäbe unserer Arbeit ablehnen.«[2] Nach dieser Aussage Mohns vom April 1954 war nahezu alles erlaubt, solange es die umworbenen Passanten und Familien zu der Einsicht brachte, dass sie genau das benötigten, was Bertelsmann ihnen lieferte.

Unter diesem Gesichtspunkt ist die Schilderung der Bauernfängerei in den Fünfzigerjahren mehr als eine Exhumierung übler Methoden und gewohnheitsmäßiger Betrügereien und mehr als eine Erinnerung an die Rüpeljahre eines Weltunternehmens. Sie bringt das Grundmuster eines Geschäftsgebarens zum Vorschein, das nach 1970, als es bei Bertelsmann nicht mehr um Abonnenten, sondern um nationale und globale Märkte ging, offiziell geschönt oder als eine Art Jugendsünde des Konzerns abgetan wurde, aber hinter den Kulissen und angepasst an die veränderten Verhältnisse abrufbar blieb. Das *aggressive accounting* beim Bertelsmann-Partner AOL beruhte noch in den Neunzigerjahren auf ganz ähnlichen Praktiken. Den AOL-Abonnenten wurde es mit vergleichbaren Methoden nicht minder schwer als den Lesering-Mitgliedern gemacht, die Dienste des Internet-Dienstleisters wieder loszuwerden. Und auch wenn man es schaffte, konnte man nie sicher sein, dass man nicht doch zum Zwecke der Bilanzverschönerung weiter als Kunde geführt wurde, was Kundschaft und Aktionären gleichermaßen ein falsches Bild vorgaukelte. Es kam zu Sammelklagen auf Schadensersatzzahlungen, die sich auch gegen den Bertelsmann-Vorstandsvorsitzenden und Direktor im AOL-Verwaltungsrat Thomas Middelhoff richteten.

Der Blick zurück scheint also erhellend zu sein. Weil die Gefahr der Verwechslung mit den Methoden anderer Buchgemeinschaften besteht, ist hier freilich besondere Vorsicht geboten. Auch Holtzbrincks Deutscher Bücherbund in

Stuttgart, die mittelständische Deutsche Buchgemeinschaft in Darmstadt und an die vierzig sonstige, kleinere Clubs lockten und pressten teilweise auf skrupellose Weise hilflose Menschen zur Unterschrift. Bertelsmann jedoch – mit seinem Lesering, seinem Europäischen Buchclub, seiner Europäischen Bildungsgemeinschaft und anderen »Gemeinschaften« in Deutschland und später in ganz Europa – machte in dieser Liga auf eine Weise Ernst, der die Konkurrenten nicht gewachsen waren. Von Anfang an paktierte man mit Berufsverbänden, die auf Kundenfang an den Wohnungstüren und auf öffentlichen Plätzen und Bürgersteigen spezialisiert waren. Man unterwarf sich und seine Partner einem unbeirrbaren Willen zur systematischen Erschließung des ganzen Landes. Das Repertoire der faulen Tricks und Brachialmethoden, das den Werbern in Bertelsmanns Auftrag zu Gebote stand, und die Reaktionen der Unternehmensleitung auf Schwierigkeiten aller Art erzählen von einem selbstgewissen Marktbeherrschungsanspruch, gepaart mit jenem chronisch guten Gewissen, das die Mohn-Dynastie bis heute auszeichnet.[3]

Die Bertelsmann-Methoden

Die Tür zum Erfolg des Bertelsmann Leserings stoßen die Drücker des Reise- und Versandbuchhandels auf, gefolgt von den Kolonnen des Werbenden Buch- und Zeitschriftenhandels. Sie arbeiten auf eigene Rechnung und mit eigenen Bestell- und Mitgliedsformularen. Zunächst konzentrieren sie sich auf die bewährte Hauswerbung sowie auf Besuche in Betrieben, Behörden und Ämtern. Doch schon 1951 parken viele Hunderte ihrer als fliegende Bücherstuben hergerichteten, rot und weiß lackierten VW-Busse an den Bürgersteigen. Auf den Bussen prangt die Losung: »Das gute Buch für jedermann / im Lesering von Bertelsmann.« Wie Wegelagerer sprechen ihre Insassen die Vorübergehenden an, stellen sich ihnen in den Weg und bringen sie mit sanfter Nötigung dazu, die Bücher im Werbewagen näher in Augenschein zu nehmen. Vielen Passanten fällt es schwer, sich der Belästigung zu entziehen; sie geben dem Druck nach und treten dem Lesering bei, weil ihnen keine Ausrede einfällt. Oder sie glauben, doch wenigstens erklären zu müssen, warum sie der Aufforderung nicht folgen möchten. Manche Werber lauern in der Nähe von Sortimentsbuchhandlungen und fangen die herannahende Laufkundschaft ab. Die Klagen der Sortimenter bewirken, dass im Juli 1954 das Oberlandesgericht Stuttgart entscheidet, das »Ansprechen nicht erkennbar interessierter Straßenpassanten vom Bücherwagen aus«, das so genannte Anreißen, verstoße gegen Paragraph 1 des Gesetzes gegen unlauteren Wettbewerb (UWG): »Bei einer Werbung durch Ansprechen von Straßenpassanten spekuliert … der Werbende auf die Höflichkeit, Gutmütigkeit oder Anständigkeit der Mitmenschen, die er in einer gegen die guten Sitten verstoßenden Weise zu einem unfairen Werbeerfolg ausnützen will.«

Nach dem Ende der Buswerbung forciert Bertelsmann den Direktvertrieb an der Haustür und das diskrete Anlocken von Menschen auf den Straßen: Die Jagd nach den Unterschriften beginnt. Den Widerspenstigen bietet man die Zusendung der Bertelsmann-Lesering-Illustrierten an, kostenlos und unverbindlich natürlich. Der Werber notiert den Namen, die Anschrift, den Beruf und das Alter des Adressaten, trägt die Angaben in einen Vordruck ein und bittet um eine Unterschrift. Warum das? Nur zu Kontrollzwecken, heißt es. Die Firma habe so die Gewähr, dass der Werber die Adressen nicht einfach aus dem Telefonbuch abschreibe. Tatsächlich unterschreiben die Interessenten einen Antrag zur Aufnahme in den Bertelsmann Lesering und werden nach kurzer Zeit von Büchersendungen und Zahlungsaufforderungen überrascht. Die Vertreter mussten ab 1954 große Einbußen in ihren Provisionsbezügen hinnehmen und sind nun, auch gegen die Anweisung der Vertriebsfirmen, zu allen Kunstgriffen bereit, um die Zahl der »Scheine« pro Woche oder pro Monat zu erhöhen. Und wie soll das Opfer beweisen, dass es arglistig getäuscht worden ist?

Eine häufig praktizierte Variante des Illustrierten-Tricks ist der Los-Trick. Es geht darum, das Opfer auf irgendeine Weise in ein Regionalbüro der unternehmenseigenen Vertriebsfirma Buch und Wissen zu lotsen. Die Verbraucherzeitschrift *DM* berichtet im April 1964 von einem typischen Fall: »Horst Zuckermann aus Berlin ist stolz, dass er nicht auf den Leim gegangen ist. Beim Gastspiel der Wiener Eisrevue im Sportpalast fand er im Programmheft einen kleinen gelben Zettel: ›Gratis-Glückslos Nummer 10316 mit sofortigem Gewinnentscheid sowie einer Prämienverlosung. Pro Person wird nur ein Glückslos eingelöst. Als Hauptgewinner können Sie wählen zwischen: einem Volkswagen Export, einer Weltreise, Wert 5 000 DM, oder 5 000 Mark in bar.‹« Der Beglückte soll sich binnen fünf Tagen beim Verlag Buch und Wissen, Gewinnausgabestelle Berlin, melden. Dort agitieren ihn zwei Damen und lassen ihn – unter Beschimpfungen – erst wieder laufen, als er sich hartnäckig sträubt, Lesering-Mitglied zu werden. Sein Glückslosgewinn ist eine Werbeschallplatte von Bertelsmann. Weil er schon Erfahrungen mit dem Schallplattenring des Hauses gesammelt hat, weigert er sich, den Empfang des Gewinns zu quittieren. Denn wer weiß, was so eine Unterschrift alles bewirkt? 1962 untersagt es das Oberlandesgericht Celle, für den Bertelsmann Lesering »dadurch zu werben, dass Straßenpassanten durch Ansprechen oder Verteilen von Losen zum Aufsuchen eines Ausstellungslokals veranlasst werden«. Aber bis dahin ist schon zahlreichen Passanten auf diese spezielle Bertelsmann-Methode »das Buch« gebracht worden.

Als eines der probatesten Mittel des Mitgliederfangs erweist sich das Preisausschreiben. Selbstverständlich gibt es so viele Gewinner wie Teilnehmer. Wer einer Aufforderung zum Mitmachen nachkommt – die Fragen sind durchweg kinderleicht –, wird in aller Regel von einem Vertreter aufgesucht, der eine Warenprobe oder ein Werbegeschenk als »Überraschung« gleich mitbringt. Manchmal kann der Besuchte sich gar nicht erinnern, teilgenommen zu haben, doch der Vertreter versichert ihm, ein Glückspilz zu sein. Oder er bringt die Nachricht, die gerade nicht anwesende Tochter habe sich beteiligt, die Auslosung finde erst in einigen Wochen statt und mit ihr sei eine Werbeaktion verbunden, nämlich die Präsentation einiger (mitgebrachter) Bücher. In jedem Fall will der Besucher eine Unterschrift, als Bestätigung des Vertreterbesuches. Die Unterschrift kommt den Höflichen teuer zu stehen, sei es, dass sie zur Abnahme von Büchern im Wert von rund 2 000 DM verpflichtet, sei es, dass sie eine Mitgliedschaft besiegelt. Oder, noch dreister, der Teilnehmer wird vom Vertreter mit der Behauptung überfallen, er habe mit seiner Teilnahmekarte zugleich 20 Bände Bertelsmann bestellt. Oder man überreicht Passanten im Werbewagen einen Gutschein für den Kauf von Büchern zum Sonderpreis – und verlangt nur das Mindeste, nämlich, den Gutschein (mit Durchschlag) zu unterschreiben. Oder man verehrt ihnen eine schöne Probesendung – und sie versäumen es, das Kleingedruckte zu lesen, schicken die Sendung nicht rechtzeitig zurück und sind damit automatisch Mitglied.

Da man den Jägern nach einiger Zeit und einer beträchtlichen Anzahl schlechter Erfahrungen meist argwöhnisch begegnet, schlüpfen sie immer häufiger in die Tarnung seriöser Dienstleister. Im Foyer eines Kinos mimen sie beispielsweise die Repräsentanten einer »gemeinnützigen Stiftung aus der Schweiz zur Bekämpfung von Schmutz- und Schundliteratur« und erbieten sich, gewissermaßen im humanitären Sonderauftrag, Preisnachlässe für niveauvolle Bücher, Schallplatten, Auslandsreisen und Sprachkurse zu vermitteln. Um in den Genuss dieser Sonderangebote zu gelangen, benötigt man lediglich eine Kundenkarte (die unterschrieben werden muss und zu rein gar nichts verpflichtet).

Wenn es läutet und Mutter, Vater oder die Kinder die Tür öffnen, stehen sie bisweilen unverhofft vermeintlichen Vertretern des Jugendamts oder einer schulischen Behörde gegenüber, die auf ein Bildungsprogramm für Kinder aufmerksam machen, ja sogar Nachhilfeunterricht vermitteln wollen. Die amtlicherseits empfohlenen Lehrmittel, verlegt bei Bertelsmann, haben sie zur Begutachtung gleich bei sich. Andere unerwartete Gäste stellen sich als Mitarbeiter eines Meinungsforschungsinstituts vor und befragen die Anwesenden nach ihren Lese- und Musikinteressen. Zur Belohnung erhalten die Auskunftswilligen einen Großeinkaufsausweis – den zu signieren wiederum eine mindestens zweijährige Mitgliedschaft beim Lesering nach sich zieht.

Bereits 1956 wirbt der in den Diensten von Bertelsmann stehende Münchner Vertriebsstellenleiter Dr. Bohnenberger Hunderte von Interviewern für eine fiktive »Arbeitsgemeinschaft Erziehung und Familie« oder wahlweise für einen fiktiven »Verein zur Bekämpfung von Schmutz und Schund« an. Die Angeworbenen durchschauen das Spiel erst nach Tagen, wenn sie in Verkaufspsychologie geschult werden. An den Wohnungstüren zücken sie ihre Vereinsausweise und tragen vor, sie würden einen Test zu Erziehungsfragen einschließlich des Halbstarkenproblems oder zur Schundheftliteratur durchführen. Regelmäßig kommt man auf die Beschaffung unbedenklicher Jugendliteratur zu sprechen, und hier weiß der Experte Rat. Zufällig hat er einen Prospekt des christlichen Verlags in Gütersloh dabei und zufällig auch ein Aufnahmeformular des Bertelsmann Leserings.

Im Jahr 1955 wird der Jugendlesering als Spartenprogramm des großen Buchclubs gegründet. Anlässlich einer »Buchhändler-Freizeit« des Verlags am 29. Mai 1954 entwirft der Bayreuther Buchhändler Gondrom das Konzept: »Die Jugendbuchauswahl des Bertelsmann Leserings unterliegt einer Vorprüfung durch ein Kuratorium aus dem Verein der Vereinigten Jugendbuchausschüsse.« Gondrom räsoniert darüber, wie man »über den Schüler die Eltern erreichen« könne, weil sich ja »die Schüler als die besten Propagandisten erwiesen haben«. Vielleicht könne man in den Schulen einen Film über die Entstehung und die Welt des Buches vorführen und abschließend hervorheben, welcher Segen es sei, dass der Jugendlesering die Menschen mit Büchern zu vorteilhaften Bedingungen erfreue. Andere Vertragsbuchhändler schlagen vor, statt der Schulen die Jugendverbände einzubeziehen und in Schulen, die nicht mitarbeiten wollen, »von einem Jungen oder Mädel Schüler-Adressen-Material aufstellen zu lassen. Der betreffende Junge oder das Mädel würde dafür ein kleines Bändchen bekommen … Anhand der Adressen müssten dann die Eltern aufgesucht werden.«[4]

Fritz Wixforth, der große alte Mann des Leserings und mit Reinhard Mohn auf gleicher Augenhöhe stehend, will den Bundespräsidenten Theodor Heuss, ersatzweise den Familienminister, für eine Schirmherrschaft gewinnen. Nun, der Bundespräsident will nicht Schirmherr des Jugendleserings werden, und man sieht sich gezwungen, auf hauseigene Lockmittel zurückzugreifen. 1956 werden auf deutschen Schulhöfen mit Billigung der Schulleitungen Gratislose für eine Buchlotterie verteilt, die dann nicht stattfindet. Stattdessen erschien, wie der *Spiegel* berichtet, »einige Zeit später ein Beauftragter des Bertelsmann-Verlags bei den Eltern der Kinder und erklärte ihnen, dass ihre Kinder durch die Unterzeichnung des Freiloses Mitglieder des Bertelsmann-Rings geworden seien. Die Eltern wurden ersucht, ihre Zustimmung zu bekunden.« Andere Propagandisten grasen die Lehrlingsheime ab und machen sich – trotz Verbots – in Bundeswehrkasernen an die Soldaten heran.

Wie es in der alltäglichen Anwerbepraxis der mit Bertelsmann kooperierenden Vertriebsfirmen zugeht, erfährt 1964 ein Mitarbeiter von *DM*. Getarnt als Arbeitssuchender lässt er sich in München von einem erfahrenen Vertreter anlernen. Dieser fragt weder nach dem Beruf noch nach dem Gewerbeschein oder eventuellen Vorstrafen des Neulings, hat aber keine Bedenken, ihn rückhaltlos einzuweihen: »Ich sage entweder, ich komme von Infratest oder vom Deutschen Studentenverband und soll eine Statistik machen. Das Ansprechen auf der Straße ziehe ich vor. Da kann man sich die Leute aussuchen. Ich nehme nur Frauen und Mädchen. Manchmal setze ich mich auch zu einer auf die Bank. Viele sind so einsam, dass sie einem alles erzählen, was sie bedrückt. Da kann man dann mit ihnen machen, was man will. Ich arbeite höchstens ein bis zwei Stunden am Tag. Davon kann ich so leben, dass es mir gut reicht.«

Wenn die Überrumpelten versuchen, ihren Fehler zu korrigieren, steht ihnen eine weitere schlechte Erfahrung bevor: die der Ohnmacht. Die Kündigungsbedingungen aller Buchgemeinschaften sind hart und schwer zu erfüllen; dem Lesering und seinen Ablegern sagt man nach, die strengsten zu haben. Eine folgenlose Rücktrittsmöglichkeit während einer kurzen, festgelegten Bedenkzeit gibt es nicht. Die Mitgliedschaft verlängert sich jeweils um ein Jahr, wenn die Kündigung nicht drei Monate vor Ablauf des Jahres per Einschreiben eingegangen ist. Das Datum des Poststempels wird als Nachweis nicht akzeptiert. Fatalerweise vertrauen viele reuige Mitglieder irgendwelchen mündlichen Absprachen mit dem Vertreter – nicht ahnend, dass diese allesamt ungültig sind – und verpassen so die Fristen. Und auch wenn sie alles richtig machen, funktioniert der routinierte Bertelsmann-Apparat mit seinen Hinhaltemanövern. Man schlägt dem Abtrünnigen vor, die Mitgliedschaft auf unbestimmte Zeit ruhen zu lassen und während dieser Zeit nur das zu bezahlen, was er bestellt hat – jedoch: in einem »Ruhequartal« kann man nicht kündigen. Immer wieder gehen Kündigungsschreiben verloren, und Telefonate, bei denen dem Anrufer versichert wird, nun nehme alles den gewünschten Lauf, bleiben folgenlos und unbelegbar. Manchen, die austreten wollen, wird sogar schriftlich klar gemacht, dass sie geirrt haben – und dass man ihnen noch einmal verzeihen wolle: »Wegen einer kleinen Unstimmigkeit sollten Sie die Vorteile Ihrer Mitgliedschaft nicht aufgeben … Ich habe deshalb Ihre Kündigung vorerst noch nicht eingetragen.«[5] Bertelsmann hat zu seiner Bestimmung gefunden: zur Vormundschaft über das Freizeitvolk.

Schuld sind immer die anderen …

Es bleibt nicht aus, dass sich die Meldungen über Pressionen, faule Tricks und Betrug beim Vertrieb der Bertelsmann-Bücherberge und der Anwerbung der Lesering-Mitglieder überschlagen. Wie aber stellt sich die Unternehmensleitung in Gütersloh, insbesondere Reinhard Mohn dazu? Wie reagiert man auf die Wut derer, die sich überrumpelt und geknebelt fühlten? Für gewöhnlich bestreitet man keineswegs, dass die Meldungen zutreffend sind, sofern in den unlauteren Praktiken Regelverstöße in Ausnahmefällen erkannt werden, und nichts Regelmäßiges, Zwangsläufiges oder gar für Bertelsmann Typisches. »Wir wollen … nicht Auswüchse in der Werbung entschuldigen, die bei dem Großeinsatz von Hunderten von schnell angelernten Buchvertretern vorgekommen sind«, schreibt Reinhard Mohn in einem Rückblick auf das Geschäftsjahr 1954. »Auch vertreten wir durchaus die Ansicht, dass die Werbung in korrekter und sauberer Form durchzuführen ist. Wo immer uns über irgendwelche Missstände berichtet wurde, haben wir unseren Einfluss zu deren Abstellung verwandt.« Unmittelbar verantwortlich sieht sich Reinhard Mohn indes nicht.

Auch hier zahlt sich das Konzept der Zweistufigkeit des Vertriebs aus. Es bietet den unschätzbaren Vorteil, dass man die Verantwortung für die Missstände delegieren kann. Die formalrechtliche Selbstständigkeit der »Vertriebsfirmen« und »Werbeleitungen« erhält dem Buchclub, der die hereingeholten Abonnements lediglich aufkauft, die weiße Weste. Offiziell sind die Vertriebspartner für die Mitgliederwerbung zuständig, und sie haben bei der Wahl ihrer (meist unlauteren) Mittel nach Ansicht der Bertelsmann-Führung freie Hand: »Die Formulare, die sie verwenden, die Mitgliedsbedingungen, Aufnahmegebühr usw., das wird von uns nicht kontrolliert.«

Reinhard Mohn, der Haupturheber des rigorosen Expansionsprogramms »Lesering«, kommentiert die schmutzigen Details distanziert, kopfschüttelnd, nahezu unbeteiligt. »Ich könnte Ihnen da noch eine Reihe von Tricks erzählen, die alle gemacht werden, um Mitglieder zu kriegen.« So antwortet er 1964 auf die bohrenden Fragen eines Redakteurs der *DM*, der ihm in Vorbereitung eines Berichts über die Machenschaften der Buchgemeinschaften eben diese Tricks vorhalten möchte. Aber da ist der Reporter an den Falschen geraten. Mohn nämlich stellt sich nach außen hin auf die Seite der Ankläger. Ein wenig angewidert und ein wenig amüsiert beobachtet er, wie sich seine Vertreter abmühen und schuldig machen. Dass die Sollerfüllung seiner unmittelbar und mittelbar ausführenden Organe ständig ausufert, ficht ihn nicht an. Im Zweifelsfall zählt sich Bertelsmann zu den Geschädigten. Die Verlagsleitung klagt wiederholt über »frisierte Zugänge« (getürkte Mitgliedschaften) und über Werber, die dem Verlag Tausende von »Springern« und »Toten Seelen« andienen (Abonnenten, die sofort wieder abspringen wollen, oder Mitgliedernamen, die von Grabsteinen mit frischen Sterbedaten abgeschrieben wurden), um dann mit den erschlichenen Prämien das Weite zu suchen. In solchen Fällen fordert der Verlag Vorauszahlungen und Provisionen zurück und trennt sich von korrupten Werbeleitungen. Wozu hat man schließlich für die unmittelbar weisungsgebundenen Vertreter des Verlags Buch und Wissen »Richtlinien« erlassen? Untersagt wird da unter anderem, Mitarbeiter ohne Reisegewerbekarte zu beschäftigen, auf Straßen und öffentlichen Plätzen zu werben und irreführende Werbung zu betreiben, beispielsweise zu behaupten, Mitarbeiter eines Meinungsforschungsinstituts zu sein. Bei Bertelsmann fühlt man sich unantastbar.

Und was hat Reinhard Mohn den unfreiwilligen Mitgliedern des Leserings zu sagen? »Die Leute sollen sich doch beschweren. Allerdings sind Reklamationen oft nur ein Akt der Kaufreue. In solchen Fällen geben wir nicht nach. Wenn sich herausstellt, dass der Kunde im Recht ist, möchte ich schon glauben, dass wir solche Mitgliedschaften rückgängig machen.« Die Entscheidung über »Kaufreue« oder Recht behält sich der Verlag selbst vor. Man weiß schließlich, was gut und richtig ist für die Leserschaft. Aber müsste nicht eine Buchgemeinschaft, die so große Stücke auf sich hält, jene Mitglieder, die schon mehrere Fluchtversuche unternommen haben, geradezu davonjagen?

Die Außendarstellung und die Rechtslage sind eine Sache, die Kalkulation, die die beauftragten Vertriebspartner zu den unrechtmäßigen Praktiken von Drückerkolonnen motiviert, ist eine andere. Einerseits überlassen es die Manager des Leserings ihren Vertriebsfirmen, auf welche Weise die Mitgliedsgemeinde erweitert wird, andererseits jedoch üben sie einen massiven Erfolgsdruck auf die Werber aus, der kaum zu erfüllen ist. Herstellungskosten, Versandkosten, Provisionen und Betreuungskosten werden auf den Pfennig genau berechnet, was ohne das Hochrechnen der potenziellen Zahl der geworbenen Mitglieder nicht möglich ist: »Es wird angenommen und erwartet, dass pro Werber monatlich 120 Aufträge am Ausstellungswagen geschrieben werden können. Das sind bei vier Mann Besatzung rund 500 Aufträge.« Diese Schätzung lässt sich Reinhard Mohn am 28. August 1952 vorlegen, um die Höhe der Lesering-Provisionen beim Einsatz eines Ausstellungswagens für kooperierende Sortimentsbuchhändler ermitteln zu können.[6] Bei allem Unbehagen über die Belästigung von Passanten in der Öffentlichkeit verkennen Mohn und Wixforth in Anbetracht ihrer überaus hoch gesteckten ökonomischen Erwartungen »nicht die Notwendigkeit, dass die draußen angewandten Werbemethoden hart sein« müssen.[7]

Von rüden und ungesetzlichen Praktiken trennten sich Reinhard Mohn und die Seinen nur dann, wenn sie per Gerichtsentscheid dazu gezwungen wurden oder verbrauchte Methoden durch effektivere ablösen konnten. 1956 forderten Angehörige der Unternehmensleitung, auf »überspitzte Werbeaktionen«, namentlich auf »Großkolonnen und Straßenwerbung«, grundsätzlich zu verzichten. Den Werbebus ersetzte man – notgedrungen, denn 1954 hatten einige Sortimenter dagegen geklagt – durch eine Art Busroller und den im Hintergrund wartenden Ausstellungswagen. Die massenhafte Belästigung von Passanten und Hausfrauen wich weitgehend der Prospekt- und Anzeigenwerbung, den Losen und Preisausschreiben sowie einer weiteren genialen Geschäftsidee: Reinhard Mohn ging davon aus, dass die Werbepotenziale in

Deutschland noch längst nicht ausgeschöpft waren. Insbesondere der Freundschaftswerbung, dem Akquirieren neuer Mitglieder durch Mitglieder, prophezeite er eine große Zukunft. Dabei hatte er die Rechtsprechung auf seiner Seite; denn nur im Buch- und Zeitschriftenhandel sowie im Versicherungswesen wurde die Anwerbung von Kunden durch Kunden – als eine Art überkommenen Gewohnheitsrechts – für zulässig erklärt, während sie ansonsten als eine Form unlauteren Wettbewerbs geahndet wurde. Angespornt durch ein ausgeklügeltes System von Werbegeschenken, Verlosungen und Anwerbehilfen führten die Laien unter den Mitgliederwerbern dem Lese- und Schallplattenring mehrere hunderttausend neue Kunden zu. Bestätigte dieser Erfolg nicht die Firmenmaxime, wonach die Menschen dankbar sein mussten, dass Bertelsmann zu ihnen kam? Bertelsmann machte aus der Bevölkerung nicht nur ein Volk von Bücherwürmern, sondern gleich auf zweifache Weise vollwertige Mitglieder der Bertelsmann-Familie, indem man sie als Kunden warb und dann als Kundenwerber für den Lesering einspannte.

Der Vertriebsgemeinschaft Buch und Wissen in Rheda kam die Aufgabe zu, die Mitgliederwerbung auf den Erkenntnisstand der amerikanischen Verhaltensforschung zu heben. Für ihre weit verzweigte Außendienstorganisation wurden junge Leute mit qualifiziertem Schul- oder Hochschulabschluss hundert Tage lang in Kursen, Besprechungen und Diskussionen zu Verkaufsexperten geschult. Zugleich wurden sie auf die so genannten Bertelsmann-Prinzipien – eine Art Satzung der *corporate identity* in Gütersloh – eingeschworen und damit in die »Bertelsmann-Familie« aufgenommen. Die Monatszeitschrift *Wir* präsentierte sich Ende der Fünfziger- und Anfang der Sechzigerjahre den Außendienstmitarbeitern als fortgesetzter Schulungskurs. In der Maiausgabe 1961 wurden die Verkäufer zum Beispiel unüberbietbar präzise darüber aufgeklärt, was sie zu beachten hatten, um einen »guten Blickkontakt« zum Kunden herzustellen.[8] Darüber hinaus sollte der perfekte Lesering-Verkäufer in 70 Prozent der Zeit den Kunden sprechen lassen und sich selbst mit dem Rest begnügen. Er sollte möglichst oft das Anredewort »Sie« verwenden und das Wort »ich« vermeiden. Er sollte keinen Augenblick am erfolgreichen Abschluss zweifeln, ihn vielmehr immer voraussetzen. Außerdem lernte er, dass »beliebte Einwände« des Kunden wie »Ich habe kein Geld« oder »Ich habe keine Zeit« oder »Ich muss erst meinen Mann fragen« ausnahmslos Vorwände seien, die man geschickt aufgreifen und in eine Kaufermunterung verwandeln könne. Und dann das Wichtigste: Das angebotene Buch und sein Inhalt seien von unter-

geordneter Bedeutung. Entscheidend sei, womit der Kunde das Angebot iden-
tifiziere. Denn: »Wir verkaufen keine Bücher, sondern – Ideen!«[9]

Die Geister, die ich rief …

Reinhard Mohns Pläne sind umfassend, und der Lesering soll ihm helfen, diese
zu verwirklichen. In der Eröffnungsansprache zur Lesering-Arbeitstagung 1954
entspricht das strategische Ziel des Bündnisses zwischen der Unternehmenszen-
trale und den Lesering-Vertriebsfirmen seiner Vision vom Bertelsmann-Lese-
land. Er unterstellt in Deutschland die »dreifache erreichbare Leserdichte« der
Vereinigten Staaten und folgert: »Wir haben jetzt in der Bundesrepublik ungefähr 2,2 Millionen Buchgemeinschaftsmitglieder, wir haben 48 Millionen
Einwohner. Wir können also sagen, dass wir fast 5 Millionen Buchgemeinschaftsmitglieder … werben können. Vielleicht ist diese Zahl etwas fantastisch
… Aber ich glaube doch, und das zeigt doch auch unsere ganze Werbung, dass
… noch eine ungeheure Möglichkeit vor uns liegt. In Amerika ist es einer Buchgemeinschaft gelungen, 15 Prozent oder vielleicht auch 20 Prozent aller Buchgemeinschaftsmitglieder auf sich zu konzentrieren. Dem Lesering ist es jetzt
schon gelungen, 50 Prozent aller Buchgemeinschaftsmitglieder in der Bundesrepublik auf sich zu konzentrieren. Ich glaube, dass sich das prozentuale Verhältnis noch weiter zugunsten des Leserings verschieben wird.«

Wie sollen die Reise- und Werbebuchhändler unter den Zuhörern in dieser Klarstellung etwas anderes erkennen als die dringende Aufforderung, die
Auftragszahlen noch weiter in die Höhe zu treiben? Und das bei den außerordentlich niedrigen Prämien, die Bertelsmann bietet. Ist es da noch ein Wunder, dass die Vertriebsspezialisten im Außendienst mit allen, auch gesetzes-
widrigen Mitteln versuchen, so viele Abschlüsse wie möglich zu tätigen?
Angesichts des Drucks, den die Unternehmensleitung aufbaut, erscheint es
mehr als unglaubwürdig, wenn Reinhard Mohn sich in der Öffentlichkeit ver-
bal auf die Seite der Unschuldigen und der Ankläger stellt und alle Verant-
wortlichkeit den Drückerkolonnen zuschiebt, die in seinem Auftrag unterwegs
sind. Der Bundesgerichtshof hat das genauso und Bertelsmann als juristisch
mitverantwortlich gesehen, als er in seinem Urteil vom 6. Juni 1958 unter anderem ausführte, dass das Unternehmen sich als Nutznießer von »Wettbe-
werbshandlungen« bei Wettbewerbsverstößen nicht »hinter von ihm Abhän-

gigen verstecken« könne. Schließlich träten die Angeworbenen nicht in eine Buchgemeinschaft der jeweiligen »Betreuungsfirma« ein, sondern in die »umfassende Organisation« des Leserings.

Wie aber konnte man die dienstbaren Geister, die man gerufen hatte, wenigstens so weit disziplinieren, dass sich der Ärger der Kundschaft in Grenzen hielt und nicht auf das Gütersloher Stammunternehmen ausgedehnt wurde? Trotz allem hielt Bertelsmann am Konzept der kargen Entlohnung der Vertriebspartner bei maximaler Erfolgserwartung sowie an der »Mehrstufigkeit des Beauftragungsverhältnisses« fest, da damit organisatorische, kalkulatorische und – nach wie vor – rechtliche Vorteile verbunden waren. Allerdings beschleunigte die Leitung des Leserings nunmehr den Aufbau einer eigenen Vertriebsorganisation, des Verlags Buch und Wissen, und sorgte durch die hauseigene Verkäuferzeitschrift mit dem bezeichnenden Namen *Wir* für den rechten Korpsgeist. Der Ärger der Vertreter über ihre vergleichsweise dürftigen Provisionen wurde durch die Hoffnung auf Prämien kompensiert. So standen die Verkäufer permanent im Wettbewerb untereinander und erhielten pro Lesering-, Jugendlesering- oder Schallplattenringschein 40 Punkte zugesprochen. Es winkten »1000 begehrenswerte Artikel«. Wer in einem bestimmten Vierteljahr, beispielsweise im Zeitraum von September bis November 1959, mehr als 150 Scheine beschaffte, wurde rückwirkend um zusätzliche 20 Punkte pro Schein reicher, Verkaufskanonen mit mehr als 225 Scheinen um weitere 40 Punkte. Manche Vertriebsstellen des Verlags Buch und Wissen setzten als Erfolgsprämie sogar einen Wanderpokal aus.

Unabhängig davon, in welchem Ausmaß Bertelsmann die Mitgliedswerber zu ihrem Vorgehen angestiftet hat, zielt die Frage nach der Mitschuld des Bertelsmann Verlags an den Verstößen gegen Gesetz und gute Sitten nicht auf den Kern des Problems. Sie trägt dazu bei, das Absonderliche des Lesering-Projekts insgesamt vergessen zu machen. Nachdem man sich einmal von den Erfolgsrechnungen der Drückerkolonnen abhängig gemacht hatte, konnten nachträgliche Ermahnungen und Distanzierungsversuche der Firmenspitze allenfalls den Reputationsverlust des Hauses Bertelsmann in Grenzen halten. Zumal schon vor dem Zweiten Weltkrieg allgemein bekannt war, dass reisende Vertreter im Buch- und Zeitschriftenhandel alle Register ziehen mussten, um ihre wirtschaftliche Existenz zu sichern.[10] 1954 waren von den Mitgliedern des Leserings laut Fritz Wixforth etwa 75 Prozent von den Firmen des Reise- und Versandbuchhandels und etwa 17 Prozent vom Werbenden Buch- und Zeitschriftenhandel geworben worden. Demnach wurden dem Lesering 92 Prozent seiner Mitglieder von einer Zunft zugeführt, deren unveränderliches Tätigkeitsmerkmal die Hemmungslosigkeit bei der Annäherung an mögliche Kunden war, ob sie nun Wein oder Waschmittel, Bürsten oder Elektrogeräte, Versicherungen oder Druckerzeugnisse absetzte. Zehn Jahre danach bestätigt Reinhard Mohn: »Für einen Vertreter ist es heute … schwierig, sein Geld zu verdienen, wenn er sauber arbeiten will.«

Es ist fast völlig in Vergessenheit geraten, dass die Initiative zur Gründung des Leserings gar nicht von Mohn oder Wixforth, sondern von Johannes Thordsen, dem Vorsitzenden des Verbandes der Reise- und Versandbuchhändler, ausging. Mohn und Wixforth haben diesen bemerkenswerten Umstand wiederholt bestätigt.[11] Zwischen Wixforth und Thordsen bestand ein Vertrauensverhältnis, das in den Dreißigerjahren entstanden war, als man mit großem Erfolg gemeinsam Geschäfte machte. Dennoch erschien Thordsens Vorschlag, eine Buchgemeinschaft weitgehend ohne Mitwirkung des Sortimentsbuchhandels zu etablieren, zunächst auch Wixforth zu waghalsig – bis man sich darauf einigte, »den vertreibenden Buchhandel nicht nur zum Werber, sondern auch zum Träger (zum Betreuer) der selbst geworbenen Mitgliedschaften zu machen«. Demnach bestimmte zumindest in der ersten Hälfte der Fünfzigerjahre das Verkaufs- und Provisionskalkül der Vertreter den Zuschnitt des Lesering-Programms.[12] Der Pakt zwischen Bertelsmann und den Direktverkäufern beruhte auf der Erwartung, dass der Vorteil des einen auch der des anderen sein werde. Wenn die Vertriebsfirmen neue Mitglieder begrüßten oder Zahlungen anmahnten, unterzeichneten sie mit dem jeweiligen Namen, benutzten aber Briefbögen mit der Kopfzeile »BERTELSMANN LESERING Europas größte Buchgemeinschaft«. Man sprach den Preis der Bände und Prämienbände, die Ausstattung der Bücher und die Maßnahmen zur Intensivierung der Freundschaftswerbung miteinander ab und taktierte häufig gemeinsam gegen bestimmte Sortimentsbuchhändler. Thordsens Hamburger Verlag verlangte Einsicht in die Entwürfe von Reinhard Mohns Ansprachen zu publicityträchtigen Anlässen, etwa zur Begrüßung des millionsten Lesering-Mitglieds.[13] Die Schallplattenproduktionsfirma Sonopress wurde am 22. April 1958 in Gütersloh von Johannes Thordsen eingeweiht. Die C. Bertelsmann Verlags GmbH, das heißt Reinhard Mohn, war einer der beiden Gesellschafter der – nicht ins Handelsregister eingetragenen – Thordsen Verlags oHG und hielt 50 Prozent der Aktien der – überwiegend als Werbefirma tätigen – Thordsen Pictura AG. Die Vertriebsfirmen erhielten die Bücher aus Gütersloh mit besagtem Rabatt von 35 bis 41,6 Prozent. Den Brutto-Umsatz teilten sich Bertelsmann und der Buchhandel im Verhältnis 60 zu 40 Prozent.[14]

Doch Reinhard Mohn war schon früh gezwungen, sich noch enger an die Vertriebsfirmen zu binden. Da nahezu keine Bank bereit war, für das ihnen völlig unvertraute Buchgemeinschaftsgeschäft Kredite zu gewähren, verfiel Mohn auf den riskanten Ausweg der Wechselfinanzierung. Die Vertriebsfirmen beglichen ihre Verpflichtungen gegenüber Bertelsmann mit Wechseln, die das Unternehmen zum Diskont geben konnte. »Mit dieser Methode, die heute niemand mehr in solchem Umfang akzeptabel fände, wurde die stürmische Expansion des Gütersloher Unternehmens jahrelang finanziert«, schreibt der Betriebswirtschaftler Bruno Tietz 1985 im Jubiläumsband *150 Jahre Bertelsmann*. »Allen Beteiligten, auch den Banken, war das damit verbundene Risiko bewusst. Wäre auch nur eine einzige größere Vertriebsfirma finanziell ins Wanken geraten, hätte sich für das Haus Bertelsmann ein verheerender Domino-Effekt ergeben.«

Wie hätte Reinhard Mohn seinen in der Presse geäußerten Worten gerecht werden und diese Firmen, von deren Erfolg er in mehrfacher Hinsicht abhängig war, in ihrem Verkaufsgebaren disziplinieren sollen? Hinzu kam, dass der von Bertelsmann gebotene Rabatt deutlich unterhalb der Konditionen lag, die im Buch- und Zeitschriftenhandel üblich waren. Und damit nicht genug. Mohn verlangte seinen Vertriebspartnern auch noch ab, außer dem Lesering-Programm keine Bücher anzubieten, die in Konkurrenz zu diesem Programm standen, insbesondere keine weiteren Titel der »schöngeistigen« Literatur. Der Unmut der Werbebuchhändler war beträchtlich, und der Vorsitzende des Werbenden Buch- und Zeitschriftenhandels Klein sprach den anwesenden Kollegen auf der Lesering-Arbeitstagung vom 2. bis 4. April 1954 aus der Seele, als er provozierend fragte: »Sollen wir vielleicht sagen: Herr Lehrer, darf ich?« Gedämpft werden konnte die explosive Stimmung von Reinhard Mohn nur durch die Gründung einer eigenen Organisation für die Kundenbetreuung, die auch den Vertriebsfirmen zur Verfügung stand.

Die rettende Idee

Das Weltunternehmen Bertelsmann AG, das heute im Ranking der umsatz-stärksten Medienkonzerne in Europa Platz zwei und weltweit Platz fünf ein-nimmt, wurde auf dem Fundament des Leserings errichtet. Es verdankt seine Existenz somit weitgehend den Drückerkolonnen, den von ihnen geworbenen Mitgliedern und den Verlagen, die Bertelsmann Lizenzen verkauften. Der Lese-ring wiederum entstand aus einer schlicht-genialen Idee des Reisebuchhändlers Johannes Thordsen. Es lohnt sich, im Auge zu behalten, was sie für Bertelsmann bedeutete: Ein Verlag für Populärliteratur und eine selbstverantwortlich han-delnde Firma des Direktvertriebs teilen sich die Arbeit und verringern damit zugleich ihr Risiko. Diese Idee leuchtete umso mehr ein, als ihr Gegenstand in den Fünfzigerjahren eine Buchgemeinschaft war. Bei der Gründung von Buch-gemeinschaften war seit jeher das Streben nach Risikoverminderung die stärkste Triebkraft gewesen. Ein großer Abonnentenkreis versprach einen risikoarmen Absatz hoher Auflagen, Planungssicherheit und Kostendegression. Was Fritz Wixforth und Reinhard Mohn beflügelte, war die Vorstellung von einem riesi-gen ungedeckten und leicht zu weckenden Bedarf und der Vorsatz, mögliche Wettbewerber in das Projekt absatzfördernd einzubinden. Reinhard Mohn ging stets gern auf Nummer sicher, obwohl die Hochglanzlegenden vom kühnen Konzernlenker das Gegenteil suggerieren.

Thordsens erster Vorschlag zielte auf die exklusive Allianz zwischen einer »Buchgemeinschaft Thordsen« und Bertelsmann. Mohn lehnte ihn ab, weil er die Kapitalausstattung des Thordsen Verlags für unzulänglich hielt und »auch Bertelsmann es finanziell nicht übernehmen könne, den ganzen Buchbedarf zu liefern und endlos zu kreditieren«.[15] Das Projekt der Zweistufigkeit allein konnte in vielen nächtelangen Gesprächen Reinhard Mohn nicht völlig über-zeugen. Doch eines Morgens platzte der Knoten. »Da kam der Augenblick, in dem Wixforth sich in seinem Sessel umdrehte und an Thordsen aus einer glücklichen Eingebung heraus die Frage stellte, ob er wohl mit dem Leitsatz einverstanden sein könne: ›Es kann niemand beim Verlag, aber jeder bei je-der Buchhandlung Lesering-Mitglied werden.‹ Thordsen bejahte die Frage spontan. Wixforth hatte mit seiner Formulierung das Ei des Columbus ge-funden.«[16]

Was war so hinreißend an diesem Vorschlag? Bertelsmann gab nach, ver-zichtete auf das Recht, eigene Abonnenten zu führen oder auch nur Bestellungen aufzunehmen, und gewann dennoch alles: Man entlastete sich von den Bürden der direkten Kundenakquise, ohne bei den Werbern eine Neigung zum Schlendrian befürchten zu müssen. Mit der Kontrolle über das Lesering-Programm verfügte Bertelsmann nach wie vor über starke Druckmittel zur Einflussnahme auf die Vertriebsfirmen. Und aus Gründen der Überlastung beauftragten diese Firmen später den Verlag in Gütersloh damit, einen Teil der Vertriebs- und Betreuungsarbeit zu übernehmen. Der Kreis schloss sich erneut. Durch (scheinbare) Selbstbescheidung verschaffte sich Bertelsmann eine monopolartige Stellung.

Dabei war Bertelsmann 1950 gegenüber dem Reisebuchhandel eigentlich in der schwächeren Position. Wixforths erlösende Präzisierung von Thordsens Vorschlag war die rettende Idee, befreite sie das Gütersloher Unternehmen doch aus einer schweren finanziellen Krise. Nach der Währungsreform 1948 war die Nachfrage der Buchhandelskunden dramatisch gesunken, denn das knappe Geld wurde zunächst für Wohnung, Kleidung und anderes Vordringliche benötigt. Viele Verlage und Buchhandlungen mussten schließen. Bertelsmann hatte den Buchhändlern großzügige Rückgaberechte eingeräumt, und nun, im Januar 1950, kehrte der größte Teil der Herbstproduktion 1949 als Remission zum Verlag zurück. Sogar die Arbeitsplätze in der hauseigenen Druckerei waren gefährdet. Außerdem spürte man die Konkurrenz von Rowohlts Rotationsromanen im Zeitungsdruck und der vielen bereits bestehenden Buchgemeinschaften, die mit dem Sortiment zusammenarbeiteten. Durch die Gründung des Leserings machte Bertelsmann aus seiner Absatznot eine Tugend. Man riss das Gesetz des Handelns an sich, schuf sich seinen eigenen Markt und vereitelte die Pläne der Konkurrenz.

Doch schon im Frühjahr 1951 schlitterte der Verlag unter seinem jungen Chef in die nächste Existenzkrise – wenn man den bewegenden, bis in die Wortwahl übereinstimmenden Berichten Fritz Wixforths, Theodor Berthouds und anderer Eingeweihter Glauben schenken will. Laut Bertelsmann-Chronik verfügte die Bank Deutscher Länder damals einschneidende Kreditrestriktionen, was zur Folge hatte, dass Bertelsmann nur noch Wechsel bis zu einer Gesamthöhe von 1 Million DM bei seiner Hausbank unterbringen konnte. Am Gründonnerstag 1951, so erinnerte sich Wixforth später, habe ihn Reinhard Mohn gebeten, die Arbeit für den Lesering einzustellen. Nachdem alle Einwände an Mohns Entschlossenheit gescheitert waren, sei er, Wixforth, zu Thordsen gefahren und habe ihn von dem Desaster in Kenntnis gesetzt. Thordsen habe mit Entsetzen reagiert und später, mit Wixforths Einverständnis, nach einem anderen Auftraggeber Ausschau gehalten. Als aber dann, so fährt Berthoud fort, Wixforth »versprach, die kostspieligen Werbungen für den Lesering einzustellen und damit die Summen einzusparen, die die Beihilfen des Verlages an die Vertriebsfirmen zur Werbung verschlangen, war ein Ausweg aus der Notlage gefunden, und Mohn fand sich zu einer Weiterführung der Lesering-Arbeit in so beschnittenem Rahmen bereit«.[17] Wie auch immer es gewesen sein mag, die Krise wirkte sich disziplinierend auf die Anspruchshaltung der Reise- und Versandbuchhändler gegenüber Bertelsmann aus. Die Allianz zerbrach nicht. Kein anderes großes Verlagshaus eröffnete den Reisenden die Perspektive, »einen neuen Markt zu schaffen und völlig neue Käuferschichten für das Buch zu gewinnen«.[18]

Gegenüber den Sortimentsbuchhändlern wandte Reinhard Mohn eine Umarmungstaktik an. Viele Buchhändler erlagen ihr, als der Lesering mit imponierenden Mitgliederzahlen aufwartete. Bereits in einem Rundschreiben vom 31. Mai 1950 präsentierte der C. Bertelsmann Verlag den Lesering als ein den gesamten Buchhandel umfassendes Projekt, das »nicht nur einzelnen Interessengruppen dient«.[19] 1953 gründete er die Werbegemeinschaft Bertelsmann, die sich anbot, Mitgliederwerbung für den Sortimentsbuchhandel zu betreiben. Beharrlich bestritt er, dass zwischen ihm und den Sortimentern ein Wettbewerbsverhältnis bestehe, obwohl es von jedem Lesering-Titel, der – in anderer Aufmachung – auch im Laden zu kaufen war, bestätigt wurde. Das beste Argument waren die Verkaufszahlen. Was der einzelne Buchhändler an der Handelsspanne einbüßte, erhielt er vervielfacht zurück, wenn ihm Lesering-Abonnenten eine große Zahl von Exemplaren abnahmen. Von Anfang an suchte Bertelsmann die Buchhandlungen als Vertriebsfirmen einzuspannen. 1961 legte Reinhard Mohn anhand von Ergebnissen einer EMNID-Untersuchung dar, dass der Lesering den Sortimentern mehr Kunden zuführte als wegnahm, und empfahl ihnen die Einrichtung von Lesering-Bücherecken und Werbefenstern. Wo immer er auftrat, erhob er den Anspruch, für das gemeinsame Interesse aller Betroffenen zu arbeiten.

Die Hauptfaktoren des Lesering-Erfolgs

Verfolgt man die Entwicklung des Mitgliederbestands, wird deutlich, dass der Lesering in nur dreieinhalb Jahren zum unangefochtenen Marktführer avancierte. Im Juli 1950 gegründet, belieferte er Ende des Jahres bereits 40 000 Abonnenten. 1951 erhöhte sich die Zahl um 231 Prozent (auf 159 000), 1952 um 121 Prozent (auf 351 000) und 1953 nochmals um 167 Prozent (auf 939 000). Diese auf dem deutschen Buchmarkt ansonsten nur von Taschenbuchverlagen erreichten Zuwachsraten verdankte der Lesering fast ausschließlich dem Dauereinsatz der Werbebusse. Als im folgenden Jahr die Buswerbung untersagt wurde, stieg die Mitgliederzahl nur noch um etwa 29 Prozent (auf 1 210 000). Bis Ende 1957 erweiterte sich der Lesering um jährlich ungefähr 20 Prozent (auf 2 104 000). Von diesem hohen Niveau aus ging die Zuwachsquote im Inland nach 1957 allmählich zurück.[20] 1960 stagnierte sie erstmals, zehn Jahre später gehörten den Bertelsmann Buchclubs fast 2 964 000 Mitglieder an. Berücksichtigt man auch die rasch wachsenden Ableger des Leserings im Ausland, so hatten sich 1970 insgesamt 4 800 000 Abonnenten eingefunden.

Doch die Mitgliederzahl ist nicht der einzige wichtige Erfolgsmaßstab. Bezieht man sie auf die Umsatzentwicklung, zeichnet sich unerwartet deutlich eine Schwerpunktverlagerung ab. Der Umsatz des deutschen Leserings wuchs von etwa 6 Millionen DM im Jahr 1951 auf etwa 167 Millionen DM im Jahr 1960. Während in den Jahren 1951 bis 1953 der durchschnittliche Leserzuwachs das jährliche Umsatzplus bei weitem übertraf und in den folgenden fünf Jahren die beiden Größen sich jeweils in derselben Quotenspanne bewegten, blieb die Leserzuwachsquote ab 1959 deutlich hinter der jährlichen Umsatzsteigerung zurück. Die Sechzigerjahre bringen Bertelsmann in Deutschland nur noch 2 Prozent Mitgliederzuwachs, dafür aber fast 47 Prozent Umsatzsteigerung. Weit weniger durch Neuzugänge als durch den Verkauf an die Mitglieder werden nun die Gewinne erzielt. Viele Mitglieder bestellen demnach nicht nur ihre Pflichtexemplare, sondern auch zusätzliche Bücher, Schallplatten und andere Artikel, die in der Mitgliederzeitschrift beworben werden. Darüber hinaus belegen die Vergleiche, dass in den Fünfziger- und Sechzigerjahren die Lesering-Arbeit das Stammgeschäft des Verlags darstellte (der nun mit seinen Tochterfirmen als »Verlagsgruppe« firmierte). Mit ihm wurden weit mehr als 50 Prozent des Gesamtumsatzes erwirtschaftet. Erst viel später drängte die Expansion des Unternehmens in andere Medienbereiche das frühere Lesering-Geschäft in den Hintergrund.

Der wirtschaftliche Erfolg wurde von der Bertelsmann-Abteilung traditionsgemäß als erfolgreiche Investition in das Gemeinwohl interpretiert – gerade so, als ob man sich schämte, »nur« ein ökonomisch erfolgreiches Unternehmen wie alle anderen zu sein. In ihrer Selbstdarstellung hielt sich die Lesering-Leitung Anfang der Sechziger zugute, »dass mehr als 80 Prozent der gewonnenen Mitglieder vorher zu den Menschen gehörten, die mehr oder weniger ›ohne Buch‹ lebten«.[21] Man hatte also nicht nur gigantisch gut verdient, sondern auch die auferlegte Mission erfüllt. Man hatte nicht einfach das Buch an den Mann gebracht, sondern den Menschen das Buch. Das Bertelsmann-Selbstverständnis nährte sich nur aus Letzterem und leugnete weitgehend den Profit-Aspekt.

Empirische Erhebungen zeigen, dass gegen Ende der Fünfzigerjahre bestimmte Bevölkerungsgruppen im Lesering überrepräsentiert waren: die Männer, die Ledigen, die Personen im Alter unter vierzig Jahren, die Familien mit niedrigem Einkommen, »Angestellte, Beamte, gelernte Handwerker und Facharbeiter« sowie die Bewohner von Großstädten. Mit dieser Mitgliederstruktur hob sich der Lesering kaum von den entsprechenden Durchschnittswerten der anderen großen deutschen Buchgemeinschaften ab. Nur eines fällt auf. In den anderen Buchclubs dominierte jeweils deutlich eine bestimmte Gruppe – zum Beispiel die Angestellten und Beamten im Deutschen Bücherbund oder die Arbeiter in der Büchergilde Gutenberg. Dagegen waren im Lesering alle großen Altersgruppen und sozialen Schichten mit annähernd gleich großen Anteilen vertreten.[22] Der Lesering repräsentierte einen Querschnitt der mobilen großstädtischen Bevölkerung – so wie er den Werbebussen vor die geöffneten Wagentüren kam.

Der triumphale Erfolg der Lesering-Kampagne beruht vor allem auf Faktoren, die bei anderen Buchgemeinschaften nicht oder nur weniger wirksam waren. Der erste und bedeutsamste Faktor wird deutlich, wenn man sich die Urszene der Lesering-Geschichte vergegenwärtigt: Reinhard Mohn ergreift die Gunst der Stunde, als er dem Profitinstinkt des Reise- und Versandbuchhandels vertraut. Die Initiative der Direktwerber entlastet ihn in der entscheidenden Anlauf- und Aufbauphase von der rechtlichen Verantwortung und organisatorischen Zuständigkeit für die aggressive Kundenwerbung. Zugleich zwingt Mohn die Direktwerber mit Argumenten der Wettbewerbsdisziplin (wenn ihr nicht nachgebt, bootet uns die Konkurrenz aus) zu einem gewissen Provisionsverzicht und damit indirekt zur Steigerung der Verkaufsleistung. Mit dem erzwungenen Abschied von bestimmten Formen aufdringlicher Direktwerbung beginnt in Gütersloh eine Phase der Reorganisation, an deren Ende – in der ersten Hälfte der Sechzigerjahre – sich Reinhard Mohn aus der Abhängigkeit von seinen Helfern in den Drückerkolonnen befreit.

In diesem Sinne setzt Reinhard Mohn, zweitens, im eigenen Betrieb und gegenüber Lizenzinhabern und Buchhändlern eine rigorose Rationalisierungslogik durch. Alle sollen verzichten, um an einer von Mohn für die fernere Zukunft in Aussicht gestellten Rendite teilhaben zu können. Herstellungskosten, Rabatte, Werbeausgaben und Betriebskosten werden mit allen Mitteln drastisch niedrig gehalten. Bertelsmann verhandelt mit Verlagen und verspricht, ihre Erfolgsbücher durch Massenauflagen einer krönenden Zweitverwertung zuzuführen. Reinhard Mohn wartet mit einem »auf Kante genähten« Finanzplan auf und drückt die Lizenzgebühren. Die Abonnenten erhalten ihre Treuebände und Treuegaben für langjährige Mitgliedschaft nur »auf Anforderung« zugesandt. So streicht der Verlag bei seinen beständigsten Mitgliedern auch noch eine Trägheitsabgabe ein.

Drittens nimmt der Lesering ab 1952/53 ausschließlich solche Titel in sein Programm auf, die bereits einen Beliebtheitstest bestanden haben oder einem bestimmten Erfolgsmuster nachgestanzt worden sind. *Das moderne Lexikon,* Band 1 bis 20, verkauft sich einschließlich der Folgebände in etwa 40 Millionen Einzelbänden, das *Bertelsmann Lexikon* in mehr als 3 Millionen Exemplaren, *Das neue Kochbuch* nahezu ebenso gut. Verglichen mit den Programmen anderer deutscher Buchgemeinschaften bringt der Lesering vor allem Unterhaltungsromane in die Wohnzimmer. Margaret Mitchells *Vom Winde verweht* wird 800 000 Mal verkauft (um 8,10 DM billiger als im Sortimentsbuchhandel), Louis Bromfields *Der große Regen,* Daphne du Mauriers *Rebecca* und die Sauerbruch-Memoiren (übernommen vom Marburger Perlen-Verlag des Matthias Lackas) jeweils 500 000 Mal.

Als nach der Gründung des Bertelsmann Schallplattenrings die Verhandlungen über das Repertoire anderer Lizenzzeichner gescheitert sind, gründet Reinhard Mohn eine eigene Schallplattenfirma (Sonopress) und ein eigenes Label (Ariola). Auch hier will er in noch unerschlossene breite Käuferschichten vorstoßen. Lebende Erfolgsgarantien wie Lale Andersen, Eddie Constantine, Dalida (*Der Tag, als der Regen kam*), Zarah Leander und der Altmeister der Wiener Operette, Robert Stolz, werden unter Vertrag genommen. Man bietet dem Einzelhandel in mehreren Branchen Schallplatten zu Dumping-preisen an und knüpft unbekümmert Kontakte zu Schallplattenfirmen in der Sowjetunion, der DDR und der Tschechoslowakei. Bei der Auswertung klassischer Schallplatten-Aufnahmen aus den Ländern des Warschauer Pakts sowie dem Erwerb von Buchrechten aus Moskau erlangt Bertelsmann in den Sechzigern und Siebzigern »eine Art Monopolstellung mit sowjetischer Hilfe«, so das SPD-Organ *Vorwärts*.[23] Eingestimmt wird die Betriebsgemeinschaft in Gütersloh auf die Ostkontakte schon 1958 und 1959 durch ausführliche Berichte der Mohn-Mitarbeiter Herbert Multhaupt und Rudolf Wendorff in der *Bertelsmann Illustrierten* über die Verhältnisse in den sowjetischen Druckerei- und Verlagsbetrieben, wie man sie auf »Studienreisen« kennen gelernt hat, um sie dann unter Titeln wie »Moskauer Tagebuch« und »Zu Gast bei Kollegen in Moskau« den Kollegen daheim näher zu bringen.[24]

Viertens und letztens bekennt sich die Lesering-Leitung seit den späten Fünfzigerjahren zu einer wohl überlegten »Führung« und »Anleitung der Mitglieder«, unter anderem mithilfe des »Hauptvorschlagsbandes«. »Wir wissen ja, dass die Mitglieder von sich aus nicht immer den nötigen Impuls haben zu bestellen«, bemerkt Reinhard Mohn am 5. August 1960 in einer Aktennotiz, »und dass wir diese Trägheit durch unsere Konditionen überwinden müssen.«[25] Darüber hinaus trägt man in Gütersloh Sorge um die beschränkte Kaufkraft der Mitglieder. Sie soll möglichst nicht von Anbietern anderer Massenartikel – Schreibmaschinen, Betten, Bausparverträgen, Nähmaschinen, Textilien u.a. – abgeschöpft werden. Als man darauf stößt, dass die in der Lesering-Illustrierten beworbenen Güter das Interesse vieler Mitglieder finden, quält enge Mitarbeiter Reinhard Mohns »die ernsthafte Sorge«, dass die Versandhausanzeigen die Kaufkraft der Mitglieder von den Bertelsmann-Produkten ablenken könne.[26] Der Auftrag, »die Menschen zur Literatur hinzuführen«, scheint bedroht, weshalb man sich zu einem harten Schnitt entschließt: keine »Fremdanzeigen« mehr in der Lesering-Illustrierten! Fritz Wixforth begründet dieses Ansinnen am 11. Mai 1959 in einem Brief an Curt Gilles, den Vorsitzenden des Verbands Westdeutscher Buch- und Zeitschriftenhändler. Dabei bringt er in typischer Bertelsmann'scher Unverblümtheit seine Fürsorgepflicht mit der Geschäftemacherei zur Deckung: »Es muss uns ein ernstes Anliegen sein, von dem Anteil, den die Mitglieder für kulturelle Zwecke auszugeben bereit sind, einen möglichst großen Prozentsatz abzubekommen. Es muss uns sehr am Herzen liegen, der Freundschaftswerbung neue Wege zu erschließen. Es muss uns durchaus interessieren – auch in Bezug auf die Schallplatte –, einen wesentlich höheren Marktanteil zu erreichen als bisher. Und schließlich: Alles, was wir tun, muss dem Hauptziel dienen, unsere Mitglieder in jeder Beziehung so zu führen und zu betreuen, dass wir zu einer ständig geringer werdenden Jahreskündigungsquote kommen.«[27]

Die große Vision der Firma Bertelsmann ist die Betreuung des gesamten Kulturkonsums möglichst vieler Menschen. Alle Leser und Zuschauer sollen dereinst irgendeinem Bertelsmann Club angehören, als Mitglieder oder Gebührenzahler. Auf dem Weg dorthin fordert die Firma von ihren Geschäftspartnern und Kunden eine Art Vorfinanzierung. Vor allen Dingen erwartet sie als Marktführerin – besser gesagt, als Marktschöpferin –, dass man ihr Glauben schenkt und ihre Sicht der Dinge übernimmt. Sie stößt nicht einfach in irgendeine Marktlücke vor, sondern definiert und erschließt sie und beweist dann ihre Unentbehrlichkeit bei der Aufgabe, die selbst geschaffene Lücke zu füllen.

Die Bertelsmann-Rhetorik: Ideologie, Vertrauenswerbung oder Firmenkult?

Das Erstaunliche ist: Niemand hat damals öffentlich Einspruch erhoben. Kein Publizist hat Reinhard Mohn und dem Hause Bertelsmann die schwülstige Rhetorik verübelt, mit der man die Sorge um das Gemeinwohl bemühte und damit die skrupellosen Geschäftsmethoden verbarg, die den Lesering und das gesamte Gütersloher Unternehmen an die Spitze katapultierten. Die Hintergrundberichterstattung der Wochenpresse und die frühen Gesamtdarstellungen der Unternehmensgeschichte, zum Beispiel das Bertelsmann-Kapitel in Kurt Pritzkoleits *Auf einer Woge von Gold*, durchzieht ein ironischer Grundton, doch die Autoren können ihre Bewunderung für den beispiellosen Aufstieg nicht verhehlen. Und sie sind bereits vorsichtig geworden, zitieren die Stellungnahmen des Unternehmens wie Tatsachenfeststellungen.

Mitte der Sechzigerjahre war die Schlacht um den Lesermassenmarkt geschlagen; Bertelsmanns Aufstieg zur kulturpolitischen Institution begann. In Gütersloh setzte eine umsichtige Pflege der eigenen Reputation ein. Man vergab Forschungsaufträge, vermittelte Lehraufträge für Buchhandelskunden,

Bertelsmann in den Fünfziger- und Sechzigerjahren **145**

gründete eine Stiftung und erklärte sich bereit, für Besucher aus anderen Firmen jederzeit das Erfolgsgeheimnis des Hauses zu lüften. Damals begann sich die verfängliche Spirale symbolischer und finanzieller Leistungen und Gegenleistungen zu drehen, die jeden potenziell Begünstigten in einen Austausch von Gesten guten Willens hineinzog. Geschäftspartner und Auftragnehmer, Journalisten und Verfasser von Beiträgen zu Jubiläumsschriften, Bundes-, Landes- und Kommunalpolitiker befolgten fortan unaufgefordert die Hausordnung: Huldige der Überzeugung, dass im Innersten des Hauses Bertelsmann die Uneigennützigkeit wohnt – oder besser noch: dass zwischen der Eigennützigkeit von Bertelsmann und dem Gemeininteresse kein Widerspruch besteht.

Gern, so lesen wir 2001 in der *Berliner Zeitung*, lenkt der »stille Eiferer« Reinhard Mohn das Gespräch auf einen Abituraufsatz, den er als Sechzehnjähriger über seine Berufswünsche schrieb: »Ich weiß nur, dass ich darin zwei Eckpfeiler nannte: Ich wünschte mir die Chance, etwas selbst zu gestalten, heute würde man Selbstverwirklichung sagen. Und ich wollte meine Arbeit in den Dienst der Gemeinschaft stellen.«[28] Man findet es glaubwürdig und eher rührend als peinlich, dass der Chef eines Unternehmens, das unter seiner Ägide zum Weltkonzern wurde, im Alter von achtzig Jahren die Stichworte für die Idealisierung der eigenen Person gibt. Aber dass Reinhard Mohn seit fünfzig Jahren erklärt, sein Erfolg gründe einzig auf dem »latent vorhandenen Leseinteresse«, und nicht etwa auf dessen geschickter Inbetriebnahme, lässt auf fortgesetzte Realitätsverleugnung und ein gerüttelt Maß an Verachtung der Gemeinschaft schließen, die Mohn als Gemeinschaft der Lesenden deklariert und derartig eng in sein Marketingkonzept von einer Lesegesellschaft eingebunden hat, dass man sich ihm kaum entziehen kann.

In seiner Festansprache zum 125-jährigen Bestehen des C. Bertelsmann Verlags am 7. September 1960 hat Reinhard Mohn das Leseinteresse »von Millionen Menschen« für seine unternehmerischen Interessen vereinnahmt und jede Bedeutung »forcierter Werbung« bestritten. Diese Ansprache enthält eine indirekte, soziologisch verbrämte Rechtfertigung des Mohn'schen Privilegs, alle Menschen in Kunden zu verwandeln: »In unserer Zeit, in der Wissen und Bildung eine Voraussetzung der Existenz geworden sind, umschließt dieser Auftrag (des Buchhändlers) die Ansprache jedes Menschen.« Bescheidener kann man nicht unbescheiden sein.

Sehr leicht zu verwechseln sind Mohns Pedanterie und ermüdende Sentenzen mit dem altväterlichen Pathos von Studienräten und Sparkassendirektoren, das sie bei offiziellen Anlässen an den Tag legen. Aber Vorsicht. Hier nahm (und nimmt) einer seinen Alleinvertretungsanspruch vollkommen ernst, bringt ihn aber so trocken und schablonenhaft vor, dass gerade das Unverblümte seiner Appelle überhört wird. So sagt Mohn in seinem Jahresrückblick 1959: »Ich halte es für außerordentlich wichtig, dass wir uns darüber im Klaren sind, dass die entscheidende Voraussetzung für den Erfolg unserer Arbeit und zugleich das Ziel unserer Anstrengungen der Mensch ist.« Hinter diesem Allgemeinplatz steckt ein knallhartes unternehmerisches Konzept, das man zu unterschätzen neigt, weil es so »menschlich« klingt. Bei Bertelsmann ist »der Mensch« ein unbegrenzt aufgeschlossenes, sprich: unbegrenzt belieferbares Wesen.

Was ist das für eine unternehmerische Rede, die sich umstandslos »das Buch«, »den Menschen« und »die Gemeinschaft« auf die Fahnen schreibt? Die nicht aufhört, wie Otto Oeltze es formuliert, eine »echt buchhändlerische Verpflichtung unseren Mitmenschen gegenüber« zu geloben. Die immerzu »dienen« will und ständig, so Reinhard Mohn, »die Rendite des Unternehmens seinen geistigen Bestrebungen« nachordnet. Gehen wir im Ausschlussverfahren vor. Es handelt sich nicht um eine zwanghafte Ausdrucksform ererbter Ideologie. Zwar finden sich in den damaligen Äußerungen noch häufig Wendungen, in denen das aus dem 19. Jahrhundert entlehnte protestantische Vertrauen auf Gottgefälligkeit und die Vorherbestimmtheit eines erfolgreichen Lebens anklingt. Aber das Repertoire dieser Wendungen ist offensichtlich hausgemacht. Dass sie für den Geschäftsbetrieb unverzichtbar sind, scheint nicht plausibel. Beim Nachlesen gewinnen wir eher den Eindruck einer Traditionspflege in Sonntagsreden. In der Nachkriegszeit gehört die Beschwörung der eigenen Gemeinnützigkeit noch nicht zum festen rhetorischen Bestand.

In der Neujahrsrede, die Reinhard Mohn am 2. Januar 1947 im Soldatenmantel des soeben Heimgekehrten hält, um »seinen Mitarbeitern neues Vertrauen in die Zukunft« einzuflößen (so steht es unter dem Faksimile der ersten Seite der Rede im Jubiläumsband *150 Jahre Bertelsmann*), warnt er unter Verweis auf die »unvernünftige Besteuerung« vor dem Streben nach »übermäßig hohem Gewinn« – zwei Mohn'sche Standard-Mahnungen. Er weiht die Belegschaft in seine Sorgen ein und ruft sie zu »verstärkter Ausbildung« und »Qualitätsarbeit« auf. Zur wichtigsten Aufgabe des Verlags erklärt er die Deckung des theologischen Nachholbedarfs. In den Wohnstuben, Schulen, theologischen Seminaren und Pfarrhäusern mangele es »infolge Verbots oder starker Behinderung in den vergangenen Jahren« an Gesangbüchern und Studienmaterial. »Hier wollen wir nun mit unserer Arbeit helfen und durch Bereitstellung des geistigen Rüstzeuges mit dazu beitragen, dass unser verwirrtes Volk wieder zum Glauben finden kann.« Nachgeordnet ist die Zielvorgabe für den schöngeistigen Verlag, der gleichfalls »seinen Beitrag zum inneren Wiederaufbau des deutschen Volkes« leisten soll. Diese Selbstverpflichtung greift wortwörtlich auf die idealisierende Selbstdarstellung der verlegerischen Tätigkeit in der Vorkriegszeit, ja im 19. Jahrhundert, zurück, wie wir sie in Kapitel 2 beschrieben haben. Aus ihr erwächst bis in die Gegenwart hinein der Auftrag zur Ausübung der Hegemonie in den Freizeitmedien. Aber noch ordnet sich Reinhard Mohn in die Reihe aller ein, die am Aufbauwerk mitwirken. Er schließt die Ansprache mit einer demütigen Anrufung: »Der Herrgott möge uns seinen Segen geben zu unserer Arbeit.«[29]

Wenn es keine Ideologie ist – kann man das andauernde Hochspielen der eigenen Verdienste dann vielleicht dem Bereich der Werbung oder der Propaganda zurechnen? Versucht man in Gütersloh seit einigen Jahrzehnten, bestimmte verkaufsträchtige Botschaften in der deutschen Tiefenseele zu verankern? Eindeutig nicht. Hinter dem Jargon vom »guten Werk« steht keine bewusste Absicht. Damit erscheint es verfehlt, in der Nachkriegsrhetorik Mohns und seines Gefolges eine Vorstufe der *Corporate Communications* auszumachen. Es handelt sich nicht um eine langfristig angelegte Vertrauenswerbung, die alle Faktoren mit Außenwirkung (Unternehmenskultur, Imagepflege, Werbung, PR und Mitarbeiterkommunikation) einbezieht, um die Einstellung wichtiger Bevölkerungs- und Interessengruppen gegenüber dem Unternehmen zu optimieren. Reinhard Mohns hölzernes pädagogisches Pathos, Fritz Wixforths Biedersinn und der Eifer ihrer Mitarbeiter lassen sich keiner PR-Konzeption unterordnen.

Was bleibt dann noch? Eine Antwort auf die Frage findet man, wenn man sich weitere Merkmale der Bertelsmann-Rhetorik vor Augen führt. Mohn und Mitarbeiter sprechen über das Erreichte und Beabsichtigte stets *ex cathedra*, mit dem Pathos der Unbezweifelbarkeit. Ihre Aussagen sind stereotyp, monologisch, argumentationsarm und zirkelschlüssig. Niemand befürchtet offenbar, dass die Sprechweise irritieren könnte, man wendet keine Techniken an, um das Publikum einzustimmen. Die Intensität der Selbstgewissheit imponiert und sichert den Bertelsmann-Vertretern, während sie reden, persönliche Glaubwürdigkeit. Der Abstraktionsgrad der Aussagen ist dabei so hoch, dass sich Worte und Taten meist nicht unmittelbar aneinander messen lassen. Auffällig sind das Bedürfnis, das Gesagte noch einmal – und noch einmal – zu wiederholen, und die Neigung, Problemerörterungen und »Denkanstöße« in eine Forderung nach Harmonie und Zusammenarbeit münden zu lassen. Vor allem Letzteres erschwert es, den Bertelsmann-Maximen zu widersprechen. Denn machte sich jemand mit Einwänden, Zweifeln oder Spott bemerkbar, geriete er in einer auf Zustimmen und Ausblenden eingestellten Gesprächsrunde unvermeidlich in die Rolle des destruktiven Zynikers. Also spricht man Mohn und Mitarbeitern unwidersprochen nach. So ist es bis in die Gegenwart geblieben: Alle hochrangigen Repräsentanten von Bertelsmann eint die stete Bereitschaft, zu mehr Rücksicht auf das Gemeinwohl aufzurufen. Selbst der bewegliche Thomas Middelhoff, dem niemand ein Gemeinschaftsethos unterstellte, pflegte bei seinen Auftritten als Vorstandschef vor großem Publikum im Stil Reinhard Mohns zu predigen.

Was Reinhard Mohn von seinen Vorvätern und Autoritäten wie Fritz Wixforth übernahm, waren Gemeinplätze des christlichen und sozialen Jargons. Sie wurden gewohnheitsmäßig zitiert und vermittelten oder kaschierten zunächst keinen Führungsanspruch der Firma. Die Erfolgssträhne des Leserings jedoch verhalf ihnen zu einem Eigenleben. Sie schien zu bestätigen, dass Bertelsmann einen privilegierten Zugang zu allen Bevölkerungskreisen hatte. Unversehens legitimierten die alten Formeln der Selbstverpflichtung (»unseren Beitrag leisten«) die eigenen Geschäftsmethoden. Diese Formeln verfestigten sich zu einer stets präsenten Berufungsinstanz, einer Art Sinnkörper, den zu berühren alles erklärte und weitere Begründungen erübrigte: Vieles war gelungen, weil man es tun durfte, sollte und konnte. Und man durfte vieles tun, weil es gelungen war. Man handelte erfolgreich, und das nicht aus Eigennutz, sondern im gesellschaftlichen Auftrag. Zu sagen, was Bertelsmann aufgegeben war, schloss die immer größer werdende Kluft zwischen Ethos und Wirtschaftlichkeit. Ab 1954 gewöhnte es sich die Führungscrew des Leserings an, bei jeder Gelegenheit wie beiläufig die große, übergeordnete Aufgabe der Firma zu erwähnen. Dass die Steigerung des Umsatzes allen Menschen zugute kam, war nun mehr als Gewissheit: eine Selbstverständlichkeit, die die Erfahrung steuerte, eine Maxime, von der sich Gewissheiten ableiten ließen. Auch die Belegschaft hatte Anteil daran. Die Beschwörung des Bertelsmann-Privilegs stiftete Gemeinschaft, und sie disziplinierte.

Diese Argumentationslinie ist zum Selbstläufer geworden. Heute ähnelt sie einem Zugangscode, der die große Bertelsmann-Familie ein- und abgrenzt. Jedem ist es erlaubt sich anzuschließen, und fast alle wollen sich anschließen, weil einer »guten Sache« zu dienen ehrenvoll, politisch korrekt und positiv besetzt ist. Wenn die vertrauten Formeln deklamiert werden und niemandem mehr einfällt, warum er sie nicht nachsprechen sollte, vollzieht sich das Ritual eines Firmenkults. Zwar wird die Anrufung der Harmonie zwischen der Markterweiterung und »dem Menschen« von Zeit zu Zeit durch Aufnahme aktueller Stichworte aufgefrischt – es ist schließlich nicht in exakt denselben Worten zu erklären, warum man an der Haustür der Fünfziger und Sechziger mit Büchern und Schallplatten und dann im Fusionsfieber der Neunziger mit Unternehmensteilen brillante Geschäfte mit zweifelhaften Methoden machte. Aber das Grundmuster und der Kerngehalt sind seit der Nachkriegszeit gleich geblieben.

In einer Aktennotiz, die nicht für die Öffentlichkeit bestimmt war, sagte vermutlich Otto Oeltze im Jahr 1956: »Der Lesering hat durch seine Größe und durch seine Stärke eine Bedeutung gewonnen, die nicht nur über die anderen Buchgemeinschaften hinausragt, sondern auch über andere kulturelle Einrichtungen. Dieses Hinausragen beinhaltet eine größere Verpflichtung gegenüber ›unseren‹ Mitgliedern und eine höhere Verantwortung gegenüber der Öffentlichkeit. Es ist nicht damit getan, gute Bücher in einem einwandfreien Zustand zu einem günstigen Preis pünktlich zu liefern. Das ist gewiss eine Leistung, die nicht hoch genug anerkannt werden kann, doch bedeutet sie nicht mehr als die Voraussetzung zu der eigentlichen Aufgabe, die BERTELSMANN zugewachsen ist: die Menschen zum Buch, zum Lesen, zur Literatur hinzuführen und zu leiten. Sollte diese Aufgabe nur als Lippenbekenntnis aufgefasst werden, so würde Bertelsmann seine heutige Bedeutung auf Jahre und Jahrzehnte hinaus nicht halten können. Kommerzielle Einbußen wären die fast zwangsläufigen Folgen.«[30]

Besser kann man die Bertelsmann-Doktrin nicht auf den Punkt bringen: Das Geschäft ist nur die Voraussetzung für die Erfüllung der eigentlichen Aufgabe. Die Erfüllung dieser Aufgabe gewährleistet den kommerziellen Erfolg – und rechtfertigt die Methoden, mit denen man dorthin gelangt ist. Diese Doktrin gilt bis heute. Ihr erster Interpret war und ist Reinhard Mohn.

Unternehmen außer Konkurrenz

Das intime Verhältnis zwischen Bertelsmann und dem Gemeininteresse hat folgende Konsequenz: Weil das Unternehmen im Dienste aller steht, sieht man sich der Sphäre des Wettbewerbs enthoben. Wird man dennoch herausgefordert, gehört es zum Auftrag, den Wettbewerber einzubinden oder aus dem Weg zu räumen. Spätestens seit 1954, als die Buswerbung mit ihrer letzten großen Offensive den Markt aufrollt, pocht Reinhard Mohn auf das Vorrecht der Marktführerschaft und begründet dies mit den bekannten Zirkelschlüssen. Seine Jugendbuchgemeinschaft will er »mit einer solchen Geschwindigkeit und mit einer solchen Energie« aufbauen, »dass auch die Ansätze von anderen, die jetzt gemacht werden, uns nicht mehr einholen oder zuvorkommen können«. Und: »Dies ist nur ein Gebiet … So haben wir uns zum Ziel gesetzt, all das, was andere Buchgemeinschaften vielleicht als ihre spezielle Domäne bezeichnen könnten, auch bei uns zu bringen, und zwar in einer solchen Form, dass wir durch ihre Versuche in unserer Arbeit nicht beeinträchtigt werden können.«[31]

Als Reinhard Mohn auf der Arbeitstagung im April 1954 seinen rigorosen Sparkurs damit rechtfertigt, dass man keiner irgend möglichen Konkurrenz den Hauch einer Chance lassen dürfe, meldet Herr Klein, der Vorsitzende des Werbenden Buch- und Zeitschriftenhandels, zaghaften Widerstand an: »Ich darf hier einmal ganz offen aussprechen, was ich in den letzten Monaten hörte. Herr Mohn sagte, Ziel des Verlages ist es, die führende Rolle zu behalten. Das ist ein schönes Ziel, an dem der Vertrieb einen gewissen Anteil hat. Es ist mir aber in vielerlei Besprechungen gesagt worden: ›Herrgott, warum gibt es denn nicht eine Konkurrenz gegenüber dem Bertelsmann-Verlag, der einfach Diktator ist, sodass man sich nicht mehr rühren kann? Wir müssten uns nach einer Konkurrenz umsehen und eine fremde Kapitalmacht finden, die eine Buchgemeinschaft auf die Beine stellt, für die man sich mal einsetzen könnte.‹ Die Runde geht über diese anzügliche Warnung kommentarlos hinweg.

Zehn Jahre später verkündet Reinhard Mohn nach den Phasen des »Wiederaufbaus«, der »Eroberung des Marktes« und der »Festigung der erreichten Position« den Beginn der vierten Entwicklungsphase. Nun, im Jahr 1964, müsse man erneut eine »Ausweitung des Marktes« in Angriff nehmen, schreibt er in der *Bertelsmann Illustrierten*. Die Bedingungen seien aber ungleich schwieriger als in der Phase der »stürmischen Vorwärtsentwicklung«. Auf dem Markt laste »ein ungeheurer Konkurrenzdruck«, mit einer »verwirrenden

Fülle von Waren und Angebotsformen«. Leicht werde es mit Sicherheit nicht, an der »Front« den Durchbruch zu erzwingen. »Vielmehr wird unsere ganze Kraft erforderlich sein, in zähem Ringen die Grenzen unseres Marktanteils auszuweiten. Die erarbeiteten Handwerkszeuge, die vorausschauende Programmplanung und die noch zu entwickelnden, wirkungsvolleren Werbe- und Vertriebsmethoden werden uns dabei helfen. Die sich infolge des Konkurrenzdrucks ergebenden Marktverschiebungen durch Übernahme von nicht mehr lebensfähigen Firmen und einer Koordination mit Unternehmungen gleicher Interessenslage werden eine in zunehmendem Maße spürbare Form der Marktausweitung sein.«[32]

Im Stammgeschäft der Buchgemeinschaften trägt Bertelsmann seine zweite Verdrängungsoffensive bis zur offenen Missachtung der – von Mohn wortreich gepriesenen – »Pluralität« vor. In den Sechzigerjahren teilen sich sieben Buchgemeinschaften mit jeweils mehr als 100 000 Mitgliedern den deutschen Markt. Zwei von ihnen – mit etwa 60 Prozent aller Mitglieder – gehören Reinhard Mohn. 1970 wird Bertelsmann Mehrheitseigner des drittgrößten Buchclubs, der Deutschen Buchgemeinschaft, seiner letzten bedeutenden mittelständischen Konkurrenz. Dies fällt wohl unter das Stichwort der »Koordination«. Zuvor hatte man bereits ungefähr zwanzig kleine und mittelgroße Buchclubs fast wahllos aufgekauft – das waren die »nicht mehr Lebensfähigen«. Als letzter großer, doch bereits deklassierter Wettbewerber bleibt Holtzbrincks Deutscher Bücherbund auf dem Markt zurück.

Immer wieder singt Reinhard Mohn das hohe Lied der »Pluralität« und der »pluralistischen Entwicklung« und streicht ihre Vorzüge gegenüber der wirtschaftlichen »Zentralisation« heraus. Aber er hat dabei, was seinen Lobrednern gar nicht auffällt, die Vielfalt unter dem Dach seiner eigenen Firmengruppe im Sinn. Gegenüber dem Sortimentsbuchhandel und den sieben großen konkurrierenden Schallplattenherstellern (Deutsche Grammophon, Polydor, Elektrola, Teldec, Deutsche Philips, CBS und Metronome) beteuert Reinhard Mohn in den Sechzigern, man käme sich doch, von kleinen Marktsegmenten abgesehen, gar nicht ins Gehege. Bertelsmanns Erfolge auf dem »potenziellen Markt« der kulturell Desinteressierten gereichten am Ende allen zum Vorteil. Damit warnt er zugleich davor, ihm irgendwann tatsächlich ins Gehege zu kommen. Ignoriert man die unausgesprochene Drohung, kann er sehr ungehalten werden. Da wurde ihm beispielsweise im Jahr 1960 berichtet, der Deutsche Bücherbund locke neuerdings Abonnenten in großer Zahl mit dem Angebot, einfach auf Bestellung, ohne strenge Zutritts- und Abnahmeverpflichtungen, Bücher beziehen zu können. Und plötzlich interessierte es Mohn nicht mehr, dass er sich selbst von »Standesehre und Traditionsauffassung« losgesagt hatte. Er wetterte gegen »Buchversandhäuser ohne irgendeine Mitgliedsverpflichtung« und forderte nun selbst die Verabschiedung strenger Regeln im Lizenzgeschäft und den Ausschluss von Buchgemeinschaften, »die keine Verpflichtungen für den Kunden vorschreiben«.[33]

Der »stille Eiferer« von Gütersloh erledigte die Übernahmen, Konkurrenzbeseitigungen und anderen Maßnahmen am liebsten unter der Hand und entwickelte eine regelrechte Phobie gegen öffentliche Auseinandersetzungen. Mag sein, dass sie seinem Naturell nicht entsprachen. Unabhängig davon aber mied er den vernehmbaren Austausch der Argumente und den sichtbaren Konflikt, weil beide ihn auf eine Ebene gezerrt hätten, die er als Sachwalter des Gemeinwohls weit hinter sich zurückgelassen zu haben glaubte. Man stand über den Dingen und hatte es schlicht nicht nötig, sich zu streiten, sondern pflegte die Streitanlässe auf seine Weise aus der Welt zu schaffen. Und wenn sich Verbands- und Unternehmensvertreter bei ihm über Werbesünden beschwerten, lenkte er meist sofort ein, indem er flugs einen Sündenbock benannte.

Im Zentrum des Systems Bertelsmann nistete auch in der Zeit des Leserings die Selbstverleugnung, vor allem, wenn es um die Expansion und das Ausschalten der Konkurrenz ging. Am 14. November 1961 legte Karl Pielsticker vom Sortimenter-Ausschuss bei Mohn schriftlich Protest gegen einen Lesering-Prospekt ein, in dem neben dem *Bertelsmann-Volkslexikon* eine große Zahl von Werken bekannter Verlage angeboten wurde, wobei der Werbetext fünfmal die Behauptung wiederholte, »dass Bertelsmann 40 Prozent billiger als der Buchhandel liefern könne«. Eine einmalige Entgleisung? Mohn antwortete am 20. November: »Ihre Reklamation … besteht unbedingt zu Recht.« Und er entschuldigte sich: »Herr Wixforth war im Urlaub, als der Prospekt gemacht worden ist, und mir hat er nicht vorgelegen.« Er habe sofort veranlasst, dass der Prospekt zurückgezogen werde, versicherte er. Der noch vorhandene Bestand von 2 000 Exemplaren sei vernichtet worden. Die Verantwortung trugen also wieder einmal die anderen. Auch daran hat sich in den fünfzig Jahren nach Lesering-Gründung nichts geändert. Die einzige wirklich weiße Weste im Hause Bertelsmann trug und trägt Reinhard Mohn.

Die Bertelsmann-Kultur: die Legende vom »Roten Mohn«

1973 gab sich Bertelsmann eine »Unternehmensverfassung«; 1980 wurde sie erweitert. Der Text trägt die Handschrift Reinhard Mohns und ist in jener abstrakten Sprache verfasst, die viel Auslegungsfreiheit lässt. Von der Firma Bertelsmann ist darin gar nicht die Rede, vielmehr davon, dass »Unternehmen – insbesondere Großunternehmen – nicht länger als die Privatangelegenheit des jeweiligen Eigentümers angesehen werden können«. Den Unternehmen wird abverlangt, in ihrem jeweiligen Bereich einen Beitrag für die Gesellschaft zu leisten, die Selbstverwirklichung aller im Betrieb tätigen Menschen zu ermöglichen, dem Gewinn beziehungsweise der Verzinsung des Kapitals durch die Beteiligung der Mitarbeiter am Unternehmen eine neue Qualität zu geben und einen gesellschaftlichen Auftrag zu erfüllen, mit anderen Worten: an der Gestaltung und Weiterentwicklung ordnungspolitischer Modelle zu arbeiten.[34]

Mohns Appell an alle Unternehmen hatte selbstverständlich symbolischen Charakter. Der Plural von »Unternehmen« besagte, dass Bertelsmann neue, beispielgebende Maßstäbe setzte. Liest man statt der Wendung »jedes Unternehmen« den Namen Bertelsmann, dechiffriert man die Leitsätze richtig.

Innerhalb der unbestimmt großen, diffusen »Gemeinschaft«, die auf die Avancen aus Gütersloh nie eindeutig reagierte, gab es eine kleine, fassbare Gemeinschaft, von der Reinhard Mohn auf jede seiner Äußerungen weisungsgemäß Resonanz erhielt: die Belegschaft des Unternehmens. 1960 setzte Mohn eine *Grundsatz- und Betriebsordnung* in Kraft, die in den Folgejahren einige Male überarbeitet wurde und die Grundlage der »Unternehmensverfassung«, der *Leitsätze für die Führung* und schließlich der *Bertelsmann Essentials* war. In ihr wird die Formel vom gesellschaftlichen Auftrag Bertelsmanns nicht nur als Rechtfertigung nach außen, sondern auch als Aufforderung nach innen verstanden. »Im Mittelpunkt all unserer betrieblichen Überlegungen steht der Mensch«, heißt es in der Präambel. Und wenige Tage nach der Verkündung der Grundsatzordnung erklärte Mohn: »Wir sollten die gleiche Verantwortung, die wir gegenüber unseren Lesern empfinden, … auch gegenüber unseren eigenen Mitarbeitern bejahen.« Die Gesamtheit der Mitarbeiter, Führungskräfte und Eigentümer des Hauses Bertelsmann bezeichnete er mit Vorliebe als »Arbeitsgemeinschaft«. Auf »Gerechtigkeit und gegenseitiger Achtung« sollte diese beruhen. Den Mitarbeitern wurden Weiterbildungs- und Aufstiegschancen, ein angemessenes Arbeitsentgelt und umfassende Mitwirkungsrechte zugesichert. Der Unternehmer verzichtete auf »überhöhten Gewinn« und ein übermäßiges Privateinkommen und verpflichtete sich zur sozialen Verantwortung. Das Programm reflektierte in den Worten des 20. Jahrhunderts die paternalistische Haltung, die Reinhard Mohns Vater, Großvater und Urgroßvater, Heinrich Bertelsmann sowie Johannes und Heinrich Mohn, im 19. Jahrhundert vertreten hatten. Es begründete die Legende vom sozialen Gewissen der Unternehmensleitung und bescherte seinem Erfinder den Beinamen »Roter Mohn«.

Zur »Wirtschaftsdemokratie innerhalb des Betriebes« gehörte nach Mohns Überzeugung eine spürbare Leistungssteigerung der Mitarbeiter. Die *Grundsatzordnung* von 1960 enthält in dieser Hinsicht weit reichende Forderungen, die, hätte man sie in die Tat umgesetzt, in Gütersloh Verhältnisse wie bei japanischen Konzernbelegschaftsfamilien geschaffen hätte. »Dem Betrieb gegenüber trägt jeder die gleiche Verantwortung wie in seinen persönlichen Angelegenheiten«, befindet der zweite Grundsatz. »Diese Verantwortung verpflichtet, mitzudenken, mitzuhandeln, Missstände zu beseitigen und durch geeignete Vorschläge den Betriebsablauf zu verbessern.« Die *Grundsatzordnung* erweist sich als Teil einer Kampagne zur arbeitsmoralischen Aufrüstung. Im selben Maß, in dem die Angestellten mittels Besprechungen, Umfragen, Sozialbilanzen, Arbeitnehmervertretung auf allen Ebenen (bis in den Aufsichtsrat hinein) und »betrieblichem Vorschlagswesen« ihren Einfluss geltend machten, verwandelten sie sich in Funktionäre betriebswirtschaftlicher Effektivität. Als vollwertige Mitglieder einer Arbeitsgemeinschaft mit Geschäftsführung und Aufsichtsrat mussten sie sich notfalls Überstunden ohne Lohnausgleich und Gehaltskürzungen verordnen. Weil das Schicksal des Unternehmens fraglos das der Mitarbeiter beeinflusste, erwartete das Unternehmen die Initiative der Mitarbeiter bei der Bewältigung aller Schicksalsfragen. »Ich möchte Sie bitten, sich in diesem Sinne der Gemeinschaft verpflichtet zu fühlen«, schrieb Mohn im *Arbeitsbericht an der Jahreswende 1955/56.* »Denn nur wer am Aufbau der Gemeinschaft mitarbeitet, darf erwarten, dass die Gemeinschaft für ihn einsteht.«

Dass dies keine leeren Worte waren, wussten die Mitarbeiter spätestens seit 1951, als das Unternehmen sie in eine komplizierte finanzielle Transaktion verwickelte, um eine Art legaler Steuerhinterziehung zu bewerkstelligen. Da Bertelsmann damals »aufgrund der hohen steuerlichen Belastung nicht genug Kapital bilden konnte« und von den Banken keine Kredite erhielt, entschloss sich Reinhard Mohn, den gesamten Gewinn steuerfrei an seine 2 600 Arbeiter und

Angestellten auszuschütten und sich dann diese Beträge bis zur Pensionierung der Mitarbeiter zum Zinssatz von 2 Prozent wieder von ihnen zu »leihen«. Auf diese Weise wurde der Gewinn fünf Jahre lang fast vollständig am Finanzamt vorbeigeschleust, und Mohn verfügte obendrein über einen billigen Kredit in Höhe von insgesamt 10 Millionen Mark. Dieses Investitionskapital war Mohn zufolge »der Grundstock der heutigen Expansion«[35]. Überdies wurde mit dem Geld eine Pensionskasse finanziert, und die Mitarbeiter waren zufrieden. Den Tipp zu dieser raffinierten Form der Selbstfinanzierung gab laut *Spiegel*-Berichten der Jurist Manfred Köhnlechner, damals noch Steuerfachmann bei der Bundesfinanzverwaltung. (1956 warb ihn Reinhard Mohn ab; ein Jahr später ernannte er ihn zu seinem ersten und letzten »Generalbevollmächtigten«, das heißt zu seinem Stellvertreter im operativen Geschäft.) Da aber nicht einmal Bertelsmann langfristig wirtschaften konnte, ohne Gewinne auszuweisen, zahlte das Unternehmen ab 1956 wieder Steuern.

Der seiner sozialen Verpflichtung bewusste Konzern hat auch nach 1955 immer wieder Mittel und Wege gefunden, die Steuerlast drastisch zu verringern und einen Teil der eingesparten Mittel für Projekte zu stiften, die der selbst definierten Gemeinschaft gewidmet waren: der Allgemeinheit mit dem Bertelsmann-Signet. Aber auch in anderer Hinsicht ist der Coup von 1951 prototypisch für das kalkulierte Verhältnis des Unternehmens zur Betriebs- und Sozialgemeinschaft. Bertelsmann »verschenkt« seine Gewinne, setzt die Mitarbeiter als Kreditgeber ein, gibt und nimmt Selbstständigkeit, legitimiert sein Vorgehen mit den latenten Bedürfnissen großer Bevölkerungsteile, verleiht Mitbestimmungsrechte, »dezentralisiert« das Unternehmen und stärkt auf diese Weise die Macht der Zentrale. Die Mitarbeiter, bei denen die Gewinne geparkt werden, sind Begünstigte, die keine Wahl haben. Indem die Leitungsebene die Belegschaft am Gewinn beteiligt, finanziert sie weiteres Wachstum über deren Einlagen und befreit sich aus dem Zwang, Fremdkapital aufzunehmen. Der Konzern macht Geschäfte demnach nicht nur mit seinen Lesern, sondern auch mit seinen Arbeitern und Angestellten.

Mit einem nur Fachleuten ganz begreiflichen Programm der Gewinnbeteiligung und Vermögensbildung für Mitarbeiter verwirklichte Reinhard Mohn 1970 seine Vorstellung von der »Gleichrangigkeit von Kapital und Arbeit«. Nach Abzug eines Kapitalzinses von 12 bis 15 Prozent für die Inhaber fiel der verbleibende Mehrertrag zu exakt 50 Prozent an die Mitarbeiter. Diesen wurde der Gewinnanteil jedoch erst nach fünfundzwanzig Jahren ausgezahlt. Vorher erhielten sie nur die Zinsen aus dem Vermögen, das von einer zu diesem Zweck gegründeten Verwaltungsgesellschaft angelegt wurde – für die weltweite Expansion des Konzerns. Wir geben Kurt Biedenkopf das Wort, der das komplexe Refinanzierungssystem 1985 analysiert hat:»Bis zum Ende der Siebzigerjahre konnte zunächst jeder Mitarbeiter nach dreijähriger Betriebszugehörigkeit über die Vermögensverwaltungsgesellschaft (VVG) mittelbar mit seinem ... Gewinnanteil eine stille Gesellschaftsbeteiligung an seinem Unternehmen erwerben. Dabei hatte er ein Viertel des Bruttogewinnanteils als Eigenleistung zu erbringen ... Im Geschäftsjahr 1980/81 wurde das bereits bestehende Mitarbeiterkapital von 75,3 Millionen DM stiller Beteiligung im Verhältnis 100 : 135 in Genussscheine umgetauscht. Seitdem kann nun jeder Arbeitnehmer unmittelbar an der Bertelsmann AG Genussrechte ... erwerben. Die Verzinsung der Genussrechte erfolgt nach der Gesamtkapitalrendite ... An möglichen Verlusten sind Genussrechtsinhaber bis zur Höhe ihrer Einlage beteiligt.«[36] Innerhalb eines Jahres wurden von den Mitarbeitern 95 Millionen DM gezeichnet. Im Jahr 2000 hatten die Einlagen einen Anteil von etwa einem Drittel am Eigenkapital der Bertelsmann AG erreicht.

Fragt man allein nach dem unmittelbaren wirtschaftlichen Nutzen und der Höhe der eingesparten Steuern, übersieht man die mittel- und langfristigen Erträge und Einsparungseffekte der in Gütersloh betriebenen Sozialpolitik. Solange das Gesamtunternehmen wächst, lassen sich symbolische Vorleistungen für das Idol der»Gemeinschaft« und Kapitalanlagen nicht auseinander halten. Verbessert sich die Finanz- und Liquiditätssituation, erhöht sich die Bereitschaft der Mitarbeiter, die Unternehmenspolitik mitzutragen (Sparmaßnahmen eingeschlossen), und umgekehrt.»Die Unternehmer müssen begreifen, dass die ›Investition‹ in die Motivation der Mitarbeiter die rentabelste sein kann«, schreibt der»rote« Mohn in *Menschlichkeit gewinnt.*

Wie man »mit Menschlichkeit« Sozialrenditen erzielt, wusste man in Gütersloh schon zu Beginn der Fünfzigerjahre. Außer der Gewinnbeteiligung der Mitarbeiter wurde hier wenig später noch ein zweites Verfahren der Kapitalschöpfung praktiziert: das der Entflechtung der Unternehmensbereiche. Damals erhielt Manfred Köhnlechner freie Hand für eine radikale »Dezentralisierung der Unternehmensführung«. Der C. Bertelsmann KG, einer Holding mit 21 Tochterfirmen, entschlüpften 14 formal selbstständige Unternehmen, in denen die vormaligen Abteilungsleiter nun ertragsfördernd als Firmenchefs und Geschäftsführer amtierten:

- der C. Bertelsmann Verlag,
- die Bertelsmann GmbH (Lesering und Schallplattenring, geleitet von Fritz Wixforth) und die Tochtergesellschaft Signum Verlag AG (in Zug/Schweiz),
- die Bertelsmann Werbung GmbH,
- die Ariola GmbH (Schallplattenproduktion und -vertrieb) und ihre Tochtergesellschaften Ariola Österreich (Wien) und Musik-Edition Discoton (Musikverlag),
- die Verlagsgemeinschaft Bertelsmann GmbH,
- die Vertriebsgemeinschaft Buch und Wissen GmbH und ihre Tochtergesellschaften Burgfried Verlag (Salzburg) und Buch und Wissen AG (Zürich),
- das Kommissionshaus Buch und Ton GmbH (Buch- und Plattenversand),
- die Mohn & Co. GmbH (Druckerei) und ihre Tochtergesellschaft Sonopress (Tonträgerherstellung).

Reinhard Mohns fünf Mitkommanditisten, seine Geschwister Ursula, Annegret, Sigbert und Gerd sowie der Onkel und ehemalige Bertelsmann-Geschäftsführer Gerhard Steinsiek wurden finanziell versorgt oder als Besitzer des Gütersloher Verlagshauses Gerd Mohn (theologisch) und des Sigbert Mohn Verlags (schöngeistig) in ein ehrenvolles Abseits außerhalb der Bertelsmann-Gruppe geschickt. Diese beiden Verlage waren nun völlig selbstständig, partizipierten weder literarisch noch finanziell an der Expansion des Konzerns und machten in den meisten Jahren Verluste.

Der damals geschaffene Verbund teilautonomer Einheiten nahm das System der Profit-Center in der Bertelsmann AG der Gegenwart vorweg. Nach Mohns Devise »Jeder sein eigener Unternehmer« rückten die Manager in die erste Reihe der Verantwortungsträger auf und wetteiferten miteinander um das vergleichsweise beste Betriebsergebnis. Mit Gewinn abzuschließen war Ehrenpflicht.

Was getrennt worden war, musste aber wieder aufeinander abgestimmt werden. Das neue Firmenkonglomerat verlangte nach einer übergeordneten Verwaltungs- und Entscheidungsinstanz. »Aus der Selbstständigkeit der Geschäftsführungen der einzelnen Bereiche erwächst uns in verstärkter Weise die Aufgabe der Koordinierung«, folgerte Reinhard Mohn prompt. »Das Gesamtunternehmen wie auch jede einzelne Firma werden größeren Erfolg haben, wenn die wirtschaftlichen Zielsetzungen aufeinander abgestimmt sind. Neben der materiellen Koordination ist es uns ein Anliegen, alle Arbeitsgebiete inhaltlich der Zielsetzung des Gesamtunternehmens unterzuordnen.« Und dann folgte – wieder – Mohns *ceterum censeo*: »Seien wir stets eingedenk, dass diese Zielsetzung heißt: dem Menschen zu dienen.«[37]

In der Dezentralisierung seines Unternehmens sieht Reinhard Mohn bis heute eine Pionierleistung, der die gesamte Gesellschaft nacheifern sollte. Wenn er in den Sechziger- und Siebzigerjahren über Gesellschafts- und Wirtschaftspolitik referierte, prägte er Formulierungen, die den Bereich unternehmerischer Verantwortung entgrenzten. Er plädierte für eine »zeitgemäße Strukturierung der Gesellschaft innerhalb eines Unternehmens« oder für die »adäquate Strukturierung der Gesellschaft innerhalb des Betriebes«.[38] Nur ein kleiner Gedankensprung ist es von diesem Begriffsfeld bis zum Umkehrschluss: Die Gesellschaft hat in Mohns Weltbild ihren Platz als potenzielle Erweiterung des Betriebs.

Was die »betrieblichen Ziele« der Entflechtung von 1959 waren, ist abgesehen von der Tatsache, dass Mohn den unternehmerischen Ehrgeiz seiner Abteilungsleiter durch das Beteiligungsprinzip anstacheln wollte, auf bemerkenswerte Weise umstritten. Als ein »Musterbeispiel kluger Steuerpolitik« bezeichnete der *Spiegel* 1957 die beginnende Auflösung der Holdinggesellschaft. Diese Deutung bietet sich an, wenn man bedenkt, dass die hohen Gewinne des einen Bertelsmann-Unternehmens vom Fiskus scharf beschnitten worden waren, während die Einzelbesteuerungen der vielen neuen Firmen sich zu einem deutlich niedrigeren Betrag addierten. Laut *Spiegel* brachte Manfred Köhnlechner als Experte für Steuertricks auch später viele Millionen vor dem Finanzamt in Sicherheit. Man habe durch Ausnutzung der »Lücken, die der Gesetzgeber unbewusst offen gelassen hat«, 10 Millionen DM gespart, erklärte Köhnlechner 1957. Damit verdiente er sich eine fürstliche Belohnung sowie die Duzfreundschaft Reinhard Mohns.[39]

Nach Einschätzung Kurt Pritzkoleits ist es Reinhard Mohn bei der Dezentralisierung des Betriebs letztlich nur darum gegangen, die unternehmerische Willensbildung wiederum zu zentralisieren, und zwar in einer einzigen, der eigenen Person.[40] Fest steht, dass Reinhard Mohn seine Geschwister nebst Onkel Steinsiek ausbootete, indem er sich als einzigen Gesellschafter der C. Bertelsmann Verlags GmbH ins Handelsregister eintragen ließ und diese Einzelfirma wiederum zur alleinigen Anteilseignerin der übrigen Konzernfirmen machte. Ursula Mohn (verheiratete Junghänel) und Annegret Mohn (verheiratete Tödtmann) wurden mit einer einmaligen Kompensationszahlung in

Millionenhöhe abgefunden. Die drei männlichen Verwandten hatten fortan nur noch als stille Teilhaber Anteile von jeweils 8 Prozent an Gewinnen und Verlusten der C. Bertelsmann Verlags GmbH. Sigbert Mohn, vom Vater ursprünglich als Nachfolger ausersehen, sträubte sich vergebens. Reinhard Mohn ließ ihm nur die Alternative: stille Teilhaberschaft oder Abfindung. Gerhard Steinsiek verstarb 1969. Mit Gründung der Bertelsmann AG im Jahr 1971 erlosch die Teilhaberschaft von Sigbert und Gerd Mohn.

Anfang der Siebzigerjahre hatte Reinhard Mohn es geschafft. Unangefochten stand er an der Spitze eines Konzerns, der sich anschickte, auf Expansionskurs zu gehen, und dabei keine Konkurrenz zu scheuen brauchte. Und ganz gleich, welche »betrieblichen Ziele« für Mohn Priorität besaßen, in seiner Bertelsmann-Unternehmenskultur flossen sie ineinander. Ob als gemeinschaftsdienlich oder als wachstumsfördernd verstanden – die Interessen an Einsparungen, an Machtkonzentration und an Mitarbeitermotivation bedingten sich gegenseitig und waren im Mohn'schen Kalkül ununterscheidbar. Über allem thronte der Bertelsmann-Chef, der sich als »Roter Mohn« ein soziales Image verpasst hatte. Nach der Reorganisation besaß er, das Nervenzentrum des Konzerns, mehr Kompetenzen als jemals zuvor.

Die Selbstherrlichkeit des Firmen-Patriarchen

Wir haben auf den vorherigen Seiten das reibungslose Zusammenspiel der »Bertelsmann-Kultur« und ihrer hehren Grundsätze und Ziele mit einer raffinierten Strategie der Effektivitätssteigerung beschrieben. Nun müssen wir das Bild der Perfektion, das dabei entstanden ist, ein wenig trüben. Das Zusammenspiel unterliegt nämlich einer wesentlichen Einschränkung. Betriebsintern kommen bei Bertelsmann der Mensch und das Geschäft nur insofern zusammen, als es sich rechnet. Die viel gepriesenen »menschlichen« Prinzipien werden unter der stillschweigenden Voraussetzung garantiert, dass sie rentabel sind. Lässt die Rentabilität einer Betriebsabteilung oder einer Führungskraft auf sich warten, wird das Gemeinschaftsethos außer Kraft gesetzt. Und was rentabel ist, bestimmt letzten Endes der Konzernchef persönlich. So steckt hinter der Fassade einer Unternehmenskultur mit basisdemokratischen Zügen ein autokratisch geführter Betrieb, dessen Lenker und Leiter einen diskreten Allmachtsanspruch bewahrt.

Die wichtigsten Entscheidungen treffen Reinhard Mohn und ein kleiner Führungszirkel seit jeher allein. Angeheuert und gefeuert wurden die leitenden Mitarbeiter bei Bertelsmann immer schon nach Gutdünken des Chefs, sofern er nicht überlastet war. Einspruchsmöglichkeiten gab es nicht. Das erfuhr auch Reinhard Mohns engster Berater Manfred Köhnlechner. Mit 32 Jahren avancierte er 1957 zum Generalbevollmächtigten bei Bertelsmann und zum höchstbezahlten Manager Deutschlands. Er überzeugte seinen Chef davon, dass es sinnvoll sei, in die Film- und Fernsehbranche zu investieren, und führte Regie beim Übergang von der Familiengesellschaft zur Aktiengesellschaft. Lange Zeit schien es, als könne ihm Reinhard Mohn keinen Wunsch abschlagen. Ende der Sechziger duldete es Mohn sogar, dass Köhnlechner eine Hühnerfarm mit einer Million Legehennen aufbaute. Kurzfristig war Bertelsmann damit der größte Eierproduzent Deutschlands. Dass Köhnlechner im August 1970 plötzlich gehen musste, hatte dann aber einen ganz anderen Hintergrund als Mohns Unmut über derartige Extravaganzen seines hageren Duzfreundes: Mohn suchte und fand einen Sündenbock und entledigte sich dabei seines allzu eigenwillig gewordenen Stellvertreters. Von Mohn ermuntert, hatte Köhnlechner nämlich ein Drittel der Anteile von Axel Springers Verlagsimperium erworben. Er strebte die Übernahme der Stimmenmehrheit bei Springer an und war, da Mohn ihn gewähren ließ, von dessen Zustimmung überzeugt. Mohn spielte mit, wollte jedoch nicht seinen Kopf hinhalten. Er wartete ab, bis der Ausgang der Operation erkennbar war – ein bereits bei seinem Vater Heinrich vertrautes Verhaltensmuster. Axel Springer befürwortete den Einstieg Köhnlechners und hätte seinen Konzern mit Bertelsmann geteilt, jedoch nur unter der Voraussetzung, dass Mohn seine Übernahmepläne beim Hamburger Druck- und Verlagshaus Gruner + Jahr aufgab. Als Mohn klar wurde, dass es Axel Springer damit ernst war, und Protest gegen die drohende Machtzusammenballung laut wurde, verlor er das Interesse an der Transaktion. Er ließ das Aktienpaket an Springer zurückgeben und enthob Köhnlechner seines Postens. Sonst hätte man den Rückzug als persönliche Niederlage Mohns gedeutet. So wurde aus dem ehemaligen Generalbevollmächtigten der Bertelsmann AG Deutschlands bekanntester (und umstrittenster) Heilpraktiker, der seine Gesundheitstipps über Fernsehen, *Bild* und Regenbogenpresse popularisierte. Und Reinhard Mohn, der *spiritus rector* und Förderer, blieb – wieder einmal – unangetastet.[41]

Immer wieder umwarb Mohn erfolgsgewohnte Persönlichkeiten aus verschiedenen Branchen und bot ihnen jeweils ein attraktives, eigenverantwortlich zu gestaltendes Betätigungsfeld an. Die meisten der Umworbenen fühlten sich geschmeichelt. Aber dann machten sie die bittere Erfahrung, dass Reinhard Mohn über ihren Kopf hinweg und ohne Vorwarnung die Dinge auf eigene Weise regelte, ihnen andere Entscheidungsträger vor die Nase setzte oder seine Inspektoren vorbeischickte, die zu prüfen begannen, ohne den Betreffenden anzuhören.

Edzard Reuter, der spätere Daimler-Benz-Chef, hatte zu Beginn der Sechzigerjahre bereits als Prokurist der Filmgesellschaft UFA Berlin seine Managerqualitäten unter Beweis gestellt, als Reinhard Mohn auf ihn aufmerksam wurde. Über Gerhard Henschel, der für Bertelsmann eine Art Verlegerfernsehen vorbereitete, nahm er Ende 1961 zu Reuter Kontakt auf und lud ihn samt Ehefrau nach Gütersloh ein. Mohn, »ganz und gar formlos mit einer Lederjacke bekleidet und selbst am Steuer seines Wagens sitzend«, holte die beiden ab, führte sie durch die Verlagszentrale und die Druckerei und erläuterte ihnen seine auf Delegation von Verantwortung basierende Führungsphilosophie. In seinem Heim legte er Edzard Reuter dann seine Fernsehpläne dar. Das gerade im Entstehen begriffene Zweite Deutsche Fernsehen (ZDF) sollte auf die Errichtung eigener Produktionsstätten verzichten und sein Programm vornehmlich von einer Arbeitsgemeinschaft Fernsehen GmbH, einem Konsortium großer deutscher Verlagshäuser, beziehen, in welchem die in München residierende Bertelsmann Fernsehproduktion GmbH tonangebend war. Mohn unterbreitete ein verlockendes doppeltes Angebot: Reuter sollte der kaufmännische Geschäftsführer des Konsortiums werden und zugleich in die Geschäftsführung der hauseigenen Fernsehproduktionsfirma eintreten. Darüber hinaus stellte ihm Mohn eine »Lebensstellung im Bereich des Hauses Bertelsmann« in Aussicht.[42]

Mit dem Anstellungsvertrag in der Tasche mietete Edzard Reuter Anfang 1962 ein Haus in der Nähe Münchens und trat gemeinsam mit Gerhard Henschel erwartungsvoll seine neue Stellung an. Schon der erste Arbeitstag in der Münchner Herzog-Wilhelm-Straße jedoch gestaltete sich befremdlich. »Was ich dort sollte, wusste offenbar niemand genau, schon gar nicht die Geschäftsführer der Gesellschaft.« Dennoch versuchte Reuter unverdrossen, sich nützlich zu machen, und bemühte sich um erste Gespräche mit dem ZDF. Dabei wurde ihm sehr bald klar, dass das ZDF mit Nachdruck eigene Produktionskapazitäten aufbaute und das »Verlegerfernsehen« somit gar keine Existenzgrundlage hatte. Reinhard Mohn, der davon ebenfalls Wind bekommen hatte, nahm die Angelegenheit in die eigene Hand, ohne seine Mitarbeiter ins Vertrauen zu ziehen. Bei einem Gespräch in Mainz mit ZDF-Programmdirektor Ulrich Grahlmann, an dem auch Mohn und Henschel teilnahmen, geriet Reuter in eine peinliche Lage. »Entsprechend meiner Verantwortung für die gesamte Gruppe versuchte ich nämlich erneut, unserem Gesprächspartner mit logisch begründeten Argumenten die Vorteile unseres Angebotes, hohe Wirtschaftlichkeit und Flexibilität, vor Augen zu führen. Mohn hingegen hatte sich längst von seinem eigenen Gruppenkonzept verabschiedet, ohne uns beiden dies auch nur mit einem Sterbenswörtchen angedeutet zu haben. Entsprechend konzentrierte sich seine Taktik darauf, in kompromissbereiter Manier zum Rückzug zu blasen, um wenigstens die Interessen seiner eigenen Firma zu wahren, sprich: seine hohen Vorabinvestitionen zu retten. Im Endergebnis misslang auch dies, wofür er anscheinend vor allem mich als Schuldigen ausgemacht hatte.«[43]

Bei der Bertelsmann Fernsehproduktion GmbH wollte man sich nun nicht mehr daran erinnern, dass man Reuter vertraglich die Position eines Mitglieds in einem kollektiven Leitungsgremium zugesichert hatte. Und der Unternehmensleiter, der ihn so kollegial in die Bertelsmann-Familie aufgenommen hatte, entpuppte sich als allein entscheidende Instanz. Von einer Lebensstellung für Edzard Reuter war nun keine Rede mehr. Manfred Köhnlechner verhandelte mit ihm über die Modalitäten seines Ausscheidens aus dem Hause Bertelsmann. Nachdem man Reuter nicht einmal eine Abfindung zugestehen wollte, traf man sich vor dem Münchner Arbeitsgericht wieder.

In seiner Autobiografie zieht Edzard Reuter das folgende Fazit seines Münchner Abenteuers: »Geblieben ist mir aus der Zeit bei Bertelsmann vor allem die durch spätere Beobachtungen wiederholt bestätigte Lehre, wie zwiespältig es ist, sich als innerlich unabhängiger Mensch auf eine enge Zusammenarbeit mit Privatunternehmern einzulassen. Sie sind ihr eigener Herr auch in dem Sinne, dass sie aus rational nicht nachvollziehbaren Gründen von einem Tag zum anderen ihre Meinung ändern können. Verlässlichkeit als Grundlage für gegenseitiges Vertrauen zählt dann wenig. In Aktiengesellschaften, die nicht von einem einzelnen Großaktionär beherrscht werden, mag es andere Nachteile geben: Persönliche Abhängigkeiten vergleichbarer Art finden sich dort selten. Reinhard Mohn war ein solcher Unternehmer. Noch Jahre später wurde ihm sein väterlich-jovialer Umgang mit jüngeren Mitarbeitern rühmend nachgesagt. Dafür waren nicht nur Mutproben oder Albereien kennzeichnend, die wohl manches Mal eher an pubertären Blödsinn erinnerten, sondern auch die Bereitschaft, ihnen die volle Verantwortung für einen ganzen Geschäftsbereich zu überlassen. Aber wehe, die Gunst der persönlichen Zuneigung erlosch, aus welchen Gründen auch immer. So bleibt zwar die Großartigkeit seines unternehmerischen Lebenswerkes unbestreitbar, doch nicht wenige haben dafür bezahlen müssen.«[44]

Das gleiche Wechselbad der Gefühle – Überraschung, Begeisterung, Ernüchterung und Ohnmacht – erlebte der Kreml-Experte Wolfgang Leonhard. Als Autor des Bestsellers *Die Revolution entlässt ihre Kinder* referierte er im März 1960 in der »Neuen Gesellschaft« in Gütersloh über das Thema »Wo steht die Sowjetunion heute?« Unter seinen Zuhörern befand sich Reinhard Mohn (der zur sowjetischen Schallplattenindustrie und zu anderen Branchen der sowjetischen Staatswirtschaft gute Beziehungen unterhielt). Nach dem Vortrag plauderte man über die politische Bildung in Deutschland. Und dann kam, so erinnert sich Leonhard, der »unerwartete Vorschlag, im Rahmen der ›Bertelsmann-Unternehmensgruppe‹ einen eigenen Verlag für politische Bücher zu gründen«.[45] Auch für diesen Favoriten nahm sich der Chef einen Tag Zeit, begleitete ihn auf einem Rundgang durch das Werk und diskutierte mit ihm über die »unterschiedlichsten gesellschaftlichen und politischen Fragen«. Wenige Wochen später wurde die Verlagsfirma Nottbeck und Leonhard gegründet; als Fachmann für Druck, Vertrieb, Organisation und Finanzierung war Berend von Nottbeck angeheuert worden.

Wolfgang Leonhard stürzte sich mit Eifer in seine verlegerische Tätigkeit und tat das, was nach seiner »optimistischen Annahme ein Verleger tun soll«, nämlich auswählen, lesen und Autorenkontakte pflegen. Die aus Gütersloh monatlich eintreffenden langen Bögen mit Zahlenkolonnen legte er beiseite. Das war ein Fehler. Denn nun kamen »Abgesandte aus Gütersloh, mit ernsten Gesichtern und noch größeren Bögen und noch mehr Zahlenkolonnen … Sie konferierten meist mit Herrn von Nottbeck. Allmählich dämmerte es mir, dass diese Bögen für wichtiger gehalten wurden als die hochinteressanten Manuskripte und Bücher.«[46] Diesmal hatte er sich nicht getäuscht. Wenig später machte Reinhard Mohn dem Verlustgeschäft ein Ende. Eine zweite Chance erhielt Leonhard nicht.

Was besagen solche Erfahrungen außer der Tatsache, dass viel versprechende Filmkaufleute und Publizisten von Reinhard Mohn in kürzester Zeit in Führungspositionen gehoben und ebenso rasch gestürzt wurden? Sie besagen, dass die Beziehungen Mohns zum Führungspersonal im Konzern nicht kollegialer Natur und von gegenseitigem Vertrauen getragen waren, sondern jeweils exklusiv und willkürlich zustande kamen und letztlich nur auf der Gnade und Ungnade des Herrn von Gütersloh beruhten. Dies erfuhren die Leiter der formell autonomen Einzelfirmen, in deren Belange Reinhard Mohn und seine jeweils engsten Vertrauten hineinregierten, wie es ihnen gefiel, und dies erfuhren später selbst die Vorstandsvorsitzenden der Bertelsmann AG bis hin zu Thomas Middelhoff.

So konnte es nicht ausbleiben, dass Reinhard Mohn irgendwann auch jenen Bundesgenossen, denen er nahezu alles verdankte, nämlich den Firmen des Reise- und Versandbuchhandels, den Laufpass gab, nachdem sich seine eigene Vertriebsorganisation bewährt hatte. Praktisch verstieß Mohn die ehemals mit Bertelsmann auf Gedeih und Verderb verbundenen Buchhändler, als er im Januar 1961 per Rundschreiben alle Vertreter (wörtlich: »jedermann«) auffordern ließ, für die Buch- und Schallplattengemeinschaften von Bertelsmann zu werben. Konsterniert ob dieser Entscheidung, schrieb Johannes Thordsen am 10. Januar 1961: »Sie, verehrter Herr Mohn, wie ich – nicht zu vergessen Herr Wixforth – haben die ersten zehn Jahre der Lesering-Arbeit in Freud und Leid durchgestanden, wobei die letzten Jahre eigentlich mehr Leid für die Vertriebsfirmen brachten, weil einzelne Arbeitsgruppen Ihres Hauses Richtlinien für die Lesering-Arbeit vermittelten, die einen großen Teil der in unseren Verbänden zusammengeschlossenen Kollegen so hart vor den Kopf gestoßen haben, dass es für mich wie für meine Kollegen in den Vorständen nicht immer einfach war, die Gemüter zu beruhigen und die Partner zu versöhnen.« Als es wenig später zum offiziellen Bruch kam, versuchte Thordsen es am 22. November 1963 noch einmal. Indirekt räumte er einen gewissen »werblichen Misserfolg« der Vertriebsfirmen ein und appellierte mit dem Hinweis auf die langjährige fruchtbare Zusammenarbeit an die Unternehmensleitung, den Entschluss zu überdenken.[47]

Vergeblich. Mit dem »werblichen Misserfolg« hatte Thordsen den Kern des Problems berührt. Die Berufung auf die früher ständig beschworene Chancengleichheit kam gegen das Vorrecht der »Finanzkraft« nicht an. Die alte Allianz zwischen Bertelsmann und Reisebuchhandel bestand nicht mehr. Die früher unerlässlichen Vertriebspartner hatten ihre Schuldigkeit getan, sie hatten die zumeist schmutzige Arbeit in den Aufbaujahren des Leserings für Bertelsmann erledigt und damit dem Unternehmen das Fundament für den späteren Weltkonzern geliefert. Jetzt durften sie gehen.

Die Bertelsmann-Unternehmenskultur –
Proklamation und Praxis

Vom Lesering zum Medienriesen: weltweite Expansion ...

Rund fünfzig Jahre nach der Gründung des Leserings ist es so weit: Aus dem Gütersloher Provinzverlag, der 1835 mit religiöser Erbauungsliteratur begann, während des Dritten Reiches mit Frontausgaben die Soldaten und seit 1950 mit den preisgünstigen Lesering-Ausgaben »das Volk« für sich gewann, ist der größte auf dem europäischen Medienmarkt tätige Konzern geworden. Der »Rote Mohn« ist seit 1971 Chef einer Aktiengesellschaft. Die Bertelsmann AG beschäftigt zurzeit etwa 73 200 Mitarbeiter und erzielte im Geschäftsjahr 2003 einen Umsatz von 16,8 Milliarden Euro, von dem nahezu 30,7 Prozent in Deutschland, 38,6 Prozent in den anderen europäischen Ländern, 25,1 Prozent in den USA und 5,6 Prozent im Rest der Welt erwirtschaftet wurden. In der Liste der Medienunternehmen rangiert Bertelsmann damit weltweit hinter AOL Time Warner (neuerdings: Time Warner), Walt Disney, Vivendi Universal und Viacom auf dem fünften Platz, nachdem man mehrere Jahre lang sogar den ersten beziehungsweise den dritten Platz einnahm.

Seit Thomas Middelhoffs erzwungenem Rücktritt 2002 gehören zum Vorstand des Konzerns Gunter Thielen (Vorsitzender), Siegfried Luther (Finanzvorstand) sowie mit Ausnahme von Gerhard Zeiler (RTL Group) alle Vorstandsvorsitzenden der einzelnen Geschäftsfelder, namentlich Peter Olson (Random House), Bernd Kundrun (Gruner + Jahr), Rolf Schmidt-Holtz (BMG), Hartmut Ostrowski (arvato) und Ewald Walgenbach (DirectGroup). Im 15-köpfigen Aufsichtsrat sitzen neben dem Vorsitzenden Dieter H. Vogel und dem Ehrenvorsitzenden Reinhard Mohn unter anderem dessen zweite Ehefrau Liz Mohn, der Aufsichtsratsvorsitzende der Deutschen Bank AG Rolf-E. Breuer sowie drei Vertreter des Konzernbetriebsrats.

Die Bertelsmann AG ist nicht an der Börse notiert, gibt aber Genussscheine an die Mitarbeiter aus. Gegenwärtig hält die Bertelsmann Stiftung 57,6 Prozent, die belgische Investmentgesellschaft Groupe Bruxelles Lambert (GBL) 25,1 Prozent und die Familie des Konzerngründers Reinhard Mohn 17,3 Prozent der Aktien. Ganz wie es sich für ein Familienunternehmen gehört, das durch verschiedene Generationen und deren jeweilige Firmenpatriarchen zu Größe und Reichtum gelangte, übt die Familie Mohn auch heute maßgeblichen Einfluss aus, unter anderem über die Bertelsmann Stiftung, in der keine Entscheidung ohne die Mohns getroffen wird. Es laufen also immer noch alle Fäden bei Reinhard Mohn zusammen, auch wenn die Kommunikation, wie die Presse nicht müde wird zu betonen, zunehmend von Liz Mohn gesteuert wird.

Der gesamte Konzern umfasst sechs Geschäftsfelder: die RTL Group (Fernsehen, Radio, Programmproduktion und Rechtehandel), Random House (Buchverlage), Gruner + Jahr (Zeitschriften und Druckereien), BMG – Bertelsmann Music Group (Musikproduktion und -vertrieb), arvato (Dienstleistungen und Druckereien) sowie die DirectGroup (Buch- und Musikclubs, Online-Shops). Den größten Anteil am Jahresergebnis 2003 hat die RTL Group mit 40 Prozent, während auf die Verlagsproduktion nur 11,7 Prozent und auf die Clubs kaum mehr als 0 Prozent entfallen. Hier zeigt sich, wie die Schwerpunkte innerhalb des Konzerns sich verlagert haben: Das Buchgeschäft, das Reinhard Mohn und Fritz Wixforth mit dem Lesering zu ungeahnten Profithöhen führten, wurde vom Geschäft mit dem neuen Massenmedium der seichten Unterhaltung überholt. Gleich geblieben ist jedoch das dahinter stehende Geschäftsprinzip: Statt Bücher für die Massen produziert man nun Fernsehen für die Massen und kommt damit nach wie vor dem selbst gestellten Auftrag nach, »Kultur« unters Volk zu bringen – Kultur, wohlgemerkt, als Massenware.

Die RTL Group (Luxemburg), die zu 90,2 Prozent von Bertelsmann kontrolliert wird, ist der europäische Marktführer im werbefinanzierten Fernsehen und Hörfunk und in der Fernsehproduktionsindustrie. Dazu gehören ganz oder teilweise 23 Fernseh- und 22 Radiosender in acht Ländern sowie große »Content-Unternehmen« wie FremantleMedia, TeamWorX, UFA Film & TV Produktion, Trebitsch und SPORTFIVE. Die bekanntesten Fernsehsender dieser Gruppe, die 2003 einen Gesamtumsatz von 4,5 Milliarden Euro erzielte, sind RTL, Super RTL, VOX, n-tv und RTL II in Deutschland, M6 in Frankreich, Five in England, Yorin in den Niederlanden, RTL TV in Belgien und Luxemburg und RTL Klub in Ungarn.

Die 1998 von Bertelsmann vollständig erworbene Buchverlagsgruppe Random House (New York) ist mit durchschnittlich 8 000 Neuerscheinungen im Jahr die größte der Welt. Unter dem Dach von Random House sind mehr als 100 Verlage in 16 Ländern vereinigt, zum Beispiel Alfred A. Knopf, Ballantine, Doubleday und Pantheon in den USA, C. Bertelsmann, Karl Blessing, Goldmann, Luchterhand, Siedler und Heyne in Deutschland, Ebury und Transworld in Großbritannien, Plaza & Janés in Spanien, Sudamericana in Argentinien. Der Jahresumsatz 2003 von 1,8 Milliarden Euro stammt überwiegend aus den USA.

Das internationale Druck- und Verlagshaus Gruner + Jahr (Hamburg) wurde in den Siebzigerjahren zu 74,9 Prozent von der Bertelsmann AG übernommen. Die übrigen 25,1 Prozent der Gesellschafteranteile befinden sich im Besitz der Verlegerfamilie Jahr. Mit fast 110 Titeln in 14 Ländern ist Gruner + Jahr Europas größter und der weltweit zweitgrößte Zeitschriftenverlag, der unter anderem die folgenden Magazine publiziert: *Brigitte, Capital, GEO, stern,* TV *Today, Eltern, art, Schöner Wohnen, Essen & Trinken, Gala, P.M.* und *National Geographic* (Deutschland), *News* und TV *Media* (Österreich), *Femme Actuelle, Prima* und *Télé-Loisirs* (Frankreich), *Focus* und *Top Girl* (Italien), *Mia* und *Muy Interesante* (Spanien), *Claudia* und *Naj* (Polen) und *Family Circle, Parents, YM* und die Blätter der Fast Company (USA). Außerdem ist Gruner + Jahr zu 50 Prozent an der *Financial Times Deutschland* beteiligt.

Die arvato AG (Gütersloh) befindet sich vollständig im Besitz des Konzerns und bietet in 27 Ländern auf vier Kontinenten Dienstleistungen unterschiedlichster Art an: Offset- und Tiefdruck (arvato print), Logistik, Adress- und Datenbankmanagement, Servicecenter und Finanzdienstleistungen (arvato services), Informationstechnologie im Internet und Wissensmanagement (arvato systems) und die Produktion von Speichermedien wie CDs, CD-ROMs und DVDs (arvato storage media). Häufig genannte Firmennamen wie MOHN Media (früher: Mohndruck), Elsnerdruck, maul-belser, Berryville Graphics, VVA – Vereinigte Verlagsauslieferung, empolis, handy.de, TJ-Net und Sonopress sind diesem Geschäftsfeld zuzuordnen.

Bertelsmanns Musiksparte BMG – Bertelsmann Music Group (New York) liegt unter den weltgrößten Musikkonzernen (nach Universal Music, Sony Music, EMI und Warner Music) auf dem fünften Platz. Die Rangfolge könnte sich schnell zugunsten Bertelsmanns verändern. Eine Fusion zwischen BMG und Sony ist geplant; die EU-Kartellbehörde erteilte ihre Zustimmung. BMG umfasst mehr als 200 Labels sowie Verlage und Vertriebsunternehmen in 40 Ländern. Zu den bekanntesten Traditionsnamen der BMG-Labels zählen Arista, Ariola, Jive Records, J Records, RCA, RLG, Windham Hill und Zomba. Unter Vertrag bei BMG sind Popstars wie Christina Aguilera, Kenny G., Whitney Houston, Alicia Keys, Annie Lennox, Carlos Santana, Rod Stewart und Eros Ramazotti.

Der deutsche »Lesering« der Fünfziger- und Sechzigerjahre, das Fundament der Konzern-Entwicklung, heißt heute schlicht »Der Club« und ist der wichtigste Bestandteil der sechsten und letzten Bertelsmann-Unternehmensgruppe, der DirectGroup (Gütersloh), zuständig für alle Medien-Direktkundengeschäfte. In 20 Ländern auf vier Kontinenten können die Mitglieder von Buch- und Musikclubs in Läden, Online-Shops (auch für Nicht-Mitglieder) oder per Katalog aus länderspezifischen Buch-, Platten- und DVD-Angeboten auswählen. Nach Eigenauskunft des Konzerns hat die DirectGroup weltweit 55 Millionen Kunden und kam 2003 auf einen Umsatz von rund 2,3 Milliarden Euro.

... und die Gütersloher Stammbetriebe: Reinhard Mohns Musterschüler Jochen Werner

Je weiter der Medienriese ins Globale und Entgrenzte hineinwächst, desto sorgsamer pflegt er seine Tradition. Als Herzkammer nicht nur des Technikbereichs von Bertelsmann, sondern des gesamten Konzerns gilt seit langer Zeit die Firma Mohndruck (seit 2000: MOHN Media) in Gütersloh. Hier berühren sich Gegenwart und Gründungsgeschichte. Der Firmengründer Carl Bertelsmann war Drucker gewesen; also muss jeder, der unter Reinhard Mohn etwas werden will, zumindest einmal Druckereichef gewesen sein. Gleichsam in Erbfolge und vom Namensgeber Reinhard Mohn beobachtet, hat sich in der Betriebs- und Geschäftsführung von Mohndruck das spätere höchstrangige Führungspersonal des Konzerns zu bewähren: Herbert Multhaupt (1946–1976), Gerd Schulte-Hillen (1969–1973), Mark Wössner (1971–1982), Dieter H. Vogel (1974–1981), Gunter Thielen (1980–1985) und Thomas Middelhoff (1989–1994).

Auch auf der Arbeitnehmerseite dienen die Flachbauten an der Carl-Bertelsmann-Straße mit dem Flair der Sechzigerjahre seit jeher als Kaderschmiede und als Paradebeispiel dafür, wie der Weltkonzern seine Unternehmenskultur in die Tat umsetzt. Die Belegschaft hütet den Korpsgeist des Stammhauses und dämpft bisweilen unter Berufung auf die Mohn'schen Grundsätze den Ehrgeiz profilierungssüchtiger Manager. Der Patriarch persönlich und die Geschäftsleitung erweisen den Arbeitern und Angestellten von Mohndruck immer wieder ihre Gunst in Form besonderer Zusicherungen: Alle Mitarbeiter sollen übertariflich entlohnt, keiner von ihnen soll entlassen werden. Die Mitwirkung und Eigenverantwortung der Mitarbeiter müsse gefördert werden, sagen die Konzernsprecher. Das sei – aus Tradition – ein wesentliches Merkmal eben jener Unternehmenskultur. Stillschweigend vorausgesetzt wird dabei, dass die Beteiligten mit der Geschäftspolitik der Konzernspitze einverstanden sind. Und dieses stille Einverständnis steht unter permanenter Beobachtung: Bei Mohndruck legt der Betriebsrat sämtliche Unterlagen einschließlich interner Gesprächsprotokolle der Geschäftsleitung vor. Zu den Betriebsratssitzungen haben Mitarbeiter in der Regel keinen Zutritt; jedoch wohnen ihnen fast immer Vorstandsassistenten oder Geschäftsführer oder Vertreter der Personalabteilung bei. Gewertet wird die Kontrolle der Arbeitnehmervertretung durch das Management in Gütersloh als eine Bestätigung des gegenseitigen Vertrauens. Aber beruht dieses Vertrauen wirklich auf Gegenseitigkeit?

So gut wie nie dringt nach draußen, dass der schöne Schein deutlich getrübt ist, und auch die folgenden Ereignisse wurden nur Insidern bekannt. Im Betriebsrat von Mohndruck führte seit April 1980 ein leidenschaftlicher Anhänger der Bertelsmann-Ethik Regie: der Maschinenschlosser Jochen Werner, einer Chemnitzer Mormonenfamilie entstammend, mit 17 Jahren als Unbelehrbarer aus der DDR in die Bundesrepublik abgeschoben, Boxer und Fußballspieler, von Mohn protegiert und allzeit im guten Einvernehmen mit der Geschäftsführung. Als Betriebsratsvorsitzender kämpfte er gegen die zunehmende emotionale Kälte im Konzern. Kurzum, ein Mann nach dem Geschmack von Reinhard Mohn: einerseits den moralisch-religiösen Werten verpflichtet, andererseits ein überzeugter Vermittler und Exekutor der wechselnden Rationalisierungskonzepte. Als unabhängiger Geist war er der schlimmstmögliche Gegner der Gewerkschaftsfraktion. Wie Reinhard Mohn sah Jochen Werner in den organisierten Betriebsräten die Handlanger machthungriger Funktionäre, denen es mehr um die Durchsetzung ihrer Beschlüsse als um das konkrete Wohl der Menschen im Betrieb ging. Der effektive Gleichklang zwischen Unternehmensleitung und Mitarbeitern wurde von höchster Instanz belohnt: Jahrelang hatte Werner auch den Vorsitz im Konzernbetriebsrat inne und saß im Aufsichtsrat der Bertelsmann AG.

Jochen Werner verbreitete die Leitidee des Hauses Bertelsmann von der gleichberechtigten Partnerschaft zwischen »Führung, Mitarbeitern und Kapital« mit allen Konsequenzen. Als Mohndruck Mitte der Neunzigerjahre in die roten Zahlen kam, setzte Werner bei den Beschäftigten als Notmaßnahme das so genannte Verzichtspaket durch. Mehr als 90 Prozent der Festangestellten akzeptierten einen Anhang zu ihrem Arbeitsvertrag und verpflichteten sich freiwillig, monatlich einige Stunden länger zu arbeiten als tarifvertraglich vereinbart. Außerdem stimmten sie einer Reduzierung der übertariflichen Löhne und Gehälter und einer weiteren Flexibilisierung der Arbeitszeit zu – gegen eine Arbeitsplatzgarantie und eine bedingte Erfolgsbeteiligung. Das war eine heikle Situation. Die Arbeitnehmer wurden an die Hand genommen und in die Sorgen der Führung eingeweiht. Werner machte den Zweifelnden klar, dass sie als Partner der Geschäftsleitung zum Verzicht bereit sein mussten.

Einmal allerdings, ein einziges Mal, begehrte eine Betriebsratsmehrheit gegen Jochen Werner auf. Als dieser genau zehn Jahre lang im Amt gewesen war, kam es zum Putsch, besser gesagt, zu einer kleinen Palastrevolution. Nach den Betriebsratswahlen im April 1990, die von der Auseinandersetzung um die Entlohnung der Wochenendarbeit beherrscht waren, kandidierte Werners Stellvertreter Hans-Josef Ahrens in der konstituierenden Sitzung im Mai gegen seinen Chef – ein Akt der Aufsässigkeit, den sich Werner nur psychologisch, nämlich als Intrige neidischer Schwächlinge, erklären konnte. Die Rebellion begann mit einem Antrag auf geheime Abstimmung. Im Schutz der Anonymität stimmte nahezu die Hälfte der unabhängigen, nicht gewerkschaftlich organisierten 17 Betriebsräte für den Gegenkandidaten, und die sechs Gewerkschaftsmitglieder schlossen sich an. Der neue Betriebsrat nahm das Bertelsmann-Ideal der aktiven Beteiligung und Eigenverantwortung aller Mitarbeiter ernst und stellte seinerseits (unbotmäßige) Fragen, formulierte eigene Positionen, forderte vertrauliche Unterlagen der Geschäftsleitung an und reagierte auf die Erlasse von oben mit Alternativvorschlägen.

Die Geschäftsleitung wartete auf ein schnelles Ende des Ausnahmezustands. Als dieser sich aber 18 Monate lang hinzog, verlor sie die Geduld und zeigte, wer der Herr im Haus war. Im Rückblick erscheint diese Episode als ein Lehrstück in Bertelsmann'scher Unternehmenskultur.

Für den gestürzten Jochen Werner war eigens die Stelle eines Personalreferenten und ein strategisch günstig gelegenes Büro eingerichtet worden. Vor dessen – neu eingesetzter – Glastür mussten alle vorbeigehen, die zum Büro des Betriebsrats gelangen wollten. Werner sammelte in der Belegschaft Unterschriften für seine Rückkehr und reorganisierte seine Anhänger. Allen Betriebsratssitzungen blieb er demonstrativ fern. An einem Montag im Dezember 1991 wurde für den folgenden Donnerstag eine außerordentliche Sitzung des Betriebsrats angekündigt. Am Dienstag waren Gunter Thielen, der Vorstandsvorsitzende der damaligen Bertelsmann Industrie AG (ab 2000: arvato), und Thomas Middelhoff, zu jener Zeit der vorsitzende Geschäftsführer von Mohndruck, im Haus und verhandelten mit wechselnden Gesprächspartnern. Am Mittwoch legten sieben Betriebsräte einschließlich des Vorsitzenden Hans-Josef Ahrens ohne Angabe von Gründen ihr Mandat nieder und übernahmen unverzüglich bestimmte Führungspositionen in verschiedenen Teilen des Hauses. Die im Büro von Ahrens tätigen Verwaltungsangestellten wurden auf eigenen Wunsch in andere Abteilungen der Firma versetzt. Auf Nachfragen von Kollegen reagierten die Zurückgetretenen abweisend: »Ihr werdet es nicht erleben, dass wir dazu irgendetwas sagen.«

Wie ist dieser plötzliche Sinneswandel zu erklären? Bei den Beteiligten gilt es als offenes Geheimnis, dass den sieben Betriebsräten Entschädigungen angeboten wurden, die sie nicht ablehnen konnten. Jochen Werner sah das natürlich anders: »Das war eine schlimme Zeit. Letztlich sind die drei Opponenten aus dem Betriebsrat ausgeschieden. Das Vertrauen in diese Personen war nicht mehr gegeben.«[1] Zu der Betriebsratsrunde am Donnerstag gesellte sich Werner nun wieder hinzu – erstmals seit anderthalb Jahren. Eine Verwaltungsangestellte trug einen Blumenstrauß herein. Vor Sitzungsbeginn kam es zu einem bizarren Zwischenfall, der Anwesende an eine Szene aus dem Film *Der Pate* erinnerte. Der Betriebsrat Jürgen Monka, ein treuer Gefolgsmann des Zurückgekehrten, legte, von seinen Gefühlen überwältigt, seinen Kopf auf die Hände Jochen Werners, begann zu schluchzen und stieß hervor: »Jochen, dass du wieder da bist … Jetzt wird alles gut!« Der Sitzungsleiter erklärte, man komme zur Wahl des Betriebsratsvorsitzenden – vorgeschlagen sei Jochen Werner. Die Gewerkschaftsminderheit benannte einen Gegenkandidaten und beantragte geheime Abstimmung. Daraufhin stellte ein Parteigänger Jochen Werners fest, dass der Zustand der Anarchie nun beendet sei: »Also, damit das klar ist: Hier wird nie wieder geheim abgestimmt.« Damit war das »gegenseitige

Vertrauen« zwischen Unternehmensleitung und Belegschaft wieder hergestellt. Die Bertelsmann-Unternehmenskultur hatte wieder einmal ihre Funktionalität – sprich: regulative Kraft in Fragen der Konzernhierarchie – bewiesen.

»Partnerschaft« – aber nur auf Zeit und bei Gelegenheit

Die seit den Sechzigerjahren vom »Roten Mohn« propagierten und mehrfach überarbeiteten *Leitsätze der Unternehmensführung* werden 1998 von den *Bertelsmann Essentials* abgelöst. Hier erteilt sich das Unternehmen seinen bis heute gültigen »Auftrag«, einen Beitrag für die Gesellschaft zu leisten, um gleich darauf übergangslos zu betonen, dass man Spitzenpositionen in den Märkten einnehmen will, in denen man tätig ist. Im nächsten Satz wird aufgezählt, was »im Mittelpunkt« des gemeinsamen Handelns stehen soll: »kreative Inhaltearbeit, konsequente Kundenorientierung und das Streben nach einer angemessenen Verzinsung des eingesetzten Kapitals«. Dann werden die einzelnen »Grundwerte« genannt, mit denen diese hehren Ziele zu erreichen sind: Partnerschaft, Unternehmergeist, Dezentralisation, Kooperation, Pluralismus, Kontinuität, Unabhängigkeit und anderes. Und damit sind die Schlagworte vorgegeben, die Reinhard Mohn in seinen Reden unablässig als Bertelsmann-Unternehmenskultur nicht nur unter die Belegschaft, sondern auch unters Volk bringt. Seine Vision lautet: »Wir wollen eine gerechte und motivierende Arbeitswelt schaffen.«

Eine soziale Vision oder ein unternehmerisches Lippenbekenntnis? Es ist schier unmöglich, aus den vorliegenden Berichten und Dokumenten ein klares Bild vom Werksalltag in den Stammbetrieben von Bertelsmann zu gewinnen, um die Ziele, die Mohn für sein Unternehmen formuliert hat, an der Realität des Alltags zu messen. Denn die viel zitierte Unternehmenskultur hat die Sprache geprägt, mit der dieser Alltag beschrieben wird. Die ritualisierte Selbstverklärung des Unternehmens beeinflusst die Wahrnehmung der Beteiligten. Wie in jedem großen Unternehmen verständigen sich bei Bertelsmann die Betriebsangehörigen fast ausschließlich über bestimmte Dauerthemen zu bestimmten vertrauten Anlässen und in einer weit gehend formalisierten Sprache. Hier tun sie das aber darüber hinaus innerhalb eines spezifischen Normensystems. Um etwas zu begründen oder zu fordern, bemüht man Begriffe wie »Partnerschaft«, »Eigenverantwortung«, »Menschlichkeit«, »Mitsprache«, »Selbstverwirklichung«, »Führungsfähigkeit« und »Delegation von Verantwortung«. Wer sie meidet, macht sich nicht verständlich; wer sie gebraucht, erteilt stillschweigend sein Einverständnis mit bestimmten Annahmen und Prinzipien.

Über die betriebsinterne Verständigung bei Bertelsmann wölbt sich die Privatphilosophie Reinhard Mohns. Auf eine kurze Formel gebracht, beschwört sie die Einheit von Menschlichkeit und Effizienz im eigenen Lebenswerk. Was sie von der Selbstdeutung anderer Unternehmerpersönlichkeiten grundlegend unterscheidet, ist weder die Selbstüberschätzung noch die Schwammigkeit der Begriffe, sondern ihr Verkündigungscharakter. Ihre Kernaussagen werden von Reinhard Mohn selbst, seiner Gattin Liz Mohn, dem Führungspersonal und den Betriebsratsvorsitzenden bei jeder passenden Gelegenheit wiederholt. Es würde daher zu gar nichts führen, wenn man sie wie Fragmente einer Theorie, wie ein Ensemble von Aussagen über Wirtschaft und Gesellschaft, überprüfen würde. Das Wesentliche an der Sozial- und Wirtschaftslehre Reinhard Mohns ist ihr Selbstbestätigungscharakter in Unternehmen und Öffentlichkeit. Man benutzt einige hochtrabende Wendungen und bestätigt damit, dass man Mitglied einer harmonischen Unternehmensfamilie und an einer Firmengeschichte beteiligt ist, die ihre eigenen Maßstäbe setzt.

Heute hält sich der Bertelsmann-Vater aus gesundheitlichen Gründen zurück. Aber seine Begriffswelt hat den Sprachduktus, der die Unternehmenskultur transportiert, für die nachfolgenden Generationen festgeschrieben. Gebetsmühlenhaft reiht Mohn Bekenntnis an Bekenntnis. Unausgesetzt belehrt und mahnt er das Publikum, als habe es noch immer nicht die zwei, drei Weisheiten verstanden, die er seit fünfzig Jahren predigt. Nahezu alle Begriffe, die er in seinen Büchern und Ansprachen verwendet, sind diffus. Was das Zuhören und Lesen jedoch vollends zur Qual macht, ist die Nebelhaftigkeit seiner Ausführungen. Meist bleibt unklar, ob er von der Gesellschaft insgesamt oder von der Lage in der weiten Welt oder von seinem Unternehmen oder im Pluralis majestatis spricht. Und diese Unbestimmtheit hat Methode. Sie wahrt den Anspruch auf Allgemeingültigkeit und macht den Verkünder unangreifbar.

Wenn Reinhard Mohn aus seinen Globalurteilen bestimmte Handlungsanweisungen ableitet, von denen er meint, sie seien konkret, steigert er noch die Verwirrung. Was er zu »Führung«, »Beteiligung« und »Neuerung« ausführt, bleibt so vage und unverbindlich wie seine »gesellschaftspolitischen« Aussagen. Des Öfteren bezieht er sich auf einen zunehmenden »globalen Wettbewerb«

und rechtfertigt mit ihm den Leistungswettbewerb in seinen Einzelfirmen. Oder er preist die Soziale Marktwirtschaft und dann, übergangslos, die »Gerechtigkeit«, zu der sein Gewinnbeteiligungsmodell beitragen soll. Oder er tadelt den »Streit der Interessenvertreter« in der Geschichte der Bundesrepublik Deutschland und erklärt so zugleich die Zusammensetzung des Aufsichtsrats bei Bertelsmann (in dem die Arbeitnehmervertreter ein Drittel der Mitglieder stellen). Dabei hebt er stets hervor, es komme ihm auf den »Grundsatz« an.

Mohns Musterwelt steht unter dem Diktat der Harmonie, das alles mit allem vereinbart: die Selbstbescheidung des Kapitals mit der Gewinnmaximierung um ihrer selbst willen (nichts Unehrenhaftes, aber von Reinhard Mohn immer wieder als Grundübel angeprangert), die Eigenverantwortlichkeit der Angestellten mit ihrer Disziplinierung sowie das Mitspracherecht der Belegschaft mit deren Abhängigkeit von der Firmenleitung. Die Verantwortung für »Leistung, Qualität und Methodenentwicklung« wird jedem einzelnen Mitarbeiter zugewiesen. Zugleich hebt Reinhard Mohn in nahezu jeder Ansprache hervor, dass nur diejenigen Arbeiter und Angestellten ihr Bestes geben, die sich mit dem Unternehmen identifizieren – und aus dieser innigen Verbindung heraus im Sinne des Unternehmens »mit-«entscheiden.

Im Munde seiner Manager klingen die Parolen der »vertrauensvollen Kooperation« dann nur noch wie eine Anleitung zum Doping: Aus eigenem Antrieb, nicht weil es der Vorgesetzte so will, soll der Mitarbeiter sein Kreativitätspotenzial für den Erfolg der Firma erschließen. Selbst solche puren Nützlichkeitserwägungen haben bei Bertelsmann etwas Weihevolles. Man zelebriert höchste Unternehmenskultur. Als deren Grundlage und Auswirkung bewährt sich die Partnerschaft. Jedem neuen Mitarbeiter wird per Anschreiben versichert, die Vorgesetzten seien dazu verpflichtet, ihre Entscheidungen »nur nach Rücksprache mit den Beschäftigten« zu treffen. De facto jedoch sind die Vorgesetzten völlig ungebunden. Sie sind lediglich gehalten, vor ihren Entscheidungen zunächst die Auffassung der Beschäftigten zur Kenntnis zu nehmen. Mehr nicht.

Wie es in die Belegschaft hineinschallt, so schallt es aus ihr heraus. Bei einer Betriebsversammlung mahnte Mohns Musterschüler Jochen Werner 1985 als Vorsitzender des Konzernbetriebsrats ein Betriebsklima an, das die »Leistungsbereitschaft« anerkenne und sich durch »Meinungsvielfalt«, »Sozialverantwortlichkeit«, »Achtung« und »Toleranz« auszeichne. »Sollten wir nicht«, fragte er rhetorisch, »die Produktion von noch mehr Menschenwürde betreiben?« Im Geiste Reinhard Mohns definierte er »Führen« als »verantwortliches, sittliches Handeln«. Auch vor einer sittlichen Letztbegründung der Bertelsmann-Wirtschaft schreckte er nicht zurück: »Es geht nicht nur um das Haben, es geht mehr und mehr um das Sein.«[2] Der Mann hatte Erich Fromm gelesen – und die Wortwahl seines Chefs verinnerlicht.

Doch genug der großen Worte. Aufschlussreicher ist es, einen Blick hinter die Kulissen in die betriebliche Praxis zu werfen. Wir bleiben bei Mohndruck, dem Gütersloher Stammbetrieb des Konzerns und lange Zeit Europas größter Offsetdruckerei.[3] Und wir greifen eine Frage von zentraler Bedeutung auf, ein Thema, das die Belegschaft und ihre Vorgesetzten beschäftigt hat wie kein anderes: die Festlegung und Verteilung der Arbeitszeit.

Im Druckgewerbe wie in anderen auftragsabhängigen produktiven Branchen schwankt die Menge der anfallenden Arbeit beträchtlich. Zeiten maximaler Auslastung wechseln mit Flauten, in denen ein Teil der Belegschaft nicht benötigt wird. Hinzu kommt das Interesse der Leitung an der Amortisierung hoher Investitionen. Anschaffung und Wartung teurer Produktionsanlagen machen sich am besten bezahlt, wenn die Maschinen Tag und Nacht in Betrieb sind. Die Geschäftsleitung von Mohndruck strebte immer wieder Regelungen an, die es ermöglichten, mit der Arbeitszeit der Stammbelegschaft uneingeschränkt zu disponieren.

Anfang der Siebzigerjahre wuchs der Bedarf an flexiblem, kurzfristig planbarem Personaleinsatz. Das Buchgeschäft von Bertelsmann schrumpfte, weshalb der Konzern auf den Zeitschriften- und Werbemittelmärkten an Boden gewinnen wollte, um die Verluste zu kompensieren. Bei der Herstellung aktueller Medien ließ sich nicht langfristig vorhersagen, welche Kapazitäten erforderlich waren und wie lange die Rotationsdruckmaschinen jeweils laufen mussten. Im August 1978 rang die Geschäftsleitung dem Betriebsrat eine Vereinbarung ab, die nahezu alle ihre Wünsche erfüllte. Die Arbeitszeit der Stammbelegschaft wurde der Auftragslage angepasst. Seither arbeiten Drucker und Buchbinder notfalls zwölf Stunden in Tagschicht, Spätschicht oder Nachtschicht. Fallen dabei pro Mitarbeiter mehr Wochenstunden an als tariflich festgelegt, müssen diese als Plusstunden in auftragsschwachen Zeiten »abgefeiert« werden. Überstundenzuschläge entfallen, der Begriff der Überstunde selbst wird nicht mehr verwendet, und für die Zahl der Plusstunden gibt es weder eine Obergrenze noch eine wie in anderen Firmen mit Gleitzeitregelung übliche Begrenzung auf das jeweilige Kalenderjahr. Die Beschäftigten müssen morgens und abends nicht minutengenau kommen und gehen, dürfen ihre Arbeitspausen ein wenig ausdehnen und können ihren Urlaub unter Umständen um einige Tage verlängern. Ein großes Privileg für die Beschäftigten in den Achtzigerjahren, das bei näherem Hinsehen so groß gar nicht mehr war, dafür aber einen Riesenvorteil für die Unternehmensführung mit sich brachte, da diese nun weitgehend mit der Zeit ihrer Arbeiter disponieren konnte.

Die Bertelsmann-Mitarbeiter verloren bei hohem Arbeitsvolumen ihre Zeitsouveränität fast vollständig. Die strenge Zeitkalkulation, die Elektronik und die schnell laufenden Maschinen erzwingen höchste Konzentration während der gesamten Arbeitszeit. Der Zwang, ständig verfügbar zu sein, verwandelt die Freizeit in eine unregelmäßige Restzeit, die nur noch dann stattfindet, wenn man bei Bertelsmann nicht gebraucht wird. Insbesondere Teilzeitbeschäftigte und Aushilfen müssen auf Abruf antreten und gehen. Seit Anfang 1989 kann die Geschäftsleitung in der Rotation auch eine Nachtschicht von Sonntag auf Montag und zwei Frühschichten am Freitag und Samstag ansetzen. Tarifliche Vorgaben haben dabei keine Gültigkeit mehr. Vorgesetzte und Mitarbeiter regeln nämlich im Bedarfsfall den Kräfteeinsatz gemeinsam. Wenn keine Einigung erzielt werden kann und eine Störung des Betriebsablaufs droht, entscheidet allerdings der Vorgesetzte allein darüber, wann und wie lange die Mitarbeiter zu gleiten haben.[4] Partnerschaft und Wettbewerbsfähigkeit gehen eine Allianz ein. In guten Zeiten lassen sich beide zum Vorteil von Unternehmen und Belegschaft miteinander vereinbaren. In schlechten Zeiten wird die Partnerschaft zum Nachteil der Letzteren neu definiert.

Wie in allen Unternehmen macht man bei Bertelsmann die Mitarbeiterzahl von der Konjunktur und von der Rentabilität der einzelnen Sparten abhängig. Bei Bertelsmann jedoch greift man zu diesem Zweck gelegentlich zu unkonventionellen Maßnahmen, die in krassem Widerspruch zur Außendarstellung stehen. Als im Juli 1982 im Bertelsmann-Buchclub der Absatz von Hardcover-Büchern zurückging, stellte die Geschäftsleitung eine »erhebliche Unterauslastung« fest und forderte in der Buchbinderei von allen verheirateten Frauen, deren Männer ebenfalls berufstätig waren, künftig nur noch als Teilzeitbeschäftigte zu arbeiten und damit auf 50 Prozent ihrer Stundenzahl und ihres Lohnes zu verzichten. Eine unverhüllt diskriminierende Maßnahme, zu der es nur eine einzige Alternative gab: die Kündigung. Notgedrungen stimmten die meisten der 150 betroffenen Mitarbeiterinnen zu.

Das Standardargument der Geschäftsleitung ist, dass zur Sicherung der wirtschaftlichen Effizienz des Unternehmens und langfristigen Sicherung der Arbeitsplätze bestimmte »Anpassungsmaßnahmen« unvermeidlich seien. Gegen dieses Argument gibt es letztlich keinen Einspruch. Nur ist auch hier wieder die Frage, wann die Schmerzgrenze erreicht und das Gesamtunternehmen »in Gefahr« ist, beliebig auslegbar. Die »intelligenten Modelle zur Kostensenkung«, die den Beschäftigten nahe gebracht werden, tragen zwar den Namen »Partnerschaftspaket«. Partnerschaftlich an den Rationalisierungsmaßnahmen ist aber lediglich der Verzicht der Geschäftsleitung auf Entlassungen und Arbeitsplatzverlagerungen, was konsequent zu Ende gedacht nichts anderes heißt als: »entweder, oder ...« Die Kriterien der »wirtschaftlichen Effizienz« sind nämlich, dem autokratischen Führungsstil des Bertelsmann-Patriarchen entsprechend, nicht verhandlungsfähig. Die Profit-Center beziehungsweise die Einzelunternehmen der Bertelsmann AG sind vom Vorstand, in letzter Instanz von Reinhard Mohn persönlich, darauf festgelegt worden, eine Kapitalrendite von mindestens 15 Prozent zu erwirtschaften. Sinkt die Rendite auf 10 Prozent oder noch tiefer, wird das betreffende Unternehmen von der zentralen Kontrollinstanz zum Sanierungsfall erklärt und muss mit allen Mitteln seine Kosten senken, den Abbau von Arbeitsplätzen inbegriffen.

So geschah es auch bei Mohndruck. Nachdem man dort unter der Leitung von Thomas Middelhoff mehrere Jahre das Gewinnziel weit verfehlt hatte, machte das erste »Partnerschaftspaket« die Beschäftigten ab September 1995 zum Objekt eines verwirrenden Gegengeschäfts: Formell wurde die 35-Stunden-Woche eingeführt, zugleich leisteten die Beschäftigten pro Jahr jeweils 84 Stunden Gratisarbeit. Mit steigender Rendite sollte der Freizeitausgleich stufenweise wieder eingeführt werden. Für eine Gesamtkapitalrendite von 13 bis 14 Prozent sollten jedem Mitarbeiter beispielsweise 56 Stunden gutgeschrieben werden. Die Vereinbarung von 1995 war auf eine kurze Laufzeit befristet; sie gilt heute noch.

Im Juli 1997 trat das »Partnerschaftspaket II« in Kraft. Zur Sicherung der Kapitalrendite verzichteten nun die Angestellten auf 6 Prozent ihres Einkommens, die Außendienstmitarbeiter auf 8 Prozent und die Angehörigen der Geschäftsleitung auf 10 Prozent. Des Weiteren wurde die Gegenleistung des Unternehmens – eine erfolgsabhängige Fixprämie – sowie jede künftige tarifbedingte Lohn- und Gehaltserhöhung als übertarifliche Leistung eingestuft und auf die besonderen Vergütungszusagen des Unternehmens gegenüber den Mohndruck-Mitarbeitern angerechnet. Die Betroffenen sahen sich erneut zum

Einverständnis genötigt. Für den Fall einer Ablehnung hatte die Geschäftsleitung eine Verlagerung von 500 bis 600 Arbeitsplätzen zu einem Tochterunternehmen im thüringischen Pößneck angekündigt. Fast alle Beschäftigten gaben einzeln ihr schriftliches Einverständnis zum »Partnerschaftspaket«. Dass bei Mohndruck immer noch überdurchschnittlich hohe Löhne gezahlt wurden, war ihnen bewusst. Der Zorn über die Zwangslage saß jedoch so tief, dass bei den Betriebsratswahlen 1998 etwas für Bertelsmann kaum Vorstellbares geschah: Die Liste der IG Medien, zuvor regelmäßig in einer nahezu hoffnungslosen Minderheitsposition, konnte ihren Stimmenanteil fast verdoppeln und verfehlte denkbar knapp – um 37 Stimmen – die Mehrheit im Betriebsrat. Jochen Werners »unabhängige« Fraktion büßte 21 Prozent ihrer Stimmen ein. Zu Beginn des neuen Jahrhunderts wurde die Partnerschaftsschraube noch einmal enger gedreht. Nach dem so genannten »Standortsicherungspaket 2003« profitieren die etwa 1700 Beschäftigten wegen der Krise in der Druckindustrie in den Jahren 2003 und 2004 nicht von den tariflich vereinbarten Gehalts- und Lohnerhöhungen. Sie erhalten Lohn für 35 Wochenstunden, arbeiten darüber hinaus aber vier weitere Stunden ohne Bezahlung. Flexible Arbeitspausen werden nicht mehr mit dem Recht auf Zusatzurlaub abgegolten. Die Gegenleistung des Unternehmens ist eine großmütige Versicherung: Die bestehende Arbeitsplatzgarantie wolle man bis Juni 2006 verlängern. Eine Garantie wie diese wirkt beruhigend auf die Arbeitnehmer, kostet den Konzern jedoch vergleichweise wenig. Denn dieser baut seine Arbeitsplätze ohnehin dadurch ab, dass durch Pensionierung vakant gewordene Stellen nicht wieder besetzt werden. Ein minimaler Einsatz des Konzerns also, aber ein großes Zugeständnis seitens der Mitarbeiter.

»Mitsprache«: Beteiligung ohne Einfluss

Als Drucker, Werbedesigner, Packer oder Sekretärin kann man in Gütersloh nicht einfach seine Arbeit tun. Nein, man wird in ein Leistungsteam eingebunden und zum Wettbewerb mit den Kollegen ermuntert. Und man hat sich Gedanken über Betriebsordnung, Arbeitsplatzgestaltung, Arbeitszeitregelung, Auslastung von Maschinen, Einführung neuer Techniken, fristgemäße Fertigung und die Absatzlage zu machen. Wie Animateure werben die Beauftragten für das Betriebliche Vorschlagswesen (BVW) um Anregungen der Mitarbeiter zur Optimierung der Produktionsprozesse: Sagt uns doch, wie ein Arbeitsvorgang in verschiedene Abschnitte zerlegt, ein Bewegungsablauf eliminiert, Ausschuss verhindert, Zeitverzögerung und Doppelarbeit vermieden und die Arbeit vereinfacht oder beschleunigt oder von Maschinen übernommen werden kann. Offen soll ein jeder mit den Kollegen über die Fragen der Arbeitsorganisation beraten, sich einbringen und identifizieren und Verantwortung tragen. Hinter dem Schlagwort »Mitsprache am Arbeitsplatz« verbirgt sich ein dicht gefüllter Terminkalender.

In den Mitarbeitergesprächen (MAB) dürfen die Kollegen einer bestimmten Abteilung zu allen wichtigen Entscheidungen Stellung nehmen. Im Mitarbeiterarbeitskreis (MAK) diskutiert man Lösungen für Produktionsprobleme und unterbreitet sie dann den Zuständigen auf der nächsthöheren Leitungsebene. In den Januargesprächen werden die Beschäftigten einmal im Jahr dazu aufgefordert, das Führungsverhalten ihrer unmittelbaren Vorgesetzten zu beurteilen, wodurch sich das Management gewisse »autoritäre« und »hierarchische« Allüren abgewöhnen soll. Auf allen Führungsebenen besprechen jeweils ein Vorgesetzter und ein nachgeordneter Angestellter ebenfalls einmal im Jahr unter vier Augen das Geleistete und Angestrebte in den Zielsetzungs- und Beratungsgesprächen. Ferner stimmen die leitenden Mitarbeiter der Buchverlage und der Gütersloher Hauptverwaltung im so genannten Orientierungsgespräch ihre Vorhaben ab. Es gibt noch weitere feste Kommunikationstermine, die wir hier vernachlässigen. Erwähnt werden müssen aber noch die alle fünf Jahre durchgeführten Mitarbeiterbefragungen, deren Ergebnisse das leitende Management darüber informieren, wo und in welchem Ausmaß die Beschäftigten mit ihrer Arbeitssituation und dem Verhalten des mittleren Managements zufrieden oder unzufrieden sind. Die Firmenleitung nutzt die fortwährende Kommunikation auf allen Ebenen als Instrument eines unauffälligen, somit wirkungsvollen *social controlling*. Da wird zum Beispiel der Arbeitsablauf in einer bestimmten Abteilung reorganisiert, und die hier tätigen Leute erinnern sich gut, vor kurzem in der Mitarbeiterbesprechung dazu ihre Meinung gesagt zu haben. Dass über die Angelegenheit im Großen und Ganzen schon befunden worden war und nur noch gewisse Details der Durchführung auszugestalten waren, kümmert fast niemanden. Erfahrungsgemäß wird die Maßnahme besser akzeptiert, wenn sie das Diskussionsverfahren durchlaufen hat. Sogar jene Entscheidungen, deren Folgen den Betroffenen finanzielle Nachteile bringen, provozieren nach ausführlicher Besprechung weniger

Widerstand, als wenn sie schlicht verkündet worden wären. Und wenn die Mitarbeiter darüber hinaus auch noch Gelegenheit haben, die Entscheidung ein wenig abzuwandeln, wird sie von ihnen mehrheitlich mitgetragen und verteidigt.

Trotz allem kann von gleichberechtiger Entscheidungsfindung im Konzern keine Rede sein. Die Bertelsmann-Gesprächskultur ist ein Ritual. Sie institutionalisiert sich mittels Abkürzungen und Sprachregelungen sowie eines Geflechts von Absprachen, gegenseitigen Erwartungen und Rücksichtnahmen. Den Mitarbeiterbesprechungen liegt eine präzise Tagesordnung zugrunde; die Diskussionsgegenstände sind definiert, mögliche Lösungen vorformuliert. Die Vorstellungen des Abteilungsleiters lenken die Sitzung auf die eine oder andere Weise. Zwar können die Beschäftigten die Entscheidungen des Vorgesetzten vorläufig außer Kraft setzen. Aber selbst für den Fall, dass die Beschäftigten zur Renitenz entschlossen sind, ist in der »Unternehmensverfassung« von Bertelsmann vorgesorgt. Sollten wirklich einmal zwei Drittel der Anwesenden die vom Vorgesetzten favorisierte Lösung ablehnen und sollte der in diesem Fall einzuschaltende Betriebsrat als Schlichter versagen, hat der Abteilungsleiter keine Entscheidungsbefugnis mehr. Doch dann müssen beide Seiten ihre Auffassungen dem nächsthöheren Vorgesetzten darlegen, der das letzte, verbindliche Wort hat. Es ist also ausgeschlossen, dass es zu Lösungen kommt, die den Plänen des Managements zuwiderlaufen.

In der Bertelsmann AG gilt das »Alleinvertretungsprinzip«, nach dem der jeweils zuständige Abteilungsleiter oder Geschäftsführer in allen wichtigen Angelegenheiten für das, was letztlich geschieht, die alleinige Verantwortung trägt. Dieses Prinzip scheint in einem gewissen Widerspruch zum Mitspracherecht der Beschäftigten zu stehen, wenn man sich an den Wortlaut der Erklärungen zur Schlüsselrolle der Mitsprache im »partnerschaftlichen« Unternehmen hält. Der Eindruck täuscht keineswegs. Die Mitarbeiterbesprechungen, Arbeitskreise, Januargespräche und anderen Runden dienen vor allem der vorbeugenden Harmonisierung. Sie sollen Vertrauensverhältnisse schaffen, aber keine Entscheidungen ermöglichen, mit denen das Management nicht gerechnet hat.

Außerdem spricht einiges dafür, dass die obere Führungsebene bei Bertelsmann im Mitspracherecht ein geeignetes Mittel zur Kontrolle des Führungsverhaltens im mittleren Management sieht.[5] Nicht zufällig werden die Gesprächsrunden »Führungsinstrumente« genannt. Opponierende Mitarbeiter bei Mohndruck und in anderen Bertelsmann-Firmen erleben es immer wieder, dass ihre Fragen und Anregungen unbeachtet bleiben. Nicht einmal im Betrieblichen Vorschlagswesen (BVW) kommen Initiativen voran, die der Geschäftsleitung missfallen. Zwar ist der Bewertungsausschuss paritätisch mit Vertretern der Geschäftsleitung und der Arbeitnehmer besetzt, doch bei Stimmengleichheit entscheidet der – von der Geschäftsleitung berufene – BVW-Beauftragte.

Immerhin ist allgemein bekannt, was die Beschäftigten in den Stammbetrieben anspornt und was sie bedrückt. Denn die Ergebnisse der Mitarbeiterbefragungen lassen an Deutlichkeit nichts zu wünschen übrig. Eine gute Bewertung erfahren nahezu regelmäßig die Zusammenarbeit im Team, die Chance zur Kontrolle des eigenen Wissens und Könnens am Arbeitsplatz und die Sozialleistungen des Unternehmens. Von der Mehrheit bemängelt werden dagegen die »äußeren Bedingungen« des Arbeitsplatzes, die »geringe Anerkennung guter Leistung durch den Vorgesetzten«, dessen geringe Bereitschaft, »Kritik zu verarbeiten«, und die – weit gehend fehlende – »Berücksichtigung von Mitarbeiterinteressen bei Entscheidungen der Firmenleitung«.[6]

Wie verträgt sich das mit der Gesprächs- und Unternehmenskultur, die Bertelsmann laut Aussage des Firmenchefs so überaus deutlich von allen anderen Konzernen positiv abheben soll? Dieselben Mitarbeiter, die mit ihrer Zugehörigkeit zum Unternehmen und zu den gebotenen Sozialleistungen überwiegend zufrieden sind, bescheinigen diesem, dass es mit besagter Kultur nicht weit her ist und die meisten Arbeitsplätze – im engeren Sinn – nicht gerade menschenfreundlich gestaltet sind. Auch scheint die Auswertung der Mitarbeiterbefragungen wenig zu bewirken. Das Meinungsbild, bezogen auf die hier erwähnten Faktoren, verschlechterte sich 1992, 1997 und 2002 zusehends. Immer mehr Beschäftigte kritisieren die Erfolglosigkeit der Mitsprache, die weit gehend folgenlose Mitarbeiterbeteiligung und die Führungskompetenz der unmittelbaren Vorgesetzten.

Was an der Haltung der Mohndruck-Belegschaft besonders auffällt, die Koexistenz hoher Zufriedenheit und hoher Unzufriedenheit, scheint symptomatisch für die Situation der Konzernmitarbeiter in aller Welt zu sein. 2002 ließ Bertelsmann gut 64 000 Mitarbeiter aus 407 Firmen in 46 Ländern befragen. Die Ergebnisse werden unter Verschluss gehalten; auch das ist ein wichtiger Befund. Berichtet wurde immerhin, dass 74 Prozent aller Befragten Zufriedenheit mit ihrer Arbeit bei Bertelsmann bekundeten. 40 Prozent jedoch fühlten sich »unzureichend in Entscheidungen eingebunden«, und 35 Prozent beklagten »fehlendes Interesse an Ideen und Vorschlägen«. Anzunehmen ist, dass sich ein großer Teil der Befragten in dieser Frage neutral, ausweichend oder gar nicht geäußert hat. Das höchste Maß an Unzufriedenheit und Kritik zeigten übrigens die Mitarbeiter der Bertelsmann Stiftung. Fazit: Die Mitsprache im Unternehmen gefällt und wird dennoch, weil sie fast nie etwas bewegt, schlecht benotet.

Der Betriebsrat als Organ der Harmonisierung

Die Interessen der Belegschaft werden bei Bertelsmann wie überall auch von den Betriebsräten wahrgenommen. Bei den gegenwärtig fast 600 Einzelfirmen der Aktiengesellschaft arbeiten in mehr als 400 Gremien schätzungsweise 3 000 gewählte Arbeitnehmervertreter. In deren Tätigkeit sieht die Konzernspitze jedoch nicht viel mehr als ein notwendiges Übel, eine organisatorische Bürde, die es nach Möglichkeit in Nützliches zu verwandeln gilt. Reinhard Mohn hat den Betriebsräten wiederholt den zur Mitgestaltung eines Unternehmens nötigen Sachverstand abgesprochen. Er betrachtet sie als Relikt eines auf Misstrauen, Sozialneid und Klassenkampf beruhenden Mitwirkungsanspruchs. Für die »Vermittlungsfunktion in einem partnerschaftlichen Unternehmen« sei die Betriebsratspraxis nicht ausreichend, erklärt er. Alle Mitarbeiter müssten mitgestalten – als Berater und Meinungsbildner, nicht als Entscheider.

Wer sich vom Betriebsrat vertreten lässt, sagt Reinhard Mohn, beteilige sich zu wenig. Die Mitarbeiter seien doch Teil des ganzen Unternehmens und somit bei allen wesentlichen Angelegenheiten mitspracheberechtigt. Im Klartext heißt das: Innerbetriebliche Instanzen, deren Loyalität nicht allein Bertelsmann gilt, hält er für deplatziert. Die Führung soll mit den Beschäftigten direkt und unvermittelt ins Einvernehmen kommen. Alles, was dieses Einvernehmen stört, hält den Prozess der kooperativen Modernisierung auf. Den Gewerkschaften bescheinigt er das Beharren »auf der Grabenkampf-Ideologie der Klassengesellschaft«. So schreibt es der »Rote Mohn« 1986 in seinem Buch unter dem programmatischen Titel *Erfolg durch Partnerschaft. Eine Unternehmensstrategie für den Menschen*. Die Mitbestimmungsgesetze werden von ihm als Chance zum »institutionellen Dialog« und zu einer unverbindlichen »Mitsprache« begrüßt – und strikt abgelehnt, sofern sie die Existenz unterschiedlicher Gruppeninteressen unterstellen. Bei Bertelsmann braucht man keine gesetzlich geregelte Mitbestimmung. Man hat schließlich ein eigenes, betriebsinternes Mitspracherecht, das auch im Dialog mit den Betriebsräten zu planbaren Ergebnissen führt.

Im Bertelsmann-System der »direkten Beteiligung« wird dem Betriebsrat nur eine einzige, gleichsam sozialpflegerische Aufgabe zuerkannt. Er kann sich dafür einsetzen, dass die Arbeitsplätze erhalten bleiben, zumindest möglichst viele von ihnen. Außerdem kann er die Schutzrechte des Einzelnen wahrnehmen: Ausgleichszahlungen aushandeln, für Ältere, Benachteiligte und Außenseiter eintreten. Mehr kann – oder darf – der Betriebsrat nach Meinung Reinhard Mohns nicht. In dieser Beschränkung ist er als Hüter der Beschäftigung und Anwalt in Härtefällen bei Bertelsmann ein gut berechenbarer, somit brauchbarer Faktor. Sämtliche Modernisierungs- und Rationalisierungsprozesse können im Sinne der »Partnerschaft«, wie oben dargestellt, nämlich auch als Maßnahmen zur Sicherung der (verbleibenden) Arbeitsplätze ausgewiesen werden. Und wenn der Bertelsmann-Betriebsrat solche Maßnahmen unterstützt, ist es umso besser für die Konzernleitung.

In den vergangenen Jahrzehnten vertrat der in seiner Mehrheit nicht gewerkschaftlich organisierte Betriebsrat in den technischen Betrieben Mohndruck, Sonopress und VVA (Vereinigte Verlagsauslieferung Bertelsmann Distribution) nur wenige Male unabgesprochen eine eigene, von der Unternehmenspolitik abweichende Position. Dann erfuhr er regelmäßig seine Ohnmacht, oder besser gesagt: Man fand sich rasch mit dem Ohnmachtsstatus ab. Widersprachen die Betriebsräte Kündigungen oder Versetzungen, wurden sie mit dem Hinweis kujoniert, es werde, wenn man keine Opfer bringe, noch viel schlimmer kommen. Jedes Mal konnten sie wenige Wochen später von der Verhinderung eines generellen Personalabbaus sowie von Sonderleistungen für die Betroffenen berichten. Und die Geschäftsleitung konnte sich darauf berufen, dass der Betriebsrat einbezogen sei und alle Maßnahmen mittrage.

Als der Mohndruck-Betriebsrat 1982 erstmals in seiner 25-jährigen Geschichte einen Überstunden-Plan der Geschäftsleitung ablehnte, wurde dies in den Chefetagen von Bertelsmann einfach ignoriert. Nachdem der Betriebsratsvorsitzende Jochen Werner in einem anderen Fall mit der Selbstherrlichkeit des Managements konfrontiert worden war, kleidete er seine Resignation in Gemeinschaftsrhetorik: »Im gesamten wirtschaftlichen Umfeld hat sich vieles zu unser aller Ungunsten verändert.«[7] Die Definitionsmacht für das Gemeinwohl liegt bei Bertelsmann eben nicht (auch) beim Betriebsrat, sondern bei der Unternehmensleitung: bei Reinhard Mohn. Und in der von ihm initiierten »Unternehmensverfassung« findet sich keine Kompetenzbeschreibung der Arbeitnehmervertretung.

Weil aber die Wahl von Betriebsräten in allen Unternehmen ab einer bestimmten Größe nun einmal gesetzlich vorgeschrieben ist, macht die Konzernleitung aus der Not eine Tugend und aus ihnen zusätzliche Organe der betriebsinternen Harmonisierung. Mit der Parole »Kooperation statt Konfrontation« unterstützen die Männer an der Spitze des Konzernbetriebsrats diese Taktik. In den so genannten Herbstgesprächen, einer weiteren Mitsprache-Einrichtung des Hauses, bringen einmal im Jahr die Konzernleitung und der Konzernbetriebsrat ihre Haltungen in allen bedeutsamen Fragen auf einen gemeinsamen Nenner. Dabei stellen sich die Betriebsräte konsequent hinter das partnerschaftliche Führungskonzept, legitimieren mit ihm ihren Anspruch auf Einblick in die Maßnahmenplanung des Hauses sowie auf bessere Vorabstimmung und begeben sich mehr oder minder freiwillig in eine Sackgasse: Derart eingebunden können sie nicht umhin, die schmerzhaften Konsequenzen einer wettbewerbsgerechten Umstrukturierung gegenüber der Belegschaft zu vertreten und durchzusetzen.[8]

Sie bezeichnen solche Konsequenzen, insbesondere den kontinuierlichen Beschäftigungsabbau, immer wieder als »unvermeidlich«. Der Befund der Unvermeidlichkeit ist aber weder das Ergebnis eines Praxistests noch einer Konfrontation zwischen verschiedenen Strategien der Arbeitsorganisation und Kostenplanung, und nicht einmal das Ergebnis einer unabhängigen Begutachtung der Unternehmens- und Marktentwicklung, sondern Ausdruck eines pauschalen Einverständnisses. Die von der Geschäftsleitung protegierten Betriebsräte sehen in Reinhard Mohn und dessen Führungsstab die Garanten des betrieblichen Gemeinwohls und müssen daher alle Maßnahmen der Konzernleitung für unvermeidlich halten. Falls etwas schief geht, suchen sie die Fehler ausschließlich beim nachgeordneten Management. Nur unter dieser Voraussetzung finden sie auf höchster Ebene Gehör und dürfen hoffen, Einfluss auszuüben. Sie sind ein integraler Bestandteil der Unternehmenssteuerung und moderieren zwischen den Führungskräften und der Belegschaft. Das ist nichts Außergewöhnliches. Bedenklich ist nur: Sie handeln nach den Bedingungen einer trotz »Unternehmensverfassung« an keine Regeln gebundenen, einem autokratischen Führungsstil verhafteten und überdies wankelmütigen Führung. Die Bertelsmann-Betriebsräte lassen sich die Maßstäbe dafür, was im Interesse der Beschäftigten liegt, vom wechselhaften Verlauf der Geschäftspolitik vorgeben.

So sind auch alle Betriebsratsvorsitzenden bei Mohndruck davon überzeugt, in »zähen, aber fairen« Verhandlungen mit der Geschäftsleitung »ansehnliche Erfolge für die Mitarbeiter« zu erzielen, sich gegen inkompetente Abteilungsleiter durchzusetzen und nicht mit Kritik zu sparen. Aber sie waren und sind befangen. Häufig geraten sie in das Dilemma, Veränderungen als »Ausweg« oder »Kompromiss« darstellen zu müssen, die man über ihren Kopf hinweg entschieden hat. Auch in dieser Hinsicht unterscheidet sich die Betriebsratspraxis in den Bertelsmann-Firmen nicht von der in den meisten deutschen Großbetrieben. Nur: Bei Mohndruck würde kein Betriebsrat eingestehen, dass man nicht als »Partner«, sondern als Anhängsel der Geschäftsführung behandelt wird. Lieber macht man sich an die undankbare Aufgabe, die Kollegen für »neue, unorthodoxe Lösungen (zu) sensibilisieren«. Man würdigt die »Bemühungen, neue Arbeitsplätze in diesem Hause zu schaffen«, und hofft, »dass damit eine Reduzierung der Überstunden in der Zukunft zu erreichen ist«. Aus der Zeit der Auseinandersetzung um die Sonntagsarbeit in den Achtzigerjahren stammt die folgende, nicht protokollierte Äußerung Jochen Werners: »Wenn einige Mitarbeiter am Sonntag arbeiten wollen und dabei eine schnelle Mark machen können, sind mir die einschlägigen Gesetze scheißegal.« Ein Großteil der deutschen Arbeitnehmer würde dem vermutlich zustimmen. Für einen Betriebsratsvorsitzenden aber ist das eine bemerkenswerte Äußerung.

»Dezentrale Führung« und zentrale Kontrolle

Wenn auch die Unternehmenskultur in den Bertelsmann-Betrieben längst nicht den eigenen verkündeten Ansprüchen genügt, die ihr angehefteten Etiketten haben dem Konzern im Laufe der Jahrzehnte bei Sozialpolitikern und Journalisten und selbst bei den Gewerkschaften einigen Respekt verschafft. Die vor Kritik und Selbstkritik gefeite Zielstrebigkeit, mit der Reinhard Mohn in den Fünfzigerjahren begann, viel sagende Begriffe für seine Selbstdarstellung in Beschlag zu nehmen, war zukunftsweisend. Eines dieser Etiketten ist die »Dezentralisation« des Unternehmens, wahlweise die »Delegation von Verantwortung«. Man verordnet eine »dezentrale Unternehmensstruktur« und gewährt den einzelnen Firmen »maximale Autonomie«. Das prägt sich ein. Wie mit den »alleinverantwortlichen Geschäftsführern« tagtäglich umgesprungen wird, steht auf einem anderen Blatt und mindert kaum die Attraktivität des Schlagworts.

Jedes der sechs Geschäftsfelder der Bertelsmann AG – RTL Group, Random House, arvato, Gruner + Jahr, BMG, DirectGroup – umfasst 50 bis 150 Einzelfirmen. In den Achtziger- und Neunzigerjahren setzte sich konzernintern die Sprachregelung durch, diese Firmen als »Profit-Center« zu bezeichnen. In manchen großen Firmen wurden sogar einzelne Abteilungen zu Profit-Centern ernannt und damit zur Leistungssteigerung motiviert.

Der Name »Profit-Center« taucht weder in den *Bertelsmann Essentials* noch in den Geschäftsberichten des Konzerns auf und besagt schlicht, dass jede dieser Firmen ihre Existenzberechtigung dadurch legitimiert, dass sie selbstständig maximale Gewinne erwirtschaftet. Der Konzern ist eine effiziente Ansammlung von Höchstleistungsunternehmen, die unter dem ständigen Druck arbeiten, bei Nichterfüllung der Vorgaben abgewickelt zu werden. Keinem Unternehmen werden zweimal Bewährungsfristen eingeräumt. Bei Unternehmen ohne die ständige Berufung auf Partnerschaft, Eigenverantwortung und Vertrauen erschiene auch das selbstverständlich. Bei Bertelsmann jedoch gibt es zu denken, denn nirgendwo wird Menschlichkeit, Gerechtigkeit und Partnerschaft größer geschrieben als in den Reden, in denen Reinhard Mohn über seine Unternehmenskultur philosophiert.

Der Zwang, Jahr für Jahr einen Kapitalertrag von 15 Prozent hereinzuholen, lässt den Geschäftsführern und Abteilungsleitern gerade noch so viel Autonomie, sich jeweils dem stärksten und sichersten Nachfragetrend anzuschließen. Wird das Ziel verfehlt, drohen peinliche Befragungen, Selbstkritik und Stilllegung. »Nur keine Experimente!«, lautet bei Bertelsmann die oberste Devise. In Thomas Middelhoffs Worten hieß das: »Was sich nicht rechnet, muss weg.« Für die Innovationsfähigkeit des Managements ist die im Konzern vor diesem Hintergrund grassierende Furcht vor Fehlentscheidungen natürlich Gift. Seit der Ablösung von Middelhoff durch Gunter Thielen im Amt des Vorstandsvorsitzenden wird der Begriff »Profit-Center« bei Bertelsmann nur noch selten verwendet. An dem auf die Marge von 15 Prozent bezogenen Erfolgsdruck hat sich gleichwohl nichts geändert. Vergleicht man die 15-prozentige Deadline mit den Vorgaben anderer Medienkonzerne, erscheint sie nach wie vor als »exorbitant hohe Hürde« (Insider-Wertung), die den meisten Einzelfirmen von Bertelsmann schwer zu schaffen macht.

In einem 1996 von zurückhaltend, fast servil fragenden *stern*-Redakteuren absolvierten Interview äußerte Reinhard Mohn, es gebe kein anderes Unternehmen in Deutschland, das »so dezentral geführt« werde wie Bertelsmann.[9] Dass »dezentrale Führung« nicht gleichbedeutend ist mit der »unternehmerischen Freiheit«, die den Leitern der Bertelsmann-Firmen garantiert wird, liegt an der Vieldeutigkeit des Begriffs und seiner flexiblen Auslegung durch den Bertelsmann-Patriarchen. Je tüchtiger die Firmenchefs ihren Gestaltungsfreiraum nutzen, desto beflissener müssen sie auf die Zwischentöne in den Äußerungen des Konzernvorstands lauschen, um nicht aus dem gerade herrschenden Konsens herauszufallen oder das Opfer einer Mohn'schen Kurskorrektur zu werden, wie wir es am Beispiel des Schicksals von Edzard Reuter und Manfred Köhnlechner im vorangehenden Kapitel geschildert haben.

Versuchen wir, uns in die Lage eines Geschäftsführers in einer kleinen Einzelfirma der Bertelsmann AG zu versetzen. Sein Handlungsspielraum im operativen Geschäft und seine Rechte gegenüber den Repräsentanten der nächsthöheren Führungsebene sind weder in den *Essentials* noch im Arbeitsvertrag oder in einem Strategiepapier des betreffenden Geschäftsbereichs verbindlich festgelegt. Es fehlen Kompetenzzuweisungen. Brechen Konflikte aus, gibt es keine Instanz, die regulierend eingreift. Der Geschäftsführer kann sich nirgendwo beschweren, ohne befürchten zu müssen, dass ihm daraus Nachteile erwachsen. Wie soll er beispielsweise seinen informell definierten Zuständigkeitsbereich erweitern können, falls er eine rasche Entscheidung zu treffen hat, aber befürchtet, anderen Kompetenzträgern ins Gehege zu kommen? Letzten Endes kann er nur mit Erfolgen argumentieren und sich den Rücken freihalten, indem er auf jeden Wink seiner Vorgesetzten achtet. Das mag erklären, warum bei Umfragen der *Financial Times* (vgl. die Ausgabe vom 21. Januar 2003) bei mehr als 900 Vorstandschefs und Geschäftsführern aus 65 Ländern die Bertelsmann AG weder im Jahr 2001 noch im Jahr 2002 auf der Liste der 50 »renommiertesten Unternehmen der Welt« aufgetaucht ist.

Es drängt sich der Eindruck auf, dass die »Delegation von Verantwortung« bei Bertelsmann nichts anderes ist als eine Methode, ausgesprochene Weisungen durch unausgesprochene zu ersetzen. Bestätigt wird dieser Eindruck durch Klagen des unteren Managements und der Betriebsräte bei MOHN Media:

Durch die Geschäftsleitung werde kaum mehr etwas entschieden, fast alles werde zentral gesteuert.

Die Souveränität der Bertelsmann-Manager als »mittelständischer Unternehmer« basiert auf der (freiwilligen) Übereinstimmung mit dem »gemeinsamen Planungs- und Steuerungsprozess«, der höheren Orts gelenkt wird. Zwar haben die Manager das »Recht, auch einmal einen Fehler zu machen«. Sie sollten aber wissen, dass der Akzent in diesem Zugeständnis auf dem Wort »einmal« liegt.

Fehler zu machen wird bei Bertelsmann durch das alle Konzernbereiche durchdringende »Planungs- und Berichtswesen« mittlerweile erschwert. Unter anderem infolge der unklaren Zuständigkeiten häuften sich seit dem Beginn der Neunzigerjahre bei Bertelsmann die wirtschaftlichen Misserfolge. Da entschloss man sich in der Konzernzentrale, das labile Verhältnis zwischen latenter und manifester Kontrolle ein wenig zugunsten der Letzteren zu ändern. Die dem Konzern eng verbundene Unternehmensberatung McKinsey leuchtete 1996 in die Scharniere zwischen den Abteilungen, Firmen und Führungsebenen, um herauszufinden, was die Effektivität der »dezentralen Führung« beeinträchtigte. Im Tarndeutsch des Geschäftsberichts 1996/97 der Bertelsmann AG lautet das so: »Ohne durch wirtschaftliche Zwänge dazu getrieben zu sein, werden derzeit die Organisation des Hauses und die Konzernstruktur überprüft und optimiert.« Die Inspektoren bemerkten, dass es vor allem an der Weitergabe der Informationen von oben nach unten haperte und die Firmen und Abteilungen weit gehend unkoordiniert nebeneinanderher wirtschafteten. Die Ermittlung monatlicher Kennziffern durch das zentrale Controlling hatte daran nichts geändert, vielmehr noch eine Art eifersüchtiger Abschottung der einzelnen Profit-Center gegeneinander gefördert. Die formelle Selbstständigkeit der Unternehmenseinheiten wurde nun eingeschränkt. Jene »Führungsgremien«, die bislang in den einzelnen Geschäftsfeldern des Konzerns die Arbeit »gesteuert« und »koordiniert« hatten, übernahmen nun »direkt operative Verantwortung«. Sehr zum Leidwesen des mittleren Managements, dem damit der Schein der Zugehörigkeit zum freien Unternehmertum entzogen wurde. Diese Managementebene hatte fortan nicht nur die Ergebnisse ihrer Geschäftstätigkeit, sondern auch die entsprechende Planung zur Prüfung vorzulegen. Was blieb da noch vom eigenverantwortlichen Handeln?

Hauptziel der Reorganisation des Konzerns war eine bessere Nutzung von Synergieeffekten – in der Sprache des Geschäftsberichts die »verstärkte Kooperation und Entwicklung bereichsübergreifender Geschäftsansätze«. Gegenwärtig werden bei Bertelsmann durch Dezentralisation und Aufspaltung von Unternehmen in erster Linie rigoros Kosten gespart. Das so genannte Outsourcing ist auch für den Konzern, der mit seinen Sozialplänen renommiert, ein probates Mittel, um relativ gut abgesicherte Arbeitsplätze durch Billigjobs zu ersetzen. Ein gutes Beispiel ist die Verlagerung der Klebebindung von MOHN Media zu einer neu gegründeten Tochterfirma in Marienfeld (ProBIND). Hier war man so gewitzt, zunächst eine große Zahl von Aushilfskräften in eine neue Leiharbeitsfirma zu versetzen und dann deren Dienste beim Start der Tochterfirma in Anspruch zu nehmen.

Es versteht sich von selbst, dass es Reinhard Mohn als Verfechter von Dezentralisation nie in den Sinn gekommen ist, seine eigenen Zuständigkeiten gleichfalls dezentralisieren zu lassen. Wer den Mut hatte, ihn danach zu fragen, erhielt eine unmissverständliche Antwort. In einem *Spiegel*-Gespräch im Januar 1973 wollte ein Redakteur von Mohn wissen, wie er es denn mit der inneren Pressefreiheit der Redakteurskollegen bei den Blättern des Hauses halte. Mohn erwiderte, es entspreche nicht seiner Führungsauffassung, sich in Einzelfragen einzumischen. Aber in der Auseinandersetzung darüber, was objektiver Journalismus und »unter fortschrittlich, liberal und sozial zu verstehen sei«, werde sich der Standpunkt des Verlegers durchsetzen. Angesichts der demonstrativen Überparteilichkeit der Konzernspitze mag es viele Beobachter überraschen, dass Reinhard Mohn eine bestimmte politische Überzeugung vertritt, die sich deutlich von der anderer Konzernchefs unterscheidet. Aber er selbst hat stets betont, dass es sich so verhält, unter anderem in einem Gespräch mit Heinz Oskar Vetter und anderen Spitzenfunktionären des DGB im März 1977. Diese Auffassung scheint allerdings gewissen konjunkturellen Einflüssen zu unterliegen und wird nie pointiert vorgetragen. Im Gespräch über politische Tagesfragen zieht es Mohn vor, die anderen zu offenen und kritischen Stellungnahmen zu ermuntern und geduldig zuzuhören.

Wenn Reinhard Mohn im eigenen Haus zur Kritik aufruft, klingt das wie eine disziplinarische Maßnahme. Zwar gehören der »Herr-im-Haus-Standpunkt«, das »autoritäre Verhalten« und die »Stagnation der Hierarchien« zu seinen erklärten Feindbildern. Einer seiner Gemeinplätze ist die Feststellung, dass nur derjenige führen könne, der Kritik annehme. Es sollte jedoch schon die richtige Kritik sein. Und wer entscheidet darüber, was richtig ist? Bescheiden hat Reinhard Mohn bekannt, seine Kenntnisse reichten nicht aus, um bei allen Entscheidungen kompetent mitreden zu können. Zugleich hat er den Sachverstand des Managements aufgewertet. Außerdem schätzt er es, den Bändiger des zügellosen Kapitals zu spielen. Mehrfach hat er dazu aufgerufen, die Kapitalverwertung einer auf den Gemeinsinn ausgerichteten Führung unterzuordnen. Auf die eigene Person bezogen, hat er mehrfach eingeräumt, dass der Mann an der Spitze rechtzeitig einem geeigneten Nachfolger Platz machen müsse. Und: Geeignete Nachfolgekandidaten gebe es genug. Aber da zeigt sich erneut das zentrale Problem. Wer sonst ist ausersehen, die rechte Eignung zu erkennen, als Reinhard Mohn selbst und Liz Mohn? Dieses Problem wird auch nicht dadurch gelöst, dass die Eigentums- und Führungsrechte bei Bertelsmann seit einigen Jahren offiziell von der Bertelsmann Verwaltungsgesellschaft mbH (BVG) ausgeübt werden. Ihr gehören zwei Aufsichtsratmitglieder, der Vorstandsvorsitzende, der Konzernbetriebsratsvorsitzende und drei Vertreter der Familie Mohn sowie gegenwärtig Christoph Mohn als Vorstandsvorsitzender von Lycos Europe an. Ohne die Zustimmung der Familie kann und darf hier nichts entschieden werden. Die Familie Mohn repräsentiert somit stets die Kapitalmehrheit.

In seinem letzten Buch *Die gesellschaftliche Verantwortung des Unternehmers* aus dem Jahr 2003 hat Reinhard Mohn mit den entlassenen Vorstandsvorsitzenden Mark Wössner und Thomas Middelhoff abgerechnet und ihnen »Egozentrik«, »Ruhmsucht« und »menschliches Versagen« vorgeworfen. Wer die beiden Herren näher kennen gelernt hat, wird ihm vielleicht Recht geben. Merkwürdig ist nur, dass er in der Enttäuschung nicht das eigene Scheitern erkennt. Jeden der beiden – und ihre Vorgänger – hat er eigenhändig an die Spitze des Konzerns gesetzt und ihnen jahrelang freie Hand gelassen. Deren Geschäfte hat er gleichwohl überwacht. Reinhard Mohn greift lange nicht ein, doch plötzlich präsentiert er die Quittung für vergangene Fehler und Misserfolge mit der Abruptheit und Vehemenz eines Alleinherrschers. Dann ist von zerbrechenden Vertrauensbündnissen die Rede, eine Kurskorrektur wird verkündet und die »Verantwortlichen« müssen gehen. Verantwortlich sind allerdings immer die anderen. So dient der wichtigste Bestandteil der Bertelsmann-Unternehmenskultur, die »Delegation von Verantwortung«, letztlich nur dazu, den Bertelsmann-Patriarchen zu schützen und das Bild vom fehlerlosen Firmenoberhaupt aufrechtzuerhalten.

Gewinnbeteiligung: Wie oft und wie lange noch?

Alle Beschäftigten in Bertelsmann-Firmen sind durch besondere Leistungsanreize und Sanktionsdrohungen aneinander gebunden. Bei den Leitern der Profit-Center intensivieren sich mit den möglichen persönlichen Erfolgsbeteiligungen die Erfolgskontrollen; sie sind direkt am Betriebsergebnis und an der Wertsteigerung ihrer Firma beteiligt. Die stärkste Bindekraft bei den Mitarbeitern erzeugt die Aussicht auf Gewinnbeteiligung. Heute bereits wirken sich die Erfolge und Misserfolge jeder Einzelfirma des Konzerns direkt oder indirekt auf die Höhe der Vergütungen in den anderen Firmen aus. Auf diese Weise erzeugt das »soziale Modell Bertelsmann« so etwas wie eine Gesamthaftung aller Entscheidungsträger.

Von der Zugehörigkeit zur Bertelsmann-Gemeinschaft profitieren seit den Siebzigerjahren die meisten fest angestellten Mitarbeiter, die in einem der älteren deutschen Unternehmen des Konzerns schon mindestens drei Jahre tätig sind. So ist es jedenfalls vorgesehen. Sie erwerben Anteile am Unternehmensgewinn, Genussscheine, die zwar kein Stimmrecht begründen, aber die Anhäufung eines kleinen Vermögens erlauben. Die Begünstigten können nach Ablauf einer Sperrfrist ihre Genussscheine an bestimmten Wertpapierbörsen veräußern oder weiterhin verzinsen lassen. Außerdem erhalten sie Zuwendungen und geldwerte Leistungen: Jahressonderzahlungen, die Mitgliedschaft in einem großzügigen betrieblichen Pensionswerk sowie einer Kranken- und Invalidenkasse, Firmenzuschüsse im Falle längerer Krankheit und andere Gratifikationen wie Hochzeitsgeld und günstige Einkaufsmöglichkeiten.

Dennoch kann man Reinhard Mohn nicht nachsagen, er habe eine soziale Ader und sonne sich in dem Gefühl, seinen Mitarbeitern Geschenke zu machen. Mit einer solchen Unterstellung würde man ihn beleidigen. Er selbst rechtfertigt seine Großzügigkeit damit, dass sie gar keine sei. Die finanzielle Beteiligung der Arbeitnehmer habe das Eigenkapital aufgestockt, betont er, und das Unternehmen davor bewahrt, Fremdkapital aufnehmen zu müssen. Zudem habe sie die Lohnnebenkosten gesenkt. Im Jahr 2000 habe bereits ein Drittel des Eigenkapitals von Bertelsmann aus den Einlagen der Arbeitnehmer bestanden. Im Übrigen sichere die Gewinnbeteiligung »eine hohe Motivation und Einsatzbereitschaft der Mitarbeiter«. Diese Einschätzung ist wesentlich für das Selbstverständnis des Hauses Bertelsmann. Wenn die Konzernleitung der »Menschlichkeit« und der »Selbstverwirklichung« im Arbeitsprozess das Wort redet, hat sie dabei bekanntlich nicht irgendeine Art von Wohltätigkeit im Sinn. Vielmehr beansprucht sie, ihre eigenen Interessen mit denen der Gemeinschaft, also auch mit denen ihrer Mitarbeiter und Kunden, zur Deckung gebracht zu haben. Und diese Kunden, das sind wir alle.

Für Reinhard Mohn ist es nur folgerichtig, dass er für seine betriebliche Solidargemeinschaft auch die Hilfe des Staates einfordert: Senkung der Lohnnebenkosten und eine Steuerreform, die den finanziellen Spielraum des Unternehmens erweitert. Als Gegenleistung bietet Mohn dem Staat an, seine Unternehmenskultur zu übernehmen und auf diese Weise in der öffentlichen Verwaltung endlich »Leistungsorientierung, Wettbewerb, Transparenz und Freiraum« zu gewährleisten. Nach seiner Überzeugung ist es gut für die Menschen, wenn es Bertelsmann gut geht, und gut geht es Bertelsmann nur, wenn niemand in die Firma hineinregiert. Auch nicht die geschätzten Mitarbeiter samt ihres Mitspracherechts. So beteuert er, dass die Bemühungen um mehr »finanzielle Gerechtigkeit« für die Mitarbeiter »in keiner Weise die Zuständigkeit der Hauptversammlung, also die Führungsrechte des Kapitals«, berührten.[10]

Dem ist tatsächlich so. Bei der Verwaltung ihres Kapitals haben die Mitarbeiter rein gar nichts zu sagen. Sie haben keinen Einfluss auf die Festlegung des Zinssatzes, zu dem sie es Bertelsmann leihen. Sie reden nicht mit, wenn ermittelt wird, was ihre Genussscheine wert sind, das heißt, wie hoch die jährliche Gewinnbeteiligung »auf den Grundbetrag« ist. Die Ausschüttung wiederum bemisst sich – wie in anderen Unternehmen – weit gehend am Jahresüberschuss. Und diese Größe ergibt sich nicht zwangsläufig aus den Ertrags- und Aufwandsdaten, sondern ist das Ergebnis mehrerer bilanzpolitischer Entscheidungen des Vorstands (in dem keine Arbeitnehmervertreter sitzen). Die Genussscheininhaber aus den Belegschaften der Bertelsmann-Firmen befinden sich in der Lage stiller Teilhaber, die sich nicht einmal in der Hauptversammlung zu Wort melden dürfen. Ihre einzige, stumpfe Waffe ist das Recht, über Beauftragte im Nachhinein prüfen zu lassen, ob alles mit rechten Dingen zugegangen ist – und das werden sie wohlweislich nicht tun. Falls jedoch die Aktien des Medienkonzerns Bertelsmann eines Tages sinken sollten, haften sie mit ihren gesamten Einlagen. Der Erwerb von Genussscheinen ist somit reine Vertrauenssache.

Unabhängig davon beginnen Bertelsmann-Insider zu argwöhnen, dass der Gewinnbeteiligung des einfachen Mitarbeiters in vielen deutschen Firmen mangels Ausschüttungsmasse ein baldiges Ende beschieden sein könnte. Erinnern wir uns: Teilhaben konnten bislang ohnehin nur Beschäftigte in Deutschland und auch hier nur in etwa jeder zweiten Bertelsmann-Firma. Der Bonus dieser Begünstigten wurde zudem nur nach dem Jahresüberschuss der deutschen Konzernteile berechnet (ohne RTL und Gruner + Jahr). Eben mit diesen deutschen Konzernteilen steht es seit Jahren nicht mehr zum Besten. Vielen Bewunderern des Mohn'schen Modells der Vermögensbildung ist das entgangen. Etwas auszuschütten gab es überhaupt nur dann, wenn die Eigenkapital-Rendite von Bertelsmann Deutschland die Höhe von wenigstens 10 Prozent erklomm. Wenn es in den letzten 15 Jahren zu einer Gewinnausschüttung kam, betrug diese im Durchschnitt zwischen 75 und 150 Prozent eines Monatsgehalts. Nach Meinung von Experten war das vergleichsweise günstig für die Mitarbeiter. Spätestens seit Mitte der Neunzigerjahre sinkt allerdings die – vorher sehr hohe – Wahrscheinlichkeit, dass es überhaupt zur Ausschüttung kommt. Bereits in den Neunzigerjahren erhielten die etwa 13 000 deutschen Berechtigten zweimal keine Gewinnbeteiligung. 2002 trat dieser Fall zum dritten Mal ein. Die Mindestmarge wurde verfehlt. Dabei war der operative Gewinn des Konzerns beträchtlich, denn er lag bei 936 Millionen Euro. Aber er beruhte überwiegend auf dem Erfolg von Bertelsmann-Firmen mit Sitz im Ausland. Streng genommen profitiert also nur einer von der Gewinnbeteiligung: Die Beleihung der Mitarbeiter-Einlagen war für den stets kreditbedürftigen Konzern über Jahrzehnte hinweg ein lukratives Geschäft.

Auch die Berechnungsgrundlage geriet mittlerweile ins Schwanken. Die deutschen Konzernfirmen operierten in vielen verschiedenen, weit auseinander driftenden Branchen, die geschäftlich nicht unmittelbar miteinander verflochten waren. Viele waren multinational verzweigt. Die Landesgrenze war in der Geschäftsabwicklung – im Gegensatz zur Sozialpolitik – nur noch ein untergeordneter Faktor. Unter dieser Voraussetzung wurden Gesamt- und Durchschnittsberechnungen auf nationaler Ebene willkürlich und immer weniger mit internationalen Bilanz-Vorschriften vereinbar. Das alte Beteiligungsmodell wurde daher aufgegeben; ein neues wird schrittweise eingeführt. Am Ende dieses Prozesses sollen sämtliche Bertelsmann-Firmen im In- und Ausland in das System der Gewinnbeteiligung integriert sein. Dann sollen drei Faktoren die Höhe der Ausschüttung bestimmen: in erster Linie das Ergebnis der betreffenden Einzelfirma selbst, in zweiter Linie das Ergebnis des – internationalen – Geschäftsbereichs, dem die Firma angehört, und in dritter Linie das Ergebnis des Gesamtkonzerns. Jedem Mitarbeiter wird auf diese Weise die Bedeutung des Geschäftsgangs seiner Firma für das eigene Vermögen eingeschärft.

Dennoch steht es in vielen deutschen Firmen des Konzerns schlecht um die Vermögensbildung der Mitarbeiter in den mittleren und unteren Altersgruppen, da Bertelsmann auf den deutschen Märkten aktuell und mittelfristig nur wenig Wachstum erwartet. Übrigens sollen künftig die Mitarbeiter keine Genussscheine mehr erhalten, sondern nur noch die Wahl zwischen Beiträgen zur Alterssicherung und Barauszahlungen haben. Vermögensbildung im eigentlichen Sinne ist das nicht mehr. Die Mitarbeiter trösten sich (noch) mit der stattlichen Altersversorgung. Aber auch an dieser wurden schon große Abstriche vorgenommen.

Damit haben wir die erste Antwort auf die Frage, was geschieht, wenn Bertelsmann einmal nicht mehr wachsen, sondern stagnieren oder schrumpfen sollte. Der Konzern wächst ja noch, aber nicht mehr in allen Ländern der Welt und allen Firmen beziehungsweise nicht in allen Ländern und Firmen gleichmäßig kräftig. Das geschönte Bild von der Übereinkunft zwischen Unternehmenspolitik und Mitarbeiterwohl kann nur unter günstigen Wachstumsbedingungen beeindrucken.

Unternehmenstyp: neofeudal

Ist es möglich, die Arbeitswirklichkeit in den Stammbetrieben der Bertelsmann AG vor dem Hintergrund des oben Gesagten so darzustellen, dass die Beschäftigten ihre eigenen Erfahrungen wiedererkennen würden? Ein solcher Versuch wäre wohl zum Scheitern verurteilt. Die Schwierigkeiten beginnen mit der Frage, was in diesem Zusammenhang überhaupt Wirklichkeit genannt werden kann. Ist es die Annäherung der alltäglichen Praxis an das Konzept des Konzerngründers vom partnerschaftlichen Unternehmen? Ist es das von den Beschäftigten oder einem begleitenden Beobachter unmittelbar Wahrgenommene? Resultiert die Betriebswirklichkeit erst aus einer akribischen Bestandsaufnahme der Produktions- und Beteiligungsprozesse in den letzten Jahrzehnten? Müsste eine solche Bestandsaufnahme nicht auch die Erwartungen und Hoffnungen der Beschäftigten einbeziehen?

Diese Überlegungen sind durchaus kein akademisches Verwirrspiel. Sie berühren den Zwiespalt, in dem sich die Mitarbeiter eines Konzernchefs befinden, der ein bestimmtes Unternehmensmodell propagiert und dessen Vorbildcharakter mit dem Erfolg des Unternehmens begründet, in dem – so setzt Mohn stillschweigend voraus – das Modell natürlich weit gehend verwirklicht wurde. Aber sehen die Mitarbeiter das auch so? Woran sollen sie sich denn halten? Die Angehörigen der Bertelsmann-Gemeinschaft sehen sich privilegiert oder setzen darauf, dass sie per Saldo privilegiert sein werden, spätestens zum Zeitpunkt ihrer Pensionierung oder dann, wenn die Zusagen der Unternehmensleitung annäherungsweise eingelöst werden.

Da wir, die Autoren dieses Buches, keine Mitarbeiter oder anderweitig Begünstigte von Bertelsmann oder der gleichnamigen Stiftung sind, können wir schlicht feststellen, dass die Konzernführung ihren eigenen Prämissen nicht gerecht wird. Wir ziehen das Fazit, dass in Gütersloh – von den anderen Standorten der Bertelsmann-Tochtergesellschaften ganz zu schweigen – Anspruch und Faktizität weit auseinander klaffen. Und dies nicht nur infolge bestimmter hemmender Umstände wie beispielsweise der Konjunkturschwäche, unter der andere Konzerne ebenfalls zu leiden haben, sondern grundsätzlich. Es liegt völlig im Ermessen des Ehepaars Mohn und des sonstigen Konzernvorstands, ob die Voten und Empfehlungen der Beschäftigten auch nur ansatzweise in die Tat umgesetzt werden. Und es ist völlig offen, ob Reinhard Mohns Humanismus in schlechten Zeiten noch mehr sein wird als eine Sammlung von Worthülsen.

Die Mitarbeiter der Gütersloher Stammbetriebe stehen in einem Spagat zwischen Erfahrung und Vertrauen. Sie vertrauen darauf, dass es ihnen besser geht als früher und besser als ihren Kollegen in anderen Unternehmen, die nicht übertariflich entlohnt und nicht am Gewinn beteiligt werden. »Wir haben in der Vergangenheit partizipiert, jetzt müssen wir auch mal verzichten«, sagte Jochen Werner 1994 auf einer Betriebsversammlung. Heute wird den Unzufriedenen zu verstehen gegeben, dass sie zur Sicherung ihrer Arbeitsplätze ohne Lohnausgleich länger arbeiten müssen. Den ökonomischen Zwängen unterliegen die Bertelsmann-Firmen ebenso wie die anderen Unternehmen, obwohl man doch immer wieder unter Zuhilfenahme aller ethisch-moralischen Argumente der »Menschlichkeit« betont, ganz anders als diese zu sein. Aber ist nicht eben dies das ganze Geheimnis der Bertelsmann AG: dass man sich *nicht* von den anderen Großunternehmen unterscheidet?

Noch immer rechnen die Beschäftigten bei MOHN Media und anderen

Stammbetrieben des Konzerns zu ihrem Einkommen die Renditen hinzu, die sie als stille Teilhaber des Unternehmens erwarten können, obwohl die wirtschaftliche Lage sie längst eines Besseren belehrt haben müsste. Und noch immer betrachten sie die gefeierte Unternehmenskultur als ein Entwicklungsprojekt, das gerade erst begonnen hat. Sie stellen Vergleiche mit der Lage der Beschäftigten in anderen Unternehmen an. Sie sind Miteigentümer eines Potenzials. Die Entwicklung von der gegenwärtigen, unzulänglichen Unternehmenskultur zur verwirklichten Unternehmenskultur begreifen sie als Fortschritt und als freiwilliges Geschenk der Führung an die Belegschaft. Dabei müsste der Arbeitsalltag ihnen längst gezeigt haben, dass genau das Gegenteil der Fall ist.

Reinhard Mohn hat sein Unternehmen mehrfach reorganisiert, um die Initiative zu behalten und an der Spitze zu bleiben. Es ist ihm gelungen, diese Maßnahmen als Entscheidung für Menschlichkeit und Gerechtigkeit zu verkaufen, ja sogar als Abwendung von der Strategie purer Gewinnmaximierung. Mohn ist ein Pionier der »Partnerschaft« im Unternehmen, aber – das muss man fairerweise sagen – durchaus nicht der einzige und bei weitem nicht der konsequenteste unter jenen deutschen Unternehmern, die sich aus amerikanischen Konzepten der Mitarbeiterführung und dem »Harzburger Modell« des Akademieleiters Reinhard Höhn das Passende herausgeschnitten haben. Er hat aus diesen Konzepten jedoch viel mehr Aufhebens gemacht als seine Kollegen. Jahrzehntelang hat er sich als Prophet der modernen, menschlichen Unternehmensführung stilisiert, als einsamer Vorkämpfer, dessen Arbeit gerechterweise seit Jahrzehnten Früchte trage.

Alle diese Konzepte zielen auf die Steigerung der Produktivität durch »motivierte Mitarbeiter«, die strategisch mitdenken und Verantwortung übernehmen. Der Hauptantrieb zur Förderung einer Kommunikations- und Kooperationskultur im Großbetrieb ist der wachsende Konkurrenzdruck oder, wie im Fall Reinhard Mohns, der Drang zur Marktführerschaft. Die Führungskräfte und anderen Mitarbeiter der Bertelsmann AG haben also keinen Grund, sich beschenkt zu fühlen, weil sie in einem »Unternehmen mit starker Identität« arbeiten dürfen. Sie hätten auch dann keinen Grund dazu, wenn in den Bertelsmann-Firmen eines Tages die Hierarchien tatsächlich so flach, die Kommunikation tatsächlich so offen und die Teamarbeit tatsächlich so unabhängig sein sollten, wie es das Eigenlob des Patriarchen erwarten lässt – was aber höchst unwahrscheinlich ist. Solange die Beteiligungsprozesse keine Eigendynamik entfalten, die auch die langfristigen Unternehmensziele einbezieht, sind die Beschäftigten nicht weniger von Gunst und Glück der Kapitaleigner abhängig als die Beschäftigten in traditionellen Betrieben. Was sie eigenständig entwickeln, bleibt Stückwerk, zumal in konjunkturell turbulenten Zeiten, und kann durch einen Anruf oder durch eine E-Mail aus der Führungsetage jederzeit storniert werden. Über Dauer und Ausmaß der garantierten Gewinnbeteiligung entscheiden höhere und fremde Gewalten: die Eigentümer, die Rentabilität der Einzelfirmen und die Position des Konzerns auf dem Weltmarkt.

Die so genannte Unternehmensverfassung ist eine reine Absichtserklärung, eine Inszenierung, gegründet auf *good will* und Markterfolg. Die Partnerschaftspakete und Sozialmodelle werden in erster Linie zur Verbesserung der Ertragslage und der Kapitalausstattung verabredet und können sich für die beteiligten Arbeitnehmer unversehens als Schönwetterprojekte erweisen. Unter Umständen müssen sich die Beteiligten dem Gebot des Gemeininteresses beugen – was nichts anderes bedeutet, als sich den konjunkturellen Gegebenheiten, einem Generationenwechsel in der Mohn-Dynastie oder einer Änderung der Konzernstrategie anzupassen. Für die Beschäftigten sind durch die Mohn'sche Unternehmenskultur die Verhältnisse nicht schlechter, aber auch nicht – wie versprochen – besser geworden; sie werden in der Öffentlichkeit nach der Sprachregelung des Bertelsmann-Patriarchen nur besser verkauft: als fortschrittlich, sozial und partnerschaftlich. Es besteht also kein Anlass zu Elogen.

Denn das Mitspracherecht und die sozialen Vorzüge der Unternehmenskultur haben Grenzen in der Bertelsmann AG. Reinhard Mohn persönlich hat in *Erfolg durch Partnerschaft* erklärt, dass die unternehmerischen Vorrechte durch die Mitwirkung seiner Angestellten nicht angetastet werden dürfen. Hinter der unermüdlich zelebrierten Rhetorik der »Partnerschaft«, »Mitsprache« und »Delegation von Verantwortung« verbirgt sich das Dilemma eines Unternehmerpaars, das alle Quellen der Kreativität und des Arbeitseifers bei seinen Mitarbeitern zum Sprudeln bringen will, aber auf Dauer niemandem über den Weg traut. Die Entwicklung wird zeigen, ob dies eine Charakterfrage oder eine Erblast der Mohn-Dynastie ist, und es bleibt abzuwarten, wie die Nachfolger damit zurechtkommen werden.

Die Mitarbeiter in Gütersloh jedenfalls wissen, an wen sie sich im Ernstfall zu wenden haben – Dezentralisierung hin, Alleinverantwortung her. Knirscht es im Gebälk des weitläufigen und vielstufigen Unternehmens, ignorieren die Unzufriedenen die tausend Regelungen der innerbetrieblichen Kooperation und machen Eingaben direkt bei Reinhard oder Liz Mohn oder bitten um Audienz. Wenn eine Verlagerung von Firmen oder Firmenbereichen in andere Regionen ansteht, helfen (vielleicht) Reinhard oder Liz Mohn. Sollten in der Vergangenheit Betriebsvereinbarungen hieb- und stichfest gemacht werden, gab Reinhard Mohn eine zusätzliche Garantieerklärung ab. Wenn untergeordnete Manager ausfällig wurden oder harte Entscheidungen trafen, blieb die Hoffnung, dass der Chef davon nichts gewusst habe. »Warum hat denn noch niemand vom Betriebsrat mit dem Vorstand gesprochen? Mit Herrn Mohn oder Herrn Fischer? So was würden die doch nie entscheiden. Wir sind doch alle Bertelsmänner!« Das war, vom *Stadtblatt Bielefeld* am 9. September 1982 dokumentiert, der Stoßseufzer vieler Frauen in der Buchbinderei, die im September 1982 bei Mohndruck in einer vorübergehend schlechten Auftragslage auf die Hälfte ihrer Arbeitszeit und ihres Lohns verzichten sollten. Reinhard Mohn allerdings konnte oder wollte in dieser Angelegenheit ebenso wie der damalige Vorstandsvorsitzende und Wössner-Vorgänger Manfred Fischer nicht helfen.

Dessen ungeachtet imponiert Bertelsmann als erstes voll entwickeltes Exemplar einer neuen Gattung von Wirtschaftsriesen. Von außen betrachtet gleicht das Unternehmen einem Monolithen. Es schottet sich zwar nicht ab, operiert aber wie eine in sich geschlossene und weit gehend autarke Einrichtung, die alles selbst und besser als andere machen will. Die Beschäftigten bezeichnen sich als »Bertelsmänner« und nicht als Angehörige bestimmter sozialer Gruppen, weder als »Lohnabhängige« noch als »Arbeitnehmer«. Dem Bekenntnis zum Haus Bertelsmann entspricht das Einverständnis mit den Firmenzielen. (Nach deren präziser Benennung sucht man in den Ausführungen Reinhard Mohns, den Geschäftsberichten und Werkszeitschriften aber vergeblich.) Bei den Mitarbeiterbefragungen in den technischen Betrieben von Bertelsmann erklären jeweils große Mehrheiten von Beschäftigten, sie würden gern wieder zu Bertelsmann zurückkehren, falls sie einmal aus dem Betrieb ausscheiden sollten. Ebenfalls große Mehrheiten bestätigen, dass die Arbeit ihnen Spaß mache, und sind überzeugt, dass diese zum Erfolg des Konzerns beigetragen habe. Das hier zutage tretende Maß an »Produzentenstolz« ist außergewöhnlich. Und zumindest in den Stammbetrieben des Konzerns schätzen sich die meisten Betriebsräte als Partner der Geschäftsleitung ein.

Mit der lange umstrittenen Arbeitszeitregelung, die tief in das Freizeit- und Familienleben eingreift, hat sich die große Mehrheit der am Stammsitz des Konzerns Beschäftigten offensichtlich abgefunden. Obwohl den Betroffenen klar ist, dass sie ihre »Zeitsouveränität« weit gehend an die Produktionsplanung abgetreten haben, bejahen sie überwiegend die Notwendigkeit der Regelung, und zwar vielfach mit der Begründung, das Unternehmen müsse »konkurrenzfähig« bleiben.

Doch das Stimmungsbild ist, wie bereits dargestellt, nicht widerspruchsfrei. Während die Institution Bertelsmann, ihre Betriebsorganisation und die Teamarbeit als Prinzip hoch im Kurs stehen, erhält der Faktor der »äußeren Bedingungen des Arbeitsplatzes« die schlechteste Bewertung. Offenbar erwartet man sich Vorteile von der Zugehörigkeit zu einem Unternehmen, das in hohem Ansehen steht, und nimmt dafür den Ärger am unmittelbaren Arbeitsplatz weit gehend in Kauf. Dabei spielt es auch eine Rolle, dass die Mitarbeiter bereits viel Geld in das System der Gewinnbeteiligung investiert haben. Das will man ebenso wenig gefährden wie sonstige Prämien und geldwerte Leistungen. Man setzt auf das Wachstum der eigenen Unternehmensanteile – ein Beweggrund, den Entscheidungen des Vorstands generell zuzustimmen.

Der Unternehmenstyp Bertelsmann weist zwei Hauptmerkmale auf, die in einer gewissen Spannung, aber nicht im Widerspruch zueinander stehen: die relative Autonomie der Unternehmensteile und die nach wie vor unangetastete Schlüsselstellung der obersten Weisungsinstanz, des Eignerpaars Reinhard und Liz Mohn. In der Wirtschaftspresse wird neuerdings häufig zwischen einer *shareholder*-orientierten und einer *stakeholder*-orientierten Unternehmensverfassung unterschieden. Nach den Äußerungen Reinhard Mohns könnte man vermuten, dass er sich in der Rolle des unparteiischen *stakeholder* sieht, der sein Unternehmen als eine Art öffentlicher Institution betrachtet und die Interessen der Aktionäre, des Vorstands und der Mitarbeiter des Konzerns mit den Ansprüchen von Öffentlichkeit und Staat zum Ausgleich bringt und nur dann mit eigenen Direktiven interveniert, wenn die »Zukunftsfähigkeit im partnerschaftlichen Unternehmen« auf dem Spiel steht. Die Vorstellung jedoch, dass im Haus Bertelsmann unterschiedliche Gruppeninteressen gegeneinander stünden, deren – womöglich konzernübergreifender – Zwist auf verschiedenen Organisationsebenen ausgetragen würde, ist Reinhard Mohn ein Gräuel. Er sorgt vielmehr dafür, dass die Initiativen der Anteilseigner und der einzelnen Unternehmensbereiche von vornherein im Sinne fraglos vorgegebener »Unternehmensziele« und Führungsstrategien erörtert werden. »Auch bleibt für ihn der Gewinn ›unverzichtbar als Maßstab der Richtigkeit des Handelns sowie zur Bedienung des vorhandenen und zur Generierung neuen Kapitals«.«[11] Eine wahrhaft klärende Feststellung des Präsidiums- und Kuratoriums-Vorsitzenden der Bertelsmann Stiftung, Heribert Meffert. Die Entscheidung darüber, welche Art von Gewinn gemacht werden soll und wozu die Gewinne verwendet werden sollen, behalten sich Reinhard und Liz Mohn persönlich vor.

Japanische Verhältnisse für den Bertelsmann-Patriarchen

Da macht es nachdenklich, dass Reinhard Mohn erklärtermaßen nicht nur mit amerikanischen, sondern auch mit japanischen Modellen der Mitarbeiterbeteiligung sympathisiert. Über Jahrzehnte hinweg pries er diese immer wieder als vorbildlich. Als er für die »Mitsprache am Arbeitsplatz in allen Bereichen und auf allen Ebenen« plädierte, verwies er auf die Ergebnisse der japanischen *quality circles*. In japanischen Betrieben, so Reinhard Mohn, nähmen die Mitarbeiter »durch Information und Mitsprache Einfluss auf die Gestaltung ihrer Arbeit«.[12] Auf diese Weise aktiviere man brachliegenden Sachverstand und steigere die Motivation der Mitarbeiter.

Uns scheint, dass zwischen der überkommenen japanischen Unternehmenskultur und den Leitgedanken Reinhard Mohns noch weitere Gemeinsamkeiten bestehen. Augenfällig ist, dass sich japanische Großunternehmen nach außen hin weit gehend abschotten. Unterschiedslos richten Manager und Belegschaft ihr Dasein auf die Firmengemeinschaft aus, wobei zwischen Arbeitern und Angestellten ebenso wenig unterschieden wird wie in Gütersloh. Die Arbeitnehmer organisieren sich nicht in überregionalen Organisationen, sondern in separaten Betriebsgewerkschaften. In Führungspositionen gelangen fast ausnahmslos solche Mitarbeiter, die ihren Berufsweg im betreffenden Unternehmen begonnen haben.

Nach dem Leitbild des »Hauses«, das seine Angehörigen zeitlebens verpflichtet, fordert die Firma in Japan von ihren Mitarbeitern unbezahlte und unbezahlbare Loyalität. Westlichen Beobachtern ist das fraglose Treueverhältnis zwischen japanischen Angestellten und ihren Vorgesetzten nur als eine Art Gratisleistung fassbar. Daher erkennen sie in der anspruchsvollen Haltung der Eigentümer und Vorstandsmitglieder in japanischen Großunternehmen eine »harmonistische Grundauffassung« vom Wirtschaftsleben. Reinhard Mohn hat es gewiss angenehm berührt, dass ein häufig verwendeter Begriff in der Selbstbeschreibung japanischer Unternehmen recht präzise mit »Arbeitsgemeinschaft« übersetzt werden kann. Hier sitzt der Unternehmer also einer Belegschaft vor, deren Mitglieder in vertrauensvollem Zusammenwirken ein dem operativen Geschäft übergeordnetes Ziel verfolgen (über welches sie keine Rechenschaft verlangen). Dabei genießt das Prinzip geregelter und ausbalancierter Kooperation höchste Wertschätzung. Die Teamarbeit selbst gehorcht einer nach europäischen Maßstäben erstaunlich strengen Leistungsmoral. Hohe Arbeitsplatzsicherheit und verschiedene Gewinnanteils- und Prämiensysteme flankieren den Zusammenhalt der Gruppenmitglieder. Sie kommen jedoch nur den regulären Vollzeitangestellten zugute.

Viel Arbeitszeit veranschlagt man in japanischen Großunternehmen für die Beteiligung an Entscheidungsprozessen. Gewöhnlich kursieren verabschiedungsreife Vorlagen im Haus, bis sämtliche zuständigen und betroffenen Mitarbeiter Gelegenheit zu Korrekturvorschlägen hatten und schließlich per Namensstempel ihre Zustimmung erteilt haben. Unabhängig vom jeweiligen Vorgang ist die angestrebte Übereinstimmung ein Wert an sich. Zugleich sehen sich alle Mitarbeiter ständig dazu aufgefordert, mit eigenen Vorschlägen den Arbeitsablauf zu verbessern. All diese Beteiligungsarten sind Ausdruck und Bestätigung der Identifikation mit dem Unternehmen, nicht etwa besondere Maßnahmen, um die Identifikation erst zu ermöglichen oder zu verstärken.

Dass einem Leser der Mohn'schen Schriften hier vieles vertraut erscheint, bedarf keiner Erläuterung. Die wichtigste Gemeinsamkeit der japanischen und Gütersloher Konzepte besteht jedoch in dem, was hier wie dort stillschweigend vorausgesetzt wird. In japanischen Großunternehmen wie bei Bertelsmann sind »Mitsprache« und »Beteiligung« auf die Ausgestaltung der vorgegebenen Geschäftspolitik beschränkt. Diese Politik zu *machen*, obliegt den Haupteigentümern und Vorständen des Unternehmens. Hier wie dort öffnet erst die respektierte Autorität der Konzernchefs den Raum für die »Mitsprache«. Was Bertelsmann betrifft, so hat der Konzern auch in seiner Version als Aktiengesellschaft nie aufgehört, ein Familienunternehmen zu sein, dessen Leiter, Reinhard und, seit einigen Jahren, Liz Mohn, die Kompetenz besitzen, bei Entscheidungen von großer Tragweite persönlich einzugreifen. Diese Kompetenz ist die Basis aller Regelungen im Konzern; wenn sie noch zusätzlich festgeschrieben wird, sollte man die entsprechenden, meist vagen Formulierungen nicht auf die Goldwaage legen. Potenziell rivalisierende Anwartschaften sind ja weit und breit nicht zu erkennen. Reinhard und Liz Mohn haben bisher ihre Verfügungsgewalt nur unter stillschweigendem Vorbehalt an kompetente Köpfe abgetreten. Und sie sehen sich, zu ihrem Bedauern, immer wieder »gezwungen«, diese Verfügungsgewalt zurückzuholen.

Auf diese stillschweigende Klausel geht Reinhard Mohn in seinen langatmigen Darlegungen nicht ein. Selbstherrliche Gesten vertragen sich schlecht mit der Aura der Bescheidenheit, die den Patriarchen umgibt. Aber mögliche Ansprüche anderer, Hand ans Steuer des Konzernschiffs zu legen, weist Reinhard Mohn stets unmissverständlich zurück. Er tut das – im Gegensatz zu seiner Gattin – auf indirekte Weise. Niemand soll sich ausgeschlossen fühlen. Als oberstes Unternehmensziel bestimmt er, wie schon dargestellt, ebenso nebulös wie unanfechtbar den »Leistungsbeitrag für die Gesellschaft«. Aus diesem selbst erteilten Auftrag gewinnt er jede benötigte Legitimation. Gemessen am Wohl der ganzen Gesellschaft erscheinen die Interessen irgendwelcher Mitarbeitergruppen, Vorstandsmitglieder, Gewerkschaften, Arbeitgeberverbände oder auch Familienmitglieder einseitig, partiell, borniert, willkürlich, egozentrisch und eitel. Wer das oberste Ziel im Auge hat, verbittet sich jedwede Einmischung. Und zieht, wenn es sein muss, klare Grenzen: »Ich glaube nicht, dass eine solche Form der Mitbestimmung (von Arbeitnehmervertretern) der Gesellschaft dient.«[13]

Und wie weisen sich Reinhard und Liz Mohn ihre eigene, ausschlaggebende Rolle im Gefüge des Hauses Bertelsmann zu? Mit keinem Wort. Das haben sie auch nicht nötig. Sie sind einfach nur diejenigen, die entscheiden, was der richtige Leistungsbeitrag des Unternehmens für die ganze Gesellschaft ist.

Reinhard Mohn zufolge gebietet es das oberste Unternehmensziel, die Übernahme einer Führungsverantwortung in der Wirtschaft mit der Ausübung eines Amts (»Mandats«) gleichzusetzen – gewissermaßen in höherem gesellschaftlichem Auftrag. Daher müsse jeder Funktionsträger bei Bertelsmann, der »den Anforderungen seiner Position nicht mehr entsprechen kann«, zurücktreten beziehungsweise abgelöst werden. Doch wer stellt fest, dass ein hochrangiger Manager gescheitert ist? Wer teilt mit, dass es »nicht mehr geht«? Und wer nominiert den Nachfolger?

Eingebettet in ein Geflecht von Mitspracheregelungen und Mitarbeiterbeteiligungen reservieren Reinhard Mohn und Liz Mohn für sich einen autokratischen Führungsstil. Man kann darin eine strukturelle Unstimmigkeit oder auch das schwarze Loch in der »Unternehmensverfassung« der Bertelsmann

AG erkennen. Jedenfalls zeigt sich hier die Schwachstelle des auf Flexibilität getrimmten Unternehmens. Bleibt sie bestehen, wird sie eine entschlossene und vorausschauende Führung des Weltunternehmens Bertelsmann erheblich erschweren. Denn die als Familienexekutive heute im Vordergrund stehende Liz Mohn ist auf Berater mit Weitblick angewiesen. Aber wird sie solchen Beratern langfristig vertrauen können? Wird nicht gerade das Bewusstsein ihrer Abhängigkeit das Misstrauen gegen den möglichen Ehrgeiz der Ausgewählten wecken? Kontinuität der Führung ist unter diesen Bedingungen nicht zu erwarten.

Die Ära Liz Mohn

Seit Reinhard Mohn im Jahr 1999 seine damals 58-jährige Gattin Elisabeth (offiziell zu »Liz« komprimiert) in der Bertelsmann Verwaltungsgesellschaft (BVG) platzierte, wird die oberste Weisungsmacht im Konzern von einem Paar ausgeübt. Diese Macht deklariert sich bezeichnenderweise als »Aufgabe, die Fortschreibung der Unternehmenskultur sicherzustellen«. Die Verwaltungsgesellschaft wacht über den Konzern wie eine jederzeit einberufbare Hauptversammlung. Auch wählt sie (einstimmig) neun der 15 Mitglieder des Aufsichtsrats. Die Haltung der – gegenwärtig vier – Familienvertreter im achtköpfigen Gremium der BVG gibt jeweils den Ausschlag. Nach der 2002 eingeführten neuen Satzung der BVG bedürfen die Aufnahme neuer Gesellschafter und andere grundlegende Änderungen einer Dreiviertelmehrheit. Für die Vertreter des Vorstands, des Aufsichtsrats und des Konzernbetriebsrats wäre es aber ohnehin widersinnig, den Repräsentanten der Mohn-Dynastie Paroli zu bieten. Überdies hat Reinhard Mohn im Februar 2003 seine Frau offiziell mit der »Wahrnehmung des Familieneinflusses« bei Bertelsmann betraut. Liz Mohn selbst hat angekündigt, im siebzigsten Lebensjahr, also 2011, ihren Platz für ein von ihr benanntes anderes Familienmitglied zu räumen. Damit wäre dann, so schreibt sie 2001 in *Liebe öffnet Herzen*, die »Kontinuität von Bertelsmann … gesichert«.

Liz Mohns Lebensgeschichte mutet wie ein modernes Märchen an. Da tritt 1958 eine 17-jährige Zahnarzthelferin und Handwerkstochter namens Elisabeth Beckmann eine Stelle als Sekretärin in der Zentrale des Bertelsmann Leserings an, besucht sechs Wochen später ein Betriebsfest und wird vom Chef des Unternehmens zum Tanzen aufgefordert. Wenn man Liz Mohn glauben darf, hat sie bereits in diesen Stunden begonnen, in Reinhard Mohn den Mann ihres Lebens zu sehen. Die beiden finden sich anziehend und feiern die ganze Nacht hindurch, treffen sich danach heimlich zu Spaziergängen und Nachtwanderungen. Er verkörpert für sie die große Welt, sie für ihn die Lebensfreude. Bald ist sie die Geliebte des zwanzig Jahre älteren Mannes, der mit seiner Frau Magdalene drei Kinder hat. 1963 wird sie ungewollt schwanger. Um einen Skandal im biederen Gütersloh zu vermeiden, arrangiert Reinhard Mohn eine Scheinehe. Elisabeth heiratet Joachim Scholz, einen Herausgeber von Kinderbüchern im C. Bertelsmann Verlag, und zieht mit ihm für einige Jahre nach Stuttgart. Da sie hier jedoch von ihrem Geliebten nur selten besucht wird, kehrt die junge Familie nach Bielefeld (unweit Gütersloh) zurück. Drei Kinder haben Elisabeth Scholz und Reinhard Mohn: Brigitte (geboren 1964), Christoph (1965) und Andreas (1968). Im Kampf um die Gesundheit ihrer Tochter – die Asthma und bis zu sechsmal jährlich eine Lungenentzündung hat – entdeckt Elisabeth ihre Tatkraft und ihre »Stärke für eigenständige Entscheidungen«. Bis in die späten Siebzigerjahre setzen Reinhard Mohn und Elisabeth ihr Doppelleben fort. Dann wird die Scholz-Ehe geschieden; 1981 trennt sich Reinhard Mohn von Magdalene. Ein Jahr später heiratet er Elisabeth.

In den folgenden Jahren kämpft Liz Mohn zäh und geduldig um die Anerkennung als Frau des Konzernchefs. Reinhard Mohn nämlich hält sich weiterhin meist von seiner Familie fern. Er zieht es vor, allein in einem Gutshaus am Stadtrand von Gütersloh zu leben. Liz organisiert einen Damenkreis, dem zunächst etwa vierzig Frauen leitender Mitarbeiter angehören. Bei Vorträgen von Bertelsmann-Managern gewinnen die Ehefrauen Einblick in die Arbeitsbereiche ihrer Männer. Die Frauen widmen sich gemeinsam der Wohltätigkeit. Sie basteln Geschenke für den Adventsbasar, verkaufen selbst gefertigte Stickereien und Seidenmalereien und engagieren sich in einem Projekt gegen die Augenkrankheit Uveitis. Die Gemeinschaft der Manager-Frauen besteht bis heute fort und ist mittlerweile auf 140 Damen angewachsen. (Und Liz Mohn, die ihr weiterhin vorsteht, agiert somit in einer Doppelrolle als Konzernchefin und ranghöchste Ehefrau.) Allmählich wächst sie in die Rolle der Repräsentantin hinein, gründet den Hilfsfonds »Bertelsmänner für Bertelsmänner« zur Unterstützung Not leidender Mitarbeiter, die internationale Talentbörse »Neue Stimmen« für Nachwuchssänger und schließlich 1992 die Stiftung Deutsche Schlaganfall-Hilfe. Später übernimmt Liz Mohn in der Bertelsmann Stiftung die Leitung des Bereichs Medizin und Gesundheitswesen und des Bereichs Kultur. Als Bundespräsident Roman Herzog 1998 zu einem Staatsbesuch nach Großbritannien reist, begleitet ihn Liz Mohn als Vertreterin der Bertelsmann AG.[14]

In der Gütersloher Konzernzentrale wird sie wegen ihres resoluten Vorgehens gegen alle Kritiker ihres Führungsstils gefürchtet. Mitarbeiter, die zum Widerspruch neigen, verlieren einen Teil ihrer Befugnisse – wie der stellvertretende Vorstandsvorsitzende und Finanzchef Siegfried Luther, der nun nicht mehr Testamentsvollstrecker Reinhard Mohns ist – oder werden kurzerhand entlassen. Die Bereitschaft des Managements, sich öffentlich zur Person und Tätigkeit von Liz Mohn zu äußern, ist dementsprechend gering. Zugleich aber wachse, so ist zu hören, im Kreise der Vorstandsmitglieder, Geschäftsführer und Pressesprecher die latente Aufsässigkeit. Die unter dem Siegel der Verschwiegenheit abgegebenen Urteile sind für die neue starke Frau der Bertelsmann AG durchweg vernichtend: Ihre zunehmende Machtfülle sei ausschließlich auf den schlechten Gesundheitszustand Reinhard Mohns zurückzuführen. Dieser neige nach zwei Schlaganfällen zur Indifferenz gegenüber den laufenden Angelegenheiten und übe sein Veto- und Interventionsrecht nur noch in Fragen von eminenter Bedeutung aus. Liz Mohns ausgeprägter Machtwille stehe in schroffem Gegensatz zu ihrem Sachverstand und ihren Führungsqualitäten. Diese seien »gleich null«. So fehle es ihr – im Gegensatz etwa zu Friede Springer – an einer der wichtigsten Führungseigenschaften: der klugen Selbstbeschränkung. Bei ihren Entscheidungen verhalte sie sich unstet, gegenüber ihren Mitarbeitern wankelmütig. Ihr Sekretariat werde »alle drei Jahre« vollständig ausgetauscht. Das Amt der Nachfolgerin Reinhard Mohns werde sie keinesfalls ausfüllen können. Ihr Verhältnis zum amtierenden Vorstandsvorsitzenden Gunter Thielen allerdings sei als stabil, ja freundschaftlich, einzuschätzen. Und dieser erkennt offenbar die Zeichen der sich wandelnden Zeit: »Wössner fuhr auf der Schiene Reinhard Mohn. Middelhoff versuchte, auf beiden Schienen zu fahren … Thielen fährt nur auf der Schiene Liz Mohn.«

Seinen Vorgänger Thomas Middelhoff soll sie, wir haben es im ersten Kapitel zitiert, eiskalt geschasst haben. Dabei haben wir zu widerlegen versucht, dass Liz Mohn dies aus persönlichen Motiven tat. Vielmehr handelte sie im Sinne und als ausführendes Organ der Bertelsmann-Unternehmenskultur, die das Oberhaupt Reinhard Mohn schützt, koste es, was es wolle. Liz Mohn ist reich und mächtig, ebenso wie ihr Ehemann Reinhard. Und das löst nicht nur bei der Konkurrenz, sondern offenbar auch in der Presse und Öffentlichkeit starke Emotionen aus. Neid und Missgunst machen sich breit, die Reinhard Mohn durch seine asketische, ethisch-moralische Selbststilisierung, die zu seinen Predigten passte, im Zaum zu halten wusste. Liz Mohn dagegen ist der offensive Typ, der im Rampenlicht steht, und dazu noch eine Frau. Viele möchten sie daher scheitern sehen, und wenn das schon nicht gelingt, dann wenigstens für unfähig erklären. Wohl deshalb wird sie ihr Image nicht los, neben der Killerin auch die Blondine, die zweite Ehefrau mit fragwürdiger Legitimation an der Familien- und Unternehmensspitze zu sein.

Von alledem scheinbar unangefochten, energisch und ungeniert kämpft Liz Mohn für die Sache der »Kontinuität«, sprich: ihrer Kinder. Ihrer eigenen Kinder, wohlbemerkt. Ohne sich wie ihr Ehemann Reinhard mit sozial- und wirtschaftspolitischen Begründungen aufzuhalten, macht sie aus der Gleichsetzung von Bertelsmann und Gemeinwohl die Gleichsetzung von Bertelsmann und Familie.

In Gütersloh geht es zu wie bei Hofe. Über Aufstieg und Sturz der Führungskräfte befindet ausschließlich das hohe Paar. Mancher Glückspilz sieht sich wie aus heiterem Himmel auserwählt und von heute auf morgen in einen Chefsessel emporgehoben. Andere fallen plötzlich in Ungnade und müssen von heute auf morgen ihren Schreibtisch leeren. In beiden Fällen erahnen die Betroffenen meist nur, was ihnen geschieht. Fast allen Geschassten wird erst nach einem schicksalhaften Anruf klar, dass sie auf der Abschussliste standen und auf unerfindliche Weise den Bogen überspannt haben. Und wenn es dann am anderen Ende des Telefons wie am 26. Juli 2002 heißt »Thomas, es ist aus ...«, dann hat das Ehepaar seine Gründe. Diese jedoch behält es nach feudalherrschaftlichem Brauch für sich, denn was hinter den Kulissen der Bertelsmann AG geschieht, geht niemanden etwas an.

Reinhard Mohn pflegte, so wird berichtet, sein Missfallen beiläufig und in mehrdeutigen Wendungen zu äußern. Wohl dem, der den Wink verstand und auf die eigene Person bezog. Den meisten entging es, dass sie ein Ultimatum erhalten hatten. Eine zweite Warnung erfolgte nicht. Es wurde kein vertrauliches Krisengespräch anberaumt, keine Frist gesetzt, keine Chance zur Bewährung eingeräumt. In einem dezentral organisierten Firmenkonglomerat ohne Schlichtungsausschuss und Berufungsinstanz fallen die abgestraften Manager schnell und tief. Viele von ihnen, die sich eben noch favorisiert glaubten, gehen im Streit. Wie Thomas Middelhoff mussten andere plötzlich und scheinbar unerwartet den Konzern verlassen: Edzard Reuter war einer von ihnen, ebenso Manfred Köhnlechner und Mark Wössner, und wer weiß, wie lange die willkürliche Gunst des Herrscherpaares über Gunter Thielen waltet.

In ihrer Autobiografie *Liebe öffnet Herzen*, einer Sammlung ebenso prätenziöser wie kleinkarierter Mitteilungen und Lebensweisheiten, hat Liz Mohn aufgelistet, welche Persönlichkeitsmerkmale »ein Manager oder ein Unternehmer« haben sollte: Ehrlichkeit, Belastbarkeit, Charakterstärke, Kommunikationsfähigkeit, Sinn für Gerechtigkeit, Geradlinigkeit und andere Tugenden mehr. »Dagegen sollte er nicht aufweisen: Eitelkeit, Misstrauen, Unaufrichtigkeit (Kündigungsgrund), Intriganz verbunden mit Arbeit in Seilschaften, übersteigertes Machtbewusstsein.« Liz Mohn fordert hier eine Weltneuheit: das Großunternehmen ohne Seilschaften und Intrigen. Unerträglich ist ihr aber wohl nicht jede Art von »Intriganz«; gewisse Formen des Gruppenwettbewerbs um den Nachweis besonderer Tüchtigkeit sind ihr gewiss willkommen. Denn schließlich hat auch sie es, was in dem Buch verschwiegen wird, nicht völlig intrigenfrei bis an die Konzernspitze geschafft. Wie kann sich jemand verteidigen, der ausgerechnet von ganz oben eines übersteigerten Machtbewusstseins und zudem der Unaufrichtigkeit bezichtigt wird? Überhaupt nicht. Der Sinn höchstrichterlicher Urteile ist es ja gerade, dass Einsprüche ausgeschlossen sind. Einsprüche würden die Urteilskraft der Firmenchefs anzweifeln, und das wäre ein zweiter Kündigungsgrund. Werden in einem Wirtschaftsunternehmen unliebsame Mitarbeiter unter Berufung auf ethische Prinzipien ausgesondert, ist das eine neofeudale Form des Tugendterrors, die nur das verdeckt, was selbstverständlich ist: Wenn ein Manager keinen Profit mehr bringt, wird er gefeuert. Das ist auch bei Bertelsmann so, nur will es dort keiner wahrhaben oder öffentlich zugeben. Weil bei Bertelsmann Manager auch aus anderen, irrationalen Gründen gefeuert werden – nämlich dann, wenn Reinhard und Liz Mohn es für notwendig befinden. Deshalb unterzieht man die leitenden Angestellten einem moralischen Dauertest, ohne dass diese wüssten, worauf sie gerade geprüft werden. Auf dass man Argumente finde für künftige Trennungen wegen so genannter »unüberbrückbarer Differenzen« und »persönlicher Enttäuschungen«.

Mark Wössner, der langjährige Vorstandsvorsitzende der Bertelsmann AG, sah sich nicht als Befehlsempfänger, sondern, bei allem Respekt gegenüber Reinhard Mohn, als Gleichgestellter. Schließlich hatte er Beachtliches geleistet. Er hatte großen Anteil am Aufstieg des Verlagsunternehmens zum weltweit engagierten Multimediakonzern. Unter seiner Leitung konnte sich Bertelsmann einige Jahre lang das größte Medienunternehmen der Welt nennen. Zu Reinhard Mohn unterhielt er ein enges Vertrauensverhältnis. Mohn ließ sich Wössners hemdsärmelige Art gefallen und wies seinen Stellvertreter selbst dann nicht in die Schranken, wenn dieser ihn mit anzüglichem Spott vereinnahmte: »Reinhard Mohn ist Allah, und ich bin sein Prophet.« Die Familien Mohn und Wössner machten mehrmals gemeinsam Urlaub auf Mallorca.

Als Wössner 1998 sein sechzigstes Lebensjahr vollendete und damit die von Reinhard Mohn festgelegte Altersgrenze für hochrangige Manager erreichte, trat er das Amt des Vorstandsvorsitzenden an Thomas Middelhoff ab. Zwar übernahm er nun zwei andere einflussreiche Positionen, nämlich die des Aufsichtsratsvorsitzenden und die des Vorsitzenden im Stiftungspräsidium. Aber er hatte das Machtzentrum verlassen. Gleichwohl blieb er in den Augen Liz Mohns ein Ärgernis – und ein Risiko. Er hielt nicht viel von ihren unternehmerischen Fähigkeiten und machte daraus kein Hehl. Liz Mohn wiederum fürchtete in Mark Wössner vermutlich einen gefährlichen Widerpart im absehbaren Machtkampf nach dem Tod des Konzerngründers. Beide waren einander in herzlicher Feindschaft verbunden. Was das Fass zum Überlaufen brachte, war Wössners Souveränität. Als Vorsitzender des Stiftungspräsidiums nahm er sich das von Reinhard Mohn verbürgte Recht heraus, eigenverantwortlich zu handeln. Er betrieb die Gründung einer Dependance der Bertelsmann Stiftung in New York. Reinhard Mohn war dagegen, sah in dem Vorgehen Wössners eine unentschuldbare Eigenmächtigkeit und feuerte seinen Vertrauten – laut *Financial Times* allein schon deshalb, weil dieser ein Inserat aufgegeben hatte, um einen Geschäftsführer für die künftige Dependance zu suchen.

Das Schicksal Mark Wössners erinnert an ein Drama, das sich exakt dreißig Jahre zuvor abgespielt hatte. Auch der erste und einzige »Generalbevollmächtigte« des Unternehmens, der unvergessene Manfred Köhnlechner, glaubte durch entschlossenes Vorgehen im Sinne Reinhard Mohns zu handeln und musste am Ende doch, wie in Kapitel 4 dargestellt, als Sündenbock herhalten. Im Frühjahr 2000 verlor Wössner sein Präsidiumsamt in der Stiftung an Reinhard Mohn und im Herbst desselben Jahres sein Amt als Aufsichtsratsvorsitzender an Gerd Schulte-Hillen. Eine 32 Jahre während enge Zusammenarbeit endete im tiefen Zerwürfnis (und die im Januar 2004 inszenierte »Versöhnung« war nichts als eine unverbindliche Demonstration von Noblesse). Reinhard Mohn zeigte sich tief verletzt. Wieder einmal sah er seinen Verdacht bestätigt, dass Macht und hohes Einkommen korrumpieren. Zusammen mit Wössner wurden mehr als fünfzig leitende Angestellte in die Wüste geschickt. Doch die Personen, deren Karrieren bei Bertelsmann so abrupt und schmählich endeten, sprechen ebenso wie Thomas Middelhoff 2002 nicht über die Begleitumstände ihrer Entlassung. Es heißt, sie seien nobel abgefunden worden.

Im Jahr 1993 übereignete Reinhard Mohn 68,8 Prozent des Grundkapitals von Bertelsmann seiner 1977 eingerichteten Stiftung. Mit dieser Übertragung ist jedoch nicht die Ausübung eines Stimmrechts verbunden. Der Stifter sprach in diesem Zusammenhang von Machtverzicht. Doch gerade dieser Akt des Großmuts verriet das Gegenteil. Reinhard Mohn dankte ab, um weiterhin die Zügel in der Hand zu haben. Mit seiner Schenkung entzog er seinen Nachkommen den Löwenanteil des Erbes. Er setzte sich und seiner Uneigennützigkeit ein Denkmal. Ganz nebenbei verschaffte ihm die Schenkung einen großen Steuervorteil sowie die Möglichkeit, seine Kinder und Erben an die Kandare zu legen, indem er über die Stiftung einer möglichen Veräußerung großer Konzernteile vorbeugte.

Konsequenterweise hat Liz Mohn den Einfluss der Familie in der Stiftung und im Unternehmen erweitert und gefestigt. Tochter Brigitte leitet einen von fünf Bereichen der Bertelsmann Stiftung. Sie gilt als die einzige starke Persönlichkeit unter den Kindern Reinhard Mohns aus erster und zweiter Ehe. Die Fähigkeit zur Führung des Konzerns spricht man ihr dennoch ab. Sohn Christoph wurde für das finanzielle Debakel, das er als Vorstandsvorsitzender von Lycos Europe im ersten Halbjahr 2001 mit ehrgeizigen Erweiterungsplänen heraufbeschwor, nicht zur Rechenschaft gezogen, sondern als vierter Familienvertreter in die Bertelsmann Verwaltungsgesellschaft berufen. Andreas Mohn hat dem Unternehmen und dessen Querelen den Rücken gekehrt und versteht sich als »Autor und Künstler«. Er besiegelte seine Außenseiterrolle in der Familie, indem er Familiengeheimnisse offenbarte, die gewahrt bleiben sollten.

Innerhalb der Bertelsmann AG auf sich allein gestellt scheint nur Johannes Mohn, der Sohn Reinhard Mohns aus erster Ehe. Er trat 1982 als leitender Angestellter in die Bertelsmann-Tochtergesellschaft Telemedia und später in die Geschäftsführung von Mohndruck ein. Mitarbeiter schildern ihn als einen ernsten und bescheidenen Vorgesetzten, der stets unter den strengen Normen und Ansprüchen des »Übervaters Reinhard Mohn« litt. Bei Mohndruck protegierte ihn der Vorsitzende der Geschäftsführung, Thomas Middelhoff. Als dieser jedoch bemerkte, dass Liz Mohn die Förderung ihres Stiefsohns keineswegs beifällig beobachtete, wies er ihm innerhalb der Geschäftsführung die Verantwortung für den Buchdruck zu. Dieser galt allgemein als »sterbendes Geschäft«. Mitte der Neunzigerjahre sorgte er dann für die Versetzung Johannes Mohns in einen wenig angesehenen Tochterbetrieb, die Bertelsmann Kalender GmbH – und zwar zu einem Zeitpunkt, als bei Mohndruck personelle Konsequenzen aus gescheiterten Auslandsprojekten gezogen wurden. Damit machte er einen Mann zum Sündenbock, der nach übereinstimmendem Urteil von Beteiligten und Beobachtern für die Fehlinvestitionen, die Mohndruck tief in die roten Zahlen führten, keine Verantwortung trug. Diese Missgriffe waren vielmehr vor allem Thomas Middelhoff selbst sowie Gunter Thielen als dem damaligen Vorstandsvorsitzenden der Bertelsmann Industrie AG (seit 2000: arvato AG) anzulasten. Reinhard Mohn tat damals nicht das Geringste, um seinem Sohn eine echte Chance zur Bewährung zu geben. Der Grundsatz, niemanden aus bloßer Sympathie zu bevorzugen, schon gar nicht die eigenen Kinder, war ihm wichtiger als der Leumund des Sohnes. Für die Fassade der Unternehmenskultur, die Mohn errichtet hat, opfert er sogar das Ansehen seiner engsten Angehörigen.

Wie Reformen gemacht werden –
Die Bertelsmann Stiftung und ihr politischer Einfluss

Im Zentrum der Macht

Unter den Linden Nr. 1 ist eine der besten Adressen in Berlin. Auf diesem Grundstück des Prachtboulevards, umgeben vom barocken Prinzessinnenpalais, dem imposanten Zeughaus und der ehrwürdigen Humboldt-Universität, errichtete Bertelsmann in standesgemäßer Nachbarschaft eine Hauptstadtrepräsentanz. Mit enormem finanziellen Aufwand und architekturgeschichtlicher Akribie ließ man den klassizistischen Bau der ehemaligen Stadtkommandatur neu erstehen. Kaum zu glauben, dass das Gebäude im Zweiten Weltkrieg von Bomben zerstört, in den Nachkriegsjahren abgerissen und erst im neuen Jahrtausend bis auf den Millimeter getreu rekonstruiert wurde. Hightech und höchste Funktionalität in erlesenem Gewand. Das Haus Unter den Linden Nr. 1 dient den Managern der Bertelsmann AG als Besprechungs- und Arbeitsplatz bei Hauptstadtbesuchen. Hier finden sich die Wirtschaftsgrößen zusammen, um über künftige gemeinsame Projekte zu beraten. Und unter demselben Dach widmet sich die Bertelsmann Stiftung ihrem gesellschaftlichen Auftrag.

»Berlin empfängt Bertelsmann mit offenen Armen. Bertelsmann empfängt Berlin – mit einer rauschenden Partynacht.« Zur feierlichen Eröffnung der Repräsentanz am 6. November 2003 waren 600 Prominente aus Politik, Wirtschaft, Medien und Kultur geladen. Die Creme de la Creme scharte sich um Liz Mohn und die beiden Hausherren: Gunter Thielen von der Bertelsmann AG und Heribert Meffert von der Bertelsmann Stiftung. Bundeskanzler Schröder war anwesend. Mit ihm kamen Minister, Politiker, Wirtschaftsgrößen,

Schriftsteller, Schauspieler, Stars und Sternchen und die wichtigsten Medien- und Meinungsmacher. Angela Merkel vertrat die Opposition von CDU/CSU. Guido Westerwelle feierte für die FDP. Für die Grünen kam deren Parteivorsitzender Reinhard Bütikofer. Berlins Oberbürgermeister Klaus Wowereit stürzte sich ebenso ins Getümmel wie Bundestagspräsident Wolfgang Thierse. Weiterhin amüsierten sich: der SPD-Politiker Egon Bahr, Daniel R. Coats und Shimon Stein aus den amerikanischen und israelischen Botschaften, die Verleger Friede Springer und Georg von Holtzbrinck, Telekom-Chef Kai-Uwe Ricke, Erich Sixt, Rudolf Miele, Rolf E. Breuer von der Deutschen Bank, Bernd Kundrun von Gruner + Jahr, die Fernsehmoderatorenriege mit Sabine Christiansen, Sandra Maischberger und Anne Will sowie den beiden Stars aus Bertelsmanns RTL Group, Günther Jauch und Oliver Geissen, der Unternehmensberater Roland Berger, die Tennis-Legende Boris Becker, die Schriftsteller Rolf Hochhuth und Walter Kempowski (der gelegentlich Beiträge für Bertelsmann-Festschriften verfasst), die Schauspieler Iris Berben, Manfred Krug, Ben und Meret Becker und so weiter und so weiter.

Ganz Berlin war auf den Beinen. Mit »einer Nacht der langen Reden und großen Worte« wollte man die Repräsentanz nämlich nicht eröffnen. Darauf legte man bei Bertelsmann Wert. Es sollte ein zwangloser Abend sein. Und die meisten Gäste verließen »erst in den frühen Morgenstunden« das festlich erstrahlte Gebäude. Für die Mächtigsten der Mächtigen war in jener Nacht ein besonderer Platz reserviert. Im Wintergarten der »prachtvoll illuminierten Sky Chapel« führten Kanzler Gerhard Schröder, Liz Mohn, Gunter Thielen und Heribert Meffert Gespräche – »hoch oben über den Köpfen der Gäste«. Dort, wo Politik gemacht wird.

Die Resonanz war überwältigend. Der Kanzler sprach aus, was man als Signal dieses Abends erwartet hatte. Er fand höchstes Lob für den Medienkonzern und die Stiftung. Von dem neuen noblen Kommunikationszentrum erhoffte er sich »eine Bereicherung des politischen und kulturellen Dialogs in Berlin und in Deutschland«. Das hätten die anwesenden Bertelsmann-Vertreter nicht besser ausdrücken können. Thielen betonte in seiner Ansprache das soziale und kulturelle Engagement der Bertelsmann AG. Dem werde man vom neuen Gebäude aus noch intensiver nachkommen als bisher. Endlich seien Raum und Möglichkeiten zur produktiven Auseinandersetzung vorhanden. Hier könne man informieren, kommunizieren und vor allem diskutieren: über aktuelle Themen, brennende Zukunftsfragen und gesellschaftliche Perspektiven. Meffert versprach im Namen der Stiftung dasselbe und hob deren Verdienste hervor. Die Bertelsmann Stiftung habe sich als »Identifikationspunkt der Reformarbeit« in Deutschland bewährt. Sie rege als Think Tank der Republik die Entscheider zum Nachdenken und Umdenken an. Dann zitierte er Reinhard Mohn: »Wir helfen der Politik, dem Staat und der Gesellschaft, Lösungen für die Zukunft zu finden.«[1]

Bertelsmann hat Berlin eines der eindruckvollsten Baudenkmäler der Stadt wiedergeschenkt und sich zugleich ein Denkmal gesetzt. Unweit des Reichstags, des Kanzleramtes und der diplomatischen Vertretungen macht das Unternehmen deutlich: Als Familienbetrieb ist man zum Medienimperium mit weltweiten Netzwerken gewachsen – und seinem sozialem Gewissen treu geblieben. Man hat bei den Einflussreichen mehr als nur einen Fuß in der Tür. Der Gütersloher Konzern ist im Zentrum der Macht angekommen und beabsichtigt, diese Macht zu nutzen.

Der Rockefeller von Gütersloh

Alle waren anwesend an diesem denkwürdigen Abend, nur einer nicht: der *spiritus rector* des Ganzen. Reinhard Mohn ließ sich durch seine Ehefrau Liz vertreten. Dabei wäre der Abend einschließlich der Reden, die gehalten wurden, nach seinem Geschmack gewesen. Am 6. November 2003 wurde zelebriert, was der Bertelsmann-Patriarch als seinen gesellschaftlichen Auftrag in die Formel vom »Leistungsbeitrag für die Gesellschaft« gegossen hat. Mohn, der es mit Bertelsmann zeitweise auf den ersten Platz in der Rangliste der Medienriesen brachte, betrachtet die Stiftung heute als sein Lebenswerk. Was Kritiker wiederum veranlasst, sie als »Mohn-Sekte« zu bezeichnen.[2] Die Stiftung ist die Institutionalisierung seiner – selbst erteilten – Aufgabe, von der Mohn seit über dreißig Jahren in Reden, Büchern und bei jeder anderen passenden Gelegenheit nicht müde wird zu betonen, dass sie eben nicht rein unternehmerisch, sondern in erster Linie gesellschaftlich – sozial, kulturell, politisch – ausgerichtet sei.

Als sich Reinhard Mohn 1991 mit siebzig Jahren vom Vorsitz im Aufsichtsrat der Bertelsmann AG zurückzog, verlegte er den Schwerpunkt seiner Aktivitäten auf die Bertelsmann Stiftung. Er übernahm den Vorsitz des Präsidiums, übertrug ihr 1993 mit 68,8 Prozent einen Großteil der Bertelsmann-

Aktien und machte sie zu Deutschlands reichster Stiftung. (Daran hat sich nichts geändert, als der Aktienanteil 2001 auf 57,6 Prozent reduziert wurde.) Bis 2002 wendete sie mehr als 250 Millionen Euro auf, allein im Jahr 2002 waren es rund 70 Millionen. 2001 legte Mohn mit achtzig Jahren auch hier den Vorsitz nieder, blieb aber Mitglied des Präsidiums. Noch heute, mit 83 Jahren, geht er täglich in sein Büro im Gütersloher Stiftungsgebäude – einen Steinwurf von der Konzernleitung auf der anderen Straßenseite entfernt.

An der Spitze der Stiftung steht eindeutig das Ehepaar Mohn. Im Präsidium sitzen Reinhard und Liz Mohn, ihnen zur Seite zwei Gelehrte von Rang: der deutsche Marketingpapst Heribert Meffert und Werner Weidenfeld, ein Politikwissenschaftler mit exzellenten Kontakten. Dazu kommt der kaufmännische Geschäftsführer Johannes Meier, der seine Karriere bei McKinsey begann. Früher war auch die Führungsspitze der Bertelsmann AG im Präsidium vertreten. Inzwischen sind der Vorstandsvorsitzende (heute: Gunter Thielen) und der Aufsichtsratsvorsitzende (heute: Dieter H. Vogel) ins Kuratorium der Stiftung abgewandert. Komplettiert wird das Gremium durch handverlesene Freunde der Familie Mohn und des Hauses Bertelsmann. Im Übrigen legen die Statuten fest, dass in Bertelsmanns Think Tank sowieso keine wichtige Entscheidung gegen die Familie getroffen werden darf.

Zweifellos: Die Stiftung tut Gutes. Sie hat zahllose Projekte angeschoben, Reformen vorbereitet und Denkanstöße gegeben. Nach den Vorstellungen Reinhard Mohns arbeitet die Stiftung mit weltweitem Horizont und beeindruckendem Budget. Mehr als 250 hoch qualifizierte Akademiker sollen Ideen aufspüren und weiter entwickeln. In Modellversuchen testen sie unter Praxisbedingungen, was die öffentliche Hand landes-, bundes- und europaweit auf den Weg bringen soll. Große Teile der deutschen Gesundheits-, Hochschulund Arbeitsmarktreformen werden von ihnen konzipiert. Die Stiftung versteht sich als Deutschlands führende Reformwerkstatt mit dem Ziel, die Republik aus ihren Sackgassen herauszuführen. Sie wartet nicht, bis von anderen Stellen förderungswürdige Konzepte und Projekte an sie herangetragen werden, sondern tritt selbst an die entsprechenden Wissenschaftler, Ökonomen und Politiker heran. Die Stiftung bringt alle an gut gedeckten Tischen zusammen. Sie ist operativ, nicht philanthropisch tätig.

Das Image ist makellos. Es liefert ein leuchtendes Beispiel für den Glauben an den Fortschritt, die Notwendigkeit parteiübergreifender Zusammenarbeit und die Wohltätigkeit des Unternehmens, das hinter der Stiftung steht. Ein

Konzern, der so viel Geld in einen Think Tank für die Zukunft der Gesellschaft investiert, kann nicht eigennützigen Motiven folgen. So lautet die Botschaft. Die Stiftung bildet eine glänzende, regelrecht blendende Fassade für die Geschäfte der Bertelsmann AG.

Als Reinhard Mohn die Stiftung 1977 gründete, schickte sich das Unternehmen gerade an, einer der weltgrößten Medienkonzerne zu werden. Bei so viel Medienmacht in einer einzigen, privaten Hand war mit Widerspruch zu rechnen. Ganz ähnlich wie bei Axel Springer zehn Jahre zuvor. Der Medienunternehmer war als Kapitalist und Konservativer zur Zielscheibe massiver Proteste geworden. Diese hatten die Expansion seines Konzerns gebremst. Der permanenten Blockaden müde, wollte Springer 1970 verkaufen. Mohn versuchte, sich zunächst mit 33 Prozent, dann mit einer Mehrheit an Springers Konzern zu beteiligen. Redakteure des *stern* protestierten laut. In dieser Situation bedachte der *Spiegel* Bertelsmann – zum zweiten Mal nach 1957 – mit einer kritischen Titelstory. Das Gütersloher Unternehmen wurde als Moloch dargestellt. Günter Gaus schrieb eine *Spiegel*-Kolumne, die Bertelsmann noch demokratiegefährdender erscheinen ließ als den Springer-Verlag: »Wenn es also wahr ist, dass die sozialdemokratische Regierungspartei Frieden mit Bertelsmann hält, weil sie ihn mit Springer nicht machen konnte, so wird in diesen Tagen eine Fehlentscheidung vorbereitet, deren Folgen weit über die bisherigen kommunikationspolitischen Versäumnisse hinausreichen. Für Bonn muss das sichtbar werdende Konzept der Gütersloher genügen, endlich die Formeln für die Bändigung der totalen Informationsindustrie von morgen zu entwickeln. Die mammuthaften Verbindungen der verschiedenen Industrien mit dem Ziel des Medien-Verbunds werden, soweit sie nicht schon verabredet sind, in naher Zukunft vorbereitet … Gut gemeinte Beteiligungen der Belegschaft und Mitsprache-Rechte, wie sie bei Bertelsmann praktiziert oder für möglich gehalten werden, sind nichtssagende Kleinigkeiten, gemessen an der Totalität, mit der ein künftiger Informations-Konzern von Bertelsmann-Größe auf die Gesellschaft Einfluss nehmen wird.«[3] Das muss ein harter Schlag für den »Roten Mohn« gewesen sein. Der Bertelsmann-Chef zog plötzlich Kritik aus jenen Kreisen auf sich, die ihn bisher geschont hatten. Die Beteiligung an Springer platzte. Doch Bertelsmann wuchs weiter rasant und musste davon ausgehen, dass die Proteste schnell wieder aufflackern würden.

Was lag da näher, als dem drohenden Reputationsverlust auf anderem, ökonomisch unbedenklichem Gebiet vorzubeugen? Bei Bertelsmann besann man sich auf die Standardmaxime vom »Leistungsbeitrag«. Das hatte schon in den Fünfzigerjahren funktioniert, als der Lesering wegen seiner aggressiven Werbemethoden in Verruf geraten war. Damals hatte man Reinhard Mohn vorgeworfen, ausschließlich an Verkaufszahlen und nicht an literarischer Qualität interessiert zu sein. Daraufhin hatten Mohn und sein Bruder Sigbert 1954 bekannt gegeben, fortan zehn Autoren jeweils ein Jahr lang mit monatlich 400 DM unterstützen zu wollen. 21 Jahre später wiederholte man die Strategie der gezielten Wohltätigkeit in großem Stil. Bei ihrer Gründung 1977 hatte die Bertelsmann Stiftung nämlich mehr zu leisten, als lediglich beruhigend zu wirken. Die Sensibilität der Öffentlichkeit für die Machenschaften der Großkonzerne hatte sich deutlich erhöht. Reinhard Mohn wollte, wie andere Stifter auch, Erbschaftssteuern vermeiden, den familiären Einfluss im Konzern sichern und den drohenden Angriffen von Politik und Presse zuvorkommen. Also stellte er sich mit der Stiftung ostentativ auf die Seite des Guten – in den Dienst an der Gesellschaft.

Bei allen wichtigen geschäftlichen Problemen, so Reinhard Mohn über sich selbst, untersuche er zunächst, ob nicht bereits irgendwo brauchbare Lösungen entwickelt worden seien, insbesondere in den USA. So hat er es wohl auch in Sachen Stiftung gehalten. 1975 erschien Ferdinand Lundbergs Buch *Die Mächtigen und die Supermächtigen*.[4] Lundberg analysiert, wie es der Familie Rockefeller gelang, trotz zunächst schärfster Anfeindungen von allen Seiten Reichtum und Einfluss zu bewahren und gleichzeitig hohes Ansehen zu erlangen. Man darf annehmen, dass Mohn dieses in seinem Verlag publizierte Buch sehr gründlich gelesen hat. Die Parallelen sind frappierend.

Ende des 19. Jahrhunderts hatte John D. Rockefeller mit seiner Standard Oil Company in den USA das Monopol für Mineralöl und dessen Raffinierung errungen. Schnell war er zum reichsten – und verrufensten – Geschäftsmann Amerikas geworden. Journalisten deckten auf, dass er vor brutalen Wettbewerbsmethoden und Korruption nicht zurückschreckte. Parlamentsausschüsse und Gerichte beschäftigten sich mit ihm. US-Präsident Theodore Roosevelt bezeichnete ihn als Kriminellen. Ein Bundesgericht ordnete die Zerschlagung der Standard Oil Company an.

Rockefeller fühlte sich zu Unrecht gebrandmarkt. Die Konkurrenz handelte schließlich genauso, nur weniger erfolgreich. Und seine Angestellten behandelte er doch fürsorglich, zahlte vergleichsweise hohe Löhne, gewährte eine Kranken- und Alterssicherung. Der Multimilliardär leistete sich die besten

Anwälte und konnte die Zerschlagung des Imperiums weit gehend abwenden. Die Anfeindungen jedoch blieben bestehen. So suchte er nach Wegen, den lädierten Ruf zu reparieren. Seit seiner Jugend hatte er regelmäßig an die Kirchengemeinde gespendet. Er begann, den Wirkungskreis seiner Wohltätigkeit zu erweitern. Frederick T. Gates, ein Geistlicher mit Managementfähigkeiten, wurde sein Fachmann für Spendenwesen. Er organisierte Stiftungen, die sich für Bildungsprojekte, Universitätsgründungen, medizinische Forschungen, später auch für die Geistes- und Sozialwissenschaften einsetzten. Sie wurden mit Aktien der Rockefeller-Gesellschaften ausgestattet. Statt Beteiligungen zu verkaufen, um Erbschaftssteuern zu bezahlen, brachte Rockefeller die Beteiligungen erbschaftssteuerfrei in Stiftungen ein und behielt die Kontrolle. Ein Journalist namens Ivy Lee – er gilt heute als der Vater der modernen Public Relations – machte die Wohltätigkeit des Ölmagnaten bekannt und verlieh ihm dadurch den erhofften *human touch*. John D. Rockefellers Bild wandelte sich von dem des größten Gauners zu dem des größten Philanthropen.

Rockefellers Imperium war fortan kaum mehr angreifbar. Wer seine Unternehmen kritisierte, traf zugleich die Stiftungen. Und die vollbrachten mit den Dividenden dieser Unternehmen so viel sichtbar Gutes. Mehr und mehr gelang es den Wohltätern aus dem Hause Rockefeller, Meinungs- und Entscheidungsträger für sich einzunehmen. Denn Freunde, so führt Lundberg aus, kann man nicht kaufen. Aber Akademiker, die in Wissenschaft und Politik Karriere machen, kann man als Freunde und Ratgeber an sich binden, indem man ihre Projekte fördert. Mögliche Kritik wird so schon im Ansatz unterbunden. Wer von den Stiftungen unterstützt wurde und bei deren Kongressen auftrat, fühlte sich verpflichtet. Laut Lundberg knüpften die Rockefellers durch ihre Wohltätigkeit ein Netz gegenseitiger Abhängigkeiten, das ihren Einfluss bis in die amerikanische Außen- und Wirtschaftspolitik hinein ausdehnte. Nelson, der Enkel des einst als kriminell verrufenen Erzkapitalisten John D. Rockefeller, war unter Lyndon B. Johnson sogar Vizepräsident der USA. Und David Rockefeller, den »Vorsitzenden« der Familie und langjährigen Chef der Chase Manhattan Bank, hofieren Tausende von wichtigen Entscheidungsträgern innerhalb und außerhalb der Vereinigten Staaten.

Reinhard Mohn hat sich daran ein Beispiel genommen. Er hat die Mehrheit seiner Anteile an der Bertelsmann AG auf die Stiftung übertragen und seine Nachkommen vor der anfechtbaren Konstellation bewahrt, als reichste europäische Familie einen der weltweit größten Medienkonzerne zu besitzen. Da er der

Stiftung nur das Eigentum, nicht aber die Stimmrechte der Aktien übertrug, kann die Familie über die von ihr dominierte Bertelsmann Verwaltungsgesellschaft (BVG) den Konzern kontrollieren. Stiftung und Konzern sind also aufs Engste miteinander verwoben. Nicht nur räumlich in Berlin und Gütersloh, sondern auch personell und organisatorisch. Wichtige Repräsentanten des Konzerns spielten und spielen in der Stiftung eine Rolle. Zum Beispiel Mark Wössner. Er war Chef der Stiftung sowie Vorsitzender des Aufsichtsrats und der Verwaltungsgesellschaft. Auch Gunter Thielen musste nicht nur die Bertelsmann-Kaderschmiede Mohndruck absolvieren, sondern sich auch als Stiftungschef bewähren, bevor er Thomas Middelhoff an der Konzernspitze ablöste. Heute sitzt Thielen ebenso im Stiftungskuratorium wie der Chef des Aufsichtsrates Dieter H. Vogel.

Der Zusammenhang ist offenkundig. Die Stiftung hat nicht nur Gutes für die Gesellschaft, sondern auch für den Konzern im Sinn. Ihre Aktivitäten ermöglichen gute Beziehungen zu den wichtigsten europäischen Politikern, Beamten, Beratern, Wissenschaftlern und Publizisten. Da man sich durch die Stiftung empfohlen hat, darf man für die Belange der Aktiengesellschaft gleichfalls ein offenes Ohr, guten Rat und diskretes Entgegenkommen erwarten. Das alles ist sattsam bekannt und in solch »rauschenden Partynächten« wie bei der Eröffnung der Hauptstadtrepräsentanz auf dem Parkett der Prominenz zu beobachten. Die Stiftung legt einen Schutzschild der Gemeinnützigkeit um den Konzern und entzieht ihn damit der öffentlichen Kritik. Wer die Bertelsmann AG meint, trifft die Bertelsmann Stiftung. Und die scheint über jeden Zweifel erhaben. Der Rockefeller aus Gütersloh hat seine Lektion gelernt und es in seinen Netzwerken nicht minder weit gebracht als sein Vorbild in den USA. Die Stiftung macht den Konzern unantastbar.

Wer nach außen Gutes tut, kann hinter den Kulissen nicht schlecht sein. Und hinter den Kulissen regieren bei Bertelsmann die Mohns, deren Patriarch keinem Politiker die nötigen Führungsqualitäten zuspricht, sich selbst aber umso mehr. Auch in dieser Hinsicht gleicht die Stiftung dem Konzern. Beide sind nach den scheindemokratischen Prinzipien von Mohns Unternehmenskultur konzipiert. Mitbestimmung und Gleichberechtigung walten innerhalb der »Arbeitsgemeinschaft« Bertelsmann. Gleiches strebt die Stiftung für die Gesellschaft an. Aber beide sind durch den ebenso straffen wie willkürlichen Führungsstil des Patriarchen geprägt. Alle seine obersten Mitarbeiter hat Mohn abrupt gefeuert – Manfred Köhnlechner, Manfred Fischer, Mark Wössner,

Thomas Middelhoff. Über keinen hat er noch ein gutes Wort verlauten lassen. Trotzdem preist Reinhard Mohn die Kreativität, den Leistungswillen und die Energie von Managern und Mitarbeitern, die diese – und das ist entscheidend – nur im Rahmen des von ihm gelenkten Regelsystems namens »Unternehmenskultur« entfalten konnten. Auf allen Ebenen habe man bei Bertelsmann die Menschlichkeit im Umgang miteinander zum obersten Prinzip erkoren. Nun soll diese über die Stiftung Einzug in die Gesellschaft halten. Die Bertelsmann Stiftung ist die notwendige Konsequenz aus Mohns missionarischem Anspruch. Er will seine Grundsätze nicht nur in seinem Konzern verwirklicht sehen, sondern auch in der Gesellschaft. Nur so könne diese ihre Rückständigkeit überwinden und zukunftsfähig sein, sprich: so erfolgreich wie Bertelsmann.

Dahinter steht die Selbsteinschätzung, es besser zu wissen als alle anderen. In Mohns Interviews kommt sie unverblümt zum Ausdruck. »Heute bekommt man eine Fülle von Meinungen vorgesetzt, die gar nicht mehr weiter untersucht werden. Schlimm, was wir uns da alles anhören müssen. Tatsächlich aber können Sie die meisten politischen Abläufe und Entscheidungen durchschaubar und bewertbar machen. Die Bertelsmann Stiftung hat untersucht, wie ein Finanzamt oder eine Schule optimal organisiert werden muss. Die Lösungen sind da. Man könnte auch die Politiker selbst schulen und ihre Arbeitsweise rationalisieren. Aber leider versucht das niemand, und es gibt keinen Wettbewerbsdruck. Keine Partei wirbt damit, dass sie sagt: Was wir sagen, stimmt nachprüfbar.«[5] Wer es so viel besser weiß, hat ein Recht auf mehr Macht. Für Reinhard Mohn ist sein gesellschaftlicher Auftrag eine führungstechnische Herausforderung. Das Vorbild fand er wieder in den USA. Von Franklin D. Roosevelt lernte er, wie man wirtschaftliche Interessen mit Nachdruck durchsetzt und trotzdem als Freund der Allgemeinheit geachtet wird – solange man die eigenen Interessen als universalistische, dem Fortschritt und der Wohlfahrt aller verpflichtete Sendung zu verkaufen vermag. Wieder gibt uns ein Buch Auskunft. Es schrieb ein Freund und Vertrauter des Konzernchefs: der konservative Historiker Dirk Bavendamm.[6]

Nach Bavendamm war Roosevelt das Ass unter den Machtpolitikern und verstand es wie kein anderer, die imperialistischen Ziele der Vereinigten Staaten brillant zu bemänteln, indem er sie als humanistische Ziele ausgab. Für Roosevelt lag das Geheimnis von Frieden, Freiheit und Wohlstand in der Etablierung einer Weltordnung, in der alle Mächte wie gute Nachbarn zusammenleben – unter der Hegemonie der Vereinigten Staaten. Die Grundsätze seiner Innen- und Außenpolitik formulierte Roosevelt für sein Land. Gelten sollten sie allerdings auch für Lateinamerika, China und letztlich für die ganze Welt. Um die Richtigkeit seines Denkens zu erweisen, zog er Fachleute heran. Er fand sie in den modernen Sozialwissenschaften, die während seiner Regierungszeit und durch die Kooperation mit dem Weißen Haus einen ungeahnten Aufschwung erfuhren. Roosevelt war der erste US-Präsident, der sich einen Think Tank für die Konzeption und Durchsetzung seiner Reformen hielt. Mit seiner New Deal genannten Reformpolitik gab er dem amerikanischen Kapitalismus soziale Züge. Seine Experten verliehen den Reformen den Hauch von wissenschaftlich fundierter Unfehlbarkeit. Roosevelt verhalf den USA zu einer positiven, globalen Imagehegemonie. Seine wissenschaftlichen Berater entwickelten sich nach Bavendamm zu Gehilfen eines auf weltweite Vorherrschaft bedachten Expansionspolitikers – ohne dass es die Öffentlichkeit durchschaute.

Roosevelts Führungstechnik machte sich Politik, Wirtschaft und Wissenschaft dienstbar. Sein Sendungs- und Allwissenheitsanspruch zeugte von großem Selbstbewusstsein, sogar für einen US-Präsidenten. Bei einem Gütersloher Unternehmer, der ein Medienimperium kontrolliert und mit seinem Konzern überall in der Welt präsent ist, zeugt er von Vermessenheit. Die Medien spielen bei der Durchsetzung von Mohns Systemreformen, die seine Stiftung den Regierenden anempfiehlt, eine entscheidende Rolle. Und die wichtigsten Medien, die seine Ideen in die Öffentlichkeit transportieren, gehören in Deutschland und Europa zumindest teilweise zur Bertelsmann AG. Hatte Günter Gaus nicht bereits 1970 in seiner hellsichtigen *Spiegel*-Kolumne alles vorweggenommen, was heute gang und gäbe ist?

Effizienz regiert die Welt – Bertelsmanns Reform Think Tank

Die Denkfabrik des Bertelsmann-Imperiums arbeitet in den Bereichen Arbeits- und Sozialpolitik, Bildungs- und Hochschulpolitik, Gesundheitspolitik und Internationale Verständigung. Das oberste Ziel der Stiftung heißt: Förderung der Zukunftsfähigkeit. Der Wirtschaftswissenschaftler Heribert Meffert wurde 2002 ins Präsidium berufen, um die entsprechenden Reformen noch effektiver zu verkaufen.

Die meisten Projekte haben sich zu Netzwerken entwickelt, betrieben in Kooperation mit Regierungen, Verbänden, Firmen oder Initiativen. Deshalb ist es fast unmöglich, den gesamten Umfang der weit verzweigten Aktivitäten zu überblicken. Auch das Internet mit seinen Suchmaschinen erlaubt keine Übersicht. Man stößt auf immer neue Homepages von Projektgruppen und Kooperationspartnern, die angetreten sind, dem Land neue Impulse zu geben. Man könnte es jedoch auch anders formulieren: Der Bertelsmann'schen Expansionslust sind nicht nur in unternehmerischer Hinsicht kaum Grenzen gesetzt. Der Wille zur Einflussnahme, dem die Stiftung zu verdanken ist, manifestiert sich überall.

Bislang stand die Bildungsreform im Vordergrund, da Reinhard Mohn in ihr den Schlüssel zur Gesellschaftsreform sieht. Lange Zeit wurden mehr als 50 Prozent aller Ausgaben in diesen Bereich investiert. Ein großer Nutznießer der Bertelsmann-Gelder ist das 1994 auf Initiative von Mohn gegründete Centrum für Hochschulentwicklung CHE. Es wird zu 75 Prozent von der Stiftung finanziert und residiert in einem Bürokomplex etwa einen Kilometer von der Stiftungszentrale entfernt. Die Öffentlichkeitsarbeit übernimmt die Pressestelle der Stiftung, während die zwanzig Mitarbeiter unter der Leitung des Betriebswissenschaftlers Detlef Müller-Böling Hochschul- und Forschungsrankings erstellen sowie in Kursen für Hochschulmanagement mehr Produktivität und Effizienz in Forschung und Lehre propagieren.

Schon allein die im Internet abrufbare Liste der Projekte und Publikationen ist beeindruckend.[7] Auf internationalen Symposien über Hochschulmarketing, Qualitätssicherung und Personalmanagement bringt das CHE europäische Universitäten zusammen. Man stellt vergleichende Studien über Hochschulabschlüsse an, um deren Vereinheitlichung in der EU voranzutreiben. Man versucht, per Modellrechnung Studiengebühren an deutschen Hochschulen einzuführen, plädiert auf allen Gebieten einschließlich der Professorenbesoldung für mehr Wettbewerb, und vor allem: Man initiiert Veranstaltungen, auf denen Hochschulen und Fachhochschulen Verwaltungserfahrungen und vertrauliche Daten austauschen. Dem CHE ist es gelungen, Widerstände abzubauen und Partner für ein effizienteres Wissenschaftsmanagement zu finden. Sogar auf politischer Ebene. Im Oktober 2003 begannen, so vermeldete die Pressestelle der Bertelsmann Stiftung, die sozialdemokratischen Hochschulpolitiker umzudenken. Wenig später, im Januar 2004, begrüßte CHE-Chef Müller-Böling die neuesten Pläne der Bundesregierung.

Kanzler Schröder wollte nun Studiengebühren zulassen, den Wettbewerb unter den Hochschulen intensivieren und Eliteuniversitäten errichten. Die SPD verkündete ein Offensivprogramm zur Überwindung der wirtschaftlichen Wachstumsschwäche und Arbeitslosigkeit. In seinem Zentrum stand die Hochschulpolitik. Das Konzept dahinter trug die Handschrift des CHE und der Bertelsmann Stiftung.

Der Titel einer der wichtigsten Publikationen des CHE-Leiters lautet *Die entfesselte Hochschule*.[8] Das Buch ist im Verlag der Bertelsmann Stiftung erschienen. Mit dem provozierenden Titel bringt Detlef Müller-Böling die Vorstellungen Reinhard Mohns auf den Punkt. Dieser möchte die Universitäten in erfolgsorientierte Organisationen verwandeln. Massiver Druck geht dabei von den Hochschul-Rankings aus, in denen das CHE Jahr für Jahr die Leistungsfähigkeit der Universitäten misst. Diese werden mittlerweile bundesweit als verbindliche Maßstäbe anerkannt. Fällt eine Universität im Ranking zurück, verliert sie an Anziehungskraft für den wissenschaftlichen Nachwuchs. Das hat Folgen für die Politik. Die Verantwortlichen in den Ländern, die gern vom guten Image ihrer Universitäten profitieren, sehen sich gezwungen, auf mehr Effizienz im Sinne Bertelsmanns zu setzen.

Denn Effizienz und Wettbewerb regieren die Welt. So ist es in der Bertelsmann AG, so soll es in der Gesellschaft sein. Reinhard Mohn ist mit seinem Stiftungskosmos betriebswirtschaftlicher Zahlen und Rankings angetreten, diesen Grundsatz zu verwirklichen. Wie effizient diese Denkweise ist, zeigt sich in dem der Stiftung gegenüberliegenden Flügel des Gütersloher Hauptgebäudes. Die Veröffentlichung der Rankings ist Sache des Konzerns. Sie werden in den Bertelsmann-Medien, im *stern*, präsentiert und fördern dessen Image und Auflage.

Was auf Bundesebene funktioniert, geht auch auf Landesebene. In Nordrhein-Westfalen gestaltet die Stiftung die Schulreformen. Man führt – wiederum – internationale Leistungsvergleiche durch. Ein Netzwerk von 400 innovativen Schulen bearbeitet drängende Themen praxisnah und organisiert – natürlich – Expertenrunden. Auf Fachtagungen macht man die Lehrer mit wirtschaftlicheren Verwaltungsmethoden vertraut. Zugleich gesteht die nordrhein-westfälische Landesregierung den Schulen mehr Selbstverwaltung zu. Hier werden Reinhard Mohns bildungspolitische Ideen zur Landespolitik und sorgen – ganz nebenbei – unter den früher als überwiegend links eingeschätzten Lehrern für mehr Aufgeschlossenheit gegenüber unternehmerischem Denken. Es ist nicht möglich, den gesellschaftspolitischen Lobbyisten und Unternehmer Reinhard Mohn, den Wohltäter, die Bertelsmann AG und die Bertelsmann Stiftung in der Praxis auseinander zu halten. Angesprochen auf die gute Zusammenarbeit mit dem Land Nordrhein-Westfalen ist vom Pressesprecher der Stiftung, Andreas Henke, gelegentlich zu hören, dass Mohn über beste Kontakte zur Landesregierung verfügt.

Für die Förderung des Bibliothekswesens werden ähnlich hohe Summen aufgebracht wie für die Hochschulpolitik. Ein Vorzeigeobjekt hat man in Gütersloh errichtet. 1984 wurde die Stadtbibliothek eröffnet. Die Bertelsmann Stiftung bezahlte den Bau und die Einrichtung, die Stadt trägt die laufenden Kosten. Die Architekten durften experimentierfreudig sein und haben ein eindrucksvolles Gebäude geschaffen. Das Management der Bibliothek muss gleichfalls Experimentierfreude beweisen. Es soll neue Methoden erproben, kosteneffizient und dennoch attraktiv für die Besucher sein. Tatsächlich: Die Benutzerzahlen sind höher als bei vergleichbaren Stadtbibliotheken. Bei den Kosten allerdings gibt es mittlerweile Streit zwischen Stadt und Stiftung. Das Klassenziel wird man offenbar nicht erreichen.

Mehr Wettbewerb beim Bibliotheksbesuch: Die Stiftung entwickelte den Bibliotheksindex BIX, der die Akzeptanz der Bibliotheken durch die Bevölkerung misst. Der BIX liefert gewichtige Argumente, wenn Kommunalpolitiker in Deutschland darüber streiten, ob die Mittel für Bibliotheken erhöht oder gekürzt werden sollen. Wer gefördert wird, entscheidet sich zunehmend über den BIX. Und wie die Bibliotheken arbeiten sollen, dafür liefern die Gütersloher ebenfalls wichtige Anregungen. Es ist nicht zu übersehen. Die Stiftung ist der Ableger eines Unternehmens, dessen Marketing- und Organisationsmethoden in die Verwaltung hineingetragen werden. In Nordrhein-Westfalen gibt es »strategische Partnerschaften« zwischen Schulen und Bibliotheken. Die Bibliotheken stellen den Schulen Medienboxen mit Büchern zu bestimmten Themenkomplexen zur Verfügung. Bibliothekare gehen in die Schulen und präsentieren eine Medienauswahl. Schüler werden in Bibliotheken geschickt, um mit den dortigen Medien zu arbeiten. Für alle Cross-Promotion-Aktivitäten stehen von der Stiftung sorgfältig ausgearbeitete Skripte und Vorlagen zur Verfügung. Das Ganze erinnert an die Marketing-Allianzen, die etwa zwischen der RTL Group und BMG geschlossen wurden.

Was gut ist für Bertelsmann, ist gut für die gesamte Republik. Und die Methoden sind immer die gleichen. Leistungsvergleiche, Modellversuche, Fortbildung, der Aufbau von Netzwerken und die enge Zusammenarbeit mit den staatlichen Instanzen. Alles dreht sich um Leistungskennziffern, Kostenrechnungen und Optimierungsmodelle. Die Gesellschaft der Bundesrepublik soll ebenso effizient funktionieren wie der Konzern aus Ostwestfalen. Damit man wettbewerbsfähig bleibt auf der internationalen Bühne. Wenn Reinhard Mohn eine gesellschaftspolitische Vision hat, ist sie hier zu erkennen.

In Worte gefasst hat Mohn seine Vision 1992 bei einem Vortrag an der Fachhochschule für Verwaltungswissenschaften in Speyer. Für die herrschenden Missstände macht er Politik und Verwaltung verantwortlich, denen eines fehle: wirtschaftliches Denken. Allen Politikern spricht der Konzernlenker die Fähigkeit ab, die notwendigen Konsequenzen aus dem Wandel der modernen Gesellschaft zu ziehen. Er wirft ihnen vor, lieber die Verschuldung voranzutreiben als unbequeme Reformen durchzuführen. Sparsamkeit sei keine Tugend der Politik, stellt der Bertelsmann-Chef bedauernd fest. Der Staat müsse sein sozialpolitisches Monopol aufgeben, da Monopole Konkurrenz unterbinden und letztlich nur Stagnation erzeugen. Mehr Wettbewerb solle dem öffentlichen Dienst neue Impulse verschaffen. Rationalisierungsmaßnahmen sollten Kosten senken. Überprüfbar sei der umfassende Reformprozess durch messbare Effizienz – so wie in der Wirtschaft, so wie bei Bertelsmann. Für Transparenz sorgen in einer Demokratie die Medien. Diesen fällt in Mohns Konzept die Aufgabe zu, die Messergebnisse in Leistungsvergleichen zu publizieren. Presseberichte darüber, wie gut (oder vor allem: wie schlecht) die Politiker arbeiten, schaffen, so Mohn, öffentlichen Druck. So entstehe eine öffentliche Kontrollinstanz. Das fördere die Effizienz, erhöhe den Wettbewerb und stärke die Bereitschaft zu Reformen. Trotz aller Bemühungen, das Gegenteil zu beweisen: Mohn ist ein Stifter, aber immer auch ein Unternehmer – und ein Medienmogul.

Die Stiftung und die Agenda 2010

Der Einfluss, den Bertelsmann über die Stiftung ausübt, reicht weit. Das belegen schon diese wenigen Beispiele. Wie weit er reicht, zeigt eine Begebenheit gut einen Monat nach der Bundestagswahl im September 1998. Die Wähler hatten nach 16 Jahren Kohl-Politik die Wende herbeigeführt. Hinter den Kulissen des Polit-Theaters hatten die Meinungsmacher in Gütersloh kräftig dazu beigetragen.

Die soeben neu gewählte rot-grüne Bundesregierung schickte ihre wichtigsten Vertreter in die Provinz, um dem Medienimperium die Referenz zu erweisen. Am 30. Oktober 1998 reisten an: der neue Bundeskanzler Gerhard Schröder und der neue Außenminister Joschka Fischer. Der äußere Anlass war die Einführung Thomas Middelhoffs in das Amt des Vorstandsvorsitzenden der Bertelsmann AG. Dieses Mal inszenierte die Aktiengesellschaft ein illustres Rahmenprogramm mit Fußball-Kaisern und Schlagerstars für den zwanglosen Austausch zwischen Wirtschaft und Politik. Die Republik wäre ärmer, sagte Gerhard Schröder damals, »ohne die gemeinsinnorientierte Politikberatung der Bertelsmann Stiftung«. Und Kanzlerworte, an Bertelsmann gerichtet, scheinen stets Dankesworte zu sein. Während des Wahlkampfs hatte man die neue Allianz erprobt. In den kommenden Jahren mauserte sie sich zum effektiven Teamwork von Bertelsmann Stiftung und rot-grüner Regierungskoalition. Der Stiftung gelang es, der Agenda 2010 des Reformkanzlers ihren Stempel aufzudrücken.

Bezeichnenderweise ist es nahezu unbekannt, dass die Stiftung die Hochschul-, Gesundheits-, Wirtschafts-, und Arbeitsmarktpolitik seit dem Antritt der Regierung Schröder entscheidend bestimmt hat. An die breite Öffentlichkeit tritt die Stiftung nämlich meist nur mit publikumswirksamen Aktionen wie Preisverleihungen, Foren oder Empfängen. Prominente Namen verbürgen sich bei solchen Gelegenheiten für die Stiftungsarbeit. Wenn im Think Tank von Bertelsmann harte sozialpolitische Maßnahmen auf der Tagesordnung stehen, geschieht dies im Hintergrund: in Initiativen und Instituten, die man in Kooperation mit anderen Organisationen betreibt. So bleibt Bertelsmann nach außen hin der Wohltäter. Dass in Gütersloh erdacht wurde, was Gerhard Schröder und seine Mannschaft derzeit in den demografischen Keller sinken lässt, nimmt in der Presse kaum jemand zur Kenntnis.

Das Grundkonzept der Agenda 2010 hat eine neoliberale Tendenz und stammt aus den angelsächsischen Ländern. Es zielt darauf ab, die Wachstumsschwäche der Wirtschaft durch mehr Innovation und Wettbewerb auf dem Arbeitsmarkt und in den sozialen Systemen zu überwinden. Eigeninitiative soll gefördert werden. Seit Anfang der Neunzigerjahre drängt die Stiftung zu entsprechenden Reformen und empfiehlt drastische Notbehelfe wie die Abschaffung der Arbeitslosenversicherung (die Arbeitnehmer sollen selbst vorsorgen) und eine Halbierung der Sozialabgaben. Alle markanten Reformen der Schröder'schen Agenda orientierten sich bisher an Vorarbeiten in den Bertelsmann-

Instituten. Von September 1999 bis April 2003 förderte die Stiftung das Projekt »Reform der Arbeitslosen- und Sozialhilfe«. Hier entstanden die Grundlagen für Hartz IV, das groß angekündigte Vorhaben der Bundesregierung, Arbeitslosen- und Sozialhilfe zum so genannten Arbeitslosengeld II zusammenzulegen. Im Sommer 2000 ließ man bei Arbeits- und Sozialämtern statistisch überprüfen, wie viele Fälle unkoordiniert doppelt von beiden Stellen bearbeitet wurden. Die Entdeckung von Missständen war Wasser auf die Mohn'schen Mühlen. Ineffizienz! Schon am 1. Dezember 2000 wurde die optimale Zusammenarbeit beider Institutionen gesetzlich vorgeschrieben. Ein halbes Jahr später, im Sommer 2001, unterbreitete die Stiftung Vorschläge zur Umsetzung der neuen staatlichen Vorgaben.

Auch die Umstrukturierung der Bundesanstalt für Arbeit zur »Bundesagentur« begleitete Bertelsmann von Anfang an. Schon vor 1995 startete das Projekt »Leistungsorientierte Führung in der Bundesanstalt für Arbeit«. Die Einführung der Job-Center und Personal Service Agenturen (PSA) geht auf das Konto von Stiftungsmitarbeitern und Unternehmensberatern bei McKinsey. Das Konzept entwickelten beide Institutionen in Zusammenarbeit mit der Bundesanstalt. Publiziert wurden die Ideen in einer in Gütersloh erschienenen Publikation.[9] Die Regierung von SPD und Grünen erhielt dann viele Vorschusslorbeeren – bis sich nach den ersten Pleiten herausstellte, dass die Agenturen bei weitem nicht so viele Arbeitslose unterbringen konnten wie von der Stiftung und McKinsey in Aussicht gestellt.

Die Bertelsmann Stiftung begleitet den Prozess der Erneuerung durch die Agenda 2010 weiterhin aufmerksam. Mit den bewährten Methoden. Ein Beschäftigungsranking vergleicht die Fortschritte der 21 wichtigsten Industrienationen im Kampf gegen die Arbeitslosigkeit. Die Wettbewerbsfähigkeit der Ämter dokumentiert man wie in der Bildungs- und Hochschulpolitik aufs Genaueste. Statt BIX heißt es hier KiK: »Kernkennzahlen in Kommunen«. Erstellt werden Indizes für Wirtschaftlichkeit, Kundenzufriedenheit und Mitarbeiterzufriedenheit in allen kommunalen Verwaltungen. Vergleiche zwischen Finanzämtern sollen deren Leistung messen. Ein Projekt namens »Unternehmerfreundliche Kommune« ermittelt in den 25 größten deutschen Städten die servicefreundlichste Verwaltung. Man erhebt Daten zur Arbeitslosigkeit und Sozialhilfe und publiziert sie als Ranking in der Zeitschrift *impulse* (die wie der *stern* zu Gruner + Jahr und damit zur Bertelsmann AG gehört).

In der Gesundheitspolitik quält man sich seit gut zehn Jahren mit den rasant anwachsenden Kosten im öffentlichen Gesundheitswesen und bei den allgemeinen Krankenkassen. Auch hier leistet die Bertelsmann Stiftung ihren ganz besonderen Beitrag. Man unterhält zwei Projekte zur Schlaganfall- und Uveitis-Forschung, den Schwerpunkt jedoch bilden wiederum die Leistungsvergleiche. An der Universität Münster finanzieren die Gütersloher ein Zentrum für Krankenhausmanagement, das die Verwaltungen modernisieren soll. Der Newsletter *Gesundheitsmonitor* publiziert regelmäßig die Ergebnisse von Meinungsumfragen zum Status quo der ambulanten Versorgung in der Bundesrepublik. Ein»Internationales Netzwerk Gesundheitspolitik« veröffentlicht Übersichten über die Reformaktivitäten in 16 Ländern.

Auch die Verleihung des Carl Bertelsmann-Preises taugt dazu, bestimmte Reformideen hoffähig zu machen. So zum Beispiel im Jahr 2000. Der Preis ging an die Schweiz und an die Niederlande. Das eidgenössische Innenministerium hatte ein neues Krankenversicherungsgesetz eingeführt, das Wettbewerb und Solidarprinzip in Einklang bringen sollte. Die niederländische Vereinigung der Hausärzte wurde für die hohe Qualität der hausärztlichen Versorgung ausgezeichnet. Ein deutliches Lob für mehr Wettbewerb in der Schweiz; eine klare Stellungnahme für kostensenkende Begrenzungen der freien Arztwahl. Bertelsmann bezog Position durch eine Preisverleihung. Die entsprechenden Gesetzesvorlagen der Bundesregierung ließen nicht lange auf sich warten.

Ähnlich verfuhr man in der Arbeitsmarktpolitik. 1995 erhielt Portugal den Preis für innovative Methoden und Instrumente einer erfolgreichen Beschäftigungspolitik. Die Begründung: Portugals Premierminister Cavaco Silva habe mit politischem Mut und sozialem Augenmaß das Land aus einer kritischen Wirtschaftslage herausgeführt und nachhaltige Erfolge bei der Bekämpfung der Arbeitslosigkeit erzielt. Mit anderen Worten: Silva favorisierte eine auf Leistung und Wettbewerb ausgerichtete Politik, die an das Wirtschaftswunder und die soziale Marktwirtschaft von Ludwig Erhard erinnerte. Das honorierte man bei Bertelsmann.

Die Stiftung nimmt Einfluss. Über ihren Think Tank regieren die Verantwortlichen in Gütersloh mit. Dabei versteht man es virtuos, den Eindruck von Transparenz zu erzeugen, indem man die Ergebnisse der Arbeit in Zahlenkolonnen verpackt. Das Projekt zum Leistungsvergleich zwischen Finanzämtern betreibt Bertelsmann in Kooperation mit vier Bundesländern und der Kienbaum-Unternehmensberatung. Auf der entsprechenden Website sind die Ergebnisse des Vergleichs bis auf die Kommastellen genau in Statistiken abrufbar.[10] Hier erfährt man zum Beispiel über die Wirtschaftlichkeit der Finanzämter Folgendes: Ein Einkommensteuerbescheid kostet bei den Finanzämtern in Bayern im Durchschnitt zwischen 20,75 und 27,30 Euro, in Rheinland-Pfalz jedoch viel mehr, nämlich zwischen 34,88 und 39,59 Euro. Im Freistaat Sachsen arbeiten die Finanzämter dagegen fast schon so kostengünstig wie in Bayern. Dort wendet man zwischen 19,85 und 27,55 Euro pro Bescheid auf. Die Medien greifen die Ergebnisse solcher Rankings dankbar auf und verallgemeinern gerne. »Viel Lob für Sachsens Finanzbeamte« titelte etwa die *Chemnitzer Freie Presse* am 28. Februar 2002. Hier wurden sogar Benotungen zitiert: Die Bertelsmann Stiftung habe für »das höfliche Verhalten der Beamten« die Note 1,3 vergeben. Die Vordenker aus Gütersloh avancieren in allen nur möglichen Bereichen zum Effizienz-Gradmesser der Nation. Die Presse und die Parteien, ob sie nun momentan regieren oder künftig regieren wollen, folgen ihnen.

Werner Weidenfelds Kontakthof

Solche Zahlenwerke, errichtet nach den Kriterien abstrakter Zeitökonomie, zahlen sich für Bertelsmann aus. Die Stiftungsaktivitäten haben der Familie Mohn und der Bertelsmann AG ein gutes Image und eine Menge wichtiger Freunde verschafft. Es ist verblüffend zu beobachten, wie erfolgreich Reinhard und Liz Mohn mit der Stiftung im politischen Raum agieren. Während andere Medienunternehmer wie Springer oder Kirch mit ihren Beziehungen zu Politikern ins Zwielicht gerieten, scheint Reinhard Mohn fast über jeden Verdacht erhaben. Als bekannt wurde, dass Helmut Kohl und Leo Kirch eine Männerfreundschaft verband, witterten die Journalisten gleich Vetternwirtschaft, wenn nicht gar Korruption. Bei Bertelsmann hingegen kommen Konzern und Stiftung reibungslos mit so genannten konservativen und progressiven Politikern zurecht, ohne dass man wegen unredlicher Beziehungen an den Presse-Pranger gestellt würde. Wenn dann tatsächlich einmal darüber berichtet wird, dass der Vorstandsvorsitzende der Aktiengesellschaft und das Kuratoriumsmitglied der Stiftung, Gunter Thielen, dem Präsidenten der Bundesanstalt für Arbeit einen »arbeitslosen« Bertelsmann-Manager namens Bernd Schiphorst als Berater empfohlen haben soll, wird das kaum registriert und schon gar nicht weiter recherchiert. Obwohl dabei ungemein großzügige Beraterverträge abgeschlossen werden.[11]

Dafür gibt es zwei Gründe: Zum einen hat die Stiftung eine Fassade der Vorbildlichkeit aufgebaut, die einzureißen einem Sakrileg gleichkäme. Deutschlands führende Reformwerkstatt des unlauteren Wettbewerbs zu bezichtigen, hieße, alle Politiker – denn alle gehen in Gütersloh ein und aus – der Unglaubwürdigkeit zu verdächtigen. Darf man die Politikverdrossenheit der Wähler auf die Spitze treiben?

Zum anderen offeriert die Stiftung zahllose unverfängliche Anlässe für zwanglose Begegnungen. Wer in Politik, Verwaltung und Medien etwas erreichen will, nutzt sie ganz selbstverständlich. Nicht immer trifft man sich so glanzvoll wie am 6. November 2003 in der Berliner Repräsentanz. Immer aber ist die Besetzung hochkarätig, wenn Bertelsmann zum konstruktiven Austausch bittet. Die Nähe von wirtschaftlicher, politischer und publizistischer Macht ist auf allen Ebenen spürbar. In Berlin finden die Kontakte zwischen Aktiengesellschaft und Stiftung im selben Gebäude statt. In Gütersloh tagen die Politiker in den Stiftungsräumen, nur 50 Meter von der Hauptverwaltung der AG entfernt. Sie können dem Vorstandsvorsitzenden ins Büro blicken oder sogar mit ihm als Kuratoriumsmitglied der Stiftung ganz unverfänglich am Konferenztisch sitzen. Um Transparenz zu gewährleisten, sind freundlich gesinnte, aufstrebende Medienvertreter geladen. Man trifft sich, spricht miteinander, man kennt sich und weiß, wen man in welcher Situation kontaktieren muss. Die Bertelsmann Stiftung webt beständig an einem Netz von Wohltätigkeiten und Abhängigkeiten. Sie betreibt einen Kontakthof für Beziehungen jeglicher Art, die weit über den gemeinnützigen Rahmen hinausreichen.

Zwischen Stiftung und Politikern, hohen Verwaltungsbeamten, Universitätslehrern, Verbandsfunktionären und Wirtschaftsfachleuten eröffnen sich vielfältige Möglichkeiten. Es ist attraktiv, als Berater, Schirmherr oder Kooperationspartner in die Projekte einbezogen zu werden. Und das Medienimperium ist mittlerweile so weit verzweigt, dass kein Politiker eine Absage an die Gütersloher Adresse riskieren kann. Wer von Bertelsmann hofiert wird, erhält den Ritterschlag. Für eine wohlwollende Berichterstattung ist gesorgt.

Wer etwas ist oder werden kann, geht zur Bertelsmann Stiftung. Im Februar 2004 waren Wolfgang Clement und Peer Steinbrück zu Gast. Einige Wochen zuvor nahm die Ausländerbeauftragte der Bundesregierung, Cornelia Schmalz-Jacobsen, an einem Experten-Hearing teil. Gerhard Schröder, Joschka Fischer und Wolfgang Schäuble trafen im Bertelsmann-Forum in der Gütersloher Hauptverwaltung zusammen. 2003 besuchten Angela Merkel, Wolfgang Schäuble und Kanzler Schröder gleich mehrmals Veranstaltungen der Stiftung. Gern gesehene Gesprächspartner waren auch Gesundheitsministerin Ulla Schmidt, die nordrhein-westfälische Umweltministerin Bärbel Höhn, Guido Westerwelle, Edmund Stoiber, Spaniens früherer Ministerpräsident José Aznar, der ehemalige Chef der Bundesanstalt für Arbeit, Florian Gerster, Bundesinnenminister Otto Schily und Ex-Bundespräsident Roman Herzog. Die Besuche von Fachministern und Staatssekretären sind noch zahlreicher, aber kaum zu recherchieren, weil sie in der Presse nicht in gleicher Weise herausgestellt werden. Solche Zusammentreffen auf mittlerer und unterer Entscheidungsebene sind tägliche Routine.

Der »Dirigent« des komplexen Kontaktanbahnungsunternehmens heißt Werner Weidenfeld, in der Bertelsmann Stiftung offiziell zuständig für Internationale Zusammenarbeit. Weidenfeld ist seit 1992 Mitglied im Stiftungspräsidium und ein Meister darin, »die Großen und Mächtigen der Welt« zu beraten. Früh ließ er »den elitären Elfenbeinturm der reinen Forschung« hinter sich. Praktische Erfahrungen in der Politikberatung sammelte Weidenfeld in den Achtzigern als Koordinator der Bundesregierung für Deutsch-Amerikanische Beziehungen. Seit 1995 stellt er sie als Gründungsdirektor des Centrums für angewandte Politikforschung (CAP) in München unter Beweis. Hier entwickelt er in enger Zusammenarbeit mit Bertelsmann »politikfähige« Konzepte. Unerlässlich sei für Weidenfeld der »ständige Dialog mit den Entscheidungsträgern«. Bei Weidenfeld und Bertelsmann wird früher oder später jeder zu Arbeitstreffen, Wochenendseminaren, Expertengesprächen, Symposien, Konferenzen oder Sommerakademien geladen, der von Nutzen sein kann.[12]

Zum CAP gehört seit 1999 die Bertelsmann Forschungsgruppe Politik. Deren Mitglieder sind Wissenschaftler der Münchner Universität, die von Bertelsmann über Drittmittel bezahlt werden. Wie hoch die Aufwendungen der Stiftung für das CAP sind, ist vom Geschäftsführer Jürgen Turek nicht zu erfahren. Da die Mehrheit der über dreißig wissenschaftlichen CAP-Mitarbeiter zugleich Mitglieder der Bertelsmann Forschungsgruppe sind, dürfte die Finanzierung von Weidenfelds Münchner Institut mehrheitlich von Gütersloh aus erfolgen.

Weidenfelds Gegenleistungen sind beträchtlich. Zu allen Zukunftsproblemen hat die Stiftung über das CAP nicht nur Lösungsvorschläge, sondern auch interessante Einladungen parat. Beim Internationalen Bertelsmann Forum, alle zwei Jahre vom CAP organisiert, treffen sich Staats- und Regierungschefs und Minister mit handverlesenen Persönlichkeiten der Gesellschaft zur vertraulichen Debatte über gleichfalls handverlesene Themen. Das Ambiente gleicht dem der Gipfeltreffen wichtiger Staatsoberhäupter. Hier bewährt sich die Stiftung als Medium unbefangener Kontaktanbahnung auf höchster Ebene. Sie ist eine internationale Begegnungsstätte, die längst nicht mehr für sich werben muss, da sie ihrerseits das Renommee der Tagungsteilnehmer vergrößert. Für europäische Spitzenpolitiker muss es geradezu kränkend sein, von Bertelsmann nicht eingeladen zu werden.

Die Foren finden an politisch bedeutungsvollen Orten wie dem Hotel Petersberg bei Bonn oder dem Weltsaal des Auswärtigen Amts in Berlin statt. Die High Society der Weltpolitik lauscht den Vorträgen der CAP- und Stiftungsmitarbeiter und erfährt so, was man bei Bertelsmann denkt in Fragen der europäischen Verfassung, der europäischen Integration, der Außenpolitik, der transatlantischen Beziehungen oder des Nahostkonflikts. Im Januar 2001 zum Beispiel empfing die Gütersloher Stiftung im Weltsaal neben Gerhard Schröder und Joschka Fischer die Spitzen der EU-Kommission, Romano Prodi und Javier Solana, außerdem drei osteuropäische Staatspräsidenten, zwei Ministerpräsidenten und sechs europäische Außenminister sowie Henry A. Kissinger. Im Januar 2004 traf man sich im gleichen Rahmen wieder, dieses Mal mit rund sechzig Vertretern aus 29 Staaten und dem Präsidenten der Europäischen Zentralbank. Unter den Teilnehmern waren der türkische Ministerpräsident Recep Tayyip Erdogan, der montenegrinische Präsident Milo Djukanovic, der rumänische Ministerpräsident Adrian Nastase, die lettische Präsidentin Vaira Vike-Freiberga und der kroatische Ministerpräsident Ivo Sanader. Die bevorstehende EU-Osterweiterung warf ihren Schatten voraus – bis auf die Gästeliste der Bertelsmann Stiftung.

Eingebürgert hat es sich auch, dass die turnusmäßig wechselnden Repräsentanten der Europäischen Union vor ihrem Amtsantritt in einem Schnellkurs der Stiftung für ihre Führungsarbeit gedrillt werden. Ganz offensichtlich hofiert Bertelsmann zurzeit insbesondere ranghohe Europa-Politiker. Mit dem politischen Zusammenwachsen der EU kommen ihnen immer mehr Kompetenzen zu. Gleichwohl stehen sie noch nicht so sehr im Mittelpunkt wie die Exponenten der deutschen Innen- und Außenpolitik. Bei ihnen kann man in Hintergrundgesprächen wesentlich mehr erreichen und wird dabei kaum in Par-

Die Bertelsmann Stiftung und ihr politscher Einfluss **233** teienkonflikte verstrickt. Das ist wichtig für einen Medienkonzern, der eine Stiftung unterhält. Viele Kontrollfunktionen im Medienbereich werden mittlerweile von der EU wahrgenommen. Auch die Überwachung der Fusionen.

Alles, was in der Sicherheitspolitik Rang und Namen hatte, versammelte sich nach dem 11. September 2001 als Task Force »Zukunft der Sicherheit« unter Weidenfelds Regie in den Tagungsräumen. Zum Expertengremium gehörten Generalbundesanwalt Kay Nehm, der frühere Generalinspekteur der Bundeswehr und Vorsitzende des NATO-Militärausschusses, Klaus Naumann, der ehemalige Präsident des Bundesverfassungsschutzes, Eckart Werthebach, diverse Staatssekretäre des Inneren sowie der Verteidigung und einige Hochschulprofessoren. Ende Januar 2004 legte man den Abschlussbericht vor. Bemängelt wurde die mangelnde Effizienz der zuständigen Behörden.

Im Rahmen des Europäisch-Israelischen Netzwerks veranstaltet das CAP zwei Workshops in Brüssel und Israel mit Vertretern der EU und der NATO. Hinzugebeten werden israelische Journalisten sowie Multiplikatoren aus Wirtschaft und Politik. Den Deutsch-Jüdischen Gesprächen fühlt man sich schon lange verpflichtet. Seit 1992 lädt die Bertelsmann Stiftung Persönlichkeiten des jüdischen Lebens zum informellen Austausch mit Entscheidungsträgern aus Politik, Wirtschaft und Medien. Mitbegründer dieser und anderer themenverwandter Gesprächsrunden – etwa der Kronberger Gespräche zur Zukunft des Nahen Ostens, des Club of Three und des Amerikanisch-russisch-europäischen Trialogs – ist der Verleger Lord George Weidenfeld. Im Jahr 2003 wurde er in München mit der CAP-Fellowship geehrt. Direktor Werner Weidenfeld bezeichnete seinen Namensvetter in der Preisrede als »genialen Netzwerker, der Staatsmänner so zusammenbringt, als gehörten sie alle zu ein und derselben Familie«. [13]

Die gemeinsam mit der Nixdorf Stiftung ausgerichtete Sommerakademie Europa bindet das Fußvolk auf Ministerial- und Beraterebene ebenso wie den Nachwuchs an die Bertelsmann Stiftung. Diskutiert wird in der Abgeschiedenheit des oberbayerischen Klosters Seeon. Wer nach Seeon eingeladen wird und sich kontaktfreudig zeigt, dürfte ein beträchtliches Stück auf der Karriereleiter nach oben geklettert sein. Zu verdanken hat man diesen Sprung der Bertelsmann Stiftung, die Einlass auf ihren Kontakthof gewährt. In der offiziellen Verlautbarung der Akademie klingt das so: »Die Veranstaltung dient … dem Aufbau eines engmaschigen Netzwerks aus Arbeitskontakten und persönlichen Beziehungen.«

Als Mentoren haben Führungspersönlichkeiten aus Politik, Wirtschaft und Medien die Möglichkeit, »herausragende Nachwuchskräfte für die Teilnahme an der Sommerakademie zu nominieren«. Die Mentorenliste ist hochkarätig besetzt. Hier nur einige Beispiele: Stefan Baron von der *Wirtschaftswoche*, Fritz Pleitgen von der ARD, Wolfgang Clement, Hans Eichel, Joschka Fischer, Wolfgang Gerhardt von der FDP, Katrin Göring-Eckardt von den Grünen, Mattias Kleinert von der DaimlerChrysler AG, Roland Koch, Friedrich Merz, Heinrich von Pierer von Siemens, Bernd Pischetsrieder von der Volkswagen AG, der französische Premierminister Jean-Pierre Raffarin, BDI-Chef Michael Rogowski sowie die EU-Kommissare Michaele Schreyer und Günter Verheugen. Aufgeführt ist auch Elmar Brok, der Vorsitzende des Auswärtigen Ausschusses des Europäischen Parlaments und offizielle Leiter des Brüsseler Bertelsmann-Büros. Die Website der Sommerakademie verschweigt die Doppelfunktion, Thomas Schuler nennt sie in *Die Mohns* beim Namen.[14]

In einer nicht weniger schönen, aber exklusiveren Umgebung trifft sich die junge Elite, die einmal die transatlantischen Bündnisse zwischen Europa und den USA gestalten soll. Werner Weidenfeld nimmt sich drei ganze Tage Zeit, um am Comer See im Grand Hotel Tremezzo mit den Young Leaders zu diskutieren. Man will schließlich auch in Zukunft die besten Kontakte zu den Entscheidern haben. Auf der Transatlantischen Konferenz beriet man vom 11. bis zum 13. Juni 2003 zwischen Bootsfahrten auf dem Comer See und festlichen Diners auf der Isola Bella über Möglichkeiten, das durch den Irak-Krieg gebeutelte Verhältnis zwischen der Neuen und der Alten Welt zu festigen. Zu den Vortragenden gehörten: Jan Ross von der *Zeit*, Victorino Matus vom Washingtoner *Weekly Standard*, Benoît Chervalier vom Pariser Finanzministerium, Cathrine Andersen vom norwegischen Außenministerium, Dayna Cade aus dem State Department in Washington sowie Cem Özdemir, der nach seinem Rücktritt als Grünen-Politiker als Stipendiat beim German Marshall Fund in Washington untergekommen ist. Den Vorsitz führten: Werner Weidenfeld und Josef Janning von der Bertelsmann Stiftung.

Bertelsmann hat ein Herz für kontaktfreudige und gewiefte junge Politiker. Özdemir wurde in der stiftungseigenen Zeitschrift *forum* mit großem Foto und strahlendem Lächeln präsentiert. Wo könnte er besser für die gemeinsamen Ziele eintreten als im Grand Hotel Tremezzo und bei der Bertelsmann Stiftung? »Wir brauchen uns gegenseitig, wenn wir Umweltkatastrophen abwenden, Hunger und Armut bekämpfen sowie die Menschenrechte schützen wollen. Und es gibt ja durchaus auch Bereiche in der transatlantischen Kooperation, die – weit gehend ohne öffentliche Aufmerksamkeit – recht reibungslos funktionieren.«[15] Reibungsverluste, wie sie nach dem Kontakt mit PR-Beratern vorgekommen sein sollen, sind bei Bertelsmann nicht zu erwarten.

Der innenpolitisch bedeutsamste Event ist der so genannte Kanzlerdialog. Alljährlich trifft sich Gerhard Schröder mit seinen Ministern, den Ministerpräsidenten der Länder sowie den Vorsitzenden der Parteien und Bundestagsfraktionen zu einer Klausurtagung – deren Ort, Zeit und Ablauf CAP und Bertelsmann Stiftung vorschlagen. Im Oktober 2003 redete man unter Bertelsmanns Moderation und Weidenfelds Gesprächsleitung über die »Kursbestimmung deutscher Europapolitik«. Die Themen hatten dessen Mitarbeiter erarbeitet. Im offiziellen Bericht auf der Internetseite des CAP heißt es dazu: »Die Bertelsmann Forschungsgruppe Politik am CAP brachte ihre strategischen Reformüberlegungen über ein Positionspapier in das Spitzengespräch ein, das sie gemeinsam mit der Bertelsmann Stiftung als Gesprächsgrundlage vorbereitet hatte.« Ein Punkt des Papiers wird einen der Anwesenden sicher besonders gefreut haben. Die Forschungsgruppe befürwortete die Einsetzung eines europäischen Außenministers, da die »Personalisierung« der Politik eine bessere Transparenz der Zuständigkeiten und Verantwortlichkeiten ermögliche.[16] Werden Joschka Fischer nicht Ambitionen auf das Amt des von Bertelsmann vorgeschlagenen EU-Außenministers nachgesagt?

Seit zehn Jahren gibt es das CAP, seit fünf Jahren die ihm angegliederte Bertelsmann Forschungsgruppe Politik. Die Stiftung kann inzwischen mit Recht von sich behaupten, dass sie die europäische Politik entscheidend vorantreibe. So viel gesellschaftliches Bewusstsein verpflichtet die Nutznießer des Bertelsmann'schen Engagements. Wer auf Werner Weidenfelds Kontakthof eingeladen wird, muss irgendwann einmal zurückgeben. Wenn nicht an das Gemeinwohl, dann wenigstens an die Stiftung oder aber an den Bertelsmann-Konzern.

Die Früchte fallen meistens ganz von selbst vom Baum des Vertrauens. Die hofierten Politiker wissen nicht nur, was sich gehört, sondern verspüren das Bedürfnis, den rastlosen Propagandisten der Sozialpflichtigkeit des Kapitals ihren Dank abzustatten. Dass Gerhard Schröder sich besonders dankbar zeigt, ist kein Geheimnis. Auch zum 25. Jubiläum der Bertelsmann Stiftung im März 2002 signalisierte er seinem ganz persönlichen Reformmotor im Hintergrund: Er wisse »die gewachsene Zusammenarbeit zwischen der Stiftung und dem

Bundeskanzleramt« sehr wohl zu schätzen. Mit sicherem Gespür bestätigte er, was eine Unternehmensstiftung am liebsten hört:»Ihr kommt es nicht auf die eigene Profilierung an, sondern sie stellt die inhaltliche Arbeit in den Vordergrund.« Auch den Stifter Reinhard Mohn beschenkte er reichlich. »Unter seiner Leitung entwickelte sich die Bertelsmann AG zu einem Unternehmen, das den einzelnen Mitarbeiter am Haben und Sagen teilhaben lässt.«[17] Public Relations von höchster Stelle im Staat. Zumindest für Bertelsmann war die Agenda 2010 ein Erfolg.

Ein (Ex-)Bundespräsident im Internet-Fieber

Die Frage drängt sich auf: Wer regiert die Republik? In der Selbstdarstellung der Stiftung geht man darauf natürlich nicht ein. Der Einfluss wird mit Engagement gleichgesetzt und als unproblematisch betrachtet. Die Stiftung sei das Resultat des ethisch motivierten gesellschaftspolitischen Auftrags der Gründerfamilie, die das Gemeinwohl aus ihrer Tradition heraus vor das Profitinteresse stelle. Bedenken bezüglich möglicher Parallelinteressen lösen bei Stiftungs- wie Konzernvertretern Unverständnis aus.

Aber besitzt nicht die Stiftung die Mehrheit am Konzern und muss sie nicht allein schon deshalb dessen Geschäftsinteressen berücksichtigen? Wird nicht Reinhard Mohn von seinen Topmanagern in Interviews ganz selbstverständlich ungeachtet der ganzen eindrucksvollen Stiftungskonstruktion als »Inhaber« von Bertelsmann bezeichnet? Vor allem in Nordrhein-Westfalen gab es kritische Stimmen. Dort war man besonders von den Verwaltungsreformen betroffen, die bei Bertelsmann konzipiert wurden. Die Gewerkschaft Erziehung und Wissenschaft GEW dachte laut darüber nach, ob es überhaupt legitim sei, eine so konzernnahe Organisation mit einer so wichtigen staatlichen Aufgabe wie der Schulreform zu betrauen. Noch weiter links sind regelmäßig Verdächtigungen zu vernehmen, die Stiftung verfolge gezielt die Interessen des Konzerns.

Hinzu kommt: Das Bild des Konzerns war nicht immer so solide, wie es dessen Presseleute behaupten. In den Fünfziger- und Sechzigerjahren war Bertelsmann das Unternehmen, das die Verbraucher mit rüden Tricks über den Tisch zog. Zu Lesering-Zeiten traten Buchclub-Werber gerne im Namen von gemeinnützigen Vereinen auf, die gegen Schmutz- und Schundliteratur kämpften. Mitunter präsentierte man sich auch als Partner der Stadtverwaltungen, um in die Wohnungen zu gelangen. Den Vertrauensvorschuss, den man als Vertreter einer öffentlichen Institution genoss, nutzte man dazu, mit den Methoden des *hard sell* die Lesering-Abonnements zu verkaufen. Nachdem diese Masche in Verruf geraten war, überwand man die Türschwellen der Kundschaft mit Gewinnspielen und Umfragen. Sobald man einen symbolischen Preis überreicht oder die Fragebögen verteilt hatte, ging man zum eigentlichen Geschäft über.

Der Haustürverkauf spielt beim Medienriesen Bertelsmann keine große Rolle mehr. Mittlerweile ist es viel wichtiger, dass Geschäftspartner, Politiker, Medien und Wissenschaftler die standesgemäße Schwelle in der Berliner Repräsentanz überschreiten. Aber wird nicht trotzdem immer noch mit vergleichbaren Tricks gearbeitet? Heute verteilt die Bertelsmann Stiftung Preise an Politiker oder Institutionen. Man veranstaltet Umfragen und füttert mit den statistischen Ergebnissen die bundesdeutschen Reformwerkstätten. Gibt es elegantere Wege, den Kontakt zwischen Politik und Wirtschaft zu intensivieren? Stiftung und Unternehmen zeigen sich derart verbunden, dass man sie kaum unterscheiden kann. Befördern die als gemeinnützig ausgewiesenen und steuerbegünstigt finanzierten Aktivitäten der Stiftung also doch die Geschäftsinteressen des Konzerns?

Die Beziehungen sind ein wenig komplexer, als es die Globalisierungsgegner von attac behaupten. Und wo es direkte Rückkoppelungen gibt, rechtfertigt der Profit allein noch nicht den in Gütersloh betriebenen Aufwand. Im Zusammenhang mit Reinhard Mohns hochschulpolitischen Aktivitäten verweist attac auf die Beziehungen zwischen dem Wissenschaftsverlag Springer und der Bertelsmann-Gruppe.[18] Aber die Bertelsmann Stiftung hatte sich schon lange in der Hochschulpolitik engagiert, bevor die Aktiengesellschaft 1999 Deutschlands Eigentümer von Springer wurde. Sie blieb ihrem hochschulpolitischen Engagement auch dann noch treu, als die AG den Verlag 2003 wieder verkaufte.

Ganz unmittelbar zahlten sich die Stiftungsaktivitäten für den Konzern im Bereich des Internets aus. Zur selben Zeit, als Bertelsmann gemeinsam mit AOL den Internet-Dienst AOL Europe unterhielt, startete die Stiftung ein Projekt nach dem anderen im World Wide Web. Man organisierte Kampagnen, an denen sich langjährige Freunde der Stiftung und der Familie Mohn beteiligten. Das Internet war plötzlich das Patentrezept, um alle Reformdefizite in Deutschland und Europa zu überwinden.

Damals zeigte sich einmal mehr, wie lohnend es ist, Freundschaften zwischen Politikern und Unternehmern zu stiften. 1993 favorisierte Bundeskanzler Helmut Kohl den sächsischen Justizminister Steffen Heitmann als Kandidaten für das Amt des Bundespräsidenten. Es gab Bedenken gegen Heitmann. Der *stern* brachte am 23. September 1993 eine Titelgeschichte, in der dem Kandidaten vorgehalten wurde, er liefere einen »Reihenabwurf verbaler Brandsätze« und vertrete rechtsradikale Gedanken.[19] *Spiegel* und *Zeit* griffen die Kritik auf. Heitmann wurde zurückgezogen. Bundespräsident wurde Roman Herzog. Wie Heitmann war Herzog Herausgeber des konservativen *Rheinischen Merkurs* und in der Öffentlichkeit als Ex-Politiker weder sonderlich bekannt noch beliebt. Aber die Presse akzeptierte ihn.

Für Reinhard Mohn wurde der neue Bundespräsident ein »Freund« und als solcher ein enger Mitarbeiter in Stiftungsangelegenheiten. Als das Internet für Bertelsmann ein Profit versprechendes Geschäftsfeld wurde, machte sich keiner so für den Einzug des Computers in die Bildungswelt stark wie Herzog. Im Rahmen der Initiative »Fit fürs Informationszeitalter« wurden am 3. Mai 1999 in Berlin vor über 700 Vertretern aus Politik, Wirtschaft und Gesellschaft Projekte präsentiert und Entwicklungslinien diskutiert. Die Initiative stand unter der Schirmherrschaft von Roman Herzog. Elf Unternehmen beteiligten sich daran. Das Hauptargument formulierte der Bundespräsident: »Im Informationszeitalter haben die Unternehmen auch eine Mitverantwortung für die Zukunftsfähigkeit unseres Landes.«

Die Unternehmen waren durchaus an dieser »Mitverantwortung« interessiert.[20] Aber keines profitierte so sehr vom Internet-Boom wie Bertelsmann. Die Stiftung sputete sich, Initiativen und Netzwerke zu gründen, die Alt und Jung ins Internet führten. Unter dem Schlagwort »Internet-Verantwortung an Schulen« erarbeitete man Empfehlungen für einen bewussten Umgang mit dem neuen Medium. Gemeinsam mit dem Deutschen Volkshochschul-Verband (DVV) und dem Magazin *stern* rief man die bundesweite Kampagne »Internet für Einsteiger« ins Leben. Praktischerweise konnte Liz Mohns Freundin Rita Süssmuth die Schirmherrschaft übernehmen. Sie war zugleich Präsidentin des DVV und Mitglied des Stiftungskuratoriums. Wer im März 2000 die Zeitschrift *impulse* aus dem Hause Gruner + Jahr las, war versucht, sie für ein Internet-Fachblatt zu halten. Es wimmelte von Beiträgen mit Bezug zum World Wide Web. 2001 veranstaltete die Stiftung in Berlin eine große Konferenz zur Internet-Regulierung. Zuvor propagierte sie unter www.internet-democracy.de weltweite Wahlen für ein Kontrollgremium. Derart vernetzt wurde das Netz wahrscheinlich nie vermarktet.[21]

Nach dem Ende seiner Amtszeit förderte Roman Herzog weiter Bertelsmanns Internet-Engagement. Anfang 2000 lud er als zweiten Gast Andreas Schmidt in seine Talkshow »Herzog« ein, die er nun beim Bayerischen Rundfunk moderierte. Schmidt war der Präsident von AOL Europe und der ideale Partner für ein Gespräch über Deutschlands digitale Zukunft. Öffentlichkeitswirksame Unterstützung konnte der Manager gerade damals gut gebrauchen. Bertelsmann hatte sich im Optionsvertrag dazu verpflichtet, AOL Europe bis 2002 mindestens eine Million neue Kunden zu verschaffen. Und bei AOL Deutschland (als Tochter des europäischen Internet-Dienstleisters) wartete man dringend darauf, die neuen Internet-Fans als Mitglieder zu begrüßen.

Sogar den Satz, der die Amtszeit des Präsidenten in die bundesdeutschen Geschichtsbücher brachte, wiederholte Herzog in einem anderen Kontext auf Bertelsmann gemünzt: »Durch Deutschland muss ein Ruck gehen! Die Reformprojekte der Bertelsmann Stiftung bieten konkrete Lösungen an, die unser Land weiter bringen.« So steht es auf der Homepage der Stiftung neben einem Foto von Herzog und Mohn.[22] Andreas Schmidt sprach in der Herzog-Talkshow im Jahr 2000 vom »digitalen Ruck«, der die Republik aufrütteln sollte.[23] Als Herzog seinen berühmten Satz am 26. April 1997 im Berliner Hotel Adlon erstmals sagte, war sein Anliegen noch ganz allgemein der Aufbruch ins 21. Jahrhundert. Dass er zu diesem Zweck mehr unternehmerisches Denken im Bildungsbereich forderte, muss Reinhard Mohn gefreut haben. Der Bertelsmann-Patriarch schaltete eine ganzseitige Anzeige in der *Frankfurter Allgemeinen Zeitung*, um den Präsidentenworten Beifall zu spenden. Der Politiker dankte es ihm auf seine Weise.

Die Seelenverwandtschaft zwischen Roman Herzog und Reinhard Mohn war eng und auf Dauer angelegt. Sie war vielleicht ein wenig offenkundiger als die meisten Beziehungen, die die Stiftung zu Politikern pflegte. Dennoch war sie symptomatisch. Rolf Wernstedt, der ehemalige Kultusminister in Niedersachsen, stellte mit Blick auf die von Bertelsmann und Herzog organisierten Foren fest, die Bildungsdebatten fänden kaum mehr in den Schulen und Hochschulen statt. Was Bildung zu sein habe, bestimmten die Bedürfnisse der New Economy. Und dort habe Bertelsmann massive Ambitionen. Herzog habe sich in den Dienst des unternehmerischen Ehrgeizes in Gütersloh gestellt und setze sich dem Vorwurf aus, so Wernstedt, nur eine »Staffage von Bertelsmann« zu sein.[24]

Die Internet-Euphorie wurde also nicht nur durch Unternehmer und Banker angeheizt, die ihre Aktien auf dem Neuen Markt unterbringen wollten. Auch die Stiftung hatte ihren Anteil daran, mit Roman Herzogs tatkräftiger Unterstützung. Die Bertelsmann AG konnte im Frühjahr 2000 per Optionsvertrag ihre Beteilungen an AOL Europe zu einem traumhaften Preis »vorverkaufen«. Der Preis stellte eine »Wachstumsprämie« auf das kommende blühende Internetgeschäft dar. Die Stiftung half mit ihren Projekten, ein solches Wachstum bei AOL Deutschland herbeizuführen. Nach der Abwicklung des Optionsgeschäftes erlahmte das Interesse der Bertelsmann Stiftung dann sehr schnell. Die Anzahl der Internet-Projekte wurde reduziert. Die Millionen aus dem Optionsvertrag über den Verkauf von AOL Europe waren 2002 gerade von AOL-TW auf die Konten des Gütersloher Konzerns gewandert, da wurde der gesamte Medienbereich der Stiftung aufgelöst. Die offensichtlichen Zusammenhänge zwischen den medienpolitischen Aktivitäten der Stiftung und den Mediengeschäften des Konzerns forderten Kritik zu sehr heraus.

Albrecht Müller, der ehemalige Wahlkampfmanager von Willy Brandt, äußerte sich am deutlichsten. Er vermied es, auf das intensive Engagement des (Ex-)Bundespräsidenten einzugehen, fand aber für die medienpolitischen Aktivitäten der Stiftung und ihre Dienstrolle für die Aktiengesellschaft klare Worte. »Eine wirkliche Medienkontrolle, die auch eine Konzentrationskontrolle wäre, existiert nicht mehr. Im Gegenteil: Die Bertelsmann Stiftung entwirft eine Medienordnung für das neue Jahrhundert und lädt die Parteienvertreter großzügig zur Diskussion ein.«

Ex-Bundespräsident Johannes Rau wird nachgesagt, er achte im Gegensatz zu seinem Vorgänger auf Distanz zu Bertelsmann. Gegen Ende seiner Amtszeit hielt er am 31. März 2004 auf der Konferenz »Bürgernaher Bundesstaat« in Berlin eine Rede, die deutliche Kritik am Mohn'schen Reformkonzept erkennen ließ: »Sosehr ich es begrüße, wenn auf die Effizienz staatlichen Handelns geachtet wird und in unserer Rechtsordnung alte Zöpfe abgeschnitten werden – die rein ökonomische Kritik am staatlichen Handeln droht etwas Wesentliches zu verfehlen. Der Staat ist mehr als ein technischer Dienstleistungsbetrieb oder eine Wach- und Schließgesellschaft, und er ist auch mehr als eine Agentur zur Stärkung des Wirtschaftsstandorts. Der moderne Staat bildet das Gegengewicht zu gesellschaftlichen und ökonomischen Kräften, die die Freiheit des Einzelnen längst viel stärker bedrohen als jede Obrigkeit. Dagegen schützt der Staat, und nur er kann das auf demokratisch legitime Weise tun.« Doch im überwiegenden Teil seiner Amtszeit pflegte auch Rau ein gutes Verhältnis zu Bertelsmann. Die Stiftung war häufig Gast auf Schloss Bellevue. Dort eröffnete Rau zum Beispiel Anfang 2002 gemeinsam mit prominenten Botschaftern den von der Bertelsmann Stiftung initiierten »Wettbewerb zur Integration von Zuwanderern« . Im November 2002 präsentierten ihm sechzig ausgewählte Jugendliche ihre Einsprüche gegen Intoleranz und Rechtsextremismus im Internet. Angeregt worden waren diese durch die Jugendinitiative STEP 21, die von der Bertelsmann AG mitgetragen wurde. Die Stiftung erweist sich eben immer wieder als perfekter Mechanismus zur Pflege wichtiger Kontakte, auf die auch ein Bundespräsident nicht verzichten kann.

Es steht zu vermuten, dass Bertelsmann zu Raus Nachfolger Horst Köhler ein noch engeres Verhältnis anstrebt. Horst Köhler und Reinhard Mohn einen neoliberale Ideen ebenso wie der Wille, die Gesellschaft entsprechend zu reformieren. Eine erste Tuchfühlung hat schon stattgefunden. Köhlers Amtseinführung am 1. Juli 2004 richtete der Verein Werkstatt Deutschland aus, der sich wie der Präsident und Bertelsmann für Deutschlands Zukunftsfähigkeit stark macht. Auf dem Pariser Platz in Berlin versammelten sich etwa 1 500 Gäste um eine große »Tafel der Demokratie«. Die Bertelsmann AG und die Bertelsmann Stiftung waren nicht nur durch Liz Mohn vertreten. Den Abend moderierte ein Fernsehstar vom Bertelsmann-Sender RTL, die Live-Übertragung übernahm der Bertelsmann-Sender n-tv. Hauptakteure des musikalischen Rahmenprogramms waren neben dem Berliner Sinfonie-Orchester Yvonne Catterfeld und Eko Fresh von der Bertelsmann Music Group.

Politik und Wirtschaft – ein Karussell

Seit einiger Zeit ist die Stiftung sichtlich bemüht, ihre Themen- und Projektbereiche mehr an den gesamtgesellschaftlichen Trends als an den Geschäftsbereichen des Konzerns auszurichten. An der intensiven Zusammenarbeit zwischen beiden Bertelsmann-Sphären ändert das allerdings nichts. Man ist lediglich vorsichtiger geworden. Wesentlich ist heute wie eh und je die Imagepflege der »Dachmarke Bertelsmann« durch die Stiftung. Ohne diese wären die Public Relations der Bertelsmann AG nur halb so wirkungsvoll. Zwischen Politik und Wirtschaft schaffe man ein Klima des »produktiven Miteinanders«, sagt man bei Bertelsmann gerne. Das gereicht allen Beteiligten zum Vorteil.

Die Aktivitäten der Stiftung gleichen einem Polit-Karussell, auf dem sich alles dreht, was Einfluss hat. Anlässe und Gelegenheiten finden sich immer.

Zum Beispiel durch Preisverleihungen. »Die Bertelsmann Stiftung verleiht seit 1988 jährlich den mit 150 000 Euro dotierten Carl Bertelsmann-Preis, um der öffentlichen Diskussion neue Impulse zu geben. Ausgezeichnet werden innovative Lösungsansätze für zentrale gesellschaftspolitische Aufgaben.« So steht es auf der offiziellen Homepage der Stifter.[25] Wenn dann aber der Vorstandsvorsitzende der Bertelsmann AG, Gunter Thielen, im Festakt zur Verleihung des Carl Bertelsmann-Preises fordert, Wirtschaft und Zivilgesellschaft müssten künftig bestimmte politische Aufgaben selbst übernehmen, spricht nicht nur der interessenunabhängige, überparteiliche Treuhänder. Als dieser sitzt Thielen im Kuratorium der Stiftung. Nein: Es spricht auch der Wirtschaftskapitän, der weiß, was von existenzieller Bedeutung für sein Unternehmen ist.

Die Liste der Preisträger liest sich wie ein Stichwortregister zu Bertelsmanns Unternehmensgeschichte. 1989 wurden Volvo und Hermann Miller Inc. für ihre hervorragende Unternehmenskultur geehrt. Bertelsmann stellte damit unter Beweis, dass man in Gütersloh dem sozialen Gewissen der »Arbeitsgemeinschaft« verpflichtet blieb, auch wenn man sich auf der expansiven Überholspur befand. 1994 ging der Carl Bertelsmann-Preis an Channel 4 in Großbritannien und TVW7 Perth in Australien für verantwortungsvolle Programmgestaltung im Fernsehen. Wieder stand der Gütersloher Konzern indirekt mit auf dem Siegertreppchen. Die Bertelsmann AG bemühte sich damals, mit VOX einen intellektuell anspruchsvollen Fernsehsender im deutschen Privatfernsehen zu etablieren. 1998 galt die Preisverleihung der »Selbstkontrolle in den Medien«. Bertelsmann beabsichtigte zu jener Zeit, in der Bundesrepublik eine strengere Kontrolle der Medieninhalte einzuführen. Ausgezeichnet wurden die kanadischen und amerikanischen Vorbilder: die Canadian Radio-Television and Telecommunications Commission (CRTC) und das Recreational Software Advisory Council (RSAC) in den USA. Die Bertelsmann-Preisträger 2001 hießen Tadeusz Mazowiecki, Leszek Balcerowicz und Adam Michnik. Sie erhielten den Preis stellvertretend für den erfolgreichen »Transformationsprozess« in Polen. Der Konzern investierte gerade verstärkt in Polen über arvato, Gruner + Jahr und diverse Buchclub-Gründungen. Da konnte ein Lob der Vorbildlichkeit Türen öffnen. 2002 wurde die Organisation Transparency International nach Gütersloh zur Preisverleihung geladen. Der Abschlussbericht der *Unabhängigen Historischen Kommission* (UHK) stand nämlich unmittelbar bevor. Er handelte von Bertelsmanns Verstrickung in die Korruption zu Zeiten des Nationalsozialismus. Da nahm sich eine Distanzierung von korrupten Geschäftspraktiken gut aus.

Im Jahr 2003 schloss sich der Kreis: Der Carl Bertelsmann-Preis ging an die Hilti AG in Liechtenstein. Nominiert waren außerdem die BMW Group und Novo Nordisk A/S für – »Unternehmenskultur und Führungsverhalten als Erfolgsfaktoren«. Welch ein Zufall. Die Bertelsmann AG sorgte erneut für Schlagzeilen. Die Entlassung Thomas Middelhoffs im Sommer 2002 hatte ihr Image angekratzt. Die Presse spekulierte weiterhin, der Machtwille und die angeblichen Intrigen Liz Mohns hätten Middelhoff zu Fall gebracht. Darüber hinaus befürchtete man wohl, die Enthüllung der Umsatztäuschungen bei AOL könnte auch der Legende vom »guten« Gütersloher Konzern schaden. Eine Preisverleihung als Bekenntnis der Stiftung zu den traditionellen Werten der Unternehmenskultur kam da gerade recht. Sie würde es glaubwürdig erscheinen lassen, dass der Konzern immer noch den ethischen Werten der Firmenkultur sowie der Tradition der Familien Mohn und Bertelsmann verpflichtet war. Der Journalist Bernhard Hänel sprach in der *Neuen Westfälischen Zeitung* erstaunlich offen vom Hintersinn der Parallele: »Damit sollte ein Schlussstrich gezogen werden unter wochenlange negative Schlagzeilen über das Unternehmen und seine Führungskultur nach der überraschenden Verabschiedung von Vorstandchef Thomas Middelhoff und der Stärkung des Einflusses von Mohn-Gattin Liz bei der Steuerung des Konzerns und der Stiftung. Hohn und Spott ergoss sich quer durch die deutsche Medienlandschaft über die Gütersloher.«[26]

Parallelen wie diese ereignen sich zu häufig, um Zufälle zu sein. Gerade für ein Medienunternehmen von Bertelsmanns Zuschnitt und Expansionswillen ist die Herstellung guter Kontakte der erste Schritt in neue Märkte hinein. Den Buchclubs in China ging ein Treffen von Liz Mohn mit dem chinesischen Kulturminister sowie eine Bertelsmann-Gala in Peking voran. »Deutschen Autobossen, die sich derzeit alle nach großen Auftritten in China sehnen, hätte man so ein Ranschmeißen in Peking nicht mehr durchgehen lassen«, kommentierte die *taz*.[27] Bertelsmann hingegen schon. Man war in kulturellem Auftrag und im Namen der Stiftung unterwegs. Wie die ökonomische Tuchfühlung zwischen chinesischer Regierung und Bertelsmann-Konzern im Einzelnen vonstatten ging, werden wir im nächsten Kapitel zeigen.

Wenn Bertelsmann neuerdings, wie Gunter Thielen laut dpa-Meldung bekundet, in allen drei baltischen Staaten unternehmerisch Fuß fassen will, sollte man die Verantwortlichen in den dortigen Staaten zuvor am besten schon einmal kennen gelernt haben.[28] Eben dies geschah während des Internationalen Bertelsmann Forums im Januar 2004, auf dem die lettische Präsidentin Vaira Vike-Freiberga zu Gast war. Mit einer ähnlichen unternehmerischen Absicht bat man wohl auch Ivo Sanader aus Kroatien an die Spree. Für den frisch gewählten kroatischen Ministerpräsidenten war es eine erfolgreiche Premiere auf dem internationalen Parkett. Sanader lud daraufhin Liz Mohn und Kontakt-Koordinator Werner Weidenfeld zu einem Gegenbesuch im Mai nach Zagreb ein. Was diesen ebenfalls eine Premiere ermöglichte. Der zum Konzern gehörende Sender RTL Televizija hatte in Kroatien gerade die Arbeit aufgenommen. Schon am ersten Wochenende erreichte er einen Marktanteil von knapp 40 Prozent, mehr als jedes der anderen drei kroatischen Programme.[29] Stiftungspolitik als Medienpolitik – auf allen Kanälen.

Die Bertelsmann Stiftung scheut sich nicht, den Mächtigen die Hand entgegenzustrecken. Die Politik wiederum hat keine Berührungsängste gegenüber der Stiftung und findet sich – wie in Berlin – schnell auch in den Geschäftsräumen der Aktiengesellschaft wieder. Mittlerweile wird die »Dachmarke Bertelsmann« durch die Stiftung so gut gepflegt, dass die Public Relations des Konzerns in hohem Maße davon profitieren. Die bloße Anwesenheit von Politik und Prominenz bei Veranstaltungen der Stiftung garantiert ein Vielfaches mehr an Vertrauensgewinn für den Namen Bertelsmann, als ihn die aufwändigste Pressearbeit des Medienimperiums erzielen könnte. Die Stiftung verbürgt die Reputation und Gemeinnützigkeit des Konzerns auf zwanglose Weise.

Bei der Auswahl ihrer jüngsten Aktivitäten reagiert sie sensibel auf die aktuelle Stimmungslage in der Bevölkerung. Die Reformen der Agenda 2010 haben der rot-grünen Regierung ein Negativimage beschert. In Gütersloh befürchtet man offenbar, in die öffentliche Kritik hineingezogen zu werden. Man hat schließlich die entscheidenden Vorarbeiten für die Agenda – und für den Niedergang – geleistet. Dem beugt man vor, indem man sich neuerdings auf »weichere Themen« verlegt. Gemeinsam mit Bundesfamilienministerin Renate Schmidt hat Liz Mohn 2003 eine »Allianz für die Familie« geschmiedet. »Frühkindliche Erziehung« ist ein Schwerpunkt. Kritik und Protest sind hier kaum zu erwarten. Liz Mohn wird vermutlich mehr Energie für solche Projekte aufwenden als für die Zahlenwelten ihres Ehemannes. Gleichwohl bleibt dessen Grundidee bestimmend. Schon die Kleinkinder sollen Team- und Konkurrenzfähigkeit erlernen.

Man schreibt Wettbewerbe aus, verleiht Preise und vergibt Gütesiegel. Unter der Schirmherrschaft von Bundesgesundheitsministerin Ulla Schmidt steht der neu geschaffene deutsche Präventionspreis 2004. Honoriert werden präventive Projekte in den Bereichen Ernährung, Bewegung, Stressregulierung und Suchtvorbeugung (Rauchen, Alkohol). Von 449 vorgeschlagenen Projekten wurden elf prämiert. Den ersten Preis von 11 000 Euro erhielt das MoKi-Projekt in der rheinischen Kleinstadt Monheim für beispielhafte Kindertagesstätten. Tageseinrichtungen für Kinder können sich seit 2004 bei der Bertelsmann Stiftung auch um den Preis »Dreikäsehoch« bewerben. In diesem Jahr wird er an Einrichtungen vergeben, die Konzepte für eine vorbildliche Eingewöhnung neuer Kinder erprobt haben.

Gewisse Entschädigungsleistungen hält die Bertelsmann Stiftung sogar für die von der Agenda 2010 betroffenen Berufsgruppen bereit. Man ist bemüht, den guten Ruf als soziales Gewissen der Republik zu wahren. So sollen auch die Ärzte Positives aus dem Gütersloher Think Tank erfahren. Bertelsmann und der Verein TO-PAS gründeten die Stiftung Praxistest. Sie überprüft Hausarztpraxen auf ihre Qualität und erteilt Zertifikate. Die ersten 60 Praxen haben ihr Gütesiegel samt Urkunde bereits erhalten. Der Name Bertelsmann verbürgt eben nur mustergültige Leistungen.

Trost gibt es ebenfalls für die Handwerker, die unter der Reform der Handwerksordnung zu leiden haben. Die Stiftung und der Zentralverband des Deutschen Handwerks vergeben den mit 45 000 Euro dotierten Handwerks-Preis 2005. Gedacht ist das Geld für Handwerksbetriebe, die sich mit innovativen Ideen im Wettbewerb behaupten, durch gesellschaftliches Engagement überzeugen und beides in ihrer Unternehmenskultur miteinander verzahnen. Die Bertelsmann-Philosophie im Kleinstbetrieb ist der Stiftung einen weiteren Preis wert. Und dieser wird wie alle anderen Preise dafür sorgen, dass Bertelsmann allen Menschen in guter Erinnerung bleibt. Auch denen, die gewillt sind, bei den nächsten Wahlen ihre Unzufriedenheit zu äußern – für Maßnahmen, die die Stiftung mitzuverantworten hat. Wie es scheint, trifft man in Gütersloh bereits Vorkehrungen für neue Mieter im Bundeskanzleramt.

Der Kanzler(innen)berater

Die *Frankfurter Allgemeine Sonntagszeitung* nennt die Bertelsmann Stiftung »die heimlichen Kanzlerberater«.[30] Und das, wie wir in diesem Kapitel gesehen haben, mit einigem Recht. Die Stiftung ist ein Musterbeispiel für den in gemeinnützige Projekte gekleideten Lobbyismus des Medienkonzerns. Niemand versteht es besser, auf der Klaviatur des kulturellen Austauschs und der internationalen Beziehungen zu spielen, als Bertelsmann. Auf vielen Wegen, über die Stiftung und deren Kooperationspartner, vor allem aber über Weidenfelds lukrative CAP-Kontakte, gibt man in Gütersloh den Entscheidungsträgern die Richtung vor. Man berät die Politiker, den Kanzler. Macht man ihn nicht auch?

Auf Gerhard Schröders inniges Verhältnis zu Bertelsmann haben wir hingewiesen. Sein Wahlsieg und die Agenda 2010 sind auf dem Terrain der Bertelsmann Medien und der Bertelsmann Stiftung gewachsen. Seine Elogen jedenfalls sprechen Bände. Wie aber steht es mit der potenziellen Nachfolgerin? Der Name Angela Merkel fällt ebenfalls oft in Bertelsmann-Zusammenhängen. Ist der nächste Wahlkampf hinter den Kulissen unter Umständen eine Frauensache? Wird nach der Bundestagswahl 2006 eine Frau wie weiland Gerhard Schröder und Joschka Fischer nach Gütersloh pilgern, um in zwangloser Atmosphäre anlässlich eines Festakts oder eines Arbeitsgesprächs Liz Mohn Dank abzustatten? Die Indizien dafür sind vorhanden.

Reinhard Mohn trug lange Jahre den Spitznamen »Roter Mohn«, blieb aber von der traditionellen Linken politisch immer meilenweit entfernt. Klassenkampf und Gewerkschaftsarbeit begegnete er mit Argwohn. Für Mohn war der Unternehmer alleiniger Herr im Haus, und so stellte er sich auch die Machtverhältnisse in der Gesellschaft vor. In die Nähe zur SPD kam er erst in den Achtzigerjahren, als Bertelsmann in das private Rundfunk- und Fernsehgeschäft drängte und politische Starthilfe benötigte. Die Konkurrenz von Leo Kirch verfügte bei der CDU über beste Beziehungen und Unterstützung bei der Zuteilung von Sendelizenzen. Bertelsmann versuchte es über die Sozialdemokratie und benutzte als Aushängeschilder die linksliberalen Magazine der Konzerntochter Gruner + Jahr. Eine Zweckgemeinschaft also, keine Liebesheirat.

Als Bertelsmann mit der RTL Group in den Neunzigern überragende Fernseherfolge feierte, änderten sich die Abhängigkeiten. Nicht mehr Bertelsmann allein suchte die Nähe der Politik, die Politiker suchten ihrerseits die Nähe des

Konzerns. Dieser schuf mit den Kontaktforen der Stiftung eine politische Plattform, auf der man sich zeigen konnte. Wer in der Bertelsmann Stiftung gehört wurde, konnte sicher sein, über die Bertelsmann-Medien gesehen zu werden. So wurde Bertelsmann auch in dieser Hinsicht zu einem wichtigen Wahlkampffaktor.

Gerhard Schröder, Joschka Fischer und das rot-grüne Kabinett haben eng mit der Stiftung kooperiert, als es um die Agenda 2010 ging. Bertelsmann hat sie als Köpfe der Agenda ins Licht der Öffentlichkeit gerückt und ist klugerweise vornehm im Hintergrund geblieben. Jetzt bekommt die rot-grüne Regierung die Quittung für die harschen Reformen. Ein weiterer Wahlsieg scheint mehr als unwahrscheinlich. Und bei Bertelsmann beginnt man umzudenken.

Tim Arnold verlässt 2004 den Konzern. Nach Stationen als Assistent von Wössner und Middelhoff und Kommunikationschef der Stiftung war er seit 2002 als Sprecher von Random House tätig. Für Reinhard Mohn hielt er den Kontakt zur Unabhängigen Historischen Kommission. Er genoss das volle Vertrauen des Bertelsmann-Chefs. Nun geht er in die Politik, um den CDU-Spitzenkandidaten Jürgen Rüttgers im nordrhein-westfälischen Landtagswahlkampf 2005 als Wahlkampfmanager zu unterstützen.[31] Die Wahlentscheidungen im bevölkerungsreichsten Bundesland gelten für gewöhnlich als richtungsweisend. Sollte die CDU die Wahlen gewinnen, besitzen die Mohns und Bertelsmann die besten Voraussetzungen für künftige Kooperationen mit der neuen Landesregierung. Sie haben vorbereitende Maßnahmen getroffen und einen vertrauten Manager ins Feld geschickt.

Und auf dem Gesellschaftsparcours der Bertelsmann Stiftung wird Angela Merkel zunehmend aktiver. Im Februar 2003 präsentierte die CDU-Chefin in Gütersloh Reinhard Mohns neuestes Buch. Sie pries es als Werk eines souveränen Verfechters der Neuen Sozialen Marktordnung. Vor dem Unternehmen verbeugte sie sich mit einer freundlichen Übernahme der Mohn'schen Selbstidealisierung: »Bei Bertelsmann ist es gelungen, das gesellschaftliche System auf ein Unternehmenssystem herunterzubrechen und das dann so zu führen, wie die Gemeinschaft geführt werden muss.«[32] Auch ließ sie es sich nicht nehmen, das Buch in der *Frankfurter Allgemeinen Sonntagszeitung* zu rezensieren. In welchem anderen westeuropäischen Land wäre es möglich, dass sich das Oberhaupt einer großen Volkspartei das Selbstverständnis eines Medienkonzerns in dieser Weise ohne Wenn und Aber zu Eigen macht?

Den Mohns scheint es zu gefallen, wie Angela Merkel sich engagiert. In der

Stiftungszeitschrift darf sie neuerdings ganze Seiten füllen.[33] Auch Liz Mohn persönlich macht sich stark. Am 29. April 2004 erschien in der zweiten Ausgabe der Monatszeitschrift *Cicero* ihre schwärmerische Eloge auf die CDU-Vorsitzende, überschrieben mit: »Da ist viel Wärme«.[34] Unbedenklich überschreitet die Frau, auf deren »Kommando Bertelsmann hört« (*Cicero*-Vorspann), die letzte öffentliche Schamgrenze, die der Lobbyismus auf Gegenseitigkeit in der Bundesrepublik bisher noch hatte. Reinhard Mohns Sympathiebekundungen an die Sozialdemokratie in den Siebziger- und Achtzigerjahren nehmen sich, verglichen damit, diskret und distanziert aus. Sensibilität, Einfühlungsvermögen, Klarheit, Offenheit, Kritikfähigkeit, Geduld, Eindringlichkeit, Fürsorglichkeit, Führungsstärke, Ehrlichkeit, Urteilsfähigkeit, Gerechtigkeitsgefühl, einen mitfühlenden, mutigen, anpackenden, offensiv-nachdenklichen und überhaupt gut organisierten Charakter … All das und noch viel mehr sagt die eine Frau der anderen nach. Die Bertelsmann-Chefin schreibt der CDU-Chefin alle jene Stärken zu, die sie bei sich selbst vermutet. »Es heißt, dass sie ein kalter Mensch sei. Wer ihr aber gegenübersteht, erkennt: Das sind keine kalten Augen … Es heißt, ihr Wille zur Macht sei ausgeprägt, dass es aber an Substanz fehle. Wer sie aus persönlichen Gesprächen kennt, der weiß, wie falsch diese Kritik ist. Ihre Herkunft hat sie stark geprägt, ihre Weltordnung steht auf festem Fundament … Wer Angela Merkel aus dem persönlichen Gespräch kennt, der weiß, wie viel Sympathie sie ausstrahlen kann; der weiß, dass sie genaue Vorstellungen davon besitzt, wie unsere Gesellschaft, die Welt und das Leben zu gestalten sind.« Wer in der Öffentlichkeit so hemmungslos seine »persönliche Sympathie« für eine Frau mit guten Aussichten auf die Kanzlerschaft zur Schau stellt, erwartet eine Gegenleistung. Liz Mohn schreckt nicht davor zurück, der Politikerin eine Kumpanei im gegenseitigen Hochloben anzutragen: »Angela Merkel verfügt über jene hohe emotionale Intelligenz, die Frauen eher eigen ist als Männern.«

Auch in anderer Hinsicht ist der Artikel entlarvend. Die Vorsitzende der Bertelsmann Verwaltungsgesellschaft plaudert aus, wie es auf höchster Kontaktebene zwischen Volkspartei und Medienkonzern so zugeht: Bei der ersten Begegnung im Bonner Konrad-Adenauer-Haus habe Merkel »unmissverständlich« den unfreundlichen Ton »einiger Medien aus dem Hause Bertelsmann« ihr gegenüber beklagt. Ob das denn sein müsse? Liz Mohn erklärte daraufhin, was die Bertelsmann-Oberen in solchen Situationen immer erklären: »Bei Bertelsmann herrscht Pluralität. Es gibt keine Interventionen für eine bestimmte Partei oder einen bestimmten Artikel.« Von persönlichen Huldigungen in *Cicero*-Manier an potenzielle Wahlsieger wohl abgesehen.

Im Oktober 2003 nahm Angela Merkel in Bonn den Zukunftspreis der CDU-Sozialausschüsse entgegen. Die Laudatio hielt Liz Mohn. Preisverleihungen, an denen Bertelsmann beteiligt ist, kündigen in den meisten Fällen Tendenzwenden an. War auch dieser Festakt ein in die Zukunft weisendes Omen? Trotz aller eindeutigen Prognosen weiß heute noch niemand, wie die Bundestagswahl 2006 ausgehen wird. Nur eines ist sicher. Bertelsmann wird Kanzler(innen)berater bleiben. Kein »heimlicher«, wie man immer sagt, sondern ein vertraulicher, fordernder – und öffentlicher.

Medienunternehmen oder Gemischtwarenladen? –
Weiß Bertelsmann, was es auf dem Weltmarkt will?

Die Napster-Groteske

Zum Auftakt des 3. Jahrtausends waren auch in Gütersloh unternehmerische Großtaten geplant. Doch als die symbolträchtige Schwelle zum 21. Jahrhundert überschritten war, griff in den Entscheidungszentren von Bertelsmann eine seltsame Zerfahrenheit um sich. Überstürzt wurden Bündnisse mit anderen Unternehmen geschlossen und beendet, Firmen gekauft und abgestoßen, weit reichende Absichten verkündet und jeweils kurz darauf wieder verworfen. Die Ablösung des Internet-Optimisten Thomas Middelhoff im Amt des Vorstandsvorsitzenden durch den auf Konsolidierung bedachten Gunter Thielen änderte in dieser Hinsicht kaum etwas. Verlor der Konzern mit seiner Fähigkeit zu ständiger Markterweiterung auch die Orientierung?

Verfolgen wir die Entwicklung in einem der zentralen Geschäftsbereiche des Medienkonzerns: im Musikgeschäft. Hier treten die Hintergründe und Folgen eines riskanten Schlingerkurses deutlich zutage. Im Jahr 2000 wurde die Musikindustrie von einer zwangsläufigen Erweiterung des Informationsaustauschs zwischen Internet-Anwendern überrascht. Kalifornische Collegestudenten nutzten ein Komprimierungsverfahren, das Musikdateien ohne wesentliche Beeinträchtigung des Hörgenusses auf nahezu 8 Prozent ihrer Datenmenge reduzierte (MP3-Standard). Es war nun möglich, innerhalb weniger Minuten bestimmte Musikstücke von Festplatte zu Festplatte zu übertragen und anschließend auf CD zu brennen. Ein ungezügelter, fast kostenloser Tauschverkehr zwischen Gleichgesinnten *(peer-to-peer* bzw. *P2P)* setzte ein. Die Musikfans holten sich ihre Lieblingsstücke aus dem Netz. An der erfolgreichsten Online-Tauschbörse namens Napster beteiligten sich im Herbst 2000 bereits 37 Millionen Personen mit mehr als 200 000 Dateien.

Die geschockten Plattenfirmen rechneten vor, dass ihnen dadurch Milliarden von Dollar verloren gingen. Dies war zwar eine Milchmädchenrechnung, denn nur ein kleiner Teil der gratis heruntergeladenen Stücke wäre unter anderen Umständen im Laden gekauft worden. Doch die großen Musikkonzerne sahen sich hintergangen und versuchten, Napster auf gerichtlichem Weg in die Knie zu zwingen. An der Seite von EMI, Warner Music, Sony Music und Universal kämpfte die Bertelsmann Music Group (BMG).

Am 2. November 2000 jedoch verblüffte Bertelsmann seine Verbündeten ebenso wie die Tauschergemeinde mit einer unerwarteten Nachricht: Man werde mit Napster eine strategische Allianz eingehen. Der Coup ist bekannt; wie tollkühn er war, scheint jedoch bis heute nicht ins öffentliche Bewusstsein gedrungen zu sein. Bertelsmann kündigte die Umwandlung der Tauschbörse in einen kostenpflichtigen Dienst für Abonnenten an. Napster sollte das Kernstück einer neuen Strategie der Direktverwertung von Musikstücken und Filmen sein, unter Kontrolle von Bertelsmann als großem Schlichter zwischen den Interessen der Künstler, Musikkonzerne und Musikliebhaber. Dass man damit auch der eigenen Musik-Tochter mit ihren Produktions- und Vertriebswegen und ihrem Netz von Komponisten, Autoren, Interpreten und Verlagen das Fundament zu entziehen begann, wurde in Kauf genommen. Den protestierenden BMG-Chef Strauss Zelnick und all jene, die dem plötzlichen Bündnis mit der Illegalität misstrauten, ließ man ziehen. Man verfügte ja bereits über das Repertoire der BMG-Titel und hoffte auf günstige Lizenzverträge mit den Musikkonzernen, die man gerade im Stich gelassen hatte. »Wenn es mit Napster klappt«, sagte der BMG-Manager Thomas M. Stein im Februar 2001, »sind wir Nummer eins.« Das war der Plan. Damit er Wirklichkeit werden konnte, bediente Bertelsmann seinen neuen Partner bis Mitte 2002 mit Krediten in Höhe von etwa 120 Millionen Dollar.

Der Plan jedoch war von vornherein zum Scheitern verurteilt. Warum seine Initiatoren dies nicht erkannten, lässt sich nur mit Verblendung oder Verzweiflung oder einer Mischung aus beidem erklären. Offenbar wollte man die Euphorie auf dem Musikmarkt in ähnlicher Weise schüren, wie es Thomas Middelhoff bei AOL Europe und Terra Lycos in den Deals mit der Online-Werbung praktiziert hatte. Aber die geringe Aussicht auf Erfolg rechtfertigte den hohen Einsatz Bertelsmanns bei Napster keinesfalls. Denn erstens war Napster fortan nicht mehr Napster. Er verlor sein attraktives Piraten-Image. Mit der Treue der bisherigen Gemeindemitglieder konnte man nicht rechnen, obwohl Komfort und Titelumfang des kommerziellen Dienstes die Gebühren rechtfertigten. Sofort nach Bekanntwerden der kuriosen Allianz schickte sich ein Dutzend anderer Musikbörsen an, die durch Napsters »Verrat« entstandene Lücke zu füllen. *Peer-to-peer*-Netzwerke wie Gnutella und Freenet kamen überdies ohne zentralen, angreifbaren Server aus und ließen sich nur noch mittels abenteuerlicher juristischer Konstruktionen wegen Urheberrechtsverletzung belangen. Weitere Gratisanbieter operierten von Standorten außerhalb der Vereinigten Staaten aus. Die in den Klangkörper der urheberrechtlich geschützten Musikstücke eingewobenen Sicherheitssperren konnten umgangen oder aufgehoben werden. In den Chat-Foren der Napster-Sites wurde zum Boykott aufgerufen und der Exodus zu anderen Musiktauschmaschinen organisiert.

Absehbar war es, zweitens, dass die Konkurrenten EMI, Warner, Universal und Sony sich der ihnen zugedachten Rolle, das Napster-Angebot aufzufüllen, verweigern würden. Sie erkannten sofort, dass Bertelsmann mit Dumping-Preisen aufwartete, um möglichst viele ehemalige Gratistauscher bei der Stange zu halten. Die Konzerntochter eCommerce Group hüllte sich ins Napster-Gewand und spielte mit dem Ruf des konzilianten User-Freundes. Diese versteckte Sympathiewerbung wollten die Konkurrenten nicht mit billigen Pauschallizenzen unterstützen, zumal sie eigene, gut sortierte Abonnementdienste vorbereiteten. Drittens warteten die Majors der Musikindustrie noch immer auf den Ausgang des Hauptverfahrens, da Napster bereits im Sommer 2000 – vor dem Einstieg von Bertelsmann – per einstweiliger Anordnung kurzfristig geschlossen worden war. Im Februar 2001 verurteilte ein Berufungsgericht in San Francisco die Tauschbörse dazu, alle nicht lizenzierten Musikkopien zu unterbinden; ansonsten drohte die endgültige Stilllegung. Das von Bertelsmann subventionierte Download-Geschäft mit dem reduzierten Angebot kam nicht in Gang. Im Juli 2001 untersagte ein Gericht die Fortsetzung des von Entschädigungsansprüchen belasteten Tauschbetriebs. Noch hoffte der Vorstandschef der BMG, Rolf Schmidt-Holtz, auf die Neueröffnung eines kostenpflichtigen Dienstes. Im Mai 2002 wollte man die verbliebenen Vermögenswerte von Napster für 8 Millionen Dollar übernehmen. Verlorene Liebesmüh. Einen Monat später beantragte Napster die Feststellung der Insolvenz, und im September 2002 verbot ein Bezirksgericht den Erwerb des insolventen Unternehmens durch den deutschen Medienkonzern. Bertelsmann fand sich mit dem Urteil ab. Inzwischen war Middelhoff durch Thielen abgelöst worden, und in Gütersloh hatte man wenig Lust auf eine Fortsetzung des Abenteuers. Die immensen Investitionen und die vielen Millionen potenzieller Download-Kunden schrieb man achselzuckend ab.

Wie konnte man nur annehmen, dass einige Millionen von Napster-Klienten, an unbeschränkte Freizügigkeit gewöhnt, bereit sein würden, für ein schmales und anderswo unentgeltlich abrufbares Angebot auch noch Gebühren zu zahlen? Angesichts dieser und anderer Paradoxien begannen viele Anwender und auch manche Branchenkenner über die Motive von Bertelsmann zu rätseln. Hatte das deutsche Weltunternehmen tatsächlich die Absicht, Napster in einen kommerziellen Dienstleister zu verwandeln? Oder war dies nur ein taktisches Kalkül? Oder wollte man die populäre Tauschbörse entzaubern, um eine für die Musikkonzerne gefährliche Entwicklung aufzuhalten?

Ein Kalkül lässt sich in diesem Fall nicht nachweisen. Und die letzte Möglichkeit kommt gleichfalls nicht in Betracht. Niemand durfte im Jahr 2000 noch hoffen, die damals bereits von mindestens 60 Millionen Menschen erprobte Technik des unbezahlten Kopierens und Herunterladens von Musik im Internet wieder vergessen machen zu können. Nein, nichts führt um die Einsicht herum, dass man in Gütersloh davon träumte, sich an die Spitze einer weltweiten Entwicklung zu setzen und sie ins eigene Musikgeschäft zu lenken. Man spielte die Risiken herunter, weil es keine Alternative zu geben schien. Die erfolgsverwöhnten Strategen in Gütersloh verurteilten sich angesichts einer ernsthaften Strukturkrise des Musikgeschäfts gegenseitig zum Optimismus. Sie erlitten Schiffbruch, versäumten den Zeitpunkt für notwendige Anpassungsmaßnahmen und wurden nachträglich nochmals zur Kasse gebeten.

Denn nun erinnerten sich andere Beteiligte, die sich von Napsters Tauschverkehr in Mitleidenschaft gezogen sahen, an das Doppelspiel von Bertelsmann. Im September 2002 verklagte ein Gläubigerausschuss der insolventen Tauschbörse den solventen deutschen Medienriesen an einem New Yorker Bundesgericht auf Schadenersatz. Das Beispiel machte Schule. Bis Mitte 2003 schlossen sich die Songschreiber Elvis Presleys, Jerry Leiber und Mike Stoller, zwei Musikverlage und schließlich die Major Labels Universal Music und EMI an. Angeblich belegten Unterlagen aus dem Insolvenzverfahren, dass Bertelsmanns Einfluss auf Napster über den eines Kreditgebers weit hinausgegangen war. Die Kläger warfen Bertelsmann vor, Verletzungen des Urheberrechts bei Napster durch Investitionen und technisches Know-how wissentlich gefördert und das insolvente Unternehmen noch monatelang widerrechtlich am Leben gehalten zu haben. Das Verfahren wurde bis heute nicht eröffnet. Das deutsche Bundesverfassungsgericht entzog dem Prozess in den USA die Voraussetzung, indem es die Zustellung der Klageschrift in Gütersloh einstweilig untersagte. Begründung: Die Kläger könnten das Verfahren in den Vereinigten Staaten »in einer offenkundig missbräuchlichen Art und Weise« dazu nutzen, »einen Marktteilnehmer gefügig zu machen«.

Es entbehrt nicht einer gewissen Ironie, dass dem deutschen Medienkonzern etwas vorgeworfen wird, was er – unter Middelhoffs Leitung – angestrebt, aber nicht geschafft hat: Napster in umgemodelter Version am Leben zu halten. Bei diesem Versuch kam Bertelsmann der rebellische Nimbus von Napster durchaus gelegen. Man wollte von ihm profitieren, ohne ihn verantworten zu müssen. Und wer weiß, wie sich Bertelsmanns neue Führung entschieden hätte, wenn ihr die Übernahme von Napster erlaubt worden wäre. Die BMG jedenfalls arbeitet immer noch unter der Leitung von Rolf Schmidt-Holtz.

Thomas Middelhoff wird nachgesagt, er habe auf möglichst vielen Hochzeiten tanzen und sich alle Optionen offen halten wollen. Zweifellos verfügte er dabei über ein Gesamtkonzept: das der Vorwegnahme und Beschleunigung des globalen Medienstrukturwandels zum Nutzen des Konzerns. Über längere Zeit war er damit erfolgreich, was ihm die persönliche Gunst Reinhard und Liz Mohns einbrachte. Sein Nachfolger Gunter Thielen meidet die Gefahrenzonen, die auch Middelhoff umschiffte. Aber folgt er auch einem Gesamt-, einem Weltmarktkonzept? Der überstürzte Versuch, mit Napster eine neue Verwertungskette im Musikgeschäft zu knüpfen, hat das Vertrauen der bei BMG und den anderen einschlägigen Konzerntöchtern tätigen Mitarbeiter in die Weisheit ihrer Marktplaner tief erschüttert. Nach dem Sommer 2002 hat sich dieser Vertrauensverlust noch beschleunigt. Ausgesprochen und unausgesprochen steht nun die Existenz der gesamten Musiksparte von Bertelsmann – einschließlich des Gütersloher Traditionsunternehmens Sonopress – zur Disposition, somit die Zukunft eines Stammgeschäfts von Bertelsmann. Die Sparte muss jährlich beziehungsweise halbjährlich nachweisen, dass sie sich noch rechnet.

Immer dann, wenn ein Spartenchef von Bertelsmann verlauten lässt, man sei »mit Sicherheit auf keinen Merger angewiesen«, wolle aber gern mit einem

»attraktiven Partner« zusammenarbeiten, wissen seine Mitarbeiter, dass es ernst wird. Schmidt-Holtz hat sich wiederholt in diesem Sinne geäußert. Bereits in den Jahren 2000 und 2001 bemühte er sich um eine Fusion mit dem britischen Musikkonzern EMI. Vergeblich – die Europäische Kommission sah den Wettbewerb gefährdet, und EMI hatte ein Auge auf Warner Music geworfen. Dann versuchte man, die Last des Musikgeschäfts mit Warner zu teilen. Ebenfalls vergeblich. Im Frühjahr 2003 plante man gar den Verkauf des Tonträgerproduzenten Sonopress an den kanadischen Weltmarktführer Cinram sowie eine Beteiligung an demselben. Auch daraus wurde nichts. Doch bei der BMG hörte man nicht auf, im Hinblick auf die Expansion der so genannten Online-Piraterie »über die Zukunft des Musikgeschäfts nachzudenken«. Im November 2003 gaben Bertelsmann und der japanische Elektronik-Multi Sony die Absicht bekannt, ihre Musiksparten zu einem Gemeinschaftsunternehmen zusammenzulegen, freilich ohne Einbeziehung der Musikverlage, der CD-Herstellung und der Plattenauslieferung.

Doch diese Absicht signalisiert keine entschlossene Neuorientierung. Fusionen, Entlassungen, Vertragskündigungen und die Produktion von Billig-CDs sind lediglich Maßnahmen zur Schadensbegrenzung. Den Partnern ist nichts Neues, kein zukunftsfähiges Konzept für den unumgänglichen Online-Vertrieb von Musik, eingefallen. Sie wollen lediglich rationalisieren und ein wenig Zeit gewinnen. Da sie aber auf diese Weise zugleich den notwendigen Strukturwandel vertagen, verlieren sie weitere, möglicherweise überlebenswichtige Zeit.[1] Bewahrheitet sich nun, was Marktkenner schon immer behaupteten: Bertelsmann habe keine Kompetenz im Musikgeschäft?

Die Entwicklung der Konzernstruktur

In einer nicht mehr von anhaltendem Erfolg beflügelten Bertelsmann AG scheint vieles möglich, was bisher ausgeschlossen war, selbst der Abschied von einem Stammgeschäft. Groß geworden ist Bertelsmann mit Druckereien, Büchern und Tonträgern. Von deren direkter Vermarktung versteht das Unternehmen mehr als die anderen Medienkonzerne. Zur Anregung der kreativen Mitarbeiterkräfte hat man in Gütersloh so häufig die Tradition des Hauses bemüht, dass man diese nun nicht wie veraltete Software ausmustern kann. Umso mehr gibt es zu denken, dass der Vorstandsvorsitzende Gunter Thielen nicht mehr – wie seine Vorgänger – die »Stammgeschäfte« in Ehren hält, sondern die Konzentration auf das »Kerngeschäft« beziehungsweise das »klassische Kerngeschäft« ankündigt. Solche kleinen terminologischen Neuerungen sind bei hochrangigen Verantwortungsträgern stets von Bedeutung. Exponiert, wie sie sind, meiden sie Begriffe, die man gegebenenfalls gegen sie verwenden könnte. Das Kerngeschäft ist nichts anderes als das Hauptgeschäft. Zu ihm gehören bei Bertelsmann heute in erster Linie das Fernsehamüsement und dessen Produktion und in zweiter Linie das in andere Länder exportierte Club-, Druck- und Dienstleistungsgeschäft. Fraglich, ob auch noch der Zeitschriften- und Verlagsbuchhandel inbegriffen ist. Die Musiksparte jedenfalls nicht mehr. Enttäuscht sie weiterhin, ist sie nicht mehr »klassisch«.

Dass auf den digitalisierten Märkten alle Produktarten rasch veralteten und vieles sicher Geglaubte über Nacht entbehrlich werde, haben nicht zuletzt die Lenker der »Wachstumsmaschine Bertelsmann« immer wieder vorgetragen. Was also will – und kann – das Gütersloher Medien- und Dienstleistungsunternehmen in dieser Welt des Wandels? Zu Wachstum gebe es keine unternehmerische Alternative, hat Gunter Thielen vor dem Beginn der Weihnachtsfeiertage 2003 seinen Mitarbeitern erklärt. Nur wachsende Unternehmen seien zukunftsfähig. Aber Wachstum wo und wohin? Worin, genauer gesagt, besteht die spezifische Wachstumskompetenz von Bertelsmann?

Suchen wir die Antwort zunächst in einem Rückblick auf die Strukturentwicklung der Bertelsmann AG sowie in den Akzent- und Zielsetzungen des amtierenden Vorstandsvorsitzenden Gunter Thielen und seiner letzten beiden Vorgänger.

Als 1971 der C. Bertelsmann Verlag die Rechtsform einer Aktiengesellschaft erhält, gliedert er sich in vier Unternehmensbereiche: (1) die Buch- und Schallplattengemeinschaften einschließlich der Auslieferungsfirma, (2) die »Verlagsgruppe Bertelsmann« mit ihren formal selbstständigen Lexikon-, Fach- und Kartografischen Verlagen, (3) den »Gesamtbereich Technik« mit den Betrieben Mohndruck, Sonopress und Industrie-Service und (4) den Bereich »Musik, Film, Fernsehen«, zu deren Musikverlagen und Labels sich wenige Jahre später die Filmproduktionsfirmen der Ufa-Gruppe gesellen. 1973 stockt Bertelsmann seine Minderheitsbeteiligung an dem Hamburger Druck- und Verlagshaus Gruner + Jahr zu einer Mehrheitsbeteiligung und 1976 zu 74,9 Prozent auf. Die Eigentümerfamilie Jahr behält eine Sperrminorität – und weiß sie bis heute zu verteidigen. Gruner + Jahr wird ungeachtet seiner Produktpalette, die sich mit der des Konzerns teilweise überschneidet, traditionshalber als eigenständiger Unternehmensbereich geführt. Bis in die Neunzigerjahre hinein umfasst die Bertelsmann AG fünf, dann sechs »Bereiche«, auch »Arbeitsgebiete«, »Geschäftsfelder« oder »Produktionslinien« genannt.

Die Musik- und Fernsehsparte des Unternehmens wird zum Hauptbetätigungsfeld der Expansionsstrategie. Nachdem sie viele neue Fernseh- und Hörfunkbeteiligungen, Firmen des Rechtehandels, »Home Video« und multimediale Aktivitäten eingegliedert hat, wird sie zu »BMG Entertainment« umgetauft. Noch versteht man »Unterhaltung« als gesonderten Bereich, noch dominiert die Musik. Dem Handel mit Büchern und Zeitschriften (Gruner + Jahr) wird noch ein ernster, bewusstseinsbildender Charakter zugesprochen.

Aus dem bunten Entertainmentbereich werden bald zwei Produktlinien ausgegliedert. 1995 entsteht unter dem Namen »New Media« ein Testfeld für Multimedia-Dienste, »Interactive Studios« und Online-Zugänge. Letztere versucht man von Anfang an in strategischer Partnerschaft mit dem weltweit führenden Anbieter AOL zu vermarkten. 1997 erlangt das stürmisch expandierte Geschäftsfeld der elektronischen Medien (Free TV, Pay TV, Radio, Programmproduktion und Rechtehandel) endlich Selbstständigkeit. Der jeweils wichtigsten Beteiligung entsprechend trägt der neue Bereich zunächst den Namen CLT-UFA, später den Namen RTL Group.

In Middelhoffs Amtsperiode löst sich aus der »Verlagsgruppe« der Bereich »Fachinformation«. Mit nunmehr sieben Fachsparten erreicht die Konzernstruktur ihren höchsten Differenzierungsgrad. Streng genommen wird sogar noch ein achter Bereich ausgegliedert. Als »Vorstandsbereich Bertelsmann Capital« ermittelt die erweiterte Stabsstelle für Unternehmensentwicklung mögliche Übernahmekandidaten, führt Regie bei Fusionen und lenkt das Risikokapital in aussichtsreiche Investitionsfelder.

Bertelsmann tummelte sich bereits Mitte der Siebzigerjahre auf sämtlichen bedeutsamen Medienmärkten und tut dies auch heute noch. Daraus, dass der Medienkonzern nahezu überall dabei sein wollte und will, lässt sich jedoch nicht der Befund unternehmerischer Kontinuität ableiten. Das Orientierungsproblem des Konzerns bestand latent schon damals und ist heute manifest geworden. Als völlig neuartige Geschäftsbereiche kamen seit jener Zeit unter Wössners und Middelhoffs Regie lediglich Internet-Dienste und E-Commerce hinzu; eben diese hat das Unternehmen weit gehend wieder verlassen. Bertelsmanns stürmische Entwicklung bestand also trotz aller medienwirksamen Einstiegsszenarien in den Internet-Markt der Zukunft in der Aktualisierung und Diversifizierung der traditionellen Geschäftsfelder. Man expandierte in allen Printmedienmärkten (und zog sich aus einigen von ihnen teilweise oder nahezu vollständig zurück). Das alte Entertainment-Angebot hat sich weit aufgefächert, sodass es kaum mehr vorstellbar ist, wie die Musikproduktion und die Fernsehaktivitäten des Konzerns einst von ein und demselben Management betreut wurden. Die »Bertelsmann Industrie« befasste sich in den Siebzigern im Wesentlichen mit drei Tätigkeiten: Sie druckte, fertigte Tonträger und lieferte aus. Heute baut sie außerdem IT-Systeme für Großkunden, handelt weltweit mit 35 Millionen Kundenadressen beziehungsweise -kontakten, bietet Marketing- und Finanzdienstleistungen an und berät Unternehmen bei der Abspeicherung und Sicherung ihrer Daten. Dies alles unter dem neuen Namen arvato.

In allen Phasen seiner Geschichte gewann Bertelsmann unternehmerisches Profil als Aufkäufer anderer Firmen. Auch die Ausgliederung neuer Geschäftsbereiche in den letzten dreißig Jahren wurde jeweils durch die Übernahme eines (großen) Unternehmens initiiert. Mehrfach verlieh das gekaufte Unternehmen dem neuen Bereich seinen Namen. Nachdem Bertelsmann Mitte der Achtziger drei amerikanische Verlage erworben hatte, prangte auf den Briefbögen des alten Verlagsbereichs fortan »Verlagsgruppe Bantam Doubleday Dell«. 1998 erregte Bertelsmann Aufsehen mit der Übernahme der amerikanischen Random House Inc., der größten Buchverlagsgruppe der Welt. Die zwischenzeitlich geschaffene Bertelsmann Buch AG, die auch das Clubgeschäft organisierte, teilte sich daraufhin in die Verlagsgruppe Random House und den alten Club-Bereich. 1996 fusionierte die Bertelsmann-Tochter Ufa Film- und Fernseh GmbH mit der Compagnie Luxembourgeoise de Télédiffusion (CLT) zur CLT-UFA, dem größten Fernsehunternehmen Europas; vier Jahre später verschmolz dieses Unternehmen wiederum mit der britischen Gesellschaft Pearson TV. Nun kontrollierte Bertelsmann die RTL-Gruppe mit ihren 23 Fernseh- und 17 Radiosendern uneingeschränkt. Und durch den Ankauf des Fachverlags Springer entstand das Geschäftsfeld »BertelsmannSpringer«.

Einen ganz anderen Hintergrund hat der »konsequente Umbau der Unternehmensstruktur«, zu dem sich Thomas Middelhoff 2001 aufrafft. Nach der großen Enttäuschung im Online-Geschäft setzt Middelhoff große Hoffnung auf einen Börsengang. Um den Wert des Gesamtunternehmens zu erhöhen, will er alle verfügbaren Kräfte bündeln und die noch brachliegenden Verwertungspotenziale aktivieren. Also errichtet er drei »Geschäftssäulen«. In der ersten Säule vereinigt er unter dem Leitbegriff »Inhalte« die fünf Produktionslinien Random House, BMG, Gruner + Jahr, RTL Group und Bertelsmann-Springer, das heißt: sämtliche Medienaktivitäten des Konzerns. Die zweite Säule, »Druck/Services« benannt, ist identisch mit der arvato AG. Im »Endkundengeschäft« beziehungsweise in der DirectGroup Bertelsmann, der dritten Säule, bündelt Middelhoff die Tätigkeit der Buch- und Musikclubs und das gesamte Internet-Geschäft. Dies ist eine hellsichtige Entscheidung. Eine Erfolgskonstante des Hauses Bertelsmann, vielleicht die einzige, wird erstmals im Organigramm gewürdigt.

Begriffe wie »Entertainment«, »Buch« oder »New Media« verschwinden aus den Bereichsnamen. An die Stelle einer Gliederung des Geschäfts nach Medien und Funktionen tritt eine konsequente Kundenorientierung. In jedem der drei »strategischen Geschäftsfelder« wird ausschließlich eine bestimmte Kundengruppe betreut: Mediennutzer, Unternehmenskunden, Personenkunden. Das bereichsübergreifende Bertelsmann Content Network (BCN) wirkt darauf hin, die Synergien im Konzern besser zu nutzen. Auf allen Wegen und möglichst mehrfach sollen die »Inhalte« zum Kunden gelangen. Allerdings steht die von Middelhoff angestrebte ständige Kooperationskontrolle der Bereiche und Firmen durch Stabsabteilungen im offenen Widerspruch zum Prinzip der dezentralen Führung.

In den letzten Jahrzehnten hat sich das wirtschaftliche Gewicht einiger Geschäftsbereiche im Unternehmen erkennbar verändert. Gemessen am jeweiligen Gesamtumsatz, erhöhte sich die relative Bedeutung des Musikgeschäfts bis in die zweite Hälfte der Neunziger hinein deutlich (von etwa 9 Prozent auf etwa 30 Prozent) und sank dann auf knapp 16 Prozent im Geschäftsjahr 2003. Der Umsatzanteil der Buch- und Musikclubs ging von gut 50 Prozent im Jahr 1970 auf schätzungsweise 30 Prozent im Geschäftsjahr 1984/85 und etwa 10 Prozent im Geschäftsjahr 2003 zurück. Beide Bereiche waren zu Beginn des neuen Jahrhunderts in manchen Halbjahren defizitär. Auch die Position von Gruner + Jahr wurde geschwächt. Gemessen an den Umsätzen, verringerte sich ihr Konzernanteil von 28,5 Prozent im Geschäftsjahr 1978/79 auf etwa 14 Prozent im Jahr 2003.

Zu erklären ist diese Entwicklung mit dem Siegeszug des Fernsehens bei Bertelsmann. Anfang der Siebziger hatte die Fernsehsparte nahezu keine Bedeutung. 2002 erwirtschaftete sie nahezu 23 Prozent, im Jahr 2003 knapp 26

Prozent des Geschäftsvolumens – Tendenz steigend. Aber auch andere Bereiche bauten ihre Konzernposition aus oder konnten sie stabilisieren. Der Umsatzanteil der Druck- und Industriebetriebe (arvato) stieg von etwa 15 auf 21 Prozent im Jahr 2003 – Tendenz ebenfalls steigend. Der Anteil von Random House lag 2003 nur bei 10 Prozent. Das Geschäft mit Fachpublikationen konnte den Erwartungen der Ertragskontrolleure in keinem Geschäftsjahr genügen. Der Wissenschaftsverlag Springer war, das zeigte sich nun, nur ein anspruchsvolles Spekulationsobjekt gewesen, dessen man sich schnell wieder entledigte.

Der Medienkonzern kaufte regelmäßig dort ein, wo sich der Zukunftsverdacht der Branchenkenner verdichtete, und bei jenen Firmen, die über den (nahezu) exklusiven Zugang zu einem bestimmten Kundenkreis zu verfügen schienen. Wenn sich die Prognosen verschlechterten, gewährte der Konzern keine Bewährungsfrist, sondern trat rasch den Rückzug an oder verkaufte. Im Mai 1996 war man kurz davor, das Bündnis mit Kirch zum Ausbau des Pay-TV-Senders Premiere und eines digitalen Fernsehens aufzukündigen, als es der Wettbewerbskommissar der EU untersagte. Im Herbst 2002 stieß man die von Wössner und Middelhoff erworbenen Firmen und Firmenanteile im Internet-Geschäft ab. Auch Middelhoffs Vorstandsbereich »Bertelsmann Capital« und andere koordinierende Stabsstellen verschwanden. Gruner + Jahr beendete rigoros seinen 1990 begonnenen Ausflug auf den Tageszeitungsmarkt. Als die Anzeigeneinnahmen der Berliner Blätter schmolzen, verlor das Hamburger Wochenpressehaus das Interesse an der Tagespublizistik (das erst durch die günstigen Einkaufsgelegenheiten in der ehemaligen DDR geweckt worden war).

Navigationshilfe bei der Erkundung strategischer Optionen suchte Bertelsmann seit den Fünfzigerjahren stets bei den Marktführern und Trendsettern in den Vereinigten Staaten. Von Reinhard Mohn, Mark Wössner und Thomas Middelhoff wurde die dortige Entwicklung geradezu mit der Medienzukunft gleichgesetzt. Zwar führte mancher Leitstern am amerikanischen Firmament in die Irre. Die hohen Nutzungsquoten von Pay-TV in den USA (aber auch in Frankreich) verleiteten Leo Kirch und die Bertelsmann AG, die ihren Hauptkonkurrenten nicht davonziehen lassen wollte, zu hohen, letztlich fruchtlosen Investitionen. Und die triumphalen Börsengänge amerikanischer Internet-Firmen zerstreuten im Deutschland der späten Neunzigerjahre alle Zweifel an der Nachfragebereitschaft der Anwender. An einem bestimmten Ziel jedoch hielt man in Gütersloh jahrzehntelang unbeirrbar fest: Man wollte teilhaben am bewährten Kerngeschäft der amerikanischen Medienindustrie, dem werbefinanzierten Fernsehen und der Programmproduktion. Man war bereit, für die Übernahme eines großen Filmproduzenten einen angemessen hohen Preis und für den bestimmenden Einfluss auf eine nationale amerikanische Fernsehkette – beispielsweise NBC – fast jeden Preis zu zahlen. Mark Wössner teilte 1994 mit, es gebe »erste Kontakte zu möglichen Partnern in den USA«. Aber der Einstieg in den größten Fernsehmarkt der Welt gelang nicht. Vielleicht reichten die finanziellen Mittel nicht, vielleicht wollten amerikanische Rivalen die Expansion des Aspiranten aus Europa bremsen. Als der transatlantische Höhenflug in einen Sinkflug überging und die Internet-Träume zerplatzten, kam Bertelsmanns Identitätsproblem in Form einer schweren Führungskrise zum Vorschein.

Der Rückschlag im Kampf um die weltweite (Mit-)Vorherrschaft ist auch in den Umsatzzahlen erkennbar. Der US-Anteil am Gesamtumsatz des Gütersloher Konzerns wuchs infolge guter Platten- und Buchgeschäfte von weniger als 10 Prozent Mitte der Siebziger auf etwa 27 Prozent 1988/89. Dann stagnierte er auf diesem Niveau bis 1997/98. Nach der Übernahme von Random House erhöhte er sich auf bis zu 34 Prozent im Geschäftsjahr 1999/2000. Anschließend sank er bis auf 25,1 Prozent im Jahr 2003.

Solange die Fernseh-, Musik- und Onlinemärkte unbegrenzt zu wachsen schienen, glaubte man in Gütersloh genau zu wissen, was man wollte. Als Leiter eines zum Weltkonzern aufgestiegenen Medien-Allrounders machte der Vorstandsvorsitzende Mark Wössner Vorhersagen, die, wenn man sie heute liest, wie Geschichten aus einer lange zurückliegenden Gründerzeit anmuten. Mit milliardenschwerem Spielgeld für Kooperation und Akquisition ausgestattet, wollte er die Restrisiken auf dem globalen »Wachstumsmarkt für Film und Entertainment« und bei der Gestaltung eines neuen Online-Universums nur mit den stärksten Partnern teilen. Er kaufte für Bertelsmann eine stattliche deutsch-europäische Senderfamilie zusammen und gab das Stichwort für die Optimierung der »Synergieeffekte« im Konzern.

Sein Nachfolger Thomas Middelhoff verordnete den Stammgeschäften Buch und Musik einen strengen »Konsolidierungskurs«, um ausreichend »Kraft zu haben für die Zukunftsmärkte rund um das Internet«. Weil er voraussah, dass Bertelsmanns eigenes Investitionskapital nicht ausreichen würde, strebte er an die Börse. Er war davon überzeugt, die gesamte Produktpalette von Bertelsmann über das Internet vermarkten zu können, sah dann aber ebenso konsequent das Platzen der Internet-Blase voraus. Es wird heute meist vergessen, dass es Middelhoff war, der den Konzern nach dem Ende der Internet-Hoffnungen in die Ernüchterung führte, eine »gnadenlose Schwachstellenanalyse« anordnete und die Rückbesinnung auf die »Stammgeschäfte« einleitete.

So verwundert es nicht, dass entgegen allen Pressemitteilungen nach Middelhoffs Rücktritt der amtierende Vorstandsvorsitzende Gunter Thielen dessen Geschäftspolitik heute größtenteils fortsetzt. Auch er definiert die Unternehmensbereiche nach dem Kriterium der Kundenorientierung. Thielen ist Middelhoffs Verkaufsentscheidungen gefolgt und fordert wie Middelhoff die Verstärkung der Synergieeffekte. Doch proklamiert er zugleich die Rückkehr zur Dezentralisierung. Reinhard Mohn wird es freuen, und das mittlere und untere Management ebenfalls. Die Geschäftsführer der Bertelsmann-Firmen sollen sich nicht mehr wie »Filialleiter eines zentralistischen Konzerns«, sondern wieder wie Unternehmer fühlen. Solche Worte dienen vor allem der Ermunterung verunsicherter Führungskräfte; angestrebt wird nach wie vor die Mehrfachnutzung aller Unternehmensprodukte und somit die verstärkte Kontrolle der Firmengeschäfte durch die Zentrale. Thielen will in schlechten Zeiten die Reihen dichter schließen und greift zu diesem Zweck auf die bewährten Kernaussagen der Bertelsmann-Unternehmenskultur zurück.

Die Liste der von ihm bei Bilanzpressekonferenzen genannten »strategischen Prioritäten« im Gesamtkonzern und in den einzelnen Geschäftsfeldern liest sich wie eine Aneinanderreihung guter Ratschläge, die darauf abzielen, jede Festlegung von Prioritäten zu vermeiden: »Stärkung der Ertrags- und Finanzkraft«, »Kontrolle in Kernmärkten«, »Ausbau der Marktführung«, »Innovationen im Kerngeschäft«, »organisches Wachstum«, »Turnaround«. Man habe sich fast zwei Jahre lang auf »Profitabilität, Schuldenabbau und Entwicklung der Kerngeschäfte« konzentriert und werde jetzt in den Vorwärtsgang schalten, äußerte der Vorstandsvorsitzende Ende 2003. Aber wohin geht die Fahrt? Rund um die Kerngeschäfte müsse man »Märkte entdecken, besetzen und ausbauen, die schnell wachsen oder schnelleres Wachstum versprechen«. Welche Märkte das sein sollen, verrät er nicht.

Unter Middelhoffs Leitung war die Zukunft des Unternehmens noch konkret – konkret illusorisch. Thielen hat aus Middelhoffs Fehlern gelernt und reagiert auf Zukunftsfragen mit abstrakter Wachstumsentschlossenheit. Hat die Bertelsmann AG also heute überhaupt noch konkrete Ziele? Oder will sie einfach nur alles?

Unüberbietbarer Geltungsanspruch

Der Gütersloher Konzern trägt schwer an einer Bürde, die er nicht abschüt-
teln kann, weil sie zugleich seine Geschäftsgrundlage ist: eine plakative ethische Selbstverpflichtung. Mit seiner Wertebasis begründet Bertelsmann einen
uneingeschränkten Geltungsanspruch in Wirtschaft und Gesellschaft, den
man 1998 in den *Bertelsmann Essentials* in das verbale Gewand eines »Auftrags«
gekleidet hat. Man wolle »einen Leistungsbeitrag für die Gesellschaft« erbringen, darüber hinaus »ein attraktives Haus für Künstler, Autoren und alle kreativen Talente sein« und sich »weltweit für den Schutz geistigen Eigentums«
einsetzen. Und weiter: »Wir sind davon überzeugt, dass unser publizistisches
und unternehmerisches Handeln zu Ergebnissen führt, die für die Allgemeinheit nützlich sind. Wir bekennen uns zu der besonderen Verpflichtung gegenüber der Gesellschaft, die aus dem Wesen des Mediengeschäftes und dem wirtschaftlichen Erfolg erwächst.« Das lässt sich, ohne jeden Zynismus, so
verstehen, dass Bertelsmann aus seinem Geschäftserfolg das Recht auf eine ge-
samtgesellschaftliche Einflussnahme ableitet.

Der in den *Essentials* mehrfach gebrauchte Begriff des Ziels meint hier kein
strategisches Fernziel, sondern eine das tägliche Arbeiten und Wirtschaften leitende Norm, eine fortwährende Ausrichtung des eigenen Handelns. Die Bertelsmann AG beansprucht bis heute, mit der Geltung der genannten Grundwerte gleichgesetzt zu werden, und wird dies auch weiterhin tun. Natürlich
reizt dieser Anspruch zum Realitätstest, den wir in Kapitel 5 vorgenommen
haben. Darüber hinaus jedoch drängt sich geradezu die Frage auf, ob Bertelsmann seinen eigenen Werten und Visionen nicht offen zuwiderhandelt.

Unabhängig davon, wie es um die Realität des Unternehmensalltags, gemessen an den Prämissen der Unternehmenskultur, bestellt war und ist, hat Bertelsmann mit seinem ethischen Anspruch bisher eine höchst erfolgreiche So-
zial-, Bildungs- und Wirtschaftspolitik betrieben – bis hart an die Grenze der
Unanfechtbarkeit. Auch wenn das Image des »faszinierenden, internationalen
Medienhauses« (Thielen) seit dem Beginn des neuen Jahrhunderts einige Kratzer erhalten hat, erstrahlen die Kernwerte des Konzerns sowie des »Nach-
kriegsgründers und Stifters« Reinhard Mohn infolge ständiger öffentlicher
Aufbereitung immer noch im Glanz der guten Absicht: Partnerschaft, Dezentralisation, Kundenorientierung, Pluralismus und, vor allem, die soziale Verantwortung. Der harte Kern der Selbstverklärung, die Behauptung der Iden-

tität von Bertelsmann und Gemeinwohl, schimmert selbst noch in Verlegenheitsfloskeln für skeptische Journalisten durch. So hat die zentrale Kommunikationsabteilung im Februar 2002 anlässlich der Ausschreibung für eine »Reinhard Mohn Fellowship« in einer Presseerklärung die Tugenden der Bertelsmann AG wie folgt auf den Punkt gebracht: »Das Unternehmen folgt dem Ziel, Menschen weltweit und täglich aufs Neue mit seinen Produkten und Services zu inspirieren.« Wenn schon nicht die Verbesserung der Welt, dann wenigstens Inspiration für jedermann.

Aus ethischen Grundsätzen lassen sich keine Kriterien für die operative und finanzwirtschaftliche Planung ableiten. Sollte jemals ein Bereichsleiter oder Vorstandsmitglied von Bertelsmann in Entscheidungsnot Hilfe suchend zu den *Essentials* gegriffen haben, wird er dort nicht die geringste Anregung gefunden haben, sondern nur schöne Worte dafür, was man jederzeit zu wollen hat. Nicht anders ergeht es den Lesern von Reinhard Mohns 2003 erschienenem Buch *Die gesellschaftliche Verantwortung des Unternehmers.* Blättert man es durch, um zu erfahren, was Mohn von der jüngsten Entwicklung seines Konzerns hält, wird man abgespeist mit einer weiteren zeremoniellen Preisung der »erfolgreichen« Unternehmenskultur, einer Strafpredigt über die »übertriebene Eitelkeit« ungenannter Spitzenmanager und ihre »unverantwortlichen Großinvestitionen« sowie inhaltsleeren Ausführungen über die Vorbildlichkeit der eigenen sozialethischen Leistungsorientierung für die öffentliche Verwaltung. Frappierend: Da spricht ein Medienunternehmer auf gut 250 Seiten über Unternehmensführung, und die Medienmärkte bleiben dabei so fern und konturenlos wie die Meere auf dem Mars.

Doch gerade in ihrer hochgradigen Unverbindlichkeit ist die Bertelsmann-Konstitution von hohem praktischen Nutzen. Wie wir im sechsten Kapitel gesehen haben, erlaubt sie es dem Konzern, sich in Gestalt der Bertelsmann Stiftung sozusagen von sich selbst zu distanzieren und als neutrale Plattform für alles Grundlegende neu zu erstehen. In der Dualität von Stiftung und Aktiengesellschaft entlasten sich beide Bertelsmann-Versionen gegenseitig. Die Stiftung wirbt für soziale Verantwortung, für eine gerechte und effiziente Wirtschaftsordnung, für Beachtung der Umweltbelange und für Transparenz in den Beziehungen zwischen Stakeholdern und Shareholdern. Wer ist angesichts dieses Engagements noch so indiskret, danach zu fragen, wie es in diesen Angelegenheiten bei dem Konzern gleichen Namens steht?

Weiß Bertelsmann, was es auf dem Weltmarkt will? **265**

Die Kulturbringer

Wir haben die Entwicklung der Konzernstruktur verfolgt und die wohl wichtigste Besonderheit des Hauses Bertelsmann beleuchtet, die sich in der Trennung zwischen Stiftung und Aktiengesellschaft manifestiert: Die Arbeitsteilung zwischen Gemeinwohlarbeit und Geschäft bringt bei allem sozialen Engagement stets auch einen nicht unbeträchtlichen Vorteil für Letzteres mit sich. Dazu äußert sich das Ethik-Komitee von Gütersloh grundsätzlich nicht. Steht hinter dieser Zurückhaltung nichts als die Absicht, jede Eigenwerbung zu vermeiden? Es ist zu vermuten, dass Reinhard und Liz Mohn und andere Repräsentanten des Konzerns ihre Doppelrolle nutzen, um den Mantel des Schweigens über einen ethikfreien Bereich zu legen, der von der Ethik der Stiftung kräftig profitiert. Bertelsmann hat sich als Tugendbold prächtig ausstaffiert und damit die Erwartung geweckt, das Unternehmen werde auch in seinen Märkten gesamtverantwortlich und vorbildlich vorgehen. Da ist eine (unsichtbare) Sichtblende im Stiftungs-Format sicherlich willkommen.

Doch lassen wir dieses Dilemma einmal dahingestellt. Ebenso wichtig ist die Frage, ob das Unternehmen bei seinen vielfältigen Operationen ein Konzept von sich selbst vermittelt. Nahezu alle großen Medienunternehmen verbreiten eine prägnante Vorstellung von ihren Kompetenzschwerpunkten und Entwicklungszielen, oder besser: Sie haben diese verbreitet, bevor sie in Großfusionen mit anderen Großunternehmen ihre Konturen weit gehend verloren. Man denke an Disney mit seiner Formel von der »sauberen Unterhaltung«, an Viacom mit seinem Konzept des maßgeschneiderten Musik- und Filmangebots für Kinder, Jugendliche und andere Altersgruppen und – auf nationaler Ebene – an Axel Springer mit seinen publizistischen Grundsätzen. Die formelhafte Verkürzung eines unternehmerischen Konzepts mag trivial und schönfärberisch erscheinen. Sie identifiziert jedoch den Konzernnamen öffentlich mit einer bestimmten Geschäftsidee, die als Kundenerwartung auf die strategische Planung des Konzerns zurückwirkt. Sie beeinflusst die PR-Kampagnen des Konzerns und gibt bei der Wahl zwischen mehreren Expansionsmöglichkeiten meist den Ausschlag. Bertelsmann allerdings scheint ein solches handlungsleitendes, sichtbares Selbstbild zu fehlen. In der deutschen Bevölkerung wird der Medienriese immer noch mit der Anwerbung von Mitgliedern für den Lesering in den Fünfziger- und Sechzigerjahren gleichgesetzt. Mit Gruner + Jahr oder RTL hingegen bringen, von

Fachleuten abgesehen, nur sehr wenige den Namen Bertelsmann in Verbindung.

Verschweigt Bertelsmann sein langfristiges Entwicklungskonzept der Öffentlichkeit? Oder verfügt der Konzern womöglich über gar keines? Das Musikgeschäft von Bertelsmann haben wir anhand der Napster-Groteske schon näher betrachtet. Dort ist kein Konzept erkennbar. Blicken wir also in die anderen Geschäftsbereiche – Buchclub, Buchverlage, Fernsehen, Druck, Dienstleistungen und Zeitschriften. Vielleicht fügen sich ja dort die Aktivitäten und Strategien des Multi-Medien-Verbunds Bertelsmann zu einem gemeinsamen Entwicklungsplan und einer Geschäftsidee zusammen.

Im Clubgeschäft hat sich Bertelsmann europaweit und auch weltweit mit keinem bedeutsamen Wettbewerber auseinander zu setzen. In Deutschland heißt der ehemalige Lesering mitsamt Schallplattenring heute »Der Club Bertelsmann« oder kurz »Der Club«. Seine letzte ernsthafte Konkurrenz, der Deutsche Bücherbund, wurde 1989 von Holtzbrinck an Leo Kirch verkauft und von diesem zwei Jahre später an Bertelsmann weitergereicht. 1981 betreuten Bertelsmanns Club-Töchter weltweit 12 Millionen Mitglieder (5 Millionen in Deutschland). Heute sind es weltweit etwa 32 Millionen Mitglieder in 20 Ländern (und nur noch knapp 4 Millionen in Deutschland). Der Club war Bertelsmanns »Königsidee«, sein Exklusivmarkt, und somit prototypisch für das, was Bertelsmann auf den anderen Medienmärkten erreichen wollte.

Obwohl die deutschen Mitglieder beim Kauf von Büchern, CDs und Videokassetten aus dem Clubprogramm einen Preisvorteil von durchschnittlich 30 Prozent hatten, ging ihre Zahl zwischen 1992 und 2000 deutlich zurück. Dann kam der Mitgliederschwund zwar nahezu zum Stillstand, aber die Rendite schrumpfte weiter. Auch weltweit verwandelte sich das Clubgeschäft in den Neunzigern zum Problembereich des Konzerns. Mit technischen und organisatorischen Neuerungen versuchte man Angebot, Auswahl und Kauf attraktiver zu gestalten. Vieles wurde so hastig eingeführt, dass es Chaos und höhere Gesamtkosten verursachte. Man experimentierte mit einem europaweit einheitlichen Softwaresystem und schaffte es gleich wieder ab, als man bemerkte, dass es sich nicht auszahlte. Ferner errichtete man ein System von Datenbanken, auf welches sowohl die Clubs mit ihren internetfähigen Kassen als auch die hauseigene Online-Buchhandlung BOL zugreifen konnte. Dann aber verabschiedete man sich von der Buchhandlung und anderen Online-Diensten und mit ihnen von der »Verzahnung des On- und Offline-Angebots«.

Die Kundenbindung ist das A und O des Direktkundengeschäfts und war einst die Hauptkompetenz von Bertelsmann. Klaus Eierhoff, der unter Middelhoff die DirectGroup leitete, missfiel es, dass die Clubmitglieder weniger als ein Viertel ihres Medienbudgets bei Bertelsmann anlegten. Um dieses Budget enger an den Club zu binden, erweiterte er das Angebot um neue Produktarten und setzte auf eine digitale »Renaissance der Clubidee«. Im Internet hatten sich bei den Bücherlesern Special-Interest-Clubs gebildet: Chats von Esoterik-Freunden, Liebhabern historischer Romane, Computer-Experten, Eisenbahn-Amateuren und Military-Sammlern, der »Mystery & Thriller Club«, die »Black Community« und viele andere. Diese Fan-Gruppen wollte Eierhoff eingemeinden – nach Napster ein weiterer Versuch bei Bertelsmann, Internet-Anwender in Exklusivkunden zu verwandeln. Doch auch das Community-Geschäft führte den Club nicht zur alten Ertragsstärke zurück. Das Geschäftsjahr 2002 endete mit hohen Verlusten für die DirectGroup. Eierhoffs Nachfolger Ewald Walgenbach besann sich dann auf eine Maßnahme aus der Gründerzeit des Leserings. Im Frühjahr 2003 wurde sämtlichen 28 Millionen Buchclub-Mitgliedern zu Sonderkonditionen ein »International Book of the Month« angeboten. Es handelte sich um den Thriller *No Second Chance* des amerikanischen Bestsellerautors Harlan Coben. Man sprach davon, die 75 Jahre alte Tradition des amerikanischen »Book of the Month«-Clubs fortführen zu wollen, und vergaß, daran zu erinnern, dass hier eher die Tradition des Massenabsatzes von »Hauptvorschlagsbänden« durch säumige Besteller im Lesering wieder aufgenommen wurde.

Bei Bertelsmann wurde in die Geschäftsberichte hineingeschrieben, dass man in der DirectGroup den Turnaround schaffen und die Kurve zu guten Jahresergebnissen kriegen will. Die Verlustzone hat man verlassen, an der Schmerzgrenze bleibt man weiterhin. Ungeachtet aller Marketingoffensiven und Erfolgsmeldungen im Jahr 2004 sinken in Deutschland und Europa der Umfang der Bestellungen und der durchschnittliche Umsatz pro Clubmitglied. Der Direktverkauf einzelner Medien an die Abonnenten wird auf Dauer ein sorgenvolles Geschäft bleiben und die Unternehmensleitung vor eine Gewissensfrage stellen: Wie hält man es mit dem Stammgeschäft der Stammgeschäfte? Unterliegt seine Fortführung ebenfalls dem strengen Rendite-Kriterium? Oder erzwingt die Unternehmenskultur, namentlich Reinhard Mohn, hier eine Ausnahme?

Vorerst sucht man Rettung in den osteuropäischen und ostasiatischen

Märkten. Dort, wo die rabiaten Akquisitionsmethoden der Lesering-Jahre niemand kennt oder niemanden interessieren, will man noch einmal wie damals aufs Ganze gehen und als vermeintlich uneigennütziger Förderer der Volksbildung und Völkerverständigung die eigenen Umsatzzahlen aufbessern. Außerdem hofft man, sich über die Gründung von Bildungsinstitutionen und Druckereien für spätere Engagements bei Print- und Telemedien einen unanfechtbaren Platzvorteil gegenüber anderen westlichen Investoren zu sichern. Da die Bertelsmann AG auf diese Weise an ihre Vorgeschichte anknüpft, vergleichen wir im Folgenden die Umstände der ersten Auslandsgründung des Buchclubs (Spanien) mit denen der bisher letzten (China).

1962 machte Reinhard Mohn seinen ersten Schritt ins Ausland und rief, anfangs in Kooperation mit einem spanischen Partnerverlag, in Barcelona den Circulo de Lectores ins Leben. Warum die Wahl auf Spanien fiel und wie es gelang, trotz der ablehnenden Haltung der dortigen Bürokratie in der Spätphase des Franco-Regimes rasch Fuß zu fassen, wäre eine eigene Untersuchung wert. Reinhard Mohn selbst legte in Barcelona mit Hand an. Auf einem heute als historisches Dokument archivierten Foto posiert er auf einer jener Lambrettas, mit denen die Boten des Circulo Bücher und Kataloge zu den Mitgliedern fuhren. Die Einführung des Buchclubs zog rasch die Gründung von Druckereien und Musik-Labels sowie den Einstieg in das spanische Verlagswesen nach sich. Im Rückblick würdigte man in Spanien und Gütersloh die Pionierleistung des einfühlsamen Club-Managements, das der Lesekultur voranhalf und als inspirierter Entwicklungshelfer zur »Modernisierung des Landes« beitrug. Einer Bertelsmann-Chronik ist zu entnehmen, dass der Circulo de Lectores heute in den Augen der Spanier zu den drei wichtigsten Kulturinstitutionen der katalanischen Hauptstadt gehöre, neben dem Opernhaus und dem FC Barcelona.

Wie geht man vor, um rein geschäftliche Interessen hinter dem Bild eines trivialen Absichten entrückten Kulturbringers geradezu verschwinden zu lassen? Man druckt Werke der Weltliteratur nach und verpflichtet Nobelpreisträger zu »unvergesslichen Auftritten« in den *centros culturales* des spanischen Buchclubs. Man bringt »relevante Persönlichkeiten« aus Politik und Wirtschaft in ihre Lieblingssituation, nämlich auf die Bühne eines öffentlichen, dem Parteiengezänk enthobenen Forums, wo sie in Gesellschaft bedeutender Wissenschaftler ihren Nimbus pflegen können. Zugleich stellt man sein Unternehmensmodell zur Schau und präsentiert sich als Wegbereiter eines sozialen, demokratischen Kapitalismus, harmonierend mit dem selbst erteilten Bildungsauftrag zur Förderung des gesellschaftlichen Niveaus. Irgendwann wird dann eine Modellbibliothek gegründet, »nach dem Vorbild der Stadtbibliothek Gütersloh«, die binnen kurzem zum »Wallfahrtsort für Bibliothekare, Bildungsbeauftragte und Experten aus ganz Spanien« wird. Dann gründet man eine Fundación Bertelsmann, die Leseförderung an Schulen betreibt und in öffentlichen Bibliotheken für »fortschrittliche Führungsmethoden« wirbt. Und irgendwann sind König Juan Carlos und Königin Sofia Ehrenmitglieder des Clubs. Auf diese Weise wurde in Spanien der Kauf von Bertelsmann-Produkten zu einem Akt nationaler Pflichterfüllung.

Im Herbst 1998 erhielt Reinhard Mohn den Prinz-von-Asturien-Preis für Kommunikation und Humanwissenschaften aus der Hand des Thronfolgers. In seiner Laudatio machte dieser dem Preisträger das Geschenk der Selbstbild-Bestätigung. Reinhard Mohn beharre darauf, führte Prinz Felipe aus, dass kein Unternehmen sich »ausschließlich vom Streben nach Gewinnmaximierung antreiben« lassen dürfe. Reinhard Mohn verstehe seine Arbeit als »eine dem Dienst an der Gemeinschaft verpflichtete Aufgabe«. Wenig später wurde Mohn von Juan Carlos zur Audienz in der königlichen Residenz empfangen. Wie zufällig gründete die Bertelsmann Stiftung 2002 das Deutsch-Spanische »Europa«-Forum. Es tagte erstmals im November 2002 in Madrid, parallel zum Staatsbesuch des deutschen Bundespräsidenten, in Anwesenheit desselben sowie des Außenministers Fischer, der Kulturstaatsministerin Weiss und der Präsidentin des Goethe-Instituts Limbach.

Ist ein direktes Zusammenspiel der gemeinnützigen Bertelsmann Stiftung und der Bertelsmann AG nachzuweisen? Blicken wir nach Asien. Auf dem großen chinesischen Markt fasste Bertelsmann zunächst nur in Shanghai Fuß. Nach langwierigen Verhandlungen und regierungsamtlich protegiert, schlossen sich im Februar 1995 ein chinesisches Staatsunternehmen und Bertelsmann zur Shanghai Bertelsmann Culture Industry Company zusammen. Diese betreibt seit 1997 den ersten Buchclub in Shanghai mit derzeit rund 1,5 Millionen Mitgliedern. Der Lizenzbereich ist auf das Stadtgebiet begrenzt. Da auch viele außerhalb wohnende Kunden die für China ungewöhnliche Gelegenheit nutzten, Bücher, CDs, DVDs und Computerspiele direkt aus dem Katalog zu bestellen, bewegte man sich in einer rechtlichen Grauzone. Im Oktober 1998 nahm in Peking die Bertelsmann China Holding GmbH ihre Arbeit auf. Unter ihrem Dach schmiedeten Bertelsmanns Musiksparte, Gruner

+ Jahr, arvato und die DirectGroup hochfliegende Expansionspläne. Über bescheidene Beteiligungen an Zeitschriftenverlagen in Shanghai kam man aber zunächst nicht hinaus, da Chinas Gesetze Mehrheitsbeteiligungen von Ausländern an Medienunternehmen verhindern. Im Januar 2002 verhandelte Thomas Middelhoff mit den zuständigen Staats- und Parteigremien über die Gründung eines großen Druckhauses und Mediendienstleisters (als Joint Venture mit zwei einschlägigen Unternehmen in Shanghai) und erwirkte das Einverständnis der Machthaber für Beteiligungen bei Fernsehen und Hörfunk.

In Schwung kam Bertelsmanns China-Geschäft aber erst, als man sich auf den selbst erteilten gesamtgesellschaftlichen Auftrag besann. Seit 2002 arbeitete die Bertelsmann Stiftung an dem Projekt »Internationales Kulturforum 2004« mit der Losung: »Vielfalt der Kulturen: Voneinander lernen, miteinander wirken«. Als Initiatoren verständigten sich Liz Mohn und der chinesische Kulturminister Sun Jiazheng darauf, Entscheidungsträger aus Wirtschaft, Politik, Gesellschaft und Kultur zu einem chinesisch-europäischen Kulturdialog am 21. und 22. Mai 2004 in Peking einzuladen.

Diese Einladung hat eine kulturpolitische Vorgeschichte und einen in die Zukunft weisenden ökonomischen Effekt. Im Herbst 2002 legte das Institut für Auslandsbeziehungen (ifa) eine von der Bertelsmann Stiftung unterstützte Studie über den Stand der deutsch-chinesischen Kulturbeziehungen vor, in der die Autorin Gundula Zeeck zu dem Schluss gelangt, dass der Kulturaustausch zwischen den beiden Ländern nicht mit der dynamischen Entwicklung der Wirtschaftsbeziehungen Schritt halte.[2] Es sei dringend nötig, vorhandene Synergien – auch der in China tätigen deutschen Unternehmen – für eine Erweiterung des deutschen Kulturangebots in diesem Riesenreich zu nutzen und insbesondere in dessen Provinzhauptstädten über das Kulturland Deutschland zu informieren. An einem vom Auswärtigen Amt in Berlin veranstalteten Werkstattgespräch über die Studie nahmen Vertreter der Bertelsmann Stiftung teil. Laut Kurt-Jürgen Maaß, dem Generalsekretär der ifa, regten die Gesprächsteilnehmer an, »die deutsche Wirtschaft in China mehr in die Kulturarbeit einzubinden und ihre Infrastruktur in der so genannten ›Provinz‹ stärker zu nutzen«. Namentlich erwähnte Maaß das Projekt der Bertelsmann Stiftung und deren deutsch-chinesischen Gesangswettbewerb »Die Neuen Stimmen«. Dies seien »wertvolle Beiträge« zu einer nachhaltigen deutschen Kulturaußenpolitik, urteilte er. Auch das vom Auswärtigen Amt geplante »Deutschlandjahr« in China (2007/2008) werde durch das Engagement von »Nicht-Regierungs-Organisationen« wie der Stiftung bereichert. Es helfe beim Aufbau einer »tragfähigen Infrastruktur für neue Austauschmöglichkeiten«.

Im Mai 2003 vollzieht China endlich seinen lange angekündigten Beitritt zur Welthandelsorganisation (WTO). Kurz darauf verfügt – ebenfalls lange angekündigt – das Staatliche Amt für Presse und Verlagswesen, dass nunmehr auch ausländische Unternehmen am landesweiten Groß- und Einzelhandel mit Büchern beteiligt werden dürfen. Vom 1. bis zum 4. Dezember 2003 weilt Bundeskanzler Gerhard Schröder zu Gesprächen in China. Am 3. Dezember gibt die Bertelsmann DirectGroup bekannt, dass sie einen Kapitalanteil von 40 Prozent an der Buchhandelskette 21st Century Book Chain Company, Ltd., einem Unternehmen mit landesweiter Lizenz, übernehmen werde. Unter dem Namen Bertelsmann 21st Century und unter dem Logo des Medienkonzerns konzentrieren sich die Partner zunächst auf Läden in Peking, Shanghai und angrenzende Regionen und eröffnen anschließend Club-Center in vielen anderen chinesischen Millionen- und Provinzhauptstädten. Angeboten werden jeweils umfangreiche Sortimente von Büchern, Ton- und Videoprodukten, Glückwunschkarten und Geschenken sowie verschiedenartige Dienstleistungen.

Beim Internationalem Kulturforum am 21. und 22. Mai 2004 in Peking sprechen chinesische Repräsentanten von Staat und Wissenschaft, Heribert Meffert, Liz Mohn, Heinrich von Pierer, die Kulturstaatsministerin Christina Weiss, DirectGroup-Geschäftsführer Ewald Walgenbach, der Stiftungs-Experte Werner Weidenfeld, RTL-Geschäftsführer Gerhard Zeiler, die österreichische Außenministerin Benita Ferrero-Waldner und viele andere Vertreter des europäischen Geisteslebens. Liz Mohn erklärt in Peking, sie träume davon, »der chinesischen Landbevölkerung zu helfen«. Denn sie weiß: »Wenn die Menschen nicht lesen und schreiben können, kommen sie im Leben nicht weiter.«[3] Der Kulturdialog ist offizieller Bestandteil des Kulturaustauschprogramms 2003–2005 zwischen der Bundesrepublik Deutschland und der Volksrepublik China. Die ersten Ehrenmitgliedschaften hoher chinesischer Staats- und Parteiführer bei Bertelsmann 21st Century werden nicht lange auf sich warten lassen. Ein völkerverbindendes Engagement der RTL Group beim Staatssender China Central Television (CCTV) ist seit Mai 2004 beschlossene Sache.

... und dann bitte noch den größten Verlag der Welt

Von den Erfolgen des Clubgeschäfts im Ausland ermutigt, hielt Reinhard Mohn 1975 die Zeit für gekommen, den amerikanischen Buchmarkt, den größten der Welt, zu erschließen. Michael Meller, der spätere »Verlagsleiter Hardcover«, lebte in New York als »Pilotfisch«. Im Auftrag des Bertelsmann-Vorstands hielt er Kontakt mit den Investmentbanken, die damit beauftragt waren, unter renommierten Verlagen nach geeigneten Übernahmekandidaten Ausschau zu halten. Einige Wochen verstrichen ohne Zwischenbescheid. Meller begann, unruhig zu werden. Endlich wurde er von einem der Banker angerufen und zu einem Arbeitsessen geladen. Doch dieses ging vorüber, ohne dass die Experten zur Sache kamen. Als Meller sich beim abschließenden Kaffee nach dem Stand der Dinge erkundigte, baten seine Gesprächspartner verlegen um Nachsicht für ein enttäuschendes Ermittlungsergebnis und fragten: »Sind Sie ganz sicher, dass Herr Mohn ins Verlagsgeschäft investieren möchte?« (Auch einige gewinnträchtige Pharmaunternehmen waren im Angebot.) Meller war sich ganz sicher – bestimmte Gewinnmargen vorausgesetzt. »Gewinnmargen?«, erwiderte sein Gegenüber. »Die machen doch fast alle Verluste.«

Warum eigentlich wollte Reinhard Mohn als Gründer eines profitablen internationalen Buch- und Schallplattenclubs auch noch zum internationalen Großverleger werden? Auf diese Frage gibt es viele Antworten, doch bis heute keine befriedigende. Wollte er sich Zutritt zum Lizenzgeschäft verschaffen? Dann hätte er zumindest für einige Jahre Verluste in Kauf nehmen müssen. Dazu waren er und die späteren Leiter der Buchsparte aber nicht bereit. Sie setzten den Verlagschefs vielmehr mit unerbittlichen Renditevorgaben zu. 1977 beteiligte sich Bertelsmann erstmals an einem amerikanischen Verlag, an Bantam Books in New York, dem weltweit größten Taschenbuchverlag. Glücklich ist man damit nicht geworden. Schon einige Male wurde nach Käufern für dieses Prestigeobjekt gesucht, und zwar regelmäßig dann, wenn Bantam rote Zahlen schrieb.

Verlegerische Berufung fühlten Reinhard Mohn und die Leiter der seit 1972 in München residierenden Verlagsgruppe Bertelsmann wohl nicht. Falls sie Lektoren mit Eigensinn und Wagemut einstellten, hinterließen diese im Programm keine Spuren. Am belletristischen Programm jedenfalls erscheint nichts unverwechselbar. Den hier debütierenden Autoren war nahezu durchweg keine Zukunft beschieden. Unter jenen Autoren, die dem Verlag jahrzehntelang die Treue hielten, ragt lediglich Walter Kempowski aus dem Mittelmaß heraus. Doch das literarische Profil, das man selbst nicht hatte, akquirierte man im großen Stil, mit geradezu imperialer Geste. Nichts Geringeres als die globale Marktführerschaft im Belletristik- und Sachbuchbereich durfte es sein. Die in den Achtzigerjahren in den Vereinigten Staaten aus drei jeweils einzeln erworbenen Objekten zusammengestellte Verlagsgruppe Bantam Doubleday Dell (BDD) konnte die hoch gesteckten Umsatz- und Gewinnerwartungen nicht im Entferntesten erfüllen. Da gelang Mark Wössners bestem Mann, Thomas Middelhoff, im März 1998 ein großer Überraschungscoup. Er überredete den Medienzaren Samuel I. Newhouse jr. für rund 1,6 Milliarden Dollar zum Verkauf von Random House, einer Gruppe von zehn hoch angesehenen Publikumsverlagen, der weltweit größten ihrer Art. Es handelte sich um die größte Investition in der Geschichte des Hauses Bertelsmann.

Glanzvolle Namen schmückten nun die Geschäftsberichte der Gütersloher Buchsparte: Truman Capote, John le Carré, Michael Crichton, William Faulkner, James Joyce, Norman Mailer, Toni Morrison, John Updike, Gore Vidal und viele andere mehr. Was sie repräsentierten, übersetzten die Unternehmenssprecher in den Kulturauftrag von Bertelsmann. Der damalige Konzernchef Mark Wössner erklärte, nicht »Größe« sei das Ziel der Übernahme von Random House: »Größe an sich ist ohne wirklichen Wert.« Mit Blick auf den heimischen Markt erläuterte Pressesprecher Tim Arnold, es sei das Ziel der weiteren Entwicklung von Random House, dem »Kulturgut Buch in Deutschland eine wirtschaftliche Entwicklung zu geben«. In den Geschäftsberichten reduzierte sich die Buchkultur auf das Zählen von Random-Titeln auf den Bestsellerlisten der *New York Times*, der *Sunday Times* und des *Spiegel*.

Bei Random House machte man sich »permanent Gedanken«, wie man »weiter wachsen« könne. Peter Olson und sein deutscher Verlagsleiter Joerg Pfuhl zeigten lebhaftes Kaufinteresse an der Buchverlagssparte von AOL Time Warner, Axel Springers Verlagsgruppe Ullstein Heyne List und anderen Schnäppchen. Dabei hatte doch Random-Chef Olson im *Spiegel* vom März 2001 eingeräumt: »Wenn man allein durch Akquisition wächst, besteht immer die Gefahr, dass man es versäumt, Talente zu fördern, und damit Substanz verliert.« Aber unter den 3 500 englischsprachigen Neuerscheinungen bei Random House befanden sich im Jahr 2002 lediglich 100 Bände mit Erstlingserzählungen. Und selbst dieser geringe Anteil musste noch als Beweis dafür herhalten, dass Random House viel Mühe auf die Entdeckung und Förderung neuer Talente verwende.

Von den erwähnten Kaufabsichten konnte Ende 2003 allein die »Arrondierungsinvestition« Heyne Verlag in die Tat umgesetzt werden. Doch sie genügte, um Bertelsmann in Deutschland eine Vormachtstellung im Poker um Autorenrechte und damit die Führungsposition im neuen Buchmarkt-Oligopol (Bertelsmann/Holtzbrinck/Bonnier) zu verschaffen. Nach Ansicht von Experten ist der deutsche Buchmarkt weitaus stärker als der amerikanische von Bestseller-Orientierung, vom Verdrängungswettbewerb um Lizenzen und Autorenvorschüsse und von der Nivellierung der Verlagsprogramme bedroht. In den Vereinigten Staaten wird ein strenges Wettbewerbsrecht rigoros gehandhabt. In Deutschland setzt sich durch, wer die günstigsten Sonderkonditionen gewährt. Die wenigen starken Bieter im deutschen Lizenzhandel legen die Preisspannen fest und ölen ihre Verwertungsketten. Mit seinem Shop-in-Shop-Modell ist Bertelsmann beziehungsweise Random House auch in die Supermärkte eingezogen. Der Sortimentsbuchhandel sieht sich von Random House, dem Supermarkt und Amazon an den Rand gedrängt. Um zu überleben, muss er deren Methoden übernehmen, »was wiederum nur Wasser auf die durstigen Mühlen der Branchenriesen« gießt.[4]

Bei alldem spricht der Bertelsmann Buchclub ein gewichtiges Wort mit. Im jüngsten Streit um die Buchpreisbindung für Club-Ausgaben wiederholt sich bis ins Detail eine Posse aus den frühen Sechzigerjahren, als Bertelsmann versuchte, die krassen Preisunterschiede zwischen Lizenz- und Originalausgaben gegen die aufgebrachten Mitglieder des Börsenvereins zu verteidigen. Da haben sich der Börsenverein des deutschen Buchhandels und der Club wieder einmal darauf geeinigt, dass Letzterer erst nach einer bestimmten Frist bestimmte Buchhandelstitel verbilligt anbieten darf (»Potsdamer Abkommen«). Der Club missachtet die Übereinkunft mithilfe billiger Tricks (»neuer Einband«, »Verkauf nur an Mitglieder«), der Vorsitzende der Buchhandelsvertretung im Börsenverein klagt, der Bertelsmann-Club droht mit Austritt aus demselben. Ein Landgericht erlässt eine einstweilige Verfügung, Der Club lenkt ein und geht in Berufung. Gegenstand der Auseinandersetzung sind drei Spitzentitel, unter ihnen Dieter Bohlens Memoiren. Führende deutsche Buchhandelsketten (Thalia, Hugendubel, Mayersche) machen nun konsequenterweise Random House für das rüpelhafte Gebaren des Clubs haftbar. Sie erteilen den Vertretern des Großverlags Hausverbot, bestellen keine Random-Titel für das

Zentrallager oder gehen gegen Verlage vor, die dem Club abkommenswidrige Lizenzen verkaufen.

Doch Random House hat selbst Probleme mit dem ihm angetrauten Buch-direktverkäufer. Beide Konzernsparten machen sich verdeckt und offen Konkurrenz. Man müsse irgendwie zusammenkommen, beschwichtigen die Verantwortlichen in Gütersloh. Früher trafen sich die Club-Leute und die Verlags-Leute durchschnittlich zweimal im Jahr, um ihre Programme und Rechtekäufe zu koordinieren. Die Meeting-Frequenz hat sich inzwischen auf durchschnittlich sechsmal jährlich erhöht, und mit ihr das Ausmaß der gegenseitigen Verärgerung. Der neue Programmleiter des Buchclubs, Peter Schaper, flog im Jahr 2003 mit einigen seiner Einkaufsexperten in die Vereinigten Staaten. Man traf sich mit den Kollegen des amerikanischen Clubs zum Austausch von Namen und Titeln. Die Amerikaner erzählten begeistert von einem Autor namens James Patterson, einem Stammgast auf den Bestsellerlisten. Peter Schaper sah die Chance eines neuen deutschen Club-Favoriten und schloss gleich zwei Autorenverträge mit Patterson ab. Kurz darauf erfuhren die Manager von Random House Deutschland aus der Fachpresse von Schapers Erfolg und wunderten sich sehr. Sie riefen beim Buchclub an und teilten mit, dass James Patterson seit Jahren bei Random House unter Vertrag stehe, Schapers Verträge somit null und nichtig seien. Bei diesem Gedankenaustausch stellte sich heraus, dass Schaper etwa das Achtfache dessen geboten hatte, was Random House bezahlte. Nicht auszuschließen ist nun, dass Random House – als Inhaber der deutschen Patterson-Rechte – gegenüber dem Club auf der Erfüllung des Vertrags mit den hohen Honoraren besteht.

Die fieberhafte Fabrikation von Bestsellern ist die unvermeidliche Folge der Renditevorgaben, denen das Buchgeschäft kaum entsprechen kann. In Gütersloh werden diese Vorgaben von Betriebswirten ersonnen, die keine Unterschiede zwischen Clubmitgliedschaften, Fernsehformaten, Zeitschriften, Druckaufträgen, Kundendienst und Büchern machen. Die geforderte Jagd nach den Auflagenrekorden bringt auf die Dauer üble Folgen für die Marktführer mit sich. Sie gleicht einem Prozess langsamer Selbststrangulierung. Der Erfolg eines Bestsellers beruht darauf, dass er sich von anderen Titeln abhebt, weshalb dessen Promotion immer teurer und Fehlschläge im Vertrieb oder in den Verwertungsketten immer gravierender für den Gesamtumsatz werden. Infolge der Intensivierung des Bestseller-Wettbewerbs werden Fehlschläge jedoch immer wahrscheinlicher, was Einsparungen in den Lektoraten, der Herstellung und im Vertrieb nach sich zieht. So zerstören die Großverlage ihr eigenes Produktionspotenzial, das sie auf der Jagd nach dem nächsten Top-Titel bitter entbehren müssen.

Ein Trugschluss ist auch die Annahme, akquirierte Verlage blieben ebenso leistungsfähig, wie sie es als selbstständige Ensembles findiger Geister gewesen waren. Trotz aller Ermahnungen zum konzerninternen Wettbewerb gehen bei Random House die aufgekauften Verlagshäuser ihres Eigenprofils verlustig. Und warum? Weil sie sich nach ein und derselben Renditedecke strecken müssen. In den USA wurden nahezu 30 Prozent der akquirierten *imprints* geschlossen.

Auf eine weltweit zu erwirtschaftende Gesamtkapitalrendite von 15 Prozent (Konzern-Marge) wollten sich Peter Olson und seine Marketing-Fachleute nicht festlegen. Sie stellten sich nach 1998 auf die Zielvorgabe »mindestens 10 Prozent« oder »über 10 Prozent« ein. Um diese zu erreichen, muss Random House laut Olson erstens »groß genug« bleiben, zweitens »erfolgreiche Verlagsprogramme« haben und drittens Vertrieb und Verwaltung »effizienter« gestalten. Mit anderen Worten: Das Kostenmanagement muss immer strenger werden, und der Hinauswurf geruhsam arbeitender Verlage muss immer rascher erfolgen. Doch alle Rationalisierungsmaßnahmen scheinen nichts zu fruchten. 2001 machte Random House Verluste. Der Anteil der Verlagssparte am Gesamtumsatz des Konzerns schwankte in den letzten Jahren bei 11 und 10 Prozent. Tendenz: sinkend.

Das ist nicht gut bei Bertelsmann. Einige wohl informierte Buchmarkt- und Bertelsmann-Experten sagen die Auflösung von Random House binnen zehn Jahren voraus. Aber bevor sich der Verlagsriese auflöst, wird er die letzten Wachstumspotenziale ausreizen. Die kränkelnden Marktführer aller Kontinente werden sich zu globalen Joint Ventures vereinigen. Dann wachsen noch einmal die Jahresrenditen, vielleicht auf zehn Prozent, vielleicht auf – immerhin – fünf Prozent. In Italien und Spanien stützen sich seit 2001 Random House und Mondadori, in Fernost seit 2003 Random House und der japanische Marktführer Kodansha. Seitdem ist Random House Kodansha Mondadori die »weltweit einzige Verlagsgruppe«, die Belletristik und Sachbücher auf den Märkten der Großraumsprachen Englisch, Spanisch, Deutsch und Japanisch publiziert. Diese Zusammenschlüsse sind jedoch nicht mehr, wie einst, ein Zeichen der Stärke, sondern ein Signal, das die Grenzen des Wachstums auf dem Buchmarkt ankündigt. Die Verlagsgiganten spielen auf Zeit. Und wie im Fu-

Weiß Bertelsmann, was es auf dem Weltmarkt will?   **277**

sionsfieber des Internet-Hypes, an dem Bertelsmann über AOL und AOL Europe mit Milliardengewinnen partizipierte, wird die Anschubwirkung der Verlagsfusionen im Laufe weniger Jahre verpuffen. »Es gibt eine ganz simple Regel bei solchen Unternehmungen«, urteilt der Literaturagent Michael Meller. »Eins und eins ergeben im ersten Jahr eins Komma fünf, im zweiten Jahr eins Komma drei und im dritten Jahr eins. Dann müssen Sie sich wieder was kaufen.« Ein Wachstum also, das gegen null tendiert. Bislang ist Bertelsmann die Antwort schuldig geblieben, warum der Gütersloher Konzern neben allen anderen Superlativen der Medienbranche auch noch den des »Weltverlegers« aufweisen muss.

Bertelsmann kapert RTL

Die Bertelsmann AG tritt wie in ihren Frühzeiten mit Vorliebe als missionarische Gründerin auf. Sie bringt der Welt »das Buch« und hinterlässt, wo man ihr Zutritt gewährt, Filialen mit Sonderangeboten für Leser mit kulturellem Nachholbedarf. Selbst als Aufkäuferin der weltgrößten Verlagsgruppe huldigt sie zu allen Presseterminen unaufgefordert dem »Kulturgut Buch«. Auf dem Massenmarkt des Fernsehens jedoch agiert sie wie eine aggressive und zynische Karrieristin. Sie bewirbt sich um die Aufnahme in ein Gemeinschaftsunternehmen, schließt dort Allianzen, spielt die Partner gegeneinander aus, steigt über sie hinweg und drängt sie schließlich aus der Firma. Es sei denn, sie wittert Verluste. Dann verlässt sie das Konsortium, wie 1999 bei Premiere. Den viel beschworenen gesellschaftlichen Auftrag zur Volksbildung lässt man dabei diskret unter den Tisch fallen – zum ersten Mal in der Bertelsmann-Geschichte. Und das vermutlich nicht ohne Grund angesichts der vom Gütersloher Konzern mitverantworteten Medienlandschaft.

In Deutschland teilen sich zwei Senderfamilien den Markt: Bertelsmanns RTL Group (RTL, VOX, Super RTL und n-tv) und die ProSiebenSat.1 Media AG der ehemaligen Kirch-Gruppe (Sat.1, ProSieben, Kabel 1 und N24). Beide versuchen, ihr Publikum gleichsam familiär in allen Lebensbereichen zu begleiten. In Senderclubs, Fangemeinden, Talkshow-Arenen, Daily Soaps und Teleshopping-Basaren werden Zuschauer zu Dauerkunden des Programms und der Sponsoren erzogen. Bei der Umwandlung des Publikums zum Exklusivmarkt ist RTL, der reichweitenstärkste Sender Deutschlands, am weitesten fortgeschritten. Das gesamte Programm besteht aus direkten und indirekten Anreizen, nicht nur Zuschauer zu sein, sondern auch persönlich mitzumachen. Bertelsmann ist dabei, eine neue Variante des Fernsehens durchzusetzen, die auf dem anonymen Publikumsmarkt eine Art von Direktkundengeschäft etabliert. Die Zuschauer verwandeln sich unversehens in Mitglieder des RTL-Clubs, ganz ähnlich wie die Generationen zuvor als Mitglieder des Leserings zur Bertelsmann-Familie gehörten. Aus dem Motto »Wer lesen kann, liest Bertelsmann« wird unversehens der Leitsatz einer schönen neuen Medienwelt: Wer sehen kann, sieht Bertelsmann. Liegt hier der »Auftrag« der Bertelsmann AG im 21. Jahrhundert, den man sich auf dem Medienmarkt mit aller Macht zu erkaufen gedenkt?

Anfang der Siebzigerjahre klang das noch ganz anders. Reinhard Mohn ließ damals im Einklang mit der Medienpolitik der sozialliberalen Koalition erklären, er habe mit dem privaten Rundfunk nichts im Sinn (obwohl er sich kurz zuvor am Urlauberrundfunkprogramm Radio Adria beteiligt hatte). Gut zehn Jahre später waren jene programmatischen Aussagen vergessen. 1984 erwarb Manfred Lahnstein, ehemaliger Bundesfinanzminister im Kabinett Helmut Schmidt, als Mittelsmann Reinhard Mohns eine Beteiligung von 37,1 Prozent bei RTL plus. Die Übernahme erfolgte in Absprache mit einem anderen Gesellschafter, dem Konzern der *Westdeutschen Allgemeinen Zeitung (WAZ)*. Lahnstein verfügte über beste Kontakte zur Lizenzgeberin von RTL plus, der nordrhein-westfälischen Landesregierung. Die in den Achtziger- und Neunzigerjahren weit verbreitete Auffassung, Bertelsmann fahre im privaten Rundfunk »auf dem Ticket der SPD«, ist demnach nicht aus der Luft gegriffen.

Mitte der Neunziger hielt Bertelsmann über die Tochter Ufa Film- und Fernseh-GmbH im Free-TV drei Minderheitsanteile: 37,1 Prozent bei RTL, 24,9 Prozent bei VOX und 7,8 Prozent bei RTL 2. Für ein tragfähiges eigenes Fernsehgeschäft war das zu wenig. Der Einkauf großer Rechtepakete lohnte sich nur, wenn die marktüblich gewährten drei Ausstrahlungen pro Filmlizenz auf mehrere Sender verteilt werden konnten – und wenn man diese Sender kontrollierte. Lahnstein, im Bertelsmann-Vorstand lange Zeit für Elektronische Medien zuständig, hatte daher frühzeitig die Weichen für den Erwerb einer Senderfamilie gestellt.

Der Aufstieg zur Fernsehvormacht führte über die Compagnie Luxembourgeoise de Télédiffusion (CLT), mit 47,9 Prozent der Anteile Hauptgesellschafter von RTL Deutschland und bei vielen anderen europäischen Sendern dominierend. Unter der Leitung der Luxemburger Rundfunkprofis war RTL binnen zehn Jahren zum beliebtesten Privatsender Deutschlands aufgestiegen. Bertelsmann, so hieß es unter Programm-Machern damals und heißt es heute noch, »versteht nichts vom Fernsehen«. Dafür aber vom Geschäft: Die CLT befand sich vollständig im Besitz der Audiofina, einer belgisch-französischen Investmentgruppe. Hier setzte Bertelsmann den Hebel an. Schon 1986 hatte die Ufa 3,6 Prozent der Audiofina-Anteile und, was viel wichtiger war, ein Vorkaufsrecht für frei werdende Anteile erworben. Während die CLT ahnungslos an neuen populären Sendeformaten bastelte, bahnte die Bertelsmann AG in Geheimgesprächen mit Aktionären der Audiofina eine feindliche Übernahme an.

Zugleich verbündete sie sich mit der WAZ-Gruppe, die an RTL Deutschland mit 10 Prozent beteiligt war. Im Juli 1995 beschlossen Bertelsmann und WAZ die Gründung einer Fernseh-und-Radio-Holding. Der WAZ wurden ein Anteil von 20 Prozent sowie ungewöhnlich großzügige Minderheitenrechte eingeräumt. Gemeinsam gingen die neuen Partner auf die Jagd nach Kleingesellschaftern. Der Burda-Verlag, dem 2 Prozent von RTL gehörten, hatte der CLT für den Rückzugsfall zwar ein Vorkaufsrecht signalisiert, erlag aber nun dem günstigen Angebot von Bertelsmann. Der Verlag der *Frankfurter Allgemeinen Zeitung (FAZ)* tat es ihm nach und verkaufte seinen 1-Prozent-Anteil an die WAZ-Gruppe. Kapitalmäßig lag die Bertelsmann-WAZ-Koalition bei RTL Deutschland nun mit 50,1 Prozent knapp in Führung. Die CLT jedoch erwirkte beim Landgericht Hamburg eine einstweilige Verfügung gegen den Übernahmeversuch. Der Ausgang der Hauptverhandlung war völlig offen. Am 1. April 1996 wollte das Gericht entscheiden.

Doch wenige Tage vorher gab die CLT entnervt auf. Überraschend schlug ihr Hauptinhaber, Albert Frère, Gespräche über eine Fusion vor. Ihm war zu Ohren gekommen, dass ihm Bertelsmann den Wunschpartner Murdoch (im angestrebten Pay-TV-Geschäft) abspenstig gemacht hatte, und er begriff, dass die CLT seiner Führung auf die eine oder andere Weise entgleiten würde. Die Verhandlungen führten rasch zum Abschluss, da Bertelsmann für die hälftige Beteiligung an dem neuen Gemeinschaftsunternehmen nicht nur seine Film- und Fernsehtochter Ufa hergab, sondern zusätzlich 1,556 Milliarden DM zahlte und die Abwicklung des Pay-TV-Projekts von CLT mitfinanzierte. Der Gütersloher Medienkonzern war seinem Ziel, Oberhaupt einer Senderfamilie zu sein, einen großen Schritt näher gekommen. In Europas größtem Rundfunkunternehmen CLT-UFA regierte Bertelsmann als gleichberechtigter Partner der Audiofina bei westeuropäischen Fernseh- und Hörfunkketten und weiteren hochrentablen Programmproduzenten sowie bei einer wachsenden Zahl osteuropäischer Sender mit. Da bei RTL Deutschland neben der CLT-UFA weiterhin die WAZ-Gruppe mit 11 Prozent an Bord war, hatte Bertelsmann bereits das taktische Übergewicht. Leo Kirch, der große Widerpart, war überflügelt worden.

Zunächst galt es freilich noch ein rechtliches Hindernis auf dem deutschen Fernsehmarkt zu beseitigen. Die deutschen Medienwächter wollten die Ballung von Medienmacht in einer Hand verhindern und setzten im Rundfunkstaatsvertrag dem Erweiterungsdrang der Konzerne enge Grenzen. Nach geltendem Recht hätte die CLT-UFA gar nicht entstehen dürfen. Aber Bertelsmann hatte vorgearbeitet. Bei den Mediengesetzgebern, den Landesregierungen, hatten die zuständigen Konzernvertreter schon seit Jahren mit Gutachten und Absichtserklärungen auf eine Änderung der geltenden Konzentrationsregeln hingewirkt. Den Regierungen lag viel daran, die größten Sender am heimischen Standort zu halten (oder von anderen Standorten abzuwerben). Die nordrheinwestfälische Staatskanzlei in Düsseldorf hatte seit jeher viel Verständnis für die Sorgen von Bertelsmann gezeigt, die bayerische Staatskanzlei hingegen für die Sorgen von Leo Kirch. Als Ufa und CLT fusionierten, konnte die Bertelsmann AG darauf vertrauen, dass ihre Besitzstände künftig nach dem neuen »Marktanteilsmodell« gewichtet werden würden: Die Mehrfachbeteiligungen eines Konzerns waren zulässig, sofern der addierte Marktanteil die Obergrenze von 30 Prozent nicht überschritt. Für die CLT-UFA wurde ein Anteil von etwa 27 Prozent errechnet. Am 17. Juni 1996 verabschiedeten die Ministerpräsidenten den neuen Rundfunkstaatsvertrag mit der erwünschten Regelung.

In der nächsten Beteiligungsrunde drängte Bertelsmann Albert Frère endgültig in die Minderheitsposition. Auf Betreiben Thomas Middelhoffs verschmolz die CLT-UFA im April 2000 mit der Fernsehsparte des kapitalbedürftigen britischen Pearson-Konzerns. Die dabei entstandene RTL Group schien sich den Einstieg in den amerikanischen Fernsehmarkt gesichert zu haben. Eine der Fusionsbedingungen war, dass 11 Prozent des Kapitals der RTL Group als öffentlicher Streubesitz an der Londoner Börse gehandelt werden konnten. Middelhoff hatte es nun mit zwei Partnern zu tun, denen mehr an der Rendite als am Fernsehen gelegen war, und nutzte diesen Umstand konsequent zu ihrer Neutralisierung.

Weiß Bertelsmann, was es auf dem Weltmarkt will? **281**

Sein nächster strategischer Schachzug verblüffte die Marktkenner, verstieß er doch gegen den geheiligten Grundsatz der Unabhängigkeit des Hauses Bertelsmann. Im Februar 2001 kaufte Middelhoff den gesamten RTL-Anteil (30 Prozent) der von Albert Frère geführten Investorengruppe Groupe Bruxelles Lambert (GBL), der Nachfolgerin der Audiofina, und bezahlte mit 25,1 Prozent der Anteile an der Bertelsmann AG. Außerdem wurde der GBL zugesichert, diesen Anteil spätestens 2006 an die Börse bringen zu dürfen. Verfechtern des alten Führungsstils bei Bertelsmann missfiel sowohl dieser Aktientausch als auch die Fusion mit Pearson TV. Doch Middelhoff, der Expansionskapital suchte und daher an die Börse strebte, wusste durchaus, dass er dem Unternehmen noch nicht allzu viel zumuten durfte. Das Risiko war eng begrenzt. Die Stimmrechte der GBL lagen bei einem Anteil von 25 Prozent, und vor dem Börsengang hatte Bertelsmann eine Option auf den Rückkauf der Aktien. Und schließlich ließ die Freude darüber, dass Bertelsmann in der RTL Group nun über eine Zweidrittelmehrheit verfügte, alle Kritik verstummen.

Die Freude wurde noch größer, als Middelhoff sich im Januar 2002 auch des zweiten Partners in der RTL Group entledigte. Pearson hatte bei RTL darauf gehofft, seinen 22-prozentigen Anteil sowie seine Mitspracherechte vergrößern zu können. Als die Fusion vereinbart worden war, hatte Middelhoff seinen britischen Partner in dieser Hoffnung bestärkt. Recht bald jedoch bemerkte Pearson, dass bei RTL an der Seite Bertelsmanns nichts mehr zu holen war. Nach dem Aktientausch zwischen Bertelsmann und der GBL verlor der britische Konzern das Interesse an der RTL Group. Zudem wurde in Börsenkreisen ruchbar, dass Pearson dringend Geld benötigte, um seinen Schuldenberg abzutragen. Middelhoff brauchte nicht viel Überredungskunst, um Pearson zum Rückzug zu bewegen. Der Zeitpunkt war günstig. Der Kurs der RTL-Aktien war – wie der anderer werbefinanzierter Rundfunkunternehmen – infolge der konjunkturell bedingten Werbeflaute auf einen Tiefpunkt gesunken. Bertelsmann zahlte sogar noch einen Aufschlag und kam dennoch billig davon. Seit März 2002 hält der Medienkonzern in der RTL Group – einschließlich des geschrumpften WAZ-Anteils – exakt 90,2 Prozent des Kapitals.

In Deutschland komplettierte Bertelsmanns RTL Group seine Senderfamilie durch die (teure) Übernahme der Anteile von Murdoch und Canal Plus an VOX und die (preiswerte) Übernahme der Holtzbrinck-Anteile beim Nachrichtenkanal n-tv. Dessen zweiter Hauptanteilseigner, die amerikanische

Gruppe CNN/ Time Warner, war durch den in Kapitel 1 geschilderten Mid-delhoff-Coup in einen finanziellen Engpass geraten und musste pikanterweise infolge des äußerst nachteiligen Rückkaufs der AOL-Europe-Anteile von Bertelsmann im August 2002 auf sein Vorkaufsrecht an den Holtzbrinck-Anteilen verzichten. Und mehr noch: CNN/Time Warner stellte Bertelsmann in Aussicht, bei einem – absehbaren – Rückzug aus dem Nachrichtenkanal seinen 49-Prozent-Anteil erwerben zu dürfen.

Daran besteht in Gütersloh großes Interesse. Nachdem Bertelsmann auf der Stufenleiter der Beteiligungen – und auf dem Rücken der Beteiligten – an die Spitze der europäischen Spitzensenderkette gestiegen ist, möchte der Fernsehkonzern seine Tochterunternehmen jeweils aus einer komfortablen Mehrheitsposition heraus steuern. Diesem Ziel will man mit »Arrondierungsinvestitionen in Kernmärkten« näher kommen. Zu arrondieren sind die Anteile an Sendern in Ungarn, Deutschland, Frankreich, Spanien, Belgien, den Niederlanden, Großbritannien und Irland und, nicht zu vergessen, an vielen Radiostationen.

Seitdem Mark Wössner damit begann, Bertelsmann in die Weltmärkte und den Wettbewerb mit den größten Medienkonzernen zu führen, und Thomas Middelhoff diesen Prozess mit aller Macht und allen Tricks fortsetzte, besteht in der Gütersloher Geschäftspolitik ein Spannungsverhältnis zwischen dem Interesse an Expansion und dem Festhalten an den traditionell strengen Ertragsrichtlinien. Man möchte auf vielen Feldern mitspielen und seine Märkte erweitern, aber dazu muss man, wie es in der Middelhoff-Ära hieß, »frisches Geld in die Hand nehmen«. Investitionen drücken die Gesamtkapitalrendite, deren Messung nach Kennziffern für die Leiter der Bereiche und Profit-Center in der Zeit vor Middelhoff der oberste Maßstab ihres Handelns war – und heute, in der Zeit nach ihm, wieder ist. Der Zwang, ein gutes Ergebnis zu erzielen, begrenzt jedoch die Expansionsfähigkeit. Das erklärt teilweise, warum Bertelsmann weder neue Sender gegründet noch bestehende Sender erworben hat, sondern sich im Beteiligungsdschungel nach vorn arbeitete.

Oberste Maßregel ist, überall dort, wo man beteiligt ist, die »Nummer eins« zu sein, und sich aus anderen Unternehmungen tunlichst herauszuhalten. Das Spannungsfeld zwischen Expansion und Rendite wird in Gütersloh durch ein übergeordnetes Interesse aufgehoben: durch den Wunsch nach Kontrolle. Erst einmal absichern, ist die Devise. Erst einmal das, was man erworben hat, vor fremder Begehrlichkeit schützen, noch effizienter bewirtschaften und dann überlegen, ob weitere Expansionen sich rechnen. Reinhard Mohn ist den Abenteuern Wössners und Middelhoffs gegenüber nie abgeneigt gewesen, solange sie den Konzern nach vorne katapultierten und – wie im Fall Middelhoff – kein schlechtes Licht auf das unantastbare Image des Bertelsmann-Patriarchen werfen konnten. War diese Sicherheit nicht mehr gegeben, wechselte Mohn die Unternehmensperspektive, die Geschäftsstrategie und den Vorstandsvorsitzenden.

Expansion ja, aber unter der Kontrolle der höchsten Bertelsmann-Instanz. Das Interesse der Familie an der Kontrolle über alle Unternehmensvorgänge ist immens. Wird diese der Bertelsmann AG gar zum Verhängnis werden? Genau deshalb fällt es dem Konzern doch so schwer, eine einheitliche Geschäftspolitik für den Weltmarkt der Fernsehprogramme und anderer »Inhalte« sowie den Weltmarkt der Unternehmenslogistik und anderer »Dienstleistungen« zu entwickeln. Eine expansive Geschäftspolitik kommt ohne eine offensive Komponente nicht aus. Diese wird durch den Willen der Mohn-Dynastie zur grenzenlosen Überwachung jedoch unterdrückt, und das hat einen Schlingerkurs zur Folge. Bei ungünstiger oder unvorhergesehener Marktentwicklung kommt es dann zu abrupten Strategiewechseln, Konfusionen im Management und radikalen Kehrtwenden in der Personalpolitik. So drängt sich die Frage geradezu auf: Weiß man bei Bertelsmann wirklich, was man will?

arvato, der Post-Dienstleister

Die Dienstleistungsgruppe der Bertelsmann AG heißt arvato und hat ein Identitätsproblem. Die von ihr angebotenen Leistungen sind so verschiedenartig, dass bei weiterer Differenzierung der Geschäftsfelder eine Teilung oder Auflösung der Gruppe unvermeidlich erscheint. arvato versteht sich als »Mediendienstleister« und rechtfertigt seine Tätigkeit mit dem Werbeslogan »Medien brauchen Dienstleister«. Man arbeitet aber gar nicht für Medien. Vielmehr stellt man »Medien« beziehungsweise Werbemittel für andere Unternehmen bereit. Und selbst der Name täuscht etwas vor, nämlich, eine Abkürzung zu sein. Als die Bertelsmann Industrie AG ein neues Logo suchte, weil sie am Ende des 20. Jahrhunderts etwas ganz anderes war als eine Firmengruppe der Druck- und Tonträgerindustrie, wandte sich der damalige Vorstandsvorsitzende Gunter Thielen an den professionellen Namenserfinder Endmark in

Köln. Dieser lieferte für viel Geld das Wort *arvato*, mit zwei *a* und einem *o* ausgestattet und damit garantiert harmonisch klingend. Der oder die oder das arvato?

Der wichtigste Konzernauftrag für die Dienstleistungsgruppe ist es, auf Tuchfühlung mit Großkunden zu bleiben. arvato liefert von A bis O nahezu alles, was Außenstehende für große Unternehmen tun können. Die Gruppe druckt Zeitschriften, Kataloge, Bücher, Werbematerial und Telefonbücher, in den USA beispielsweise täglich mehr als eine Million Taschenbücher und in Gütersloh täglich durchschnittlich 300 000 Bücher und Bildbände sowie 500 000 Zeitschriften und Kataloge. Sie gestaltet und textet, findet Adressen, bewahrt auf, adressiert und verschickt das Produkt an ein vom Auftraggeber präzise festgelegtes Set von Endkundengruppen. Sie entwirft und platziert Anzeigen, organisiert Events, nimmt Bestellungen auf, bevorratet bestimmte Mengen bestimmter Erzeugnisse (zum Beispiel Pharmazeutika) und nimmt auf Abruf deren »Feinverteilung« vor. Sie pflegt die Kundenkontakte (»Crossmediale Kundenkommunikation«), ordnet die Informationen und Kundenadressen des Auftraggebers und nutzt sie (»Content- und Knowledgemanagement«), führt Umfragen durch, bereitet Marketingkampagnen vor, plant sogar die Finanzierung und treibt Schulden ein. Sie handelt auch mit gewissen Informationen, die sie erhält, insbesondere mit Adressen. Sie unterhält Callcenter (unter anderem für die Deutsche Bahn und den ADAC), verkauft Klingeltöne, Logos, Sprüche und Spiele für Handys.

Ist eine Tochterfirma längere Zeit schlecht ausgelastet, wird sie verkauft, zum Beispiel das Hotelreservierungssystem der Gruppe. Sonopress, der Gütersloher Stammbetrieb für Tonträger, bleibt vorerst im arvato-Verbund, muss aber seine Zugehörigkeit durch passable Jahresergebnisse rechtfertigen. Vor wenigen Jahren wurde in Gütersloh sogar kolportiert, die Geschäftsführung von arvato trage sich mit dem Gedanken, MOHN Media zu verkaufen.

Zu arvatos Kundschaft gehören unter anderem Banken und Sparkassen, Bahn- und Fluggesellschaften, Unternehmen der IT- und Telekom-Industrie, Brauereien, Verbände, Stiftungen, Universitäten und kommunale Institutionen. Es fällt jedoch auf, dass ein bestimmter Großkunde in den letzten zehn Jahren mehr Aufträge als jeder andere erteilt hat. Dieser Kunde ist mit arvato wirtschaftlich verflochten. Es handelt sich um das Deutsche Post World Net, um einen Konzern, der außer der Deutschen Post AG und der Postbank den Versand-Spezialisten DHL umfasst.

Der heiß begehrte Großauftrag zum Druck des Postleitzahlenbuches erging in den frühen Neunzigerjahren an Mohndruck. Damals protestierten einige der leer ausgegangenen Druckbetriebe gegen eine »Wettbewerbsverzerrung«. Die in der Industrie AG Verantwortlichen, Thielen und Middelhoff, vergaben daraufhin wenig profitable Unteraufträge an andere Druckereien, behielten aber die einträglichen Teile des Auftrags im eigenen Haus und strichen sogar noch Vermittlungsprovisionen ein.

Dies war der Beginn einer wunderbaren Zusammenarbeit. Eine Subfirma im arvato-Printbereich, die Medienfabrik Gütersloh, ist auf »Unternehmenskommunikation« spezialisiert. Sie erstellt, redigiert, druckt und vertreibt jede Art von Firmen- und Kundenpublikationen. Das Deutsche Post World Net hat bei der Medienfabrik nicht weniger als neun PR-Dienste abonniert: ein Kundenmagazin, ein Clubmagazin, CDs und DVDs, einen Newsletter, ein Mitarbeitermagazin, Bücher und Werbemittel sowie einen Teil der Pressearbeit und die Gestaltung der so genannten Investor Relations. Die Auflagen der Magazine gehen jeweils in die Hunderttausende.

In einem heiklen Geschäftssegment, wo Teamwork wirklich Vertrauenssache ist, betreiben die Deutsche Post und Bertelsmann ein lukratives Gemeinschaftsunternehmen: die Deutsche Post Adress GmbH. Die Firma erfreut sich weit gehender Unbekanntheit, doch sie nähert sich auf dem Feld des Adressenhandels und der Adressenverwaltung, zumindest in Deutschland, dem Zustand der Allwissenheit. Sie wurde nämlich von der Deutschen Post AG mit der Durchführung des Nachsendeverfahrens betraut. Infolgedessen wertet sie sämtliche Nachsendeaufträge der Postkunden im In- und Ausland aus (auch solcher, die ihre Daten nicht weitergeben wollen), verfügt über die einzige deutsche Umzugsdatenbank und bietet ihr Wissen allen Unternehmen an, die ihre Kundendateien auf den neuesten Stand bringen wollen. Sie verweigert ihre Informationen auch nicht jenen notorischen Adressenhändlern, die das Datenmaterial wiederum Drittfirmen für Werbezwecke zur Verfügung stellen. Im Jahr 2002 vergab deswegen eine deutsche Datenschutz-Initiative den von ihr gestifteten Big Brother Award in der Kategorie »Verbraucherschutz« an die Deutsche Post AG. Der Bundesbeauftragte für Datenschutz rügte bereits in seinem 16. Tätigkeitsbericht für die Jahre 1995 und 1996 den Adressenhandel und kennzeichnete das Weiterreichen teilweise vertraulicher Daten für kommerzielles Direktmarketing mit der Wortschöpfung »Adressenwäsche«. Die Rüge blieb folgenlos.

In der Gütersloher Zentrale legt man größten Wert auf die Pflege des guten Verhältnisses zur Deutschen Post. Man will mit ihr gemeinsam das – neben dem Fernsehen – zweite große Standbein des Hauses Bertelsmann konsolidieren. Denn das halbstaatliche Monopolunternehmen ist auf dem besten Weg, sich zum stärksten Logistik-Dienstleister der Welt zu entwickeln. Schon in den Neunzigern übernahm die Deutsche Post in den Vereinigten Staaten die Versand- und Kurierdienst-Experten Airborne und DHL sowie die Schweizer Logistikfirma Danzas. Heute liefert sie unter anderem exklusiv die Päckchen von Amazon und den größten Teil der Pakete von Ebay aus. Vor allem durch die Übernahme von DHL wurde die strategische Position der Deutschen Post gegenüber Wettbewerbern wie United Parcel Service (UPS) und FedEx gestärkt. DHL betreut weltweit große Versandhändler und Softwarehersteller. Seinen Auftraggebern nimmt der Anbieter komplexer »Outsourcing-Lösungen« nicht nur den Transport und die fristgemäße Zustellung fragiler Produkte ab. Er verwaltet auch den Auftragseingang, beschafft, überprüft und lagert die georderten Produkte nebst der Zusatzausrüstung, verschickt die Rechnungen, überwacht den Zahlungsverkehr und handhabt den Kundenservice einschließlich der Rücksendung schadhafter Ware. Bertelsmanns arvato will dem Logistik-Riesen dabei nach Kräften zuliefern und assistieren.

Dafür, dass die vertrauensvolle Zusammenarbeit zwischen Bertelsmann und Post keinen konjunkturellen Erschütterungen ausgesetzt ist, wurde vorgesorgt. Gert Schukies, langjähriger Pressesprecher der Bertelsmann AG und zuständig für die »Gesamtkommunikation« des Konzerns, verließ 1990 Gütersloh. Sein Nachfolger wurde der PR-Manager Manfred Harnischfeger. Schukies wandte sich einer anderen, nicht weniger anspruchsvollen Tätigkeit zu. Er gelangte ohne Zwischenaufenthalt zur Deutschen Post AG und diente ihr – sowie später dem Deutsche Post World Net – als Direktor der »Konzernkommunikation«. Im Mai 2003 zog er sich nach Vollendung seines sechzigsten Lebensjahres aus der Konzerntätigkeit zurück und wurde Unternehmensberater. Die frei gewordene Stellung wurde unverzüglich von einem anderen Insider übernommen: von Manfred Harnischfeger. Dieser gab am 30. Juni 2002 sein Sprecheramt bei Bertelsmann auf. Mutmaßungen, ob er auch bei der Deutschen Post weiterhin als Bertels»mann« agiert, erübrigen sich. Eben als solcher wurde er wie sein Vorgänger von der Post bevorzugt.

Kein Zweifel, die Deutsche Post lässt sich die Zuneigung des Hauses Bertelsmann gefallen. Deren langjähriger Vorstandsvorsitzende Klaus Zumwinkel wurde vor wenigen Jahren in das Kuratorium der Bertelsmann Stiftung gewählt. Gemeinsam mit Liz Mohn und Heribert Meffert sorgt er nun dafür, dass die Stiftung nach außen hin Abstand vom Geschäft der Aktiengesellschaft hält.

Unter dem Dach der arvato AG haben sich Firmen mit höchst unterschiedlichen Aufgaben versammelt. Sogar die Kunst des Direktvertriebs an der Haustür hat hier eine neue Heimstätte gefunden. Der Bertelsmann Club bevorzugt heute jedoch andere Methoden als der frühere Lesering. Deshalb gab der ehemalige Vorstandschef von arvato, Gunter Thielen, die Parole »Rettet die Direktvertriebe« aus. Ein Team der erfahrensten Direktverkäufer wechselte 2001 vom Buchclub zu arvato und gründete dort die Tochterfirma inmediaone. Die Mitarbeiter dieser Spezialagentur legen bei Hausbesuchen eine Auswahl bibliophiler Kostbarkeiten auf den Wohnzimmertisch: unter anderem eine 30-bändige Lexikothek, in Leder gebundene Dokumentationen, exklusive Titel der von Langenscheidt übernommenen Produktlinie »Brockhaus« sowie Faksimiles mittelalterlicher Unikate und wertvoller Bibeln, teilweise mit Blattgoldintarsien und Edelsteinbesatz auf dem Deckel. Und das bei Preisen von bis zu 16 000 Euro, die dem kulturbeflissenen Kunden an der Haustür als sinnvolle Investition erscheinen. Der Gegenwert, den man dafür erhält, ist jedoch mehr als gering. Die »Kostbarkeiten«, die man für teures Geld ersteht, erweisen sich bei näherer Hinsicht als ebenso unbenutzbare wie unverkäufliche Paradestücke für den hauseigenen Wohnzimmerschrank.

Unter ihrem Geschäftsführer Thomas Holz nutzt inmediaone den hohen Bekanntheitsgrad des Bertelsmann Buchclubs zur Kontaktaufnahme mit potenziellen Kunden. Man konzentriert sich auf ältere Mitglieder, deren Adressen die Gütersloher Clubzentrale weitergegeben hat. Im März 2004 berichtete eine 72-jährige Dame aus Halver, seit fünfzig Jahren Clubmitglied, von einem merkwürdigen Erlebnis, das wie eine Parodie vertrauter Vorgänge aus der wilden Zeit der Lesering-Kundenwerbung anmutet. Man habe sie angerufen, erzählte sie einem Lokalreporter, und mit der Nachricht überrascht, dass sie »eine der Ausgewählten unter 200 000 langjährigen Mitgliedern« sei. Ob man sie besuchen dürfe, wurde gefragt, es gehe um eine Meinungsumfrage, mit dem Ziel, Angebot und Service zu verbessern. Die Seniorin willigte ein und erhielt Besuch von einem Vertrauen erweckenden grauhaarigen Mann, der ihr eine Bibel zum Preis vom mehr als 1 000 Euro sowie Werke der Weltliteratur und Dokumentationen über den Zweiten Weltkrieg zu verkaufen suchte. Die Dame widerstand dem dringlichen Appell. Wie sie später herausfand, handelte es sich bei ihrem Besucher um einen Verkaufsexperten von inmediaone. Wir vermuten, dass dieser Traditionspflege bei anderen, weniger widerstandsfähigen Senioren mehr Erfolg beschieden ist. Es würde sich lohnen, einmal zu untersuchen, wie viele Clubmitglieder widerstrebend zum Kauf teurer Exklusivausgaben der arvato-Tochter überredet werden, die Aufregungen eines Rückgabeversuchs oder eines Rechtsstreits wie zu besten Lesering-Zeiten jedoch scheuen.

Von der Konzentration auf Langzeit-Allianzen wie der Post-Connection und Kundendiensten aller Art abgesehen, lässt sich die Unternehmenspolitik der arvato AG seit der Ablösung des Vorstandsvorsitzenden Edwin Eichler durch Hartmut Ostrowski als Praxis rücksichtsloser Risikoverminderung kennzeichnen. Gerade weil man bei arvato wie in anderen Konzernbereichen eine defensive Strategie verfolgt, der es am Willen zur Gestaltung der Medienmärkte mangelt, erliegt man immer wieder dem Drang zum Aktionismus. Unter Druck geraten, führt man Befreiungsschläge aus, die schlecht vorbereitet sind und deren unangenehme Konsequenzen durch Verlegenheitslösungen abgemildert werden müssen.

Im April 2003 erschreckte die Ankündigung, arvato verhandle mit der Axel Springer AG über eine Bündelung der Tiefdruck-Aktivitäten beider Konzerne, sowohl die Wettbewerber als auch andere, nicht eingeweihte Teile der Bertelsmann AG. Konfrontiert mit zunehmendem Preisdruck, der anhaltenden Werbeflaute und der drohenden Billigkonkurrenz aus Osteuropa sah arvato die Stunde zum sofortigen Handeln gekommen. Die Großfusion mit Springer würde die Geburt eines Kosten sparenden Branchenriesen bedeuten, der über ein Fünftel der Druckkapazitäten in Europa sowie über die Fähigkeit verfügt, den Konkurrenten die Preise zu diktieren. Viele Verlage ziehen daher den Verkauf ihrer Druckereien in Betracht.

In die Enge getrieben sah sich auch die Familie Jahr, die 25,1 Prozent der Anteile des Verlagshauses Gruner + Jahr und zwei Großdruckereien in Itzehoe und Dresden besitzt. Man hatte in Gütersloh das Selbstverständliche versäumt: Familie Jahr zu konsultieren. Nun stritten sich Mehrheits- und Minderheitseigner mittels wettbewerbsrechtlicher Gutachten über die Frage, ob infolge der Fusion der Firmenwert der beiden Druckereien sinken würde. Die Jahrs erwogen die Möglichkeit, gegen den Konzern zu klagen. Das Medienecho war für Bertelsmann verheerend.

Hastig anberaumte Krisengespräche dienten der Schadensbegrenzung. Im Dezember 2003 wurde gemeldet, man wolle die Interessen von Bertelsmann und die von Gruner + Jahr »harmonisieren«. Gunter Thielen schlug vor, die Druckereien in Itzehoe und Dresden in die Fusion einzubeziehen. Im Mai 2004 einigte man sich auf die Geburt des neuen Giganten für den Zeitschriften-Tiefdruck, für die nur noch die kartellrechtliche Genehmigung fehlt. arvato und Gruner + Jahr sollen jeweils 36,5 Prozent und die Axel Springer AG 27 Prozent der Anteile halten. Im Körper des Giganten schlummern jedoch gefährliche Konflikt- und Krankheitspotenziale. In einer Zeit kontinuierlich sinkender Auslastung ist der Streit darüber, in welche Druckbetriebe investiert werden – und wer dafür bezahlen – soll, nicht zu vermeiden. Und wenn, wie es absehbar ist, Druckereien geschlossen werden müssen – wer meldet sich dann freiwillig? Springer, Gruner + Jahr oder Bertelsmann? Die Risiken im Dienstleistungsgeschäft sind vergleichsweise gering. Man heftet sich einfach an die Fersen großer Investoren und versucht, in jenen Märkten, in denen diese tätig werden, die passenden Angebote parat zu haben. Nicht zuletzt aus diesem Grund sind die *services* von arvato dazu prädestiniert, von einer defensiven Unternehmenspolitik als zentrale Wachstumsbereiche ausgewiesen zu werden.

Im Februar 2004 fuhr Gunter Thielen mit einer achtköpfigen Konzerndelegation durch Indien und erkundete mögliche Investitionsfelder. Er inspizierte vor allem die Vorhaben anderer westlicher Konzerne. Begonnen hatte die Exkursion auf typisch Bertelsmann'sche Weise. Im November 2003 war der indische Informations- und Rundfunkminister Ravi Shankar Prasad zu Besuch in Berlin, traf dort mit Thielen und einigen Bereichsvorständen von Bertelsmann zusammen und sprach eine Einladung nach Indien aus. In Delhi traf man den Minister wieder und plauderte mit »führenden Managern« des Landes, in dem heute etwa 1,1 Milliarden und in absehbarer Zukunft 2 Milliarden Menschen leben. Die Delegation prüfte die Chancen eines Einstiegs bei indischen Fernsehstationen beziehungsweise einer RTL-Niederlassung und die Möglichkeit, Teile der Gütersloher Verwaltungs- und Personalabteilungen sowie der Informationstechnik nach Indien auszulagern.

In indischen Wirtschaftsblättern brach bereits Jubel aus. Man deutete die Aufzählung von Potenzialen als Absichtserklärung. Was aber geschieht nun wirklich? Von den Publikationen der Verlagsgruppe Random House abgesehen, hat Bertelsmann 2003 ein Joint Venture mit der chinesischen Bird-Gruppe eingeleitet. Diese Gruppe ist im Business Process Outsourcing tätig. Bertelsmann beabsichtigt somit, die Verlagerung von Arbeitsplätzen und Dienstleistungen bei amerikanischen und europäischen Unternehmen nach Ostasien oder Indien logistisch zu begleiten. Außerdem hat man in Delhi ein großes Callcenter eröffnet. Beide Engagements fallen in den arvato-Bereich. Man hält also die Infrastrukturen für mögliche westliche Investoren bereit. Ansonsten ist man für manches »offen« und wartet auf die Berichte einer Arbeitsgruppe, die zusammen mit indischen Beratern die Märkte analysiert. Sollte Indien der führende asiatische Wachstumsmarkt werden, ist man präsent. Wenn China »die Nase vorn hat« (Thielen), disponiert man entsprechend um.

In der Gütersloher Zentrale wird vor einer Überbewertung der Indienreise gewarnt und die Sprechformel ausgegeben, man stehe erst am Anfang. Konkrete Investitionen seien nicht beschlossen worden. Gleichwohl hat Thielen vorhergesagt, der Umsatzanteil außerhalb Europas und der USA bei Bertelsmann werde sich in den nächsten fünf Jahren von 6 Prozent auf etwa 33 Prozent erhöhen. Doch diese Expansion soll sich einer Strategie des vorsichtigen Wachstums unterordnen. Zum einen will man nur durch kleinere Käufe Marktanteile hinzugewinnen. Zum anderen wird Bertelsmann, sprich: arvato, einfach seinen Kunden folgen, nach Indien oder China, Tschechien oder Polen, in die Vereinigten Staaten oder nach Kanada. Das einzige Geschäftsfeld, in dem das Risikomanagement nicht das erste und letzte Wort hat, ist das Event- und Serien-Fernsehen. Diesem traut man nach seinen Siegen in Europa auch in Indien einiges zu.

Ein Medienkonzern der Weltklasse, der expandieren will, zugleich auf das Glück einer Fernsehsenderkette hofft (und hier jedes, wirklich jedes Erfolgserlebnis begrüßt), ansonsten abwartet und nach dem Grundsatz handelt, nur keinen Fehler zu machen, ist ein Widerspruch in sich selbst. Gerade in gefährlichen Zeiten sollte die angeblich prinzipiengeleitete Bertelsmann AG wissen, worauf es ihr als Medienkonzern ankommt. arvato, die Dienstleistungsgruppe, ist auf der Produktpalette von Buch, Zeitschrift, Fernsehen, Radio, Tonträgern und Druckereien ein Zusatzangebot. Sie muss kein Programm gestalten, sondern nur mit einzelnen Großkunden harmonieren. Streng genommen ist sie eine zweite DirectGroup. Im Direktkundengeschäft fühlt sich das Unternehmen Bertelsmann seit jeher kompetent. Hier kauft es keine Firmen, sondern gründet selber welche. Am liebsten würde es sein Fernsehpublikum und seine Buchhandels- und Musikkundschaft in exklusive Dauerkunden verwandeln und ihnen wie früher zu Lesering-Zeiten alles Mögliche verkaufen, vom Bücherschrank bis zur Urlaubsreise. Weiß Bertelsmann, der Medienkonzern, mit Massenmedien überhaupt etwas anzufangen?

Gruner + Jahr, der Fremdkörper

Zur Belletristik gelangte der theologische Verlag Bertelsmann durch die Anwerbung einzelner marktgängiger Autoren. Zur Publizistik gelangte das Buch- und Musikversandhaus Bertelsmann durch die Übernahme des Hamburger Verlags Gruner + Jahr. Viermal kaufte Reinhard Mohn hier günstig ein: Zuerst, im Jahr 1969, 25 Prozent vom geschäftsmüden Drucker Richard Gruner, dann, im Jahr 1973, 35 Prozent per Aktientausch von Gerd Bucerius, der wegen Führungsproblemen die Flucht nach vorn antrat, weitere 9,9 Prozent 1975 von Altverleger John Jahr, der Geld benötigte, und zuletzt, im Jahr 1976, 5 Prozent von Ernst Naumann. Reinhard Mohn hatte die Gründung eines Meinungsmachers, einer Tageszeitung oder eines Wochenblatts, stets vermieden. Manche wollten in dieser taktischen Zurückhaltung sogar den Ausdruck einer liberalen Überparteilichkeit seines Charakters erkennen. Nun aber saß Mohn im gemachten Nest des angesehensten Zeitgeistpflegers der Bundesrepublik Deutschland. Ende der Sechzigerjahre erschien bei Gruner + Jahr Woche für Woche ein Strauß anspruchsvoller und relativ teurer Ratgeber-, Lifestyle- und Politikmagazine: *Constanze, Brigitte, Schöner Wohnen, Capital, stern, Die Zeit* und, aus München hinzugekauft, *Jasmin, Eltern* und *Twen*. Später folgten eine Beteiligung beim *Spiegel*-Verlag und beim *manager magazin* und die Kreierung publizistischer Gaumenkitzler wie *essen & trinken*, GEO, P.M. *Magazin, art* und *Häuser* sowie weiterer Wirtschafts-, Familien- und Freizeitmagazine. Nach der Regierungsübernahme durch die sozialliberale Koalition im Jahr 1969 hob Reinhard Mohn gerne hervor, der neue Reeder des sozialliberalen Flaggschiffs *stern* zu sein. »Das Bertelsmann-Programm hat zum Ziel, Konzeptionen zu fördern, die der fortschrittlichen und liberalen Ordnung unserer Gesellschaft dienen«, sagte er damals. Das Etikett »fortschrittlich« interpretierte er als die Position eines Unternehmens, das »weder politisch, konfessionell noch wirtschaftlich gebunden« ist, somit dazu im Stande, sich keinem Markttrend zu verschließen. Die Gleichsetzung von Liberalität und Beliebigkeit war zukunftsweisend.

Als im April 1983 die auf abenteuerliche Weise beschafften (vermeintlichen) Tagebücher Adolf Hitlers auf Reinhard Mohns Schreibtisch lagen, begriff dieser sofort, dass sie »das bedeutendste Manuskript« waren, das er jemals gesehen hatte, und die Auflage des *stern* in ungeahnte Höhen schnellen würde. Der Starreporter Gerd Heidemann hatte die unschätzbar wertvollen Dokumente über dunkle Kanäle ergattert und sie, an der *stern*-Redaktion vorbei, beim Management von Gruner + Jahr (auf dessen Wunsch hin) präsentiert. Sein Ansprechpartner war der Mohn-Gehilfe Manfred Fischer, der in Gütersloh kurzfristig als Vorstandsvorsitzender eingesprungen war. Dieser steckte Reinhard Mohn mit seiner Begeisterung an und vermittelte das Geschäft.[5] Mohn war sich mit Gerd Schulte-Hillen bald einig, dass man die Gelegenheit beim Schopf packen musste. Das positive Ergebnis einer ersten, flüchtigen wissenschaftlichen Begutachtung genügte ihm. Insgesamt 9,3 Millionen DM war ihm und Schulte-Hillen die Beschaffung der »Originale« wert.

Der *stern* begann, das Machwerk eines Fälschers abzudrucken, weil es von oben so entschieden worden war. Die Seifenblase platzte; auf der nach oben offenen Peinlichkeits-Skala markiert der Skandal seitdem den vorläufigen Höchststand. Den Kopf hinhalten und im Gefängnis sitzen mussten aber nur der übereifrige Reporter Heidemann und der Fälscher Konrad Kujau. Die von der Verlagsleitung in die Pflicht genommenen Chefredakteure Peter Koch und Felix Schmidt mussten zurücktreten. Der Gruner + Jahr-Boss Gerd Schulte-Hillen hielt sich zwar im Amt, benötigte aber Jahre anstandsloser Führungsarbeit, um seine Schmach vergessen zu machen. Nur an Reinhard Mohns Revers blieb, der Tradition des Hauses gemäß, nicht der kleinste Schandfleck zurück.

Die Rufschädigung erschütterte die brillante Marktstellung des Hamburger Verlags nicht. Als relativ unabhängiger Sonderbereich im Bertelsmann-Konzern meldete Gruner + Jahr bis zum Ende des 20. Jahrhunderts von Jahr zu Jahr nahezu stetig wachsende Umsätze und Traumgewinne nach Gütersloh. Mit seinen Prestige-Titeln versorgte der Verlag »den gehobenen Teil« der Magazinleser. Gruner + Jahr war bei Bertelsmann ein zuverlässiger Wachstumsfaktor, lange Zeit neben dem Fernsehgeschäft der größte. Bis zum Geschäftsjahr 1999/2000 garantierte der Verlag einen Anteil von 18 bis 20 Prozent am Konzernumsatz.

Vorbild für andere Konzernbereiche war Gruner + Jahr auch in der konsequenten Internationalisierung seines Magazingeschäfts. Vor allem in Frankreich und den Vereinigten Staaten, später auch in osteuropäischen Ländern akquirierte und gründete man fortgesetzt neue Zeitschriften für vergleichbar »gehobene« Publikumssegmente. In Deutschland, Frankreich, den Vereinigten Staaten und Polen und ansatzweise in weiteren Ländern schuf Gruner + Jahr um bestimmte Stammtitel herum ganze Zeitschriftenfamilien. Da gab und gibt es die Managementfamilie, die Frauenfamilie, die *GEO*-Familie, die »People«-Familie und mehrere kulinarische Familien. Den Verlagschefs und Redakteuren bei Gruner + Jahr ist an der Entwicklung des Lebensstils und der Reflexion über den Zeitgeist gelegen. In den letzten Jahren hat sich Gruner + Jahr vom Konzept einheitlicher Titelfamilien verabschiedet und setzt heute mehr »auf die Übernahme lokaler Verlage mit jeweils spezifischem Titelportfolio«.[6] Der Anteil des im Ausland erwirtschafteten Umsatzes stieg von etwa 40 Prozent in den frühen Neunzigern auf mehr als 62 Prozent im Jahr 2003.

Im Jahr 2000 übergab Gerd Schulte-Hillen das Amt des Vorstandsvorsitzenden von Gruner + Jahr, das er seit 1981 innegehabt hatte, an Bernd Kundrun. Während seiner gesamten Amtszeit hatte im Verhältnis zwischen Bertelsmann und dem Hamburger Verlag die Regel strikter Nichteinmischung gegolten. Aufkommende Probleme waren im vertraulichen Gespräch bereinigt worden. Auf die Sperrminorität der Familie Jahr, einen Anteil von 25,1 Prozent an der Bertelsmann-Verlag Gruner + Jahr AG, musste nicht erst hingewiesen werden. Das respektvolle Verhältnis zwischen den beiden Patronen Reinhard Mohn und John Jahr senior schien sich im wechselseitig achtungsvollen Umgang zwischen den Angehörigen der Führungsetagen von Gütersloh und Hamburg fortzusetzen.

Erstmals im Juni 2001 sah sich die Eigentümerfamilie Jahr veranlasst zu dementieren, dass sie unter Umständen ihren Verlagsanteil an Bertelsmann verkaufen würde. Auch den von Bertelsmann favorisierten Weg des Aktientauschs lehnte sie ab. Ihr war zugetragen worden, dass Finanzstrategen in Gütersloh im Hinblick auf einen Börsengang die Übernahme von börsenuntauglichen Minderheitsanteilen empfahlen. Middelhoff beabsichtigte den Verkauf aller renditeschwachen Bereiche, unter anderem der Tageszeitungen von Gruner + Jahr, und hatte deswegen bereits ohne Wissen von Kundrun mit der stets interessierten WAZ-Gruppe verhandelt. Die Druckereien von Gruner + Jahr hätte er darüber hinaus gern mit denen der arvato AG zusammengelegt. Daraufhin erklärte der Sprecher der Familie Jahr, man werde die »Einverleibungsversuche« von Bertelsmann zu unterbinden wissen. Middelhoff lenkte ein, und in einer gemeinsamen Erklärung beteuerte man, dass niemand die Beteiligungsverhältnisse infrage stelle.

War es Zufall, dass in der Folgezeit erstmals über eine schlechte Ertragsentwicklung bei Gruner + Jahr berichtet wurde? Ungeachtet beeindruckender Umsatzzahlen fiel plötzlich der Niedergang der Gesamtkapitalrendite des Verlags auf. Vom Konzernsoll von 15 Prozent war der Verlag mit seinen 8,3 Prozent im Jahr 2000 weit entfernt. 2003 trug Gruner + Jahr nur noch mit einem Anteil von 14,3 Prozent zum Konzernumsatz bei. Das Unternehmen verlor seine Spitzenposition im Kreis der großen Zeitschriftenverlage, musste rigoros sparen und Mitarbeiter entlassen. Das Verhältnis zwischen Gütersloh und Hamburg kühlte deutlich ab. Was sonst zu verschmerzen gewesen wäre, erschien nun als schlechtes Vorzeichen: der Verkauf der *Hamburger Morgenpost* nach langen verlustreichen Jahren, der Auflagenschwund des *stern*, die hohen Verluste auf dem Berliner Zeitungsmarkt, das anhaltende Defizit der Programmzeitschrift *TV Today*, Titel-Einstellungen und, in jüngster Zeit, »tiefrote Zahlen« bei den Wirtschaftstiteln. Dennoch hielt der Verlag unbeirrt Kurs. Er brachte Sonderausgaben alter Titel (so genannte Line-Extensions) und mit *Woman, Flash* und *Neon* neue Titel auf den Markt.[7] Er investierte hoffnungsvoll in die Wachstumsmärkte China und Russland und riskierte zusammen mit einem englischen Partner in Deutschland die Gründung einer neuen Tageszeitung, der *Financial Times Deutschland*. Der Verlag tut das, was er tun muss. Aber wird ihm das in Gütersloh noch Respekt verschaffen?

Der oben angesprochene Konflikt um die Tiefdruckfusion von Bertelsmann und Springer jedenfalls erschien Burkhard Schmid, dem Sprecher der Jahr-Gruppe, »tief greifender« als der Zwist um Middelhoffs Arrondierungspläne. Vermutlich deswegen, weil Gruner + Jahr verletzlicher geworden ist. Der Vorstandsvorsitzende Bernd Kundrun fungiert zugleich als Mitglied im Vorstand der Bertelsmann AG. Unter den gegenwärtigen Bedingungen mutet seine Doppelstellung wie ein schwieriger Spagat zwischen gegnerischen Gruppierungen an. In der Wirtschaftspresse herrscht die Auffassung vor, er habe Gruner + Jahr näher an den Konzern herangeführt (und Burkhard Schmid hat Kundrun geraten, sein Doppelmandat aufzugeben). Man kann es aber auch anders sehen: Als die Umsatzanteile des Verlags zu sinken begannen, nahm der Einfluss der Zentrale auf die Konzerntochter unvermeidlich zu.

Was Gruner + Jahr früher vor Übergriffen aus der Zentrale schützte, waren nicht nur die Sperrminorität und Schulte-Hillens Autorität, sondern vor allem die hohen Umsatzanteile und beachtlichen Renditen. Neuerdings aber haben die Wünsche aus Gütersloh fast Befehlscharakter. Das war schon 2002 zu erkennen, als Gruner + Jahr seine defizitären Blätter *Berliner Zeitung* und *Berliner Kurier* an Holtzbrinck abgab (und dieser seine Fernseh- und Hörfunkbeteiligungen an Bertelsmann). In vorauseilendem Gehorsam machte Gruner + Jahr dann reinen Tisch. Der Verlag wird sich auch von seinen Dresdner Zeitungen trennen, obwohl diese sich – den Umständen entsprechend – erfolgreich behauptet haben. Außerdem ist man dabei, die Zeitungen und Zeitschriften in Tschechien, der Slowakei, Ungarn, Serbien und Rumänien abzustoßen, wahrscheinlich an den Schweizer Verlag Ringier. Auch diese Blätter brachten Gewinne; es reichte nur nicht zur Marktführerschaft. Alle Medien sind ersetzbar und austauschbar. Thielen denkt in dieser Hinsicht nicht anders als Middelhoff.

Die Jahre des Respekts vor dem eigenständigen Hamburger Verlagshaus – immerhin nach Bertelsmann das zweitgrößte deutsche Medienunternehmen – sind vorbei. Gruner + Jahr wird nicht mehr nach seiner Tradition und auch nicht mehr nach seinem Potenzial eingestuft, sondern nur noch nach seinen Ergebnissen. Die Konzernzentrale sieht das Verlagshaus dem »Risiko eines deutlich härter umkämpften Werbemarktes ausgesetzt«. Die Krise dauere erheblich länger als gedacht, äußerte Bernd Kundrun. Durch strenges »Kostenmanagement« und »Innovation in den Kernmärkten« soll und muss Gruner + Jahr zu neuer Profitabilität gelangen. Noch ist man Marktführer in Europa. Verliert man die Spitzenposition und bleibt in den nächsten zwei, drei Jahren ein kräftiger Aufschwung aus, wird Gruner + Jahr wie die Bertelsmann Music Group zum Sanierungsfall, das heißt zum Fusionskandidaten. Vielleicht fusionieren die Zeitschriftensparten von Bertelsmann und Holtzbrinck oder von Bertelsmann und Bauer. Alles ist möglich. Wer weiß, auf welchen Zug die Konzernspitze in Gütersloh aufspringen wird.

Der Konzern und die Presse

Der Gütersloher Medienkonzern war bis Mitte der Neunzigerjahre an kontinuierliches Wachstum und die kontinuierliche Zunahme von öffentlichem Ansehen gewöhnt. Die Journalisten aus den Wirtschafts- und Medienressorts schrieben durchweg respektvoll und wohlwollend über die Jahresbilanzen und

Vorhaben von Bertelsmann. Sie schätzten die Leutseligkeit der Vorstandsmitglieder in Pressekonferenzen und Hintergrundgesprächen. Es gefiel ihnen, was sie über Partnerschaft und Gewinnbeteiligung in den Konzernbetrieben vernahmen. Viele von ihnen arbeiteten unmittelbar oder mittelbar für Gruner + Jahr und genossen die liberale Großzügigkeit der Verlagsleitung gegenüber den Einzelredaktionen des Hauses. Und viele ihrer Kollegen spekulierten auf die Möglichkeit, irgendwann in eine dieser Redaktionen zu wechseln respektive aufzusteigen. Also wog man jedes möglicherweise abwertende Wort mehrfach ab. Gegenüber Bertelsmann entwickelten die meisten Journalisten geradezu eine Beißhemmung.

Die Misswirtschaft bei Mohndruck und die Unruhe in der Belegschaft dieses Stammbetriebs provozierten ab 1994 erste kritische Stellungnahmen im Wirtschaftsteil überregionaler Tageszeitungen. In der Reaktion auf diese Artikel offenbarte die Konzernzentrale, wie schwer sie sich tat, Rückschläge zu verkraften. Sie zeigte Symptome narzisstischer Gekränktheit. Mark Wössner warf den Journalisten Vertrauensbruch und Hinterhältigkeit vor. Da hatte man sie jahrelang bevorzugt – und nun das? Wössner verbannte sie aus dem Kreis jener, die ihn anrufen und befragen durften. Wenn er ihnen begegnete, grüßte er sie nicht mehr. Ganz ähnlich verhielt sich wenige Jahre später Konzernsprecher Manfred Harnischfeger, nachdem er in einzelnen Artikeln despektierliche Anspielungen auf das Auftreten von Vorstandsmitgliedern entdeckt hatte. Die Autoren wurden zu den Veranstaltungen des Unternehmens nicht mehr eingeladen. Harnischfeger pflegte die Journalisten nach dem Ausmaß ihres Wohlverhaltens einzustufen und entsprechend zu bestrafen oder zu belohnen. Ein umworbener Redakteur aus einem großen Zeitungshaus durfte 1998 auf Kosten des Hauses nach New York fliegen und der Verleihung des Vernon A. Walters Award an Thomas Middelhoff beiwohnen. Andere Journalisten konnten aus dem Umfang der ihnen gewährten Informationen auf den Grad ihrer Gunst bei Harnischfeger und dessen Nachfolgern schließen. Mehrfach kam es vor, dass einem Journalisten zunächst eine lohnende Geschichte zugesagt und dann doch (teilweise) vorenthalten wurde, sodass der Gefoppte sich im Kollegenkreis blamierte. Auch Journalisten von überregionalen Zeitungen erfuhren eine herablassende Behandlung – mit »absolut tödlichen« Konsequenzen, wie Gütersloher Beobachter meinen. Im Zusammenhang mit der Berichterstattung über die Rolle Liz Mohns und das jüngste Buch Reinhard Mohns schreckten hohe und höchste Bertelsmann-Repräsentanten gegenüber

Weiß Bertelsmann, was es auf dem Weltmarkt will? **297**

unbotmäßigen Schreibern nicht vor indirekten Drohungen mit dem deutsch-landweiten Konzerneinfluss zurück. Dabei gab man sich moralisch und frag-te: Warum wolle man dem alten Herrn denn so etwas antun?

Auf der Suche nach schwarzen Schafen in konzerneigenen Zeitungen und Zeitschriften gab man jede Zurückhaltung auf. Da wurden die Betreffenden überfallartig mit dem Verdacht konfrontiert, man halte sie für die Quelle nega-tiver Berichte, und ultimativ zur Besserung ermahnt. Bei den Treffen der Chef-redakteure im Hause Gruner + Jahr wurde (und wird) Missliebiges, Störendes, Kontraproduktives aufgespießt. Mahnungen, wonach man doch bitte den Scha-den beherzigen solle, den geplante kritische Berichte für Verlag, Redaktion und Autor mit sich bringen würden, sind an der Tagesordnung. Der *Spiegel* allerdings, so war wiederholt zu hören, sei nicht als Bertelsmann-Blatt zu betrachten. Seine Beteiligungsstruktur garantiere die Unabhängigkeit der Redaktion.

Gegenüber unabhängigen Tageszeitungen ist der häufigste von Bertels-mann beschrittene Weg der Einflussnahme nicht das Kujonieren einzelner Journalisten, sondern das unaufdringliche Aktivieren von Verbindungen. Das laufe »subtil«, erwiderten die meisten Journalisten auf unsere Frage nach den Methoden. Gewöhnlich werde der Chefredakteur oder ein Herausgeber kon-taktiert, in Einzelfällen auch die Geschäftsleitung des Verlags. Die Angespro-chenen würden nicht etwa ins Gebet genommen. Andeutungen genügten voll-auf, um klar zu machen, was gegebenenfalls als unfreundlicher Akt verstanden werde. Die Grenzen zwischen Imagepflege und Maßregelung seien fließend. Man streue über bestimmte Vertrauensorgane die eigene Lesart der Ereignisse und versuche dann, dieser Lesart Geltung zu verschaffen. Auf die »Methode Harnischfeger«, das heftige Strippenziehen bei Programm- und Blattverant-wortlichen, greife man nur im Ernstfall zurück.

Um einen solchen Ernstfall handelte es sich offenbar, als Anfang 2003 Rein-hard Mohns Buch über *Die gesellschaftliche Verantwortung des Unternehmers* und die Personalpolitik des Führungsduos Liz Mohn/Gunter Thielen vor ab-fälligen Pressekommentaren geschützt werden sollten. Man hatte in Gütersloh Wind davon bekommen, dass der Medienredakteur der *Frankfurter Allgemei-nen Zeitung*, Michael Hanfeld, in einem Artikel die neue Betulichkeit am Gü-tersloher Hof unverblümt beschreiben wolle. Durch ein Gespräch mit dem zu-ständigen Herausgeber, Frank Schirrmacher, konnte im Feuilleton das Schlimmste verhindert werden – nicht allerdings der schonungslose Verriss des Buches durch Karen Horn im Wirtschaftsteil der *FAZ*.

Die Anrufe aus Gütersloh bei deutschen Chefredakteuren haben zumindest in der Vergangenheit bei überregionalen und regionalen Tageszeitungen prophylaktisch gewirkt und manche Wirtschafts- und Medienjournalisten bezüglich ihrer Bertelsmann-Berichterstattung langfristig diszipliniert. Die Erfahrungsberichte der von uns befragten Journalisten, die regelmäßig bei Pressekonferenzen der Bertelsmann AG anwesend waren, rechtfertigen diese Annahme. Manche Chefredakteure gaben den auf sie ausgeübten Druck an ihre Mitarbeiter weiter, weil ihnen der drohende Unfriede lästig war. »Mensch, die haben mit meinem Chefredakteur gesprochen …« Wer so etwas zu erzählen wusste, verhielt sich im Zweifelsfall vorsichtig. Er wollte schließlich nicht von wichtigen Informationsquellen getrennt werden und bei seinen Vorgesetzten als Risikofaktor gelten.

Der Fall Hersch Fischler, den wir in Kapitel 3 im Zusammenhang mit der Aufarbeitung von Bertelsmanns NS-Vergangenheit rekonstruiert haben, die journalistische Zwangsjacke, in die Magazine wie *Kulturzeit* in 3sat und *Monitor* im WDR im selben Kontext gesteckt wurden, oder auch die Weigerung des *stern*, seiner Journalistin Gerda Marie Schönfeld eine Seite für die Bertelsmann-Berichterstattung einzuräumen, sind somit keine Einzelfälle, sondern Beispiele für die traurige Regel. Gleiches gilt für die geschickte Pressearbeit, die den Fall Middelhoff zu vertuschen half. Das Bertelsmann-Image des von Seriosität, ethischen Prinzipien und einem sich stetig meldenden sozialen Gewissen geprägten Multikonzerns mit familiären westfälischen Wurzeln darf eben keinen Kratzer bekommen – und erst recht nicht das Bild vom allgegenwärtigen, zugleich gütigen und gerechten Firmen-Übervater Reinhard Mohn. Dafür werden die Medienkontakte des Medienriesen schon sorgen.

Die Bertelsmann-Massenkultur

1835 war Bertelsmann angetreten, für aufrechte Protestanten die angemessene Lektüre zu drucken. Daraus wurde im 20. Jahrhundert der Anspruch, dem Volk »das Buch« zu bringen. Was bringt Bertelsmann den Massen heute?

Mit der ersten Staffel der Wettkampf-Show *Deutschland sucht den Superstar* auf RTL errang das Haus Bertelsmann Anfang 2003 den größten Erfolg seiner fast 170-jährigen Unternehmensgeschichte. Die deutsche Adaption des internationalen Formats *Popidol* machte wahr, was der Name der Sendung verhieß: ein Land beziehungsweise ein nationales Publikum suchte aus seiner Mitte das zuvor völlig unbekannte Supershowtalent. Bis zu 14 Millionen Zuschauer genossen und bedauerten an 15 Samstagabenden das Ausscheiden der Verlierer. Aus tausend Casting-Kandidaten hatte die Jury zunächst dreißig bühnenreife Hoffnungsträger ausgewählt. Dann übernahm das Fernsehpublikum das Richteramt. Die Juroren – Bertelsmann-Künstler Dieter Bohlen, Ex-BMG-Deutschland-Chef Thomas Stein, die schrillstimmige Shona Fraser und ein biederer Musikkritiker – schürten fortan Wut und Sympathie im (zahlenden) Studiopublikum, möglichst jeweils beides zugleich. Eine Art Lückenbüßerrolle spielten die Moderatoren Michelle Hunziker und Carsten Spengemann. Die Zuschauer weideten sich an ihrer attraktiven Peinlichkeit und ihren ständigen Versprechern.

Die Kandidaten bekannten sich wild entschlossen zu ihrer Unbedarftheit. Traten sie mehrmals auf, schlüpften sie in die Allüren prominenter Sänger wie Robbie Williams oder Anastacia. Coolness, Selbstmitleid, Zickigkeit, Laszivität – und eine radikale Ausdrucks- und Sprachlosigkeit, die alle Projektionen erlaubte. Unter den höhnischen und tröstenden Kommentaren der Jury schrumpfte in den Sendungen 4 bis 6 die Zahl der Aspiranten auf zehn. In den Sendungen 7 bis 14 sonderte das Publikum nach dem Prinzip »Zehn kleine Sängerlein« jeweils einen Kandidaten aus. Das Hauptinteresse an der Show galt dem Aufspüren derer, die auf der Bühne schlechter als die anderen waren. Die Sieger blieben blass; mit Ausnahme Daniel Küblböcks, der einzigen Entdeckung der Show, schnappten die Vorgeführten – wie die Moderatoren und meist auch die Juroren – nach jedem Stichwort, klammerten sich an ihm fest und erwürgten es in den folgenden Sätzen. In DSDS (das RTL-Kürzel für die Show) wurden ständig Worte, Bedeutungen, Superlative gesucht und nicht gefunden. Charaktere, die erst auf der Bühne vorübergehend Gestalt annahmen, sangen Erfolgslieder von früher und spielten mit Emotionen, die – sieht man von der verzweifelten Erfolgshoffnung ab – der Sud aus tausend Daily Soaps waren. In den Begleitheften und Websites der Show wurden den Endrunden-Teilnehmern Geschichten zugeschrieben – Zusammenbrüche, Eifersüchteleien, Avancen –, in denen sich das Drama von Niederlage und Durchsetzung wiederholte. »Musik bleibt weiterhin mein Leben«, versicherte zum Beispiel Judith aus Rheda-Wiedenbrück (nahe Gütersloh), nachdem sie unter dem Erfolgsdruck zusammengebrochen und freiwillig ausgeschieden war.

Mit dieser Nachbetrachtung nehmen wir keine kulturkritische Haltung ein, sondern spüren dem Geheimnis des größten Fernseherfolgs der letzten zehn Jahre nach. In Deutschland feierte das *Popidol*-Format Triumphe wie in keiner der anderen etwa zwei Dutzend Fernsehnationen, deren Sender es übernahmen. Der Einleitungssong »We have a dream«, jene von Dieter Bohlen in Noten gesetzte Arie, die in der Warteschleife am RTL-Telefon und bei jedem sonstigen Zweitverwertungsanlass erklingt, spricht auf dieses Geheimnis an. Es besteht in der Inszenierung der Allmacht des Publikums. Die Show öffnet den Zuschauern einen Raum, in dem sie willkürlich über gut oder schlecht, über Erfolg oder Misserfolg urteilen können. Hier lieben und hassen sie all jene, die symbolisch an ihnen vorbeiziehen und hinter ihnen zurückbleiben. Nur deshalb bleiben die Zuschauer dem inhaltsleeren Showprogramm treu.

Mit DSDS bietet die RTL Group ein Medium für die perfekte Selbstinszenierung des Publikums an. Das ist das Event-Fernsehen, von dem alle Kritiker der Show gesprochen haben. Bei RTL sind die Leute wirklich dabei. Sie agieren ihre Affekte aus und küren erbarmungslos das eigene Spitzenmittelmaß zum Sieger oder zur Siegerin. Was der Firma Bertelsmann mit der Rekrutierung von Millionen Lesering-Mitgliedern als exklusiven Dauerkunden nur ansatzweise gelungen war – die Vereinigung von Firma und Bevölkerung –, glückte ihr mit dem Superstar-Selektionsspiel. Bei RTL sucht Bertelsmann den Dauererfolg, das Volk, die Gesellschaft, die Masse in Permanenz. Auf diese Vereinigung wollte Bertelsmann in allen Phasen seiner Geschichte hinaus.

Einst ließ RTL die klügsten Bürgermeister, Lehrer und Milchkannenumwerfer wählen. Dann verlieh der Sender dem Volksratspiel *Wer wird Millionär?* das Gesicht von Günther Jauch. Später versuchte man es – auf ganz andere, aber vergleichbare Weise – mit dem Verkaufskanal RTL Shop. Andere Mitglieder der RTL-Familie experimentierten mit dem Format *Big Brother*, um auszuloten, in welchem Ausmaß das Publikum tatsächlich »dabei« sein wollte. So ging es immer weiter. Im Herbst 2003 begann die zweite Staffel von *Deutschland sucht den Superstar*. Der Marktführer RTL selbst trieb Anfang 2004 mit der Dschungel-Show *Ich bin ein Star – Holt mich hier raus!* die Schadenfreude und Hassliebe der Zuschauer auf eine weitere Spitze. In diesen Versionen des Ereignisfernsehens unter Einbeziehung des Massenpublikums verwirklicht sich die einzige, die einzig wirkliche und nicht nur gedachte, Bertelsmann-Kultur.

Wir haben ein bestimmtes RTL-Format noch nicht erwähnt, das einzige, das nach Ausmaß und Dauer seines Erfolgs an die Seite von DSDS gestellt zu werden verdient und gleichfalls unter Eingeweihten nur mit Kürzel benannt wird: GZSZ, die Dauerserie *Gute Zeiten, schlechte Zeiten.* Seit dem 11. Mai 1992 wurden fast 3 000 Folgen ausgestrahlt. Mit durchschnittlich 4 Millionen Zuschauern ist GZSZ die mit weitem Abstand beliebteste Daily Soap des deutschen Fernsehens. Etwa 65 Prozent der Zuschauer sind weiblich. Die Serie läuft in der besten Vorabendzeit (zwischen 19.40 Uhr und 20.15 Uhr) ebenso wie frühmorgens noch vor dem Schul- und Arbeitsbeginn. Sie wird von bis zu 39 Prozent der 6- bis 29-jährigen Zuschauer gesehen. Folge 2 893 im Januar 2004 fesselte 6,88 Millionen GZSZ-Fans. Die durchschnittliche GZSZ-Freundin »wohnt« seit Jahren bei den Protagonisten und will keinesfalls versäumen, wie es mit den Kreuz- und Querbeziehungen in der 21-köpfigen Stammbelegschaft der gehobenen Mittelschicht im Alter zwischen 20 und 39 Jahren weitergeht. Die autarke Serienwelt der Lehrer, Rechtsanwälte, Luxus-Köche, Hostessen, Journalisten, Mechaniker, Schriftsteller, Designer, Künstler, Bösewichte und Tunichtgute erstreckt sich zwischen jahrelang unverändert bleibenden Treffpunkten (Gymnasium, Bar, Restaurant, Redaktion, Boutique, Werkstatt, Fitnessstudio, Altbauwohnung), an denen die Protagonisten sich verlieben, betrügen, verlassen und wiederfinden. Die Quintessenz des Dauergesprächs darüber, was als gut und schlecht, fair und fies gilt, bestätigt die bei den unter 40-Jährigen vorherrschenden sozialen Normen und Moden. Dafür, dass deren Wandel nicht verpasst wird, sorgt die »kreative und innovative Formatevolution« bei RTL.

GZSZ schafft eine Wirklichkeit, von der manche vergessen, dass sie nur im Fernsehen vorhanden ist. In den Zuschauerforen meinen viele Besucher, die Serie handle schlicht »vom Leben«. In den mit heißer Nadel gestrickten Folgen verdichten sich die Bedrängnisse und Erwartungen der Zuschauer zu einer Kette von idealtypischen Situationen. Die Serie ist gleichsam zu real, um noch real zu sein. Da hier ausschließlich positive und negative Identifikationsobjekte auftreten, geschehen ständig Dinge, die eine Mehrheit der Zuschauer erhofft und befürchtet. Keine andere Serie holt so freigebig die Ideale verschiedener populärer beziehungsweise schicker Publikumsgruppen auf die Couch. Hier geht es um die Extremismen der Mitte, und der GZSZ-Fan ist im besten Bertelsmann-Sinne »dabei«. Die Ähnlichkeit mit dem Format *Deutschland sucht den Superstar* liegt auf der Hand.

In der Selbstdarstellung der RTL Group hat sich seit der Jahrtausendwende ein bemerkenswerter Wandel vollzogen. Unter dem Vorstandsvorsitzenden Thomas Middelhoff suchte der Fernsehkonzern eine eigenständige moralische

Legitimation, die ihn ungeachtet seines hohen Fiction-Anteils als politisch progressiv ausweisen sollte. Er fand sie im »Kampf gegen rechts«. Unter dem Motto »Ein Sender gegen rechts« startete RTL-Geschäftsführer Gerhard Zeiler im Jahr 2000 eine Anzeigenkampagne, um ein »Zeichen gegen Ausländerfeindlichkeit, Intoleranz und Rechtsradikalismus« zu setzen. Mehr als 600 RTL-Mitarbeiter »verschiedener Nationen und Religionen aus 25 Ländern« ließen sich für die Kampagne fotografieren.

Seit Sommer 2002 verzichtet Zeiler in Übereinstimmung mit Gunter Thielen auf jede politisch-publizistische Aufwertung seines Programmzuschnitts. Für die ethische Abfederung ist nun allein die Bertelsmann Stiftung zuständig. Ansonsten zählt nur der Umsatz, die Einschaltquote. Den Erfolg des Ekel-Experiments *Ich bin ein Star – Holt mich hier raus!* im Januar 2004 erklärt der RTL-Group-Chef mit fünf Faktoren: der ungewöhnlichen »gruppendynamischen Versuchsanordnung«, der »Schlüsselloch-Perspektive«, einer »gewissen Schadenfreude«, dem »Seifenoper-Charakter« und den »Comedy-Elementen«. Von *Spiegel*-Redakteuren im Februar 2004 provokativ gefragt, ob ihn wegen der Dschungel-Serie schon eine ethisch fundierte Kritik aus Gütersloh erreicht habe, erwiderte Zeiler: »Die Eigentümerfamilie Mohn transferiert einen Großteil ihrer Gewinne, zu denen wir einiges beisteuern, in die Bertelsmann Stiftung, um dort gesellschaftspolitische Projekte anzustoßen. Da ist es wohl legitim, von sozialer Verantwortung und Ethik zu reden.« In der arbeitsteiligen Welt von Bertelsmann stoßen Fragen nach möglichen Diskrepanzen zwischen Bekenntnis und Medienpraxis ins Leere. Aus der Sicht des Gewinnbringers hat die Stiftung mit ihren Projekten auf dem Konto der Gemeinnützigkeit ein so großes moralisches Guthaben angehäuft, dass sie den im harten Existenzkampf stehenden Bertelsmann-Firmen für alle Abwege in australische Dschungelcamps, auf Bohlen'sche Sängerbühnen und in die Banalität der Berliner Seifenoperwelten Ablass gewähren kann.

Zumal Gerhard Zeiler weiß, dass die RTL Group zu den in die Stiftung transferierten Gewinnen den relativ größten – und stetig wachsenden – Teil beiträgt. Er weiß, dass die Familie Mohn sich hüten wird, ihrem besten Mann in den Rücken zu fallen. Er hat schließlich die besten Argumente – die Rentabilitätskriterien – auf seiner Seite. Vorstandschef Gunter Thielen jedenfalls nannte den Triumph des *Superstars* ein »Musterbeispiel für Gewinn bringende Kooperation« und verlieh dem Format den konzerneigenen »Synergiepreis«. Erst durch diese Verleihung erfuhr die Fachwelt, dass ein solcher Preis überhaupt existiert. Dass er ausgesetzt worden ist, verdeutlich besser als jeder Geschäftsbericht, wo Bertelsmann den Ausweg aus der Wachstums- und Renditekrise sucht. Wie einst Thomas Middelhoff, doch unter ganz anderen Bedingungen, hofft Gunter Thielen auf die Verbundeffekte im Multimedien-Konzern. Dabei ist ein anderer Preisträger als die RTL Group jedoch nicht in Sicht.

Von *Deutschland sucht den Superstar* – und nur von diesem Produkt – nahm im Jahr 2003 eine lange, fünf Unternehmensbereiche einbeziehende Verwertungskette ihren Ausgang. Die RTL-Tochter FremantleMedia konzipierte das – in England erdachte – *Popidol*-Format und verhandelte mit Fernsehunternehmen in 50 Ländern über den Verkauf der Lizenz (und bereits etwa zwei Dutzend Unternehmen griffen zu). Als Produzentin der deutschen Show trat Fremantles Schwester Grundy Light Entertainment in Erscheinung. Beim Sender RTL fand das Ereignis statt, dem frisch gebackene Superstars mit gesichertem hohem Bekanntheitsgrad entsprangen. Die Werbepreise stiegen im Stufengang der Kandidaten-Auswahl bis zu einem Spitzenpreis von 76 950 Euro für 30 Sekunden am letzten, fünfzehnten Abend. In den Finalrunden wurden durchschnittlich 64 000 Euro für diese Zeiteinheit in Rechnung gestellt. Die Zuschauer im Studio zahlten jeweils 25 Euro Eintritt ins Coloneum, und die zwei Millionen Anrufer beim Telefon-Voting zahlten im Festnetz jeweils 49 Cent pro Einheit für die teuren 0137-Nummern (über Handy fast doppelt so viel). Für diese Einnahmequelle war RTL Enterprises zuständig. Familiensender VOX verwertete an jedem Montagabend das Zuschauerinteresse am Schicksal der Kandidaten und am Drumherum in einem 60-minütigen *Superstar*-Magazin.

Ein Glücksfall war DSDS für die angeschlagene Bertelsmann Music Group. Diese sah 2003 bereits die reale Chance, sich als Verwerterin der Show für ein, zwei, drei Jahre zu konsolidieren. Die Motto-Single »We have a dream« wurde mehr als 1 Million Mal verkauft; das Gemeinschaftsalbum der Finalteilnehmer annähernd 750 000 Mal. Die neuen Popstars begannen ihre Karriere mit Tourneen zu RTL-Radios, zum RTL-Neujahrsspringen und zu Gastauftritten bei anderen Sendern. Ihre CDs verwerteten vertragsgemäß die Labels der BMG. arvato und die DirectGroup befriedigten die vom Sängerwettstreit geweckte Neugier. Aus der Medienfabrik Gütersloh kam ein Magazin zur Sendung, dessen dritte Ausgabe eine Auflage von 355 000 Exemplaren erreichte und den Fans einen »Blick in die Superstar-WG« erlaubte. Der Club steuerte ein Buch bei, und der *stern* widmete dem Ereignis eine Titelgeschichte. Den Bedarf nach Fanartikeln stillte RTL Enterprises mit DVDs, einer Spiele-CD-ROM, Fotoalben und anderen Devotionalien. Bertelsmanns Marketingpartner AOL und T-Online vertrieben Filme zum Download; im Internet etablierten sich Meinungsforen. Konzernfremde Medien berichteten und schürten die Nachfrage, die RTL erzeugt hatte. Sogar die *FAZ* widmete einem Superstar eine Eilmeldung: Als Daniel Küblböck samt Auto und ohne Führerschein mit einem Gurkentransporter zusammenstieß, berichtete die *Frankfurter Allgemeine* wie alle Zeitungen ausführlich darüber. RTL selbst hatte dem Ereignis einen hohen Rang eingeräumt, indem der Sender im aktuellen Programm durch Laufbänder am unteren Bildschirmrand die Nachricht exklusiv verbreitete. Dieser Sonderstatus wird sonst nur Terroranschlägen, Flutkatastrophen und Politikerrücktritten eingeräumt.

Auch die Verwertungskette der Serie *Gute Zeiten, schlechte Zeiten* schloss mancherlei Synergieeffekte und medienübergreifende Cross Promotion ein. Das anhaltende Interesse mehrerer Generationen von Liebhabern inspirierte zu einem Fanmagazin, Romanen in Buch- und Heftchen-Form sowie zu Rätselheften und einer breiten Palette von Accessoires (Parfüms, Taschen, Sonnenbrillen, Lampen, Radios, Möbeln, Stickern, Fotoalben). Die Produktionsfirma Grundy UFA beabsichtigte mit diesen Artikeln, »die Freund-Helfer-Funktion der Serie« zu vertiefen. Das Logo der Serie war Afri Cola und einem Hersteller von Duschgels eine stattliche Summe wert. Zudem ermunterte man die beliebtesten Darsteller der Serie zu Sängerkarrieren, ob sie nun singen können oder nicht.

Andere Fernsehformate, einschließlich Günther Jauchs populärer Quiz-Show *Wer wird Millionär?*, hatten weit weniger Synergieeffekte. In der Gütersloher Konzernzentrale ist die Stabsabteilung Bertelsmann Corporate Network ständig damit befasst, nach möglichen »Schnittmengen« in den Produktionen der verschiedenen Geschäftsbereiche Ausschau zu halten. Doch außerhalb der RTL Group kann sie jeweils nur zwei, allenfalls drei Produktionslinien miteinander verknüpfen, und dies in deutlich kleineren Umsatzdimensionen. Mögliche weitere Zusatzgeschäfte haben nur die Bedeutung einer einmaligen Verwertung von Nebenrechten. In seltenen Fällen lässt sich das Werk eines Random House- oder Buchclub-Autors im *stern* vorabdrucken und/oder in der RTL Group verfilmen und senden. Der Buchclub kann sich mit Reiseveranstaltern oder mit Fernsehsendern zusammentun, eine Gruner +

Jahr-Zeitschrift mit Hörfunk- oder Fernsehsendern, ein BMG-Label mit einem RTL-Radio. Wenn aber Nachrichtenredaktionen und Werbeabteilungen, etwa von RTL und n-tv, miteinander »verzahnt« werden, ist dies eher ein Beitrag zur Kostensenkung als zur Sicherung eines Zusatznutzens.

Thomas Middelhoff hegte die Vorstellung von Bertelsmann als einem »integrierten Konzern« und gebrauchte für diesen auch den Terminus »integrierte Medien- und Unterhaltungsgruppe«. Er war als Vorstandsvorsitzender in Gütersloh kein Freund der klaren Worte, aber wenn man einige seiner Erläuterungen nebeneinander legt, sodass sie sich gegenseitig interpretieren, tritt die Idee von der Integration aller Mediengeschäfte als einer eigenständigen Wachstumsquelle hervor. Die Verwertungskette zwischen Programmproduktion, Fernsehen, Clubs, Büchern, Zeitschriften und Musik sollte gut geölt, in Rotation gehalten und immer wieder beschleunigt werden. Als Trägermedium dieser Integration, sozusagen als die Infrastruktur der Verwertungskette, hatte Middelhoff das Internet ausersehen. Hier hätte sich der Buchvertrieb von der Anbindung an den lokalen Einzelhandel gelöst, und hier wäre man zum Fernsehen und zum Lesen von Magazinen angeregt worden. Und beim Sehen und Lesen wäre man wiederum ans Internet verwiesen worden. Auch dies war ein abstraktes Konzept, die Idee eines »medialen Perpetuum mobile« (Lutz Hachmeister), getragen von den globalen Synergien der New Economy. Das Konzept ist im Ansatz gescheitert, weil der E-Commerce samt Napster-Groteske nicht in Schwung kam, somit als Schwungrad nicht taugte und die Bertelsmann-Beteiligungen zugunsten eines »Konsolidierungskurses« im Kerngeschäft schnell und Gewinn bringend abgestoßen wurden. Selbst wenn es annäherungsweise verwirklicht worden wäre, hätte es noch nicht die Frage beantwortet, was Bertelsmann auf den Weltmärkten plant, was der Konzern aus Gütersloh dort tatsächlich will. Es hätte jedoch die Suche nach einer Antwort erleichtert. In einem »integrierten Medienkonzern« hätte eine einzige Verwertungskette alle Produktlinien gebündelt.

Als man in Gütersloh das Konzept des integrierten Medienkonzerns ad acta legte, Thomas Middelhoff auf die Straße setzte und eine neuerliche »Kursänderung« verkündete, frischte der neue erste Mann Gunter Thielen das Prinzip der »Dezentralisation« wieder auf und ordnete an, »die Arbeit vermehrt in den Bereichen und Firmen (zu) erledigen«. Die Synergien sind heute deswegen nicht weniger wichtig. Schon im September 2002, sechs Wochen nach Middelhoffs Entlassung, ernannte Thielen einen »Executive Coordinator of Group

Synergies« im »Operation Management Committee« der RTL Group. Dem Ernannten, RTL-Informationsdirektor Hans Mahr, kam die Aufgabe zu, gemeinsam mit dem zentralen »Corporate Network« nach Synergien in sämtlichen Geschäftsbereichen des Konzerns zu fahnden. Denn Synergie ist bei Bertelsmann heute zu 90 Prozent ein Synonym für Fernsehprogrammverwertung. In der offiziellen Bertelsmann-Chronik erhält nur die RTL Group den Ehrentitel »Zukunftsgeschäft«. Gemeint sind nicht die Gesamtprogramme der Fernseh- und Radio-Senderfamilien, sondern das Ereignis-Fernsehen nach dem GZSZ- und DSDS-Muster sowie dessen Mehrfachnutzung. Im Geschäftsjahr 2003 verdankte Bertelsmann exakt 40 Prozent des operativen Gewinns der RTL Group. Und auch die anderen Geschäftsbereiche des Konzerns gliedern sich in die Verwertungskette des Ereignis-Fernsehens ein. Mit diesen Erträgen allein werden sie jedoch ihre Zukunft nicht sichern können, da die Probleme in den anderen Unternehmensbereichen immens sind:

Die Umsatzeinbußen der Bertelsmann Music Group (BMG) infolge des gebührenfreien Herunterladens von Musiktiteln im Internet werden durch den Verkauf von *Superstar*-Titeln allenfalls teilweise kompensiert.

Der Club Bertelsmann und Random House produzieren einzelne Titel, deren Massenerfolg durch den Nimbus bestimmter Event-Stars wie Dieter Bohlen garantiert wird, und liefern Stoffe für die Filmproduktion. Diese Kooperation ist jedoch auf Ausnahmefälle beschränkt und lässt sich, da von vielen Unsicherheitsfaktoren abhängig, nicht vorausplanen. Als Anhängsel der RTL-Community kann der Buchclub seinen eigenen Kundenkreis nicht erneuern.

Die Druck- und Dienstleistungsgruppe arvato plant mit internationalen Großkunden das zweite eigenständige Zukunftsgeschäft der Bertelsmann AG. Einer dieser Großkunden – vermutlich sogar ein langjähriger – ist die RTL Group als Auftraggeberin von Fanmagazinen. Im Zusammenwirken der beiden Zukunftsbereiche zeigt sich aber eine andere Problematik des Medienkonzerns: Eine gemeinsame Marktstrategie ist nicht erkennbar.

Die Magazine von Gruner + Jahr, insbesondere der *stern* und die Frauenzeitschriften, könnten als Fernsehprogrammzeitschriften (im weitesten Sinn) ihre Wirtschaftlichkeit nicht sicherstellen. Im Gegenteil, sie würden in dieser Funktion den Teil ihrer Stammleserschaft, der auf Distanz zur Massenkultur bedacht ist, vertreiben. Von wechselseitiger Promotion abgesehen, ergeben sich auflagen- und quotenfördernde Synergieeffekte hier nur bei besonderen Anlässen.

Fazit: Der große Erfolg volksnaher Fernseh-Formate trägt sich selbst, legt aber kein Fundament für die Zukunftsfähigkeit der anderen Konzernbereiche und bindet diese in kein Gesamtkonzept ein. Je weiter das Massenfernsehen in die Rolle der *cash-cow* für die Bertelsmann AG hineinwächst, desto mehr muss es seinen eigenen Maßstäben genügen und desto weiter driften die großen Produktfelder auseinander. Schon heute wirtschaften sie nach unterschiedlichen Opportunitätsaspekten weit gehend isoliert voneinander. Die Einzeldarstellungen der Geschäftsfelder zu Beginn dieses Kapitels haben diese These vielfach belegt. Der Ruf nach mehr Synergieeffekten erscheint vor diesem Hintergrund wie ein Alarmsignal.

Der Blick auf die Geschichte und die Struktur des Hauses Bertelsmann lässt den Versuch, eine marktbezogene »Philosophie« oder »Vision« oder Strategie des Gesamtunternehmens zu entwickeln, ohnehin aussichtslos erscheinen. In diesem Unternehmen wird jeder Bedarf an Orientierung über das Tagesgeschäft hinaus als Aufruf zur ethischen Grundlegung verstanden. Im Doppelhaus Bertelsmann sind die Zuständigkeiten klar verteilt. Die Aktiengesellschaft hat zu wachsen, die Stiftung zu legitimieren. Beide Aufträge bedingen einander, denn mit dem Erfolgsdruck auf die Firmen erhöht sich zugleich der Legitimationsbedarf. Da bleibt kein Raum für eine übergreifende Geschäftsidee.

Welche Geschäftsidee böte sich überhaupt für den Multimedien-Konzern Bertelsmann an? Die Geschichte des Unternehmens hat gezeigt, dass genau hier die Schwierigkeit liegt. Im Zentrum stand seit Gründerzeiten die ethische Legitimation, aber die liefert bekanntlich kein Konzept für Gewinn bringende Marketing-Strategien – obwohl die Bertelsmann-Rhetorik sich seit Jahrzehnten bemüht, der Öffentlichkeit das Gegenteil zu beweisen. Bei Bertelsmann folgt man einem »Auftrag«, man dient dem Gemeinwohl. Aber kann neben diesem hehren Ziel eine profitorientierte Geschäftsidee überhaupt einen Platz für sich beanspruchen? Würde sich diese nicht durch das hohe ethische Ideal der Unternehmensphilosophie und deren übergeordneten sozialen Auftrag selbst diskreditieren? Reinhard Mohn, seine Frau Liz und die Bertelsmann Stiftung haben immer wieder meisterhaft vorgeführt, mit welchen Argumenten und Formulierungen eine solche Diskreditierung in der Öffentlichkeit vonstatten geht. Hat Reinhard Mohn sich und seinem Konzern womöglich selbst ein Bein gestellt, indem er durch die beharrliche Leugnung des Selbstverständlichen – der Profitorientiertheit eines Unternehmens – und das stete Beschwören ethisch-moralischer Leerformeln keinen Raum für zukunftsweisende Konzepte ließ? Könnte es sein, dass Bertelsmann letztlich an den selbst gesteckten Grenzen des Gemeinwohls, an seiner selbst geschaffenen glänzenden Fassade des »guten« Konzerns scheitern wird?

Das Tagesgeschäft bleibt einer leer laufenden Eigendynamik verhaftet: Es geht um das Streben nach richtungsloser »Konsolidierung«, um »Marktführerschaft« und maximale Anbindung des Publikums. Die Art und Weise, wie Gunter Thielen zwischen »Konsolidierung« und »Offensive« unterscheidet, entkräftet Bertelsmanns globalen Geltungsanspruch. Ein Weltkonzern, der seine Kräfte sammelt, müsste gerade in dieser Phase zeigen, worauf es ihm in seinen Kerngeschäften ankommt. Die Transferierung eines Gewinnanteils in die Stiftung zu wohltätigen Zwecken ist kein Ersatz für eine ökonomische Strategie. Und wenn dem Zugpferd des Unternehmens, der RTL Group, eines Tages die Kräfte schwinden? Was wird dann aus dem Medienkonzern?

Für den Dauererfolg der Show-Formate gibt es keine Garantie, und schon gibt es Zeichen dafür, dass man den Geschmack – oder die Duldungsfähigkeit – des Publikums überstrapaziert haben könnte. Die zweite Staffel von *Deutschland sucht den Superstar* verfehlte die Einschaltquoten der ersten Staffel deutlich. Die Werbepreise mussten um mehr als ein Drittel gesenkt werden. Gerade das völlig vereinnahmte Massenpublikum ist verwöhnt und launisch. Die Nachahmersendungen bei RTL 2, Pro Sieben, Sat. 1 und beim ZDF haben das Format schon spürbar verschlissen. Auch dem Bertelsmann-Hauptsender RTL bekommt die Konzentrierung des Publikumsinteresses auf das Ereignis-Fernsehen nicht. Der Wertverlust, der sich auch in den Werbeeinnahmen niederschlägt, wird nach mehrjährigem Raubbau an den Affekten der Zuschauer durch den Mehrertrag der Spitzenprojekte nicht mehr auszugleichen sein. Auf lange Sicht zahlt es sich also nicht aus, wenn der Konzern alles auf eine Karte (RTL) oder auf zwei Karten (RTL und arvato) setzt, und hier wiederum alles auf ein, zwei Angebotsmodelle. Die Masse allein scheint den Profit, scheint das Überleben des Weltkonzerns ebenso wenig zu garantieren wie der ehrenwert missionarische Vorsatz, dem Volk »das Buch«, »die Sendung«, »die Unterhaltung« bringen zu wollen. Will die Bertelsmann AG auch künftig an der Weltspitze mitspielen, muss sie eine Orientierung haben. Sie muss endlich wissen, *was* sie den Leuten verkaufen will.

Wie geht es weiter mit Bertelsmann?

Wenn sich Medien- und Branchenexperten zur Entwicklung der Bertelsmann AG äußern, lassen sie gewöhnlich alle Geschäftsbereiche des Konzerns Revue passieren und geben sechs Einzelbeurteilungen ab. So hielten es auch die – etwa dreißig – sachkundigen Gesprächspartner, die wir um eine Einschätzung der Zukunft von Bertelsmann baten. Zum Unternehmen als Ganzem hörten wir nur dann etwas, wenn Personalien in der Konzernspitze oder das Verhältnis zwischen Bertelsmann und den anderen weltweit operierenden Medienkonzernen behandelt wurden. Geht man die Geschäftsbereiche einzeln durch, entsteht ein ungünstiges Gesamtbild von der Verfassung eines der größten Medienkonzerne der Welt – wesentlich ungünstiger als der Eindruck, den die Bilanzpressekonferenzen und Geschäftsberichte für die Jahre 2002 und 2003 hinterlassen. Dort zeigt sich die Gütersloher Führungsmannschaft zufrieden und zuversichtlich: Man hat die Folgen der Internet-Depression überwunden, der Konjunkturschwäche Paroli geboten, nimmt neues Wachstum in Angriff und schreibt, zumindest 2003, in allen Bereichen schwarze Zahlen. Die Jahresbilanzen enthalten allerdings nicht viel mehr als Momentaufnahmen, einige Planungsdaten und gute Vorsätze für das jeweils folgende Geschäftsjahr. Wie es um Bertelsmanns Potenzial steht, zeigt erst die Synopse der wichtigsten Entwicklungsfaktoren und die vergleichende Gewichtung der sechs Produktionsfelder.

Abschließend fassen wir die Einschätzungen der Experten in neun Thesen zusammen.

These 1: Die Bertelsmann AG wird in den nächsten fünf bis zehn Jahren den Anschluss an die Aktivitäten der weltweit größten Medienkonzerne verlieren.

Im Vergleich mit dem Investitionskapital von Time Warner, Viacom (Sumner Redstone) und News Corporation (Rupert Murdoch) erscheint die Finanzkraft von Bertelsmann bescheiden. Außerdem resultiert sie teilweise aus dem Verkauf von Unternehmen und Beteiligungen. Hinzu kommt, dass Bertelsmann infolge des Napster-Intermezzos nach wie vor der Gefahr ausgesetzt ist, amerikanischen Klägern gigantische Entschädigungen in Höhe von bis zu 17 Milliarden Dollar zahlen zu müssen. Die drei genannten Weltmarktführer setzen überdies im Gegensatz zu Bertelsmann klare strategische Prioritäten. Sie sind zwar weniger international aufgegliedert als Bertelsmann, gleichen diesen Nachteil aber dadurch aus, dass sie sich auf den – weltweit wichtigsten – amerikanischen Medienmarkt konzentrieren. Bertelsmann ist es nicht gelungen, im amerikanischen Fernsehen und in den Major Studios Fuß zu fassen. Umgekehrt jedoch ist zu erwarten, dass die Weltmarktführer in den nächsten Jahren Bertelsmann in Europa und Ostasien Konkurrenz machen werden.

These 2: Bertelsmann wird den Börsengang verhindern und ein Familienunternehmen bleiben.

Die Bertelsmann AG verharrt aus Sicherheitsgründen in jener Kapital-Nische, aus der sie Thomas Middelhoff herausführen wollte. Um an der Börse mit anderen Gesellschaften besser vergleichbar zu sein, hat die Bertelsmann AG 2002 den Bilanzierungsmodus geändert (auf Operating EBITA[1]) und das Geschäftsjahr auf das Kalenderjahr umgestellt. Dann aber schreckte sie vor dem Risiko möglicher Fremdeinflüsse zurück – eines von vielen Beispielen für den Gütersloher Zickzackkurs. Im Februar 2003 kritisierte Reinhard Mohn erneut »die internationale Gewohnheit, Gewinnchancen und Dividenden als oberste Zielsetzung des Unternehmens zu verstehen und nach diesen Kriterien die Manager auszusuchen«. Den erneuerten Familieneinfluss rechtfertigte er mit dem Ziel, »den unverzichtbaren Grundsatz der Menschlichkeit durchzusetzen«. Offensichtlich soll ein Teil des 2002 und 2003 angesparten Kapitals dazu verwendet werden, den Anteil der Groupe Bruxelles Lambert (GBL) in Höhe von 25,1 Prozent der Bertelsmann-Aktien zurückzukaufen. Auch diese unausgesprochene Absicht schwächt die Expansionskraft des Konzerns.

These 3: Nachfolger des Vorstandschefs Gunter Thielen wird im Jahr 2007 entweder Gerhard Zeiler oder Hartmut Ostrowski.

Andere Nachfolgekandidaten sind nicht in Sicht. Von Reinhard Mohns Kindern bietet sich niemand für das Amt des Vorstandsvorsitzenden an. Christoph Mohn gilt als unseriös; Brigitte Mohn wird von einem großen Teil ihrer Mitarbeiter in der Bertelsmann Stiftung abgelehnt. Die besten Chancen, Thielen abzulösen, haben die Leiter der beiden Geschäftsbereiche, die stetig wachsen und zukunftsfähig erscheinen. Favorisiert sind daher Gerhard Zeiler (RTL Group) und Hartmut Ostrowski (arvato AG).

These 4: Die Bertelsmann Music Group (BMG) wird in wenigen Jahren verkauft oder aufgelöst.

Der bevorstehende Merger von BMG und Sony ist ein »Akt der Verzweiflung«, wie es einer unserer Gesprächspartner formulierte. Infolge der nicht lizenzierten Nutzung von Urheberrechten durch digitale Downloads und des Brennens von CDs wird der Musikmarkt in den nächsten Jahren teilweise stagnieren, teilweise weiter schrumpfen. Bereits in nächster Zeit werden die allermeisten Musikstücke frei über das Internet vertrieben und getauscht werden. Bedrohlich sind für BMG laut Geschäftsbericht auch »neue Trends im Konsumverhalten«. 2003 konnte BMG nur dank des Ausnahmegeschäfts mit *Superstar*-CDs ein relativ gutes Ergebnis erzielen. Vieles spricht dafür, dass BMG bereits verkauft worden wäre, wenn sich ein kapitalkräftiger Interessent gefunden hätte. Durch die Fusion mit Sony gewinnt die Bertelsmann Music Group lediglich Zeit. Der gewinnträchtigste Musikmarkt der neuen Großallianz, der japanische, bleibt in der Hand von Sony. Und der japanische Musikkonzern hat das Vorkaufsrecht, falls Bertelsmann auch den Rest von BMG abstoßen will. Dieser Fall ist wahrscheinlich, wenn die gegenwärtige Entwicklung anhält. Der Geschäftsbericht 2003 spricht bereits von einem hohen Risiko »für die BMG und die gesamte Industrie«.

These 5: Die Wende im Clubgeschäft zur dauerhaften Konsolidierung gelingt nicht. Dennoch wird Bertelsmann in Kern- und Wachstumsmärkten seine Buchclubs behalten.

In den meisten Ländern, in denen der Bertelsmann-Club schon vor Mitte der Neunzigerjahre Filialen eröffnete, sinken die Mitgliederzahlen und die Zahl der Bestellungen pro Mitglied fortlaufend. Eine der wenigen Ausnahmen ist Spanien, wo der Club den Rang einer kulturellen Institution einnimmt. Die DirectGroup, in der die Buchclubs mit den restlichen E-Commerce-Aktivitäten zusammengefasst sind, steuert von Jahr zu Jahr weniger zum Gesamtumsatz des Konzerns bei. 2002 waren es noch 14,3 Prozent, 2003 nur noch 13,2 Prozent. Strenge Sanierungsmaßnahmen und Neugründungen in Osteuropa und Ostasien können den negativen Trend zeitweise überlagern und verdecken. Einnahmen aus Verkäufen (Barnes & Noble, BOL) haben das Bild verschönt. Die Eindämmung der Verluste in den alten Clubmärkten (Deutschland, Großbritannien, USA) fällt allerdings schwer. Dennoch wird Bertelsmann hier am Clubgeschäft festhalten, um Imageschäden zu vermeiden. In Osteuropa und Ostasien fungiert der Club zugleich als Türöffner für andere Bertelsmann-Premieren, nicht zuletzt für die der RTL Group. Es ist zu erwarten, dass die DirectGroup in Kern- und Wachstumsmärkten die Clubaktivitäten fortsetzt und in anderen Ländern einstellt.

These 6: Random House entwickelt sich zu einem Sorgenkind des Konzerns.

Die Wachstumsaussichten bei den Buchverlagen sind weltweit ungünstig. Während unabhängige Verlagsunternehmen aus diesem Befund höchst unterschiedliche innovative Konsequenzen ziehen, ist Bertelsmann auf abstrakte Erfolgsmaßstäbe wie Kapitalrendite und Umsatzanteil fixiert. Der Konzernanteil von Random House stagniert bei etwa 10 Prozent, und die Kennziffern kündigen ein weiteres Schrumpfen an. Die größte Buchverlagsgruppe der Welt versucht, diese Entwicklung durch Zukäufe und Fusionen aufzuhalten. So beschleunigt sie den weltweiten Konzentrationsprozess auf dem Buchmarkt. Nichts anderes ist auch zu erwarten, wenn der Umsatzanteil von Random House auf 8 oder 6 Prozent und die Rendite von (heute) 10 Prozent auf 5 Prozent sinken sollte. Bei Bertelsmann steht der schleichende, durch Großfusionen verdeckte Abschied von der Buchverlagssparte bevor.

These 7: Das Verhältnis von Bertelsmann zu Gruner + Jahr wird weiterhin von Spannungen belastet sein.

Die Zeitschriftensparte bei Bertelsmann hat schwer mit dem Rückgang der Vertriebs- und Anzeigenerlöse zu kämpfen. Trotzdem sind die Experten überwiegend der Auffassung, dass sich die Position von Gruner + Jahr wieder stabilisieren wird, allerdings auf einem deutlich niedrigeren Niveau als in den vergangenen Jahrzehnten. Bertelsmann wird weiterhin versuchen, die Wachstumsschwäche des Hamburger Druck- und Verlagshauses durch Fusionen aufzufangen, zunächst im Druckbereich mit Axel Springer, in absehbarer Zeit im Magazinbereich durch Allianzen mit anderen Verlagshäusern. Die Familie Jahr wird dann als Minderheitseignerin ihr Veto einlegen. In den sich abzeichnenden Konflikten ist kein Ausweg erkennbar. Weder verfügt Bertelsmann über genug Kapital, um den Anteil der Familie zu kaufen, noch ist die Familie zum Verkauf bereit. Mit zunehmendem Wettbewerbsdruck wird sich der Konflikt verschärfen. Am Ende steht wohl eine Fusion (etwa mit Holtzbrinck oder Bauer), die der Familie Jahr in einem eng begrenzten Bereich die Sperrminorität sichert.

These 8: Die arvato AG wird zur zweiten tragenden Säule des Medienkonzerns Bertelsmann ausgebaut. Sie zerfällt in einen Druckbereich und einen Dienstleistungsbereich. Nach der großen Tiefdruckfusion mit der Axel Springer AG steht dem übrigen Druckbereich ebenfalls eine einschneidende Umstrukturierung bevor. Der Stammbetrieb Sonopress wird die nächsten zehn Jahre nicht überleben.

Mit dem Angebot an internationale Großkunden, deren komplette Logistik zu übernehmen, verfolgt die arvato AG eine eigene globale Wachstumsstrategie. Von großer Bedeutung für den Medienkonzern ist hier die enge Kooperation mit dem Logistikkonzern Deutsche Post World Net. Deren Vorstandsvorsitzender Klaus Zumwinkel war bereits in den Neunzigern am

Dienstleistungsbereich von arvato interessiert und unterbreitete Bertelsmann ein Milliardenangebot. Der Umsatzanteil von arvato am Gesamtumsatz des Konzerns erhöht sich seit Jahren, zuletzt auf 21 Prozent. Das Geschäft mit Druckereien und Speichermedien leidet aber unter einem Überangebot an Druckkapazitäten und somit unter wettbewerbsbedingtem Preisverfall. Infolge der Tiefdruckfusion zwischen arvato (Maul-Belser), Gruner + Jahr und Axel Springer erhöht sich die Wahrscheinlichkeit, dass die nicht einbezogenen Druckereien von arvato in Großbritannien, Spanien, Italien und Deutschland entweder verkauft (an Quebecor World oder Donnelly) oder an die Börse gebracht werden. Bei Sonopress ist der Zeitpunkt absehbar, an dem die Verluste dem Konzern nicht mehr tragbar erscheinen werden.

These 9: In den Aktivitäten der RTL Group sieht der Konzern sein wichtigstes Kern- und Zukunftsgeschäft. Die Probleme und Risiken in anderen Geschäftsbereichen verstärken die Bereitschaft des Vorstands, auf den Erfolg populärer Show-Formate in den Programmen der europäischen RTL-Senderfamilie zu setzen.

Bertelsmann begibt sich in die Abhängigkeit von diesen Formaten. Umsatzeinbrüche beim Verkauf von Werbesendezeit oder bei der Vermarktung der durch die Shows und Serien geschaffenen Publikumslieblinge werden die Wirtschaftlichkeit des Gesamtkonzerns gefährden.

Nach dem Scheitern des Modells vom »integrierten Konzern« hat sich bei Bertelsmann wieder jede einzelne Produktlinie gesondert zu bewähren. Schwachstellen in einem bestimmten Bereich werden nicht durch Stärken in anderen Bereichen kompensiert. Die von der RTL Group ausgehenden Verwertungsketten sind nicht dicht und zahlreich genug, um sämtliche sechs Geschäftsbereiche des Konzerns – oder auch nur fünf oder vier oder drei von ihnen – auf die Dauer zu erhalten. Möglicherweise bleiben irgendwann nur noch zwei Säulen des Medienimperiums übrig: die RTL Group und ein Kernbereich von arvato.

Die Geschichte der Bertelsmann AG verläuft hinter den Fassaden einer Philosophie des Machtverzichts. Sie ist aber geprägt von der uneingeschränkten Verfügungsgewalt der Familie Mohn und von der Übernahme großer »fertiger«

Unternehmen (Gruner + Jahr, RTL, Random House). Wenn unsere neun Thesen zutreffen, bestimmen diese beiden Faktoren auch künftig das Schicksal der Gütersloher Aktiengesellschaft. In der zweiten Hälfte des 20. Jahrhunderts haben sie die Entwicklung zweifellos gefördert. Doch seit dem Beginn des 21. Jahrhunderts belasten und bremsen sie diese. Die akquirierten großen Unternehmen führen bei Bertelsmann nach wie vor ein Eigenleben. Auf den globalen Medienmärkten tritt Bertelsmann daher eher als ambitionierter Gemischtwarenladen denn als geschlossene Unternehmensgruppe auf. Die Alleineignerschaft der Familie Mohn festigt in der Konzernzentrale heute eine defensive Grundhaltung. Bertelsmann steht der stürmischen Entwicklung auf den Weltmärkten ohne klare Zielsetzung gegenüber. Man ist auf Selbsterhaltung und Absicherung bedacht und besitzt keine motivierende Vorstellung von der eigenen Zukunft.

Die Antriebskräfte und Hemmnisse der Konzernentwicklung scheinen sich in der Persönlichkeit des Konzerngründers zu bündeln, als hätten sie dort ihren Ursprung. Reinhard Mohn verbirgt seinen Machtanspruch, vielleicht auch vor sich selbst. Alle Fragen danach, wo es denn hingehen soll mit Bertelsmann und wer hierbei das letzte Wort hat, versinken im Wattepanzer seiner Selbstbescheidung. Weil er seine Verfügungsgewalt offiziell längst an andere abgegeben hat, trifft ihn keine Kritik. In Büchern und Interviews verweist er auf institutionelle Vorkehrungen im Rahmen der Bertelsmann Verwaltungsgesellschaft und der Bertelsmann Stiftung, die den Ansprüchen der Familienmitglieder und ihrer Nachkommen Grenzen setzen. Geht es nach Reinhard Mohn, soll die Familie den Konzern nicht führen, sondern nur über die Prinzipientreue des Managements (des Vorstands und des Vorstandsvorsitzenden) wachen. Man mag es Heuchelei nennen oder ein irreführendes Wortspiel oder instinktiven Selbstschutz: Der Konzernchef mit den vielen Bekenntnissen wird nur fassbar, wenn man das Unausgesprochene, das Ausgeklammerte einbezieht. Mohn hat geradezu einen Kult daraus gemacht, jeder Hierarchie abzuschwören, nach den Meinungen der Mitarbeiter zu fragen, zuzuhören, die Führungsarbeit abzugeben, jeden Anschein von Gefallsucht zu meiden und die Eitelkeit seiner Beauftragten anzuprangern. Verächtlich tadelt er Unternehmer, die »bei jeder Show auftreten« und »alles besser wissen«.[2]

Das sind Techniken des Ausweichens. Reinhard Mohn möchte keinem Menschen und keiner Instanz die Gelegenheit geben, ihm bei seinen einsamen Beschlüssen hineinzureden. Seine Gattin betrachtet er als ausführendes

Organ seines Willens, wobei es von untergeordneter Bedeutung ist, ob oder wie weit er sich dabei täuscht. Von Alleinzuständigkeit soll aber – nach außen hin – keine Rede sein. Reinhard Mohn beziehungsweise »die Mohns« lassen andere sprechen, machen und verantworten und legen sich dabei nicht fest. Sie inszenieren ein Dauerritual der Selbstlosigkeit, um unangreifbar zu bleiben und nie in Abhängigkeit zu geraten. Doch hinter dem ständigen Leugnen der eigenen Selbstherrlichkeit steht ein massives Kontrollinteresse. So gewinnen die Mohns Spielraum für Expansion und politische Einflussnahme – und verlieren die Flexibilität, auf Entwicklungen in den Medienmärkten rasch und offensiv zu reagieren. Die Kehrseite der Mohn'schen Unangreifbarkeit ist es, von (fast) nichts mehr aufgestört zu werden. Reinhard Mohn ist Deutschlands verhohlener Medienmagnat.

In einer Schlüsselposition der Medienwirtschaft ist das Wirken einer derart doppelbödigen Persönlichkeit höchst eigentümlich. Unter den Besitzern und Lenkern von globalen Medienimperien nimmt der Bertelsmann-Patriarch in dieser Hinsicht eine Sonderstellung ein. Als extremer Kontrast zu Reinhard Mohn erscheint Rupert Murdoch (geboren 1931), Alleinherrscher über das australisch-britisch-amerikanische Weltunternehmen News Corporation Ltd. Dieser »Medienmogul« pfeift auf ethische Verantwortung, geniert sich nicht für die Verbreitung von »Sex, Crime und Human Interest« und genießt unverhohlen seine Macht über das Personal seiner Fernsehkanäle, Studios und Massenblätter. Freimütig beansprucht er das Recht, auf die politische Linie seiner Blätter und Programme einzuwirken. Verfügungsgewalt vorgeblich oder tatsächlich abzutreten fällt ihm nicht ein. Er begrüßt offen den »knallharten Wettbewerb«, insbesondere den Preiskampf beim Eintritt in neue Märkte, und geht hohe Risiken ein. Seine Methoden werden durchweg als »ruppig« und »skrupellos« beschrieben. Gleichwohl versteht er sich als Chef eines Familienunternehmens und wünscht sich nichts sehnlicher, als seinen Konzern einst ungeschmälert den Nachkommen zu übergeben.

Eine andere provozierende Auffassung von der Rolle eines Sender- und Studiochefs hat Ted Turner (geboren 1938), der Gründer des Nachrichtensenders CNN und ehemalige Vizepräsident von Time Warner. Zwar trat er vehement für die Belange des Umweltschutzes und der Familienplanung ein und gründete wie Reinhard Mohn eine große Stiftung. Auch förderte er die Erweiterung von Time Warner zum grenzüberschreitenden Mischkonzern (Freizeitparks und Spielzeugproduktion eingeschlossen). Zugleich jedoch benutzt er seine Unternehmen als Podien für eigene Auftritte, für die Selbstdarstellung des draufgängerischen smarten Alleskönners Turner. Er ist süchtig nach Popularität. Als öffentliches Spektakel inszenierte er seinen Aufenthalt in der Psychiatrie, die Heirat mit der Schauspielerin Jane Fonda, die Scheidung von ihr und die Teilnahme bei lebensgefährlichen Segelregatten. Bei allem kokettierte er mit seinem Macho-Image. Während der Medienunternehmer Mohn die Publizität mied, schöpfte der »Medientycoon« Turner alle ihre Möglichkeiten aus.

Verantwortungsträger, Machtmensch, Selbstdarsteller … Einen vierten Typus des Medienkonzernchefs verkörpert Sumner Redstone (geboren 1923), der erst im Alter von 64 Jahren einen Mehrheitsanteil von Viacom erwarb und heute unter anderem die Fernsehkette CBS, den Sender MTV und das Hollywood-Studio Paramount Pictures betreibt: den Typus des hemdsärmeligen Praktikers. Sein Ehrgeiz ist darauf gerichtet, mit den jeweils besten Programmangeboten weltweit die »Nummer eins« bei der »Herstellung von Software« zu sein. Der Jugend will er »rotzfreche, bitterböse Unterhaltung« bieten. Noch als Achtzigjähriger glaubt er zu wissen, welche Musik und welche Stars die Jungen und ganz Jungen lieben – und er mischt mit bei der Kreierung ihrer Moden. Redstone liegt wenig daran, der Gesellschaft Mores zu lehren, seinen Mitarbeitern zu zeigen, wer der Herr im Hause ist, oder sich persönlich zu verwirklichen. Lieber heckt er mit seinen Spitzenmanagern neue Programmideen aus und fragt telefonisch in seinen Kinos die Höhe der Tageseinnahmen ab.

Viacom, Time Warner und News Corporation Ltd. haben ihre eigenen Probleme, die meist aus den Folgen von Fusionen resultieren. Mit der Trennung von offizieller und inoffizieller Führung und den Konsequenzen einer proklamierten Unternehmenskultur haben sie nicht zu kämpfen.

Die Fähigkeit des Hauses Bertelsmann, sich neu zu orientieren, wird von einem weiteren grundlegenden Faktor gelähmt: dem Doppelleben als Stiftung und Konzern, als Ethik-Einrichtung und ganz normales, strikt gewinnorientiertes Unternehmen. Dieses Doppelleben begann in den Fünfzigerjahren des vergangenen Jahrhunderts und ist seitdem das wichtigste Strukturmerkmal des in Gütersloh beheimateten Medienimperiums. Der Auftritt als Institution des Gemeinsinns verschafft dem Unternehmen auf vielen Märkten einen keineswegs ethisch begründbaren Wettbewerbsvorteil. Zugleich aber verhindert er, dass sich die Bertelsmann AG wie ihre Wettbewerber ein handlungsleitendes Selbstbild aneignet, aus dem hervorgeht, was sie anstrebt und besonders gut kann.

Der zunehmende Einfluss der Bertelsmann Stiftung in nahezu allen Bereichen der deutschen und europäischen Sozial-, Bildungs-, Wirtschafts-, Medien- und Außenpolitik begünstigt eine bedenkliche Fehlentwicklung: die »Führung einer neuen gesellschaftlichen Ordnung« (Reinhard Mohn) durch fürsorgliche Elite-Netzwerke aus Konzernen und Parteien, die nach unerforschlichen Ratschlüssen »Verantwortung delegieren«, »Transparenz« herstellen und »motivieren«. Bedenklich ist diese Art von Privatisierung der Politik à la Bertelsmann unabhängig davon, ob der Stiftungseinfluss im jeweiligen Problemfeld als gut oder schlecht erscheint. Die Maßstäbe, mit denen darüber befunden wird, etwa die der »Menschengerechtigkeit« und »Leistungsorientierung«, unterliegen ja selbst einer schleichenden Privatisierung. Der Anspruch hinter der Allgegenwart von Mitarbeitern der Bertelsmann Stiftung in allen möglichen nationalen und internationalen Beratungs- und Entwicklungsgremien der genannten Politikbereiche grenzt an eine Hybris. Es ist an der Zeit, dass sich die gewählten Entscheidungsträger von den unwägbaren Folgen dieser sanften Mitregentschaft befreien.

Die Geschichte und die Geschäftstätigkeit der Bertelsmann AG können dieses Privileg jedenfalls nicht begründen. Solange die Stiftung den Namen Bertelsmann trägt und kapitalmäßig und organisatorisch mit der Aktiengesellschaft verflochten ist, dient sie, ob sie will oder nicht, als Kulisse für deren vielfältige Operationen. Daran wäre nichts Anstößiges, wenn die Stiftung nicht auf der obersten Politikebene mitwirkte und die Bertelsmann AG kein Medienkonzern wäre. Ausgerechnet dieser Konzern jedoch beherrscht die europäischen Märkte des Fernsehens, des Hörfunks, der Publikumszeitschriften und der Buch- und Musikclubs sowie einige Buchmärkte. Wir plädieren daher für die Auflösung der Gemeinschaft von Stiftung und Unternehmen. Unabhängig voneinander wären beide erstmals glaubwürdig. Die Mitarbeiter der Stiftung könnten unbefangen forschen und beraten, vielleicht auch einmal in Sachen Medienindustrie. Und die Bertelsmann AG könnte endlich herausfinden, welche Medienkultur ihr vorschwebt, um mit deren Ausgestaltung neue Märkte zu erobern. In der Zeit nach Reinhard Mohn müssen sich Stiftung und Konzern ohnehin neu orientieren. Die Chancen für einen Abschied von der Bigotterie stehen also gar nicht so schlecht.

Anmerkungen

Kapitel 1

1   Thomas Schuler: *Die Mohns. Vom Provinzbuchhändler zum Weltkonzern. Die Familie hinter Bertelsmann.* Frankfurt 2004. S. 301; »Reinhard Mohn. Die Unperson.« In: *manager magazin* vom 12.03.2003; Hans Leyendecker und Hans-Jürgen Jakobs: »Die Königin von Gütersloh.« In: *Süddeutsche Zeitung* vom 29.07.2002; Hans Leyendecker und Hans-Jürgen Jakobs: »Ein Alligator von Welt.« In: *Süddeutsche Zeitung* vom 29.07.2002.

2   Vgl. Stefan Brams: »Ein letzter Dienst für Bertelsmann«. In: *Neue Westfälische Zeitung* vom 01.08.2002.

3   Die Bertelsmann-Pressemitteilung »Thomas Middelhoff verlässt Bertelsmann AG, Gunter Thielen neuer Vorstandsvorsitzender, Siegfried Luther Stellv. Vorstandsvorsitzender« ist nachzulesen unter
     http://www.bertelsmann.de/news/press/press_item.cfm?id=6099

4   *manager magazin* Nr. 8 1999. Im Interview »Reinhard Mohn über die künftige Führung des Konzerns« heißt es: »Mohn: Sie kennen nicht unseren gesamten Aufmarsch. mm: Sollen auch Teile der Bertelsmann Music Group an die Börse? Mohn: Es gibt viele Möglichkeiten. mm: Der Börsengang von Kerngeschäften schien bislang ausgeschlossen zu sein. Mohn: Jeder Unternehmensbereich, der geeignet ist, kann an die Börse gehen. Nur die Bertelsmann AG nicht.«

5   Jahresbericht 2002 von Time Warner, publiziert am 28.03.2003, S. 14ff. Im Internet: http://www.timewarner.com/investors/financial_publications/pdf/2002ar.pdf

6   Klage der AOL-Aktionärin Joan Richter vom 7. März 1997 am Court of Chancery of the State of Delaware in and for New Castle County (the »Court«) gegen Stephen M. Case, Thomas Middelhoff u.a., C.A. No. 15602

7   *Handelsblatt* Nr. 144 vom 30.07.2002, S. 1: »Auffällige Kursbewegungen vor Führungswechsel.« Vgl. David D. Kirkpatrick: »S.E.C. scrutinizes AOL Deal With Vivendi.« In: *New York Times* vom 22.04.2003.

8   David D. Kirkpatrick: »S.E.C. expands charge against AOL.« In: *New York Times* vom 31.03.2003.

9   Gemeinsame Presseerklärung von AOL und Bertelsmann vom 17.03.2000, nachzu-
      lesen im Internet unter
      http://media.aoltimewarner.com/media/press_view.cfm?release_num=25100412
      und http://www.bertelsmann.de/news/press_item.cfm?id=1464

10   Am 16.06.2001 hieß es in einer dpa-Meldung: »Der Vorstandsvorsitzende der Gü-
      tersloher Bertelsmann AG, Thomas Middelhoff, hat nach eigenen Worten die Per-
      spektiven im elektronischen Handel überschätzt.« Geäußert habe er sich dement-
      sprechend in einem Interview in der Samstagsausgabe der in Bielefeld erscheinenden
      Neuen Westfälischen Nachrichten.

11   Carol J. Loomis: »Why AOL's accounting keep popping up.« In: *Fortune* vom
      14.04.2003.

12   David D. Kirkpatrick: »Personal ties linked AOL and Bertelsmann chiefs.« In: *New
      York Times* vom 22.04.2003.

13   »Bertelsmann Commits to Broad Alliance with Terra Lycos; Enters $ 1 Billion, 5-
      Year Commerce Agreement«: Presseerklärung zur Fusion von Terra Lycos vom
      16. Mai 2000. Im Internet: http://www.sec.gov/Archives/edgar/data/1007992/
      0000950157-00-000213-index.html

14   »Q: How to make a billion dollars? – A: Spend 12,5 billion dollars for Lycos and
      look for Bertelsmann. – Then again this whole thing may be a publicity stunt.« John
      Dvorak in *Forbes.com* vom 22.05.2000.

15   Ross Kerber: »Bertelsmann commitment to Lycos deal intact, CEO says.« In: *The
      Boston Globe* vom 04.07.2000.

16   Der Text ist im Internet auffindbar unter http://www.sec.gov/Archives/edgar/da-
      ta/1007992/000095012300008790/0000950123-00-008790.txt

17   »Der Rückzug beginnt.« In: *Der Spiegel* 6/2001.

18   Sound-File im Archiv Hersch Fischler.

19   Leslie Crawford: »Telefonica reviews media spree.« In: *Financial Times* vom
      11.04.2001.

Kapitel 2

1   Heinrich Mohn (Hrsg.): *Carl Bertelsmann. Ein Bild seines Lebens. Zur Jahrhundert-
      feier des von ihm gegründeten Verlagshauses.* Gütersloh 1935. Roland Gööck: *Bücher
      für Millionen. Fritz Wixforth und die Geschichte des Hauses Bertelsmann.* Gütersloh
      1968. Walter Kempowski: »Schwarzbrod und Freiheit sei mir beschieden… Die
      Chronik der Familien Bertelsmann und Mohn.« In: *150 Jahre Bertelsmann. Die Ge-
      schichte des Verlagsunternehmens in Texten, Bildern und Dokumenten 1835–1985.* Im
      Auftrag des Vorstandes der Bertelsmann AG. München 1985. S. 9–36. Saul Fried-
      länder, Norbert Frei, Trutz Rendtorff, Reinhard Wittmann: *Bertelsmann im Dritten
      Reich.* München 2002.

2   Heinrich Mohn: a.a.O., S. 72f.

3   A.a.O., S. 79.

4   A.a.O., S. 83.

5   Vgl. Kaspar Maase: *Kommerzielle Populärkunst zwischen Volksvergnügen und Volkserziehung.* Handout zur Vorlesung im Ludwig-Uhland-Institut für Empirische Kulturwissenschaft (Sommersemester 2000). Vgl. http://www.uni-tuebingen.de/kultur/03-stu/03-stu-02-ss02-m2.html.

6   Saul Friedländer u.a.: a.a.O., S. 31.

7   Roland Gööck: a.a.O., S. 43.

8   *Vorschriften für das Kontorpersonal.* Gütersloh, den 8. Mai 1930, unterzeichnet von Gerd Steinsiek und Heinrich Mohn. Unternehmensarchiv der Bertelsmann AG.

9   Saul Friedländer u.a.: a.a.O., S. 125.

10   Heinrich Mohn: a.a.O., S. 94.

11   Saul Friedländer u.a.: a.a.O., S. 140.

Kapitel 3

1   Vgl. Christian Mensch: »Die Legende vom Widerstand.« In: *Weltwoche,* Ausgabe 46/2002.

2   Anlage IV zum Schreiben von Heinrich Mohn an die Press Control – Periodica Section der britischen Militärregierung vom 9. April 1947. Hauptstaatsarchiv Düsseldorf, NW 11-83.

3   Theodor Berthoud: *Wege mit Fritz Wixforth.* Unveröff. Manuskript. Gütersloh, Juni 1966, S. 19f. und 21.

4   Vgl. Saul Friedländer, Norbert Frei, Trutz Rendtorff, Reinhard Wittmann: *Bertelsmann im Dritten Reich.* München 2002. S. 9. Vgl. Politisches Magazin *Monitor,* Ausgabe 450 vom 20. Mai 1999: Bestseller im Dritten Reich. Die braune Vergangenheit von Bertelsmann.

5   Im Jahr 1991 überprüfte Hersch Fischler einen Bericht des *Spiegel* von 1959 über die Täterschaft beim Reichstagsbrand im Februar 1933. Die Autoren behaupteten, dass der – 1933 zum Tode verurteilte – van der Lubbe die Tat allein verübt hatte, die Nationalsozialisten somit nicht beteiligt gewesen waren. Bei Recherchen im Bundesarchiv stellte Fischler fest, dass der Kronzeuge für die *Spiegel*-These, der ehemalige Kriminalbeamte Walter Zirpins, schon 1933 vor dem Reichsgericht eine falsche Darstellung des Falles zu Protokoll gegeben hatte. Überdies hatte der *Spiegel* in den Fünfzigerjahren mittels publizistischer Persilscheine Walter Zirpins sowie anderen ehemaligen NS-Kriminalisten und SS-Leuten geholfen, wieder bei der Kriminalpolizei eingestellt zu werden. Er war als Informant für den *Spiegel* tätig. Durch Publikationen von Lutz Hachmeister sind vergleichbare Zusammenhänge und die Rolle Rudolf Augsteins bei der Arbeitsbeschaffung für SS-Leute inzwischen öffentlich ge-

worden. Damals waren sie jedoch noch völlig unbekannt. Sie ließen auch den *Spiegel*-Bericht, der die These von der Alleintäterschaft van der Lubbes zementiert hatte, in einem neuen Licht erscheinen. Dies erschien umso bedenklicher, als diese These 1991 bereits als unstrittiger historischer Sachverhalt in die Schul- und Geschichtsbücher eingegangen war. Sie enthält aber massive Fehler (was inzwischen von der Leitung des Instituts für Zeitgeschichte als Reaktion auf Fischlers Kritik eingeräumt wird). Nachdem Fischler 1992 Beweismaterial für massive Fehler in der Alleintäter-These zusammengetragen hatte, legte er das Material dem *Spiegel* vor. Doch das Nachrichtenmagazin wollte seine Darstellung von 1959 nicht revidieren und sich mit seiner eigenen Frühgeschichte nicht auseinander setzen. Fischler bot das Material daraufhin dem *stern* an. Der für Zeitgeschichte zuständige Redakteur, Ulrich Völklein, prüfte Fischlers Darstellung und teilte mit, dass er sie im Rahmen einer vierteiligen Serie zum 60. Jahrestag des Reichstagsbrands publizieren wolle. Insbesondere die Verstrickung des *Spiegel* und Augsteins Kungelei mit ehemaligen NS-Kriminalisten interessierten ihn. Auf Fischlers Frage, ob denn nicht die wirtschaftliche Verflechtung zwischen Gruner + Jahr und *Spiegel*-Verlag die beabsichtigte Publikation erschweren könne, antwortete Völklein, Unternehmen und Redaktion seien strikt getrennt.

Wenig später aber teilte er Fischler bedauernd mit, dass Chefredakteur Rolf Schmidt-Holtz (zugleich Mitglied des Vorstands von Gruner + Jahr) eine Serie zum Thema Reichstagsbrand ablehne und Rudolf Augsteins sonderbare Nähe zu ehemaligen Angehörigen der SS als unwichtige Arabeske betrachte. Statt der Serie werde ein großer Einzelbeitrag erscheinen, in den wichtige Teile von Fischlers Rechercheergebnisse eingearbeitet werden könnten. Doch dann berichtete Völklein, dass er auf Wunsch der Chefredaktion davon Abstand nehmen müsse. Er selbst werde aber kritisch zur Darstellung des *Spiegel* im Jahr 1959 Stellung nehmen. Auch diese Ankündigung wurde nicht wahr gemacht. Der 60. Jahrestag des Reichstagsbrands verstrich, ohne dass im *stern* ein Beitrag zu diesem Thema erschien.

Nun wandte sich Fischler schriftlich an den Vorstandsvorsitzenden von Gruner + Jahr, Gerd Schulte-Hillen. Er schilderte seine Erfahrungen und forderte diesen auf, einen Beitrag zur Beendigung der Geschichtsfälschung zu leisten und diese nicht auch noch zu schützen. Schulte-Hillen ließ antworten, Fischler möge sich doch an den *Spiegel* wenden. Fischler machte beim Vorstand der Bertelsmann AG auf die Verletzung journalistischer Grundsätze bei Gruner + Jahr aufmerksam, erhielt aber die gleiche Antwort. Briefe an die Aufsichtsräte von Gruner + Jahr und Bertelsmann erreichten ihre Adressaten nicht, sondern wurden von den Vorstandsbüros retourniert. Fischler begann nun, *stern*-Journalisten danach zu befragen, was sich im Umgang mit ähnlichen zeitgeschichtlichen Themen bei Gruner + Jahr beziehungsweise Bertelsmann abgespielt habe. Von mehreren Journalisten erhielt er Hinweise darauf, dass Bertelsmann die eigene Firmengeschichte sorgfältig »unter den Teppich gekehrt« habe. Er ging den Hinweisen nach und fand sie bestätigt. Eine *Spiegel*-Titelgeschichte von 1957 enthielt Informationen über Bertelsmanns Geschäfte im Dritten Reich und die Ermittlungen gegen den Verlag in den Jahren 1943 und 1944. Bei Archiv-Recherchen stieß Fischler unter anderem auf die entsprechenden Ermittlungsakten der Wehrmachtsjustiz.

6   Nachdem Manfred Harnischfeger im März 2002 mit seiner Absicht, Intendant des ZDF zu werden, gescheitert war und Bertelsmann verlassen hatte, räumte er im Dezember 2002 gegenüber dem *Wall Street Journal* ein, es sei ihm bereits bei den Vorbereitungen zur Publikation der Festschrift für das Firmenjubiläum 1985 aufgefallen, dass bei der Darstellung der Firmengeschichte im Dritten Reich und mit Heinrich Mohns damaliger Rolle etwas nicht stimme. Er sei den Unstimmigkeiten aber nicht nachgegangen. Als Fischlers Recherchen diese Unstimmigkeiten aufdeckten, habe er die möglichen Schäden für die Geschäftsinteressen erwogen und seine Kontakte genutzt, um eine Publikation zu verhindern. Zur Frage, ob er Dieter Stoltes Hilfe für diesen Zweck in Anspruch genommen habe, äußerte er sich nicht.

7   *epd-medien*, Nr. 17 vom 6. März 1999; *Journalist*, Nr. 4 vom 23. März 1999.

8   Thomas Middelhoff auf einer Pressekonferenz vor dem Verband der Auslandspresse im Hotel Adlon in Berlin am 21. März 2000. Tonbandmitschnitt.

9   Zitat von Fritz Wixforth. Wiedergegeben in: Roland Gööck: *Bücher für Millionen. Fritz Wixforth und die Geschichte des Hauses Bertelsmann.* Gütersloh 1968. S. 48.

10   Saul Friedländer, Norbert Frei, Trutz Rendtorff, Reinhard Wittmann: a.a.O., S. 566–572.

11   A.a.O., S. 560.

12   A.a.O., S. 158f.

13   Theodor Berthoud: a.a.O., S. 14f.

14   Saul Friedländer u.a. : a.a.O., S. 257.

15   A.a.O., S. 347.

16   A.a.O., S. 363–369.

17   A.a.O., S. 423.

18   Vgl. »125 Jahre Bertelsmann«, Sonderausgabe der *Bertelsmann Illustrierten*, September 1960.

19   Vgl. Walter Kempowski: »Die Chronik der Familien Bertelsmann und Mohn« In: *150 Jahre Bertelsmann. Die Geschichte des Verlagsunternehmens in Texten, Bildern und Dokumenten 1835–1985.* Im Auftrag des Vorstandes der Bertelsmann AG. München 1985. S. 29.

20   Saul Friedländer u.a.: a.a.O., S. 426f.

21   Anlage IV zum Schreiben von Heinrich Mohn an die Press Control – Periodica Section der britischen Militärregierung vom 9. April 1947. Hauptstaatsarchiv Düsseldorf, NW 11-83.

22   Saul Friedländer u.a.: a.a.O., S. 412.

23   Abschrift des Feldurteils des Feldkriegsgerichts Berlin beim Zentralgericht des Heeres vom 31.5.1944. Strafsache gegen Matthias Lackas, Karl-Heinz Moldt und Eberhard Ritter von Riewel. Aktenzeichen: St.L. XI Nr. 133/43.

24   A.a.O., S. 25.

25 Saul Friedländer u.a.: a.a.O., S. 497.

26 A.a.O., S. 512.

27 Vgl. a.a.O., S. 485.

28 A.a.O., S. 472f., 487f., 492f., 499, 507f.

29 A.a.O., S. 493f.

30 A.a.O., S. 477 und 687.

31 A.a.O., S. 494.

32 *Der Spiegel*, Nr. 30 vom 24.07.1957, S. 33.

33 Saul Friedländer u.a.: a.a.O., S. 508.

34 Saul Friedländer u.a.: a.a.O., S. 505 und 691.

35 A.a.O., S. 519–522.

36 Anlage IV zum Schreiben von Heinrich Mohn an die Press Control – Periodica Section vom 9. April 1947. Hauptstaatsarchiv Düsseldorf, NW 11-83.

37 Saul Friedländer u.a.: a.a.O., S. 528.

38 A.a.O., S. 534.

Kapitel 4

1 *238 Aufgaben zur Verkaufstechnik*. Verlag Buch und Wissen. Rheda o. J. (Anfang der Sechzigerjahre).

2 Lesering-Arbeitstagung vom 2. bis 4. April 1954 in Oberkirchen/Hochsauerland im Gasthof Schütte mit Vertretern des C. Bertelsmann Verlags, des Verbands der Reise- und Versandbuchhändler e.V. und des Gesamtverbands des Werbenden Buch- und Zeitschriftenhandels e.V. (Bertelsmann-Archiv/Sammlung UHK: Signatur I.2/6002). Eröffnungsansprache Reinhard Mohns.

3 Die folgende Darstellung von Methoden zur Anwerbung von Lesering- und Schallplattenring-Abonnenten stützt sich zu einem großen Teil auf die folgenden Berichte und Dokumentationen: *Neue Juristische Wochenschrift (NJW)*, Jg. 1953 bis 1961, Entscheidungen – Zivilrecht. – *Der Spiegel*, Nr. 30 vom 24.07.1957, S. 32–41: »Bertelsmann-Konzern: Die Bestsellerfabrik.« (In den fünf folgenden Ausgaben des Wochenmagazins befinden sich weder Gegendarstellungen noch Leserbriefe des C. Bertelsmann Verlags oder seiner Tochterfirmen.) – Kurt Pritzkoleit: *Auf einer Woge von Gold. Der Triumph der Wirtschaft*. München 1964. – *Deutsche Mark (DM)*, Nr. 15 vom 09.04.1964, S. 25–33: »Die Bücher-Rattenfänger.« (In den folgenden fünf Ausgaben der Verbraucherzeitschrift befinden sich weder Gegendarstellungen noch Leserbriefe des C. Bertelsmann Verlags oder seiner Tochterfirmen.) – Verbraucherzentrale Baden-Württemberg (Hrsg.): *Schwarzbuch über Buchclubs*. Broschüre im Eigenverlag. Stuttgart, November 1971. Die Angaben im *Schwarzbuch* wurden ergänzt durch Informationen des in der Broschüre nicht genannten Bearbeiters Siegfried Bluth bei einem Telefoninterview im Januar 2003.

4   Protokoll über die Diskussion »Jugend – Lesering« anlässlich der Buchhändler-Freizeit 29.05.1954 (Archiv-Signatur: I.2/6033).

5   *Deutsche Mark (DM)*, Nr. 15 vom 09.04.1964, S. 28.

6   Aktennotiz »Lesering-Provision bei Einsatz des Ausstellungswagens für das Sortiment« vom 28.08.1952, unterzeichnet von Herrn Tilly, gerichtet an Reinhard Mohn (Archiv-Signatur: I.2/6001).

7   Einleitendes Referat von Fritz Wixforth auf der Lesering-Arbeitstagung vom 2. bis 4. April 1954.

8   *Wir*, Heft 5/1961, ohne Seitenangabe.

9   *238 Aufgaben zur Verkaufstechnik*, a.a.O.

10   Vgl. Friedrich Niendieck: *Die Absatzmethoden der Buchgemeinschaften, unter besonderer Berücksichtigung der Deutschen Buch-Gemeinschaft und des Bertelsmann Leserings.* Diplomarbeit. Staatswirtschaftliche Fakultät der Universität München. Eingereicht am 31. Mai 1962. S. 71.

11   Vgl. Lesering-Arbeitstagung vom 2. bis 4. April 1954.

12   Vgl. Bruno Tietz: »Königsidee Buchgemeinschaft. Neue Leser durch eine neue Marktpolitik.« In: *150 Jahre Bertelsmann. Die Geschichte des Verlagsunternehmens in Texten, Bildern und Dokumenten 1838–1985.* Im Auftrag des Vorstandes der Bertelsmann AG. München 1985. S. 339–356. Hier: S. 342.

13   Vgl. Schreiben des Verlags Johannes Thordsen jun. vom 12.04.1954 an Reinhard Mohn (Archiv-Signatur: I.2/6032).

14   Vgl. Bruno Tietz, a.a.O., S. 342f.

15   Reinhard Mohn in einem Brief vom 21.02.1962 an E. Höynck (Archiv-Signatur: I.2/6003).

16   Theodor Berthoud: *Wege mit Fritz Wixforth.* Unveröff. Manuskript. Gütersloh, Juni 1966 (Archiv-Signatur: I.2/7001), S. 36.

17   A.a.O., S. 37f.

18   Fritz Wixforth in einem Brief vom 20.02.1962 an Johannes Thordsen (Archiv-Signatur: I.2/6003).

19   Rundschreiben des C. Bertelsmann Verlags vom 31. Mai 1950 an die Sortimentsbuchhändler (Archiv-Signatur: I.2/6003).

20   Fritz Wixforth: Referat auf einer Tagung mit Angehörigen der Vertriebsgesellschaft Buch und Wissen GmbH im Jahr 1961 (Archiv-Signatur: I.2/6002). S. 8.

21   Otto Oeltze: *Der Bertelsmann Lesering. Seine Entwicklung und Aufgabe.* Unveröff. Manuskript. Juni 1961 (Archiv-Signatur: I.2/6003), S. 12.

22   Frank Weissbach: *Buchgemeinschaften als Vertriebsform im Buchhandel.* Berichte des Instituts für Buchmarkt-Forschung, Nr. 38. Hamburg, September 1967. S. 78.

23   *Der Spiegel*, Nr. 7/1981, S. 77.

24   Reinhard Mohn ist zweimal dabei. Von wenigen kritischen Anmerkungen abgesehen, verbreiten die Reiseberichte Sympathie und Kooperationsstimmung: »Wir hatten … in den ganzen Moskauer Tagen nicht den Eindruck, dass wir bewacht würden … Überall herrschte eine ungeahnte Sauberkeit … Die Autos fuhren in

einer vorbildlichen Art und Weise … Die Menschen in Moskau machen einen durchaus zufriedenen Eindruck … Das Interessanteste an der ganzen Iswestija war wohl der Genosse Gratschow (der Direktor der Druckerei). Er hat auf uns einen sehr guten und offenen Eindruck gemacht, gewillt, alle Probleme mit uns zu besprechen.« *Bertelsmann Illustrierte*, 1957/1958 (Jahreswende): »Moskauer Tagebuch« von Herbert Multhaupt; Nr. 3/1958: »Wie ich Moskau erlebte« von Herbert Multhaupt; Nr. 6/1959: »Zu Gast bei Kollegen in Moskau« von Rudolf Wendorff, jeweils ohne Paginierung. Zitate aus: 1957/1958 (Jahreswende).

25   Aktennotiz Reinhard Mohns vom 05.08.1960, gerichtet an »Herrn Schurig«, zur Kenntnisnahme von Wixforth, Hennig und Thiemann (Archiv-Signatur: I.2/1023).

26   Aktennotiz von Oeltze und Hennig am 17.10.1956, gerichtet an Reinhard Mohn (Archiv-Signatur: I.2/6018).

27   Brief Fritz Wixforths vom 11.05.1959 an Curt Gilles (Archiv-Signatur: I.2/6018).

28   Zitiert in: Dieter Schröder: »Der stille Eiferer.« In: *Berliner Zeitung* vom 29.06.2001

29   Reinhard Mohn: *An meine Mitarbeiter. Eine Ansprache zum Jahreswechsel (1946/1947).* (Archiv-Signatur: I.2/7001)

30   Aktennotiz »Behindern die Fremdinserate in der LI die ausreichende Herausstellung unseres Buchangebotes …«, 1956, gerichtet an »Herrn Wixforth«, verfasst vermutlich von »Oeltze, Lohmeyer« (Archiv-Signatur: I.2/6018).

31   Lesering-Arbeitstagung vom 2. bis 4. April 1954, Eröffnungsansprache Reinhard Mohns.

32   Reinhard Mohn: 1964: »Die vierte Phase unserer Entwicklung beginnt.« In: *Bertelsmann Illustrierte*, Nr. 1–2/1964, S. 4 f.

33   Aktennotiz Reinhard Mohns vom 05.08.1960 unter dem Titel »Buchgemeinschaften – Auch-Buchgemeinschaften – Versandunternehmen«, gerichtet an »Herrn Schurig«, zur Kenntnisnahme an Wixforth, Hennig, Thiemann (Archiv-Signatur: I.2/1023).

34   Vgl. Kurt Biedenkopf: »Im Dienst der Gemeinschaft. Das soziale Modell Bertelsmann.« In: *150 Jahre Bertelsmann. Die Geschichte des Verlagsunternehmens in Texten, Bildern und Dokumenten 1835-1985.* Im Auftrag des Vorstandes der Bertelsmann AG. München 1985. S. 379–400. Hier: S. 381.

35   Zitiert bei: Kurt Biedenkopf: a.a.O., S. 387.

36   Ebenda, S. 387f.

37   Reinhard Mohn: »Geschäftsbericht 1959.« In: *Bertelsmann Illustrierte*, Nr. 1/1960, ohne Paginierung.

38   Reinhard Mohn: »Die gesellschaftspolitische Verantwortung des Unternehmers. Vortrag beim 7th International Direct Marketing & Mail Order Symposium in Genf am 23. April 1975.« Wiedergegeben in: *bertelsmann texte*, Heft 3, Gütersloh, Juni 1975, S. 11–22. Hier: S. 15.

39   *Der Spiegel*, Nr. 30 vom 24.07.1957, S. 40. *Der Spiegel*, Nr. 17/1966, S. 73. Übrigens machte der Steuerberater Otto Bennemann, der in Gütersloh bis 1955 die Abteilung Steuern und Finanzen geleitet hatte, Köhnlechner den Ruhm der »klugen Steuerpolitik« streitig und behauptete, der eigentliche geistige Vorbereiter der Steue-

rersparnis per Konzernaufteilung gewesen zu sein. Vgl. den Leserbrief Otto Benne-
manns in: *Der Spiegel*, Nr. 33 vom 14.07.1957, S. 5.

40   Kurt Pritzkoleit: *Auf einer Woge von Gold. Der Triumph der Wirtschaft.* München
      1964. S. 479 u. 499f.

41   Bert Schnitzler: *Die Phalanx. Zur Geschichte des privaten Rundfunks.* Herford 1986.
      Vgl. die unvollständige und teilweise missverständliche Darstellung in: *Der Spiegel*,
      Nr. 37 vom 7. September 1970, S. 57.

42   Edzard Reuter: *Schein und Wirklichkeit.* Berlin 1998. S. 128–132. Hans Otto Eglau:
      Edzard Reuter. Düsseldorf 1992. Zweite Auflage. S. 41–43.

43   Edzard Reuter: a.a.O., S. 130.

44   A.a.O., S. 131f.

45   Wolfgang Leonhard: »Vor 21 Jahren: Verleger für Reinhard Mohn.« In: Verlagsgrup-
      pe Bertelsmann (Hrsg.): *Ein Mann von sechzig Jahren. Gruß der Autoren. Reinhard
      Mohn zum 29. Juni 1981.* S. 138–141. Hier: S. 138f.

46   A.a.O., S. 140.

47   Brief von Johannes Thordsen (auf dem Briefbogen des Bundesverbands der deutschen
      Versandbuchhändler e.V.) vom 22.11.1963 an Reinhard Mohn (Archiv-Signatur:
      I.3/39).

Kapitel 5

1   Jochen Werner: »Das Emotionale ist aus dem Betrieb verbannt.« In: Website der
     Bertelsmann Stiftung und der Hans-Böckler-Stiftung (http://www.unternehmenskul-
     tur.org). Ohne Jahresangabe. S. 57. Bagatellisierend spricht Jochen Werner von *drei*
     Opponenten. Diese drei allein hätten seine Abwahl aber nicht bewerkstelligen können.

2   *Chronik Bertelsmann Industrie 1824-1991.* Gütersloh 1992. S. 172.

3   Die folgende Darstellung der Arbeitsorganisation und der Tätigkeit von Geschäfts-
     leitung und Betriebsrat bei Mohndruck basiert auf Informationen aus mehreren zu-
     verlässigen Quellen, die aus Gründen der Vertraulichkeit nicht genannt werden.

4   Vgl. Jörg Bundesmann-Jansen, Ulrich Pekruhl: *Der Medienkonzern Bertelsmann.
     Neues Management und gewerkschaftliche Betriebspolitik.* Köln 1992. S. 133.,
     194–196, 243–249.

5   Vgl. a.a.O., S. 167.

6   Vgl. *Chronik Bertelsmann Industrie 1824-1991.* A.a.O., S. 154 und 195.

7   »Die vorhandene Arbeit gerecht verteilen« – Einigung bei Mohndruck. In: *Die Glo-
     cke* vom 3. September 1982.

8   Vgl. Bertelsmann Stiftung, Hans-Böckler-Stiftung (Hrsg.): Mitbestimmung und
     neue Unternehmenskulturen. Bilanz und Perspektiven. Bericht der Kommission
     Mitbestimmung. Gütersloh 1998. S. 74–77.

9   Reinhard Mohn: »Ein Segen, dass uns das Geld ausgeht.« Interview mit Reinhard
     Mohn, geführt von Werner Funk und Dieter Hünerkoch. Gütersloh 1996.

10 Reinhard Mohn: *Systemfortschreibung als Voraussetzung für Führungsfähigkeit.* Institut für Weltwirtschaft an der Universität Kiel 2000 (= Kieler Vorträge, Neue Folge, 127). S. 11.

11 Heribert Meffert: »Laudatio anlässlich der Verleihung der Ehrendoktorwürde durch die Westfälische Willhelms-Universität Münster.« In: Thomas Middelhoff, Gerd Schulte-Hillen, Gunter Thielen (Hrsg.): *Reinhard Mohn: Unternehmer – Stifter – Bürger.* Gütersloh 2001. S. 325–340. Hier: S. 330.

12 Reinhard Mohn: *Erfolg durch Partnerschaft.* A.a.O., S. 125.

13 *Der Spiegel,* Nr. 5 vom 29. Januar 1973, S. 41.

14 Matthew Karnitschnig: «Behind Bertelsmann Turmoil: Rise to Power of Heir's Wife. Ms. Mohn Has Played Role In Ouster of 3 Executives. Her Children Move Up, Too.« In: *Wall Street Journal* vom 1. Dezember 2003, S. 1. Vgl. Liz Mohn: *Liebe öffnet Herzen.* München 2001.

Kapitel 6

1 Die Zitate stammen aus einem Text, der in den Tagen nach der Eröffnung der Hauptstadtrepräsentanz im Benet, dem öffentlichen Teil des Bertelsmann-Intranets unter http://benet.bertelsmann.de/benet/ zu lesen war.

2 Sabine Etzold fragte beispielsweise: »Fällt die Schulfreiheit dem Einfluss der ›Mohn-Sekte‹ zum Opfer?« Vgl. Sabine Etzold: »Menschlichkeit ist effizient. Reinhard Mohn krempelt das deutsche Bildungssystem um. Die Geschichte einer Passion.« In: *Die Zeit,* 19/1999.

3 Günter Gaus: »Bonn und Bertelsmann.« In: *Der Spiegel* Nr. 11/1970. Der Spiegel-Titel hieß »Die totale Information.«

4 Ferdinand Lundberg: *Die Mächtigen und die Supermächtigen. Das Rockefeller-Syndrom.* Gütersloh 1975.

5 Mohn, Reinhard: »Die Familie kann nichts durchsetzen.« Gespräch mit Uwe Jean Heuser. In: *Die Zeit,* Nr. 32 vom 31.07.2003.

6 Die Zitate stammen aus der zweiten Auflage des erstmals 1993 bei Herbig veröffentlichten Buches. Dirk Bavendamm: *Roosevelts Krieg. Amerikanische Politik und Strategie 1937–1945.* München 1998.

7 Nachzulesen unter www.che.de/projekte.php?show=thematisch

8 Detlef Müller-Böling: *Die entfesselte Hochschule.* Gütersloh 2000.

9 *Die Personal Service Agentur (PSA).* Hrsg. von der Bertelsmann Stiftung, der Bundesanstalt für Arbeit und McKinsey & Company. Gütersloh 2001.

10 Siehe www.leistungsvergleich.de

11 In der *Süddeutschen Zeitung* vom 27.11.2003 heißt es: »Anstaltsleiter Florian Gerster hatte offenbar bei dem ihm gut bekannten Bertelsmann-Chef Gunter Thielen nach einem geeigneten PR-Helfer gefragt und dann den langjährigen Bertelsmann-Manager Schiphorst genannt bekommen.«

12   Martin Schäfer: »Werner Weidenfeld – Dirigent der Münchner Denkfabrik. Der Politologe berät die Großen und Mächtigen der Welt.« In: *Die Abendzeitung* vom 18. Juni 2001.

13   Nachzulesen unter http://www.cap.uni-muenchen.de/aktuell/news/2003/2003_07_fellows.htm

14   Thomas Schuler: *Die Mohns. Vom Provinzbuchhändler zum Weltkonzern: Die Familie hinter Bertelsmann.* Frankfurt 2004, S. 293.

15   Cem Özdemir: »Wir brauchen uns gegenseitig. Cem Özdemir über die transatlantischen Beziehungen aus europäischer Sicht.« In: *forum – Das Magazin der Bertelsmann Stiftung.* Heft 4/2003.

16   Die Informationen und Zitate waren am 12.06.2004 unter http://www.cap.uni-muenchen.de/aktuell/news/2003/2003_10_kanzlerdialog.htm nachzulesen.

17   Gerhard Schröder: »Eindrucksvolle Reformbilanz.« In: *25 Jahre Bertelsmann Stiftung – Reformbilanz. Broschüre der Bertelsmann Stiftung.* Gütersloh, März 2003, S. 7.

18   Siehe unter https://www.attac-netzwerk.de/material/details/tazbeilagehochschul.pdf

19   Uli Hauser und Ulrich Völklein: »Die Zumutung.« In: *stern* vom 23.09.1993.

20   Neben Bertelsmann waren es unter anderem die Telekom, Hewlett Packard, IBM Deutschland, Intershop Communications, o.tel.o Communications, SAP und Siemens.

21   Siehe zum Beispiel http://www.internet-fuer-einsteiger.org/ife/, http://www.internet-verantwortung.de/teiln.html und http://www.internet-fuer-einsteiger.org/ife/

22   Roman Herzog auf der Internetseite der Bertelsmann Stiftung http://www.bertelsmann-stiftung.de/de/105.jsp

23   Joachim Rohloff: »Herzogs Happy Hour.« In: *Jungle World* vom 03.05.2000.

24   Rolf Wernstedt: »Halbwertzeit.« In: *Frankfurter Rundschau* vom 29.06.2000.

25   Albrecht Müller: »Die Telekratie ist die eleganteste Form der Unfreiheit.« In: *Die Welt* vom 11.02.2000.

26   Nachzulesen unter www.carl-bertelsmann-preis.de

27   Bernhard Hänel: »Preis für vorbildliche Unternehmenskultur.« In: *Neue Westfälische Zeitung* vom 02.09.2003.

28   Georg Blume: »Gütersloher Kulturtransfer.« In: *taz* vom 22.05.2004.

29   dpa-AFX-Meldung vom 04.06.2004: »Bertelsmann will auf baltischen Medienmarkt vordringen.«

30   *Wirtschaftswoche* vom 03.05.2004.

31   Inge Kloepfer: »Die heimlichen Kanzlerberater.« In: *Frankfurter Allgemeine Sonntagszeitung* vom 10.03.2002.

32   *Politikszene* Nr. 44 vom 27.05.2004.

33   *manager magazin*, Nr. 2/2003: »Die Unperson.«

34   Vgl. *forum – Das Magazin der Bertelsmann Stiftung*, Heft 2/2003, S. 5–7: Angela Merkel: »Herausforderungen einer neuen Gründerzeit.«

35   Liz Mohn: »Da ist viel Wärme.« In: *Cicero. Magazin für politische Kultur*, Nr. 2 vom 29.04.2004. Vgl. den Kommentar von Volker Zastrow: »Bertelsfrau. Liz Mohn und

Angela Merkel in den Grenzen emotionaler Intelligenz.« In: *Frankfurter Allgemeine Zeitung*, Nr. 102 vom 03.05.2004, S. 8.

Kapitel 7

1   Vgl. Marcus Theurer: »Musikkonzerne auf der Flucht.« In: *Frankfurter Allgemeine Zeitung*, Nr. 291 vom 15. Dezember 2003, S. 11.
2   Gundula Zeeck: *Das ferne Interesse. Die deutsch-chinesischen Kulturbeziehungen. Bestandsaufnahme und Empfehlungen. Studie des Institut für Auslandsbeziehungen (ifa)*. Stuttgart 2002.
3   *Die Tageszeitung* vom 22./23. Mai 2004, S. 19.
4   Richard Kämmerlings: »Die Bohlen sind morsch.« In: *Frankfurter Allgemeine Zeitung*, Nr. 237 vom 13.10.2003, S. 33.
5   Vgl. Bert Schnitzler: *Die Phalanx. Zur Geschichte des privaten Rundfunks*. Herford 1986.
6   Insa Sjurts: »Think global, act local. Internationalisierungsstrategien deutscher Medienkonzerne.« In: *Das Parlament*, Nr. 12–13 vom 15.03.2004. Beilage »Politik und Zeitgeschichte.«
7   Vgl. die hochinformativen Übersichten von Horst Röper, zuletzt: »Formationen deutscher Medienmultis 2003.« In: *Media Perspektiven*, Nr. 2/2004, S. 54–80.

Schlussbemerkung

1   Operating EBITA: Ergebnis vor Finanzergebnis, Steuern, Abschreibungen auf Firmenwerte und firmenwertähnliche Rechte sowie von Sondereinflüssen.
2   *Zeit*-Gespräch mit Reinhard Mohn, geführt von Uwe Jean Heuser, wiedergegeben unter dem Titel »Die Familie kann nichts durchsetzen« in: *Die Zeit*, Nr. 32 vom 31.07.2003.

Zeittafel

1791	Carl Bertelsmann wird in Gütersloh geboren.
1835	Gründung des Verlags C. Bertelsmann in Gütersloh
1850	Carl Bertelsmann stirbt.
1851	Heinrich Bertelsmann (geboren 1827) übernimmt den Verlag.
nach 1864	Bertelsmann vertreibt erbauliche Schriften und Jugendbücher über den Kolportagebuchhandel.
1881	Friederike Bertelsmann heiratet Johannes Mohn (geboren 1856).
Januar 1887	Betriebseigene Invaliden- und Altersversorgungskasse.
März 1887	Heinrich Bertelsmann stirbt. Johannes Mohn übernimmt den Verlag.
1910	Bei Bertelsmann erhält jeder Arbeiter jährlich drei Tage bezahlten Urlaub. Heinrich Mohn (geboren 1885) wird Teilhaber im Verlag.
1921	Heinrich Mohn übernimmt den Verlag. Reinhard Mohn wird als fünftes Kind von Heinrich und Agnes Mohn geboren.
1927	*Der christliche Erzähler* erscheint bei Bertelsmann.
1928	Bertelsmann geht mit seinen ersten Romanen in den Sortimentsbuchhandel.
1933	Bertelsmann legt die ersten »Volksausgaben« vor.
1934	Bertelsmann produziert die ersten Kriegserlebnisbücher.
1935	C. Bertelsmann feiert den 100. Jahrestag seines Bestehens.
1936	Die Zusammenarbeit mit dem Reise- und Versandbuchhandel beginnt.
1939	Heinrich Mohn erwirbt den evangelischen Verlag *Der Rufer*. Bertelsmann bietet die ersten *Feldausgaben* an.
1942	Es folgen die *Kleine Feldpost-Reihe* und die *Feldposthefte*.
Juni 1942	Matthias Lackas vermittelt Wehrmachtsaufträge an Bertelsmann.
April 1943	Reinhard Mohn gerät in amerikanische Kriegsgefangenschaft.
August 1943	Matthias Lackas wird festgenommen.
September 1943	Die Verlagsräume in Gütersloh werden durchsucht. Der Verlag *Der Rufer* wird kriegsbedingt geschlossen.
Dezember 1943	Aus der Einzelfirma C. Bertelsmann wird eine Kommanditgesellschaft.
Januar/Februar 1944	Leitende Mitarbeiter des Verlags werden inhaftiert. Die Behörden ermitteln wegen illegaler Auftrags- und Papierbeschaffung.

August 1944	Schließung des Verlags C. Bertelsmann (nicht der Druckerei)
März 1945	Das Verfahren gegen Bertelsmann wird eingestellt.
1946	Der Druckbetrieb Mohn & Co. GmbH wird gegründet.
Januar 1946	Reinhard Mohn kehrt nach Gütersloh zurück.
März 1946	Heinrich Mohn erhält von der britischen Information Control eine Lizenz zur Herstellung von Büchern.
April 1947	Heinrich Mohn tritt die Firmenleitung an Reinhard Mohn (geboren 1921) ab.
September 1948	Heirat von Reinhard Mohn und Magdalene Raßfeld (geboren 1923)
1949	Johannes, erstes Kind von Reinhard und Magdalene Mohn, wird geboren.
Juli 1950	Gründung des Bertelsmann Leserings. Erneuerung der Zusammenarbeit mit dem Reise- und Versandbuchhandel.
1951	Der gesamte Gewinn wird an die Arbeiter und Angestellten ausgeschüttet und von diesen wieder »geliehen.« Susanne, zweites Kind von Reinhard und Magdalene Mohn, wird geboren.
1954	Christiane, drittes Kind von Reinhard und Magdalene Mohn, wird geboren.
1955	Gründung der Vertriebsgemeinschaft Buch und Wissen. Gründung des Bertelsmann Jugendleserings. Heinrich Mohn stirbt.
1956	Gründung des Bertelsmann Schallplattenrings.
1957	Manfred Köhnlechner wird Generalbevollmächtigter.
1958	Beginn der Liebesbeziehung zwischen Reinhard Mohn und Elisabeth Beckmann (geboren 1941). Gründung des Schallplattenlabels Ariola und der Tonträgerproduktionsfirma Sonopress.
1959	»Dezentralisierung« und Reorganisation des Unternehmens. Reinhard Mohn wird alleiniger Gesellschafter der C. Bertelsmann Verlags GmbH.
1960	Die *Grundsatz- und Betriebsordnung* tritt in Kraft.
1962	Bertelsmann gründet als erste Auslandsniederlassung den spanischen Buchclub, den Circulo de Lectores in Barcelona.
1963	Elisabeth Beckmann heiratet den Bertelsmann-Lektor Joachim Scholz.
1964	Brigitte, das erste Kind von Reinhard Mohn und Elisabeth Scholz (geb. Beckmann), wird geboren.
1965	Christoph, das zweite Kind der beiden, wird geboren.
1968	Andreas, das dritte Kind der beiden, wird geboren.
1969	Bertelsmann beteiligt sich mit 25 Prozent am Hamburger Druck- und Verlagshaus Gruner + Jahr.
ab 1970	Gewinnbeteiligung und Vermögensbildung für Mitarbeiter.
1970	Bertelsmann wird Mehrheitseigner der Deutschen Buchgemeinschaft.
August 1970	Reinhard Mohn trennt sich von Manfred Köhnlechner.
April 1971	Die C. Bertelsmann Verlags GmbH wird zur Bertelsmann AG umgewandelt. Reinhard Mohn übernimmt das Amt des Vorstandsvorsitzenden.

1973	Die Bertelsmann AG gibt sich eine »Unternehmensverfassung.« Die Aktiengesellschaft wird Mehrheitseignerin bei Gruner + Jahr. Das Zeitschriftengeschäft wird eines der sechs Hauptgeschäftsfelder des Konzerns.
1977	Reinhard Mohn gründet die Bertelsmann Stiftung. Bertelsmann beteiligt sich an Bantam Books in New York.
1979	Aus Mohn & Co. wird die Mohndruck Graphische Betriebe GmbH.
1981	Reinhard Mohn trennt sich von Magdalene Mohn.
Juli 1981	Manfred Fischer übernimmt von Reinhard Mohn das Amt des Vorstandsvorsitzenden der Bertelsmann AG. Reinhard Mohn wechselt in den Vorsitz des Aufsichtsrats.
November 1982	Reinhard Mohn heiratet Elisabeth Beckmann-Scholz (Liz Mohn).
März 1983	Manfred Fischer wird von Mark Wössner abgelöst.
1984	Bertelsmann und Gruner + Jahr integrieren ihre Aktivitäten im Bereich elektronischer Medien in der Ufa Film- und Fernseh-GmbH. Bertelsmann (Ufa) erwirbt über Manfred Lahnstein 37,1 Prozent bei RTL plus.
1985	150. Firmenjubiläum
1986	Bertelsmann erwirbt das Musiklabel RCA und das amerikanische Verlagshaus Doubleday.
1987	Das Musikgeschäft des Konzerns wird in der Bertelsmann Music Group (BMG) zusammengefasst.
1988	Der Carl Bertelsmann-Preis wird erstmals verliehen.
1990	Gruner + Jahr erwirbt erstmals (ostdeutsche) Tageszeitungen.
1991	Bertelsmann erwirbt den Deutschen Bücherbund. Reinhard Mohn gibt das Amt des Aufsichtsratsvorsitzenden ab, bleibt aber Ehrenvorsitzender. Er übernimmt den Vorsitz im Präsidium der Bertelsmann Stiftung.
1992	Der Politologe Werner Weidenfeld wird Mitglied des Vorstands und des Beirats (später: Präsidiums und Kuratoriums) der Bertelsmann Stiftung.
Mai 1992	Start der Dauerserie *Gute Zeiten, schlechte Zeiten* auf RTL.
1993	Reinhard Mohn überträgt der Bertelsmann Stiftung 68,8 Prozent des Grundkapitals der Bertelsmann AG.
1994	Auf Initiative von Reinhard Mohn wird das Centrum für Hochschulentwicklung CHE gegründet.
1995	Bertelsmann beteiligt sich mit 5 Prozent an America Online (AOL). Thomas Middelhoff wird Direktor des AOL Boards. AOL und Bertelsmann gründen AOL Europe. In München entsteht das Centrum für angewandte Politikforschung CAP. Dessen Leiter ist Werner Weidenfeld.

1996	Die Ufa Film- und Fernseh-GmbH und die CLT fusionieren zur CLT-UFA. Reorganisation der Konzernstruktur (nach Überprüfung durch McKinsey).
1997	Der Fernseh- und Hörfunkbereich wird selbstständiges Geschäftsfeld (CLT-UFA, später RTL Group). Christoph Mohn gründet Lycos Europe und wird dort Vorstandsvorsitzender. Bertelsmann eröffnet seinen ersten Buchclub in China (Shanghai).
1998	Bertelsmann kauft die Verlagsgruppe Random House Inc. Die Buchverlagssparte des Konzerns firmiert ab jetzt als Random House.
Juni 1998	Thomas Middelhoff erhält in New York den Vernon A. Walters Award.
Oktober 1998	Thomas Middelhoff folgt Mark Wössner als Vorstandsvorsitzender. Wössner übernimmt den Vorsitz im Aufsichtsrat. Die *Bertelsmann Essentials* treten in Kraft.
November 1998	Das Magazin *Kulturzeit* auf 3sat berichtet über Hersch Fischlers Recherchen über die Rolle Bertelsmanns im Dritten Reich.
Dezember 1998	Artikel von Hersch Fischler und John Friedman in der amerikanischen Wochenzeitung *The Nation* über Bertelsmanns Nazi-Vergangenheit. Die *New York Post*, die *Daily News* und die *New York Times* greifen das Thema auf. Reinhard Mohn, Thomas Middelhoff und Mark Wössner kündigen die Einsetzung einer wissenschaftlichen Kommission an.
1999	Gründung der Bertelsmann Verwaltungsgesellschaft (BVG), die 75,1 Prozent der Stimmrechte hält. Liz Mohn wird in die BVG berufen. Bertelsmann kauft den Springer Wissenschaftsverlag. Die Bertelsmann Forschungsgruppe Politik wird ins Leben gerufen.
Januar 1999	Die *Unabhängige Historische Kommission zur Erforschung der Geschichte des Hauses Bertelsmann im Dritten Reich* (UHK) nimmt ihre Arbeit auf.
2000	Mark Wössner scheidet am 31.10. als Vorsitzender des Präsidiums der Bertelsmann Stiftung und Aufsichtsratsvorsitzender der Bertelsmann AG aus. Sein Nachfolger im Aufsichtsrat ist Gerd Schulte-Hillen. Den Präsidiumsvorsitz übernimmt Reinhard Mohn. Die Buch- und Musikclubs und die Aktivitäten des E-Commerce werden zum Geschäftsfeld DirectGroup Bertelsmann zusammengefasst. Die Bertelsmann Industrie AG, der Dienstleistungs- und Druckbereich des Konzerns, wird in arvato AG umbenannt. Aus Mohndruck wird MOHN Media.
Januar 2000	Die UHK legt ihren Zwischenbericht vor. AOL und Time Warner geben ihre Fusionsabsichten bekannt. Thomas Middelhoff scheidet als Direktor des AOL Boards aus.

17. März 2000	Auf einer Pressekonferenz informieren Thomas Middelhoff und Steve Case über die Restrukturierung von AOL Europe auf der Grundlage eines Optionsvertrags.
April 2000	CLT-UFA und Pearson TV fusionieren zur RTL Group. Die RTL Group bündelt alle Aktivitäten im Bereich Fernsehen, Radio, Programmproduktion und Rechtehandel.
16. Mai 2000	Thomas Middelhoff, Juan Villalonga (Telefonica) und Robert Davis (Lycos) kündigen die Übernahme von Lycos durch Terra Networks an. Bertelsmann geht eine fünfjährige strategische Allianz mit Terra Lycos ein, um beim Internet-Portal Online-Werbung im Wert von 1 Milliarde Dollar zu schalten.
23. Juni 2000	Die Aktionäre von AOL und Time Warner stimmen auf den Hauptversammlungen der Fusion zu.
November 2000	Bertelsmann geht mit der Online-Tauschbörse Napster eine strategische Allianz ein.
2001	Bertelsmann verkauft mediaWays an Telefonica. Reinhard Mohn gibt den Stiftungsvorsitz an Gunter Thielen ab, bleibt aber Mitglied im Präsidium. Der Aktienanteil der Stiftung wird von 68,8 auf 57,6 Prozent reduziert. Brigitte Mohn wird Vorstandsvorsitzende der von ihrer Mutter Liz Mohn gegründeten Stiftung Deutsche Schlaganfall-Hilfe (und später Leiterin des Kompetenzfeldes Gesundheit der Bertelsmann Stiftung). Bertelsmann gibt für 400 Millionen Dollar Online-Werbung bei AOL in Auftrag.
11. Januar 2001	Die amerikanischen Behörden stimmen der Fusion von AOL und Time Warner zu.
Februar 2001	Aktientausch mit der Groupe Belgique Lambert (GBL): Bertelsmann übernimmt die GBL-Anteile bei RTL; die GBL erhält 25,1 Prozent der Anteile an der Bertelsmann AG.
Januar/Juli 2002	AOL-TW kauft die Bertelsmann-Anteile von AOL Europe (49,5 Prozent) gemäß Optionsvertrag für 6,75 Milliarden Dollar zurück.
Januar 2002	Bertelsmann übernimmt den 22-prozentigen Anteil von Pearson in der RTL Group.
18./19. Juli 2002	In der *Washington Post* erscheinen Alec Kleins Enthüllungen über die Scheinumsätze bei AOL-TW.
25. Juli 2002	*Financial Times* (London) berichtet, dass Bertelsmann seinen Online-Werbeauftrag an Terra Lycos in Höhe von 1 Mrd. Doller nur bis zu 325 Mio. Dollar erteilen wird.
28. Juli 2002	Die Bertelsmann AG gibt in einer Pressemitteilung die Trennung von ihrem Vorstandsvorsitzenden Thomas Middelhoff bekannt.
Juli 2002	Gruner + Jahr gibt seine Berliner Tageszeitungen an Holtzbrinck ab, dieser seine Fernseh- und Hörfunkbeteiligungen an Bertelsmann.

August 2002	Gunter Thielen wird Vorstandsvorsitzender der Bertelsmann AG. Liz Mohn übernimmt den Vorsitz der Bertelsmann Verwaltungsgesellschaft (BVG). Heribert Meffert löst Thielen als Vorsitzenden im Präsidium der Bertelsmann Stiftung ab.
September 2002	Ein amerikanisches Bezirksgericht untersagt die Übernahme der (insolventen) Tauschbörse Napster durch Bertelsmann. Gläubiger von Napster verklagen Bertelsmann auf Schadenersatz.
Oktober 2002	Die UHK legt ihren Abschlussbericht vor.
Herbst 2002	Bertelsmann entledigt sich seiner E-Commerce-Firmen.
Februar 2003	Liz Mohn wird von Reinhard Mohn offiziell zur Familiensprecherin ernannt.
Frühjahr 2003	Erste Staffel von *Deutschland sucht den Superstar* auf RTL
April 2003	Bertelsmann verkauft die Fachverlagsgruppe BertelsmannSpringer an die Investment-Gruppe Cinven und Candover.
November 2003	Gerd Schulte-Hillen tritt als Aufsichtsratsvorsitzender der Bertelsmann AG zurück. Sein Nachfolger wird Dieter H. Vogel. Das Bundeskartellamt genehmigt die Übernahme des Heyne Verlags.
6. November 2003	Eröffnung der Berliner Repräsentanz Unter den Linden Nr. 1
Dezember 2003	Die Bertelsmann DirectGroup beteiligt sich mit 40 Prozent an der chinesischen Buchhandelskette 21st Century Book Chain Company.
Mai 2004	Internationales Kulturforum in Peking (mitveranstaltet von Bertelsmann). Die Bertelsmann AG, Gruner + Jahr und die Axel Springer AG gründen ein gemeinsames Tiefdruck-Unternehmen.

Literatur

150 Jahre Bertelsmann. Die Geschichte des Verlagsunternehmens in Texten, Bildern und Dokumenten 1835–1985. Im Auftrag des Vorstandes der Bertelsmann AG. München 1985.

Bavendamm, Dirk: *C. Bertelsmann, Mohn, Seippel: Drei Familien – ein Unternehmen.* München 1986.

Bavendamm, Dirk: *Roosevelts Krieg. Amerikanische Politik und Strategie 1937–1945.* München 1998.

Bergmann, Jens: »Willkommen im Club.« In: *brand eins,* Nr. 3/2001.

Bertelsmann Industrie AG (Hrsg.): *Chronik Bertelsmann Industrie 1824–1991.* Gütersloh 1992.

Bertelsmann Stiftung / Hans-Böckler-Stiftung (Hrsg.): *Mitbestimmung und neue Unternehmenskulturen. Bilanz und Perspektiven. Bericht der Kommission Mitbestimmung.* Gütersloh 1998.

Bertelsmann Stiftung / Bundesanstalt für Arbeit / McKinsey & Company (Hrsg.): *Die Personal Service Agentur (PSA).* Gütersloh 2001.

Berthoud, Theodor: *Wege mit Fritz Wixforth.* Unveröff. Manuskript. Gütersloh, Juni 1966.

Biedenkopf, Kurt: »Im Dienst der Gemeinschaft. Das soziale Modell Bertelsmann.« In: *150 Jahre Bertelsmann. Die Geschichte des Verlagsunternehmens in Texten, Bildern und Dokumenten 1835–1985.* München 1985. S. 379–400.

Blume, Georg: »Gütersloher Kulturtransfer.« In: *taz* vom 22.05.2004.

Bluth, Siegfried: *Die deutsche Wirtschafts-Mafia. Praktiken am Rande der Legalität.* Oldenburg/Hamburg 1973.

Brams, Stefan: »Ein letzter Dienst für Bertelsmann.« In: *Neue Westfälische Zeitung* vom 01.08.2002.

Bundesmann-Jansen, Jörg / Pekruhl, Ulrich: *Der Medienkonzern Bertelsmann. Neues Management und gewerkschaftliche Betriebspolitik.* Köln 1992.

Crawford, Leslie: »Telefonica Reviews Media Spree.« In: *Financial Times* vom 11.04.2001.

Deutsche Mark (DM): »Die Bücher-Rattenfänger.« In: Nr. 15 vom 09.04.1964, S. 25–33.

Eglau, Hans Otto: *Edzard Reuter.* Zweite Auflage. Düsseldorf 1992.

Etzold, Sabine: »Menschlichkeit ist effizient. Reinhard Mohn krempelt das deutsche Bildungssystem um. Die Geschichte einer Passion.« In: *Die Zeit* 19/1999.

Fischler, Hersch: »Helle Zukunft – dunkle Vergangenheit.« In: *Weltwoche* vom 29.10.1998.

Fischler, Hersch / Friedman, John: »Bertelsmann's Nazi Past.« In: *The Nation* vom 28.12.1998.

Frech, Günter: »Der Bewusstseinsriese.« In: *Menschen machen Medien* (Zeitschrift der IG Medien), Nr. 1-2/2000.

Friedländer, Saul / Frei, Norbert / Rendtorff, Trutz / Wittmann, Reinhard: *Bertelsmann im Dritten Reich.* München 2002.

Friedländer, Saul / Frei, Norbert / Rendtorff, Trutz / Wittmann, Reinhard: *Bertelsmann 1921-1951. Gesamtverzeichnis.* München 2002.

Gaus, Günter: »Bonn und Bertelsmann.« In: *Der Spiegel* 11/1970. S. 100.

Gööck, Roland: *Bücher für Millionen. Fritz Wixforth und die Geschichte des Hauses Bertelsmann.* Gütersloh 1968.

Göttert, Jean-Marc: *Die Bertelsmann Methode. Die 10 Erfolgsgeheimnisse des vielseitigsten Medienunternehmens der Welt.* Frankfurt am Main 2001.

Hänel, Bernhard: »Preis für vorbildliche Unternehmenskultur.« In: *Neue Westfälische Zeitung* vom 02.09.2003.

Handelsblatt: »Auffällige Kursbewegungen vor Führungswechsel.« In: Nr. 144 vom 30.07.2002.

Hauser, Uli / Völklein, Ulrich: »Die Zumutung.« In: *stern* vom 23.09.1993.

Karnitschnig, Matthew: «Behind Bertelsmann Turmoil: Rise to Power of Heir's Wife. Ms Mohn Has Played Role In Ouster of 3 Exekutives. Her Children Move Up, Too.« In: *Wall Street Journal* vom 01.12.2003. S. 1.

Kempowski, Walter: »Schwarzbrod und Freiheit sei mir beschieden… Die Chronik der Familien Bertelsmann und Mohn.« In: *150 Jahre Bertelsmann. Die Geschichte des Verlagsunternehmens in Texten, Bildern und Dokumenten 1835–1985.* München 1985. S. 9–36.

Kerber, Ross: »Bertelsmann commitment to Lycos deal intact, CEO says.« In: *The Boston Globe* vom 04.07.2000.

Kirkpatrick, David D.: »Personal Ties Linked AOL and Bertelsmann Chiefs.« In: *New York Times* vom 22.04.2003.

Kirkpatrick, David D.: »S.E.C. Scrutinizes AOL Deal With Vivendi.« In: *New York Times* vom 22.04.2003.

Klein, Alec: »Unconventional Transactions Boosted Sales.« In: *Washington Post* vom 18.07.2002.

Klein, Alec: »Creative Transactions Earned Team Rewards.« In: *Washington Post* vom 19.07.2002.

Kloepfer, Inge: »Die heimlichen Kanzlerberater.« In: *Frankfurter Allgemeine Sonntagszeitung* vom 10.03.2002.

Krempl, Stefan. »Wer regiert das Internet?« In: *telepolis* (Internetzeitung), 08.04.2001.

Langenbucher, Wolfgang R.: »Bertelsmann nach 1945. Ein Kapitel deutscher Verlags- und Unternehmensgeschichte.« In: *150 Jahre Bertelsmann. Die Geschichte des Verlagsunternehmens in Texten, Bildern und Dokumenten 1835–1985.* München 1985. S. 36–58.

Leyendecker, Hans / Jakobs, Hans-Jürgen: »Die Königin von Gütersloh.« In: *Süddeutsche Zeitung* vom 29.07.2002.

Leyendecker, Hans / Jakobs, Hans-Jürgen: »Ein Alligator von Welt.« In: *Süddeutsche Zeitung* vom 29.07.2002.

Leonhard, Wolfgang: »Vor 21 Jahren: Verleger für Reinhard Mohn.« In: Verlagsgruppe Bertelsmann (Hrsg.): *Ein Mann von sechzig Jahren. Gruß der Autoren.* Gütersloh 1981. S. 138–141.

Lilienthal, Volker: »›Unheimlich und gefahrvoll‹. Bertelsmann: Krisen-PR gegen NS-Verdacht, 3sat/ARD/ZDF.« In: *epd medien*, Nr. 17 vom 06.03.1999.

Loomis, Carol J.: »Why AOL's accounting keep popping up.« In: *Fortune* vom 14.04.2003.

Lundberg, Ferdinand: *Die Mächtigen und die Supermächtigen. Das Rockefeller-Syndrom.* Gütersloh 1975.

manager magazin: »Reinhard Mohn über die künftige Führung des Konzerns.« Interview in Nr. 8 vom 23.07.1999.

manager magazin: »Die Unperson.« In: Nr. 2 vom 12.02.2003.

Meffert, Heribert: »Laudatio anlässlich der Verleihung der Ehrendoktorwürde durch die Westfälische Wilhelms-Universität Münster.« Wiedergegeben in: Middelhoff, Thomas / Schulte-Hillen, Gerd / Thielen, Gunter (Hrsg.): *Reinhard Mohn: Unternehmer – Stifter – Bürger.* Gütersloh 2001. S. 325–430.

Meinke, Hans: »Per aspera ad astra – 40 Jahre Unternehmer und Stifter in Spanien.« In: Middelhoff, Thomas / Schulte-Hillen, Gerd / Thielen, Gunter (Hrsg.): *Reinhard Mohn: Unternehmer – Stifter – Bürger.* Gütersloh 2001. S. 233–239.

Merkel, Angela: »Herausforderungen einer neuen Gründerzeit.« In: *forum – Das Magazin der Bertelsmann Stiftung*, Heft 2/2003. S. 5–7.

Middelhoff, Thomas / Schulte-Hillen, Gerd / Thielen, Gunter (Hrsg.): *Reinhard Mohn: Unternehmer – Stifter – Bürger.* Gütersloh 2001.

Mohn, Heinrich (Hrsg.): *Carl Bertelsmann. Ein Bild seines Lebens. Zur Jahrhundertfeier des von ihm gegründeten Verlagshauses.* Gütersloh 1935.

Mohn, Liz: *Liebe öffnet Herzen.* München 2001.

Mohn, Liz: »Da ist viel Wärme.« In: *Cicero. Magazin für politische Kultur*, Nr. 2 vom 29.04.2004.

Mohn, Reinhard: *Die gesellschaftspolitische Verantwortung des Unternehmers.* Vortrag beim »7th International Direct Marketing & Mail Order Symposium« in Genf am 23. April 1975. Wiedergegeben in: *bertelsmann texte*, Heft 3. Gütersloh, Juni 1975, S. 11–22.

Mohn, Reinhard: *Erfolg durch Partnerschaft. Eine Unternehmensstrategie für den Menschen.* Berlin 1986.

Mohn, Reinhard: *Die Rolle der Kommunikationsmedien in der Kulturpolitik eines geeinten Europas.* Bertelsmann Stiftung. Gütersloh 1991.

Mohn, Reinhard: *Gemeinschaftsfähigkeit – als Brücke zwischen dem Einzelnen und der Gesellschaft.* Gütersloh 1996.

Mohn, Reinhard: »Ein Segen, dass uns das Geld ausgeht.« Interview mit Reinhard Mohn, geführt von Werner Funk und Dieter Hünerkoch (*stern*-Redaktion). Gütersloh 1996.

Mohn, Reinhard: *Kooperation in Wirtschaft und Gesellschaft. Beiträge zu einem neuen Zielverständnis.* Gütersloh 1998.

Mohn, Reinhard: *Menschlichkeit gewinnt. Eine Strategie für Fortschritt und Führungsfähigkeit.* Gütersloh 2000.

Mohn, Reinhard: *Systemfortschreibung als Voraussetzung für Führungsfähigkeit.* Institut für Weltwirtschaft an der Universität Kiel 2000 (= Kieler Vorträge, Neue Folge, 127).

Mohn, Reinhard: *Die gesellschaftliche Verantwortung des Unternehmers.* München 2003.

Mohn, Reinhard: »Die Familie kann nichts durchsetzen.« Gespräch mit Uwe Jean Heuser. In: *Die Zeit*, Nr. 32 vom 31.07.2003.

Müller, Albrecht: »Die Telekratie ist die eleganteste Form der Unfreiheit.« In: *Die Welt* vom 11.02.2000.

Müller-Böling, Detlef: *Die entfesselte Hochschule.* Gütersloh 2000.

Niendieck, Friedrich: *Die Absatzmethoden der Buchgemeinschaften, unter besonderer Berücksichtigung der Deutschen Buch-Gemeinschaft und des Bertelsmann-Leserings.* Diplomarbeit. Staatswirtschaftliche Fakultät der Universität München. Eingereicht am 31. Mai 1962.

Oeltze, Otto: *Der Bertelsmann Lesering. Seine Entwicklung und Aufgabe.* Unveröff. Manuskript. Gütersloh, Juni 1961.

Özdemir, Cem: »Wir brauchen uns gegenseitig. Cem Özdemir über die transatlantischen Beziehungen aus europäischer Sicht.« In: *forum – Das Magazin der Bertelsmann Stiftung.* Heft 4/2003.

Pritzkoleit, Kurt: *Auf einer Woge von Gold. Der Triumph der Wirtschaft.* München 1964.

Reuter, Edzard: *Schein und Wirklichkeit.* Berlin 1998.

Röper, Horst: »Formationen deutscher Medienmultis.« (Fortgeschriebene Jahres- bzw. Zweijahresberichte) In: *Media Perspektiven*, Nr. 12/1990, S. 755–774; Nr. 1/1992, S. 7–23; Nr. 2/1993, S. 56–74; Nr. 3/1994, S. 125–144; Nr. 7/1995, S. 310–330; Nr. 5/1997, S. 226–255; Nr. 7/1999, S. 345–378; Nr. 1/2001, S. 2–28; Nr. 9/2002, S. 406–432; Nr. 2/2004, S. 54–80.

Rohloff, Joachim: »Herzogs Happy Hour.« In: *Jungle World* vom 03.05.2000.

Schäfer, Martin: »Werner Weidenfeld – Dirigent der Münchner Denkfabrik. Der Politologe berät die Großen und Mächtigen der Welt.« In: *Die Abendzeitung* vom 18. Juni 2001.

Schnitzler, Bert: *Die Phalanx. Zur Geschichte des privaten Rundfunks.* Herford 1986.

Schröder, Gerhard: »Eindrucksvolle Reformbilanz.« In: *25 Jahre Bertelsmann Stiftung – Reformbilanz. Broschüre der Bertelsmann Stiftung.* Gütersloh, März 2003, S. 7.

Schuler, Thomas: *Die Mohns. Vom Provinzbuchhändler zum Weltkonzern: Die Familie hinter Bertelsmann.* Frankfurt am Main 2004.

Sjurts, Insa: »Think global, act local. Internationalisierungsstrategien deutscher Medienkonzerne.« In: *Das Parlament*, Nr. 12–13 vom 15.03.2004. Beilage »Politik und Zeitgeschichte.«

Sontheimer, Petra / Hachmeister, Lutz: »Bertelsmann. Der gefesselte Konzern.« In: *brand eins*, Nr. 8/2000.

Spatzier, Frank: *Die Bertelsmann-Stiftung: Ein Beispiel für interessengeleitete Einflussnahme auf gesellschaftspolitische Entwicklungen durch einen Konzern.* 2003.
http://home.foni.net/~spatzier/bertelsmann.html

Der Spiegel: »Bertelsmann-Konzern: Die Bestsellerfabrik.« In: Nr. 30 vom 24.07.1957, S. 32–41.

Der Spiegel: »Bertelsmann-Konzern: Aktien in der Sauna.« In: Nr. 17 vom 25.04.1966, S. 72–74.

Der Spiegel: »Auf höherer Ebene« (Bertelsmann/DGB). In: Nr. 37 vom 07.09.1970, S. 57.

Der Spiegel: »›Wo das Dogma anfängt, mache ich nicht mit.‹ Bertelsmann-Verleger Reinhard Mohn über Pressekonzentration und Wirtschaftsreform.« In: Nr. 5 vom 28. Januar 1973, S. 40–45.

Der Spiegel: »›Zuviel an Größe‹, ›Grund zum Fürchten‹? Spiegel-Report über Bertelsmann, den größten Verlagskonzern der Welt.« In: Nr. 7 vom 16.02.1981, S. 72–85.

Der Spiegel: »Der Rückzug beginnt.« In: Nr. 6 vom 05.02.2001.

Der Spiegel: »Revolution in Gütersloh.« In: Nr. 23 vom 02.06.2001, S. 132–133.

Der Spiegel: »Westfälischer Unfrieden.« In: Nr. 48 vom 24.11.2003, S. 220–222.

Tietz, Bruno: »Der Direktvertrieb an Konsumenten. Ökonomische Grundlagen und Konsequenzen für den Verbraucherschutz.« In: *bertelsmann texte*, Nr. 5. Gütersloh, November 1975.

Tietz, Bruno: »Königsidee Buchgemeinschaft. Neue Leser durch eine neue Marktpolitik.« In: *150 Jahre Bertelsmann. Die Geschichte des Verlagsunternehmens in Texten, Bildern und Dokumenten 1835–1985.* München 1985. S. 339–356.

Verbraucherzentrale Baden-Württemberg (Hrsg.): *Schwarzbuch über Buchclubs.* Broschüre im Eigenverlag. Bearbeitung: Siegfried Bluth. Stuttgart, November 1971.

Verlag Buch und Wissen (Hrsg.): *238 Aufgaben zur Verkaufstechnik.* Schulungsheft. Rheda/Westf. o. J. (Anfang der Sechzigerjahre). »Nicht für die Öffentlichkeit bestimmt.«

Verlagsgruppe Bertelsmann (Hrsg.): *Ein Mann von sechzig Jahren. Gruß der Autoren. Reinhard Mohn zum 29. Juni 1981.* Gütersloh 1981.

Weissbach, Frank: *Buchgemeinschaften als Vertriebsform im Buchhandel.* Berichte des Instituts für Buchmarkt-Forschung. Nr. 38. Hamburg, September 1967.

Wernstedt, Rolf: »Halbwertzeit.« In: *Frankfurter Rundschau* vom 29.06.2000.

Zastrow, Volker: »Bertelsfrau. Liz Mohn und Angela Merkel in den Grenzen emotionaler Intelligenz.« In: *Frankfurter Allgemeine Zeitung* Nr. 102 vom 03.05.2004.

Zeeck, Gundula: *Das ferne Interesse. Die deutsch-chinesischen Kulturbeziehungen. Bestandsaufnahme und Empfehlungen.* Studie des Instituts für Auslandsbeziehungen (ifa). Stuttgart 2002.

Personenregister

>> *Alles, was man über die 100 Größten der deutschen Wirtschaft wissen will.* <<
Frankfurter Allgemeine Sonntagszeitung

Rüdiger Liedtke
Wem gehört die Republik 2005?
Die Konzerne und ihre Verflechtungen
in der globalisierten Wirtschaft
Namen – Zahlen – Fakten
Aktualisierte, überarbeitete Neuausgabe
520 Seiten, broschiert
€ 24,90 (D)
ISBN 3-8218-5591-6

In der neu konzipierten Jubiläumsausgabe des Standardwerks geht Rüdiger
Liedtke besonders auf die Bedingungen und Veränderungen in der vernetzten
Weltwirtschaft und die Auswirkungen für den Standort Deutschland ein. Er
porträtiert, analysiert und bewertet nicht nur deutsche Unternehmen,
sondern auch die wichtigsten in Deutschland operierenden internationalen
Konzerne. Dazu liefert er aktuelle Daten zu allen entscheidenden Aspekten
der Unternehmenspolitik.

Besitzverhältnisse – Konzernüberblick - Geschäftsfelder und globale Strategien
– Mitarbeiterzahlen – Vorstände und Aufsichtsräte – Umsätze – Cashflow –
Gewinne – Aktienkurse – Arbeitszeit- und Bezahlungsmodelle – Forschung,
Entwicklung, Innovationen – Konzernmanagement

Eichborn
Kaiserstraße 66
60329 Frankfurt/Main
Tel. 069/25 50 03-0
Kolur Fax 069/25 60 03-30
www.eichborn.de

Wir schicken Ihnen gern ein Verlagsverzeichnis.

»Meine Bilanz: Kaufen und lesen!«
Roland Berger, Unternehmensberater

Henrik Müller
Wirtschaftsirrtümer
Richtigstellungen von
Arbeitszeitverkürzung bis Zinspolitik
272 Seiten · geb. mit SU
€ 22,90 (D) · sFr 42,–
ISBN 3-8218-5572-X

Steigende Löhne schaden der Wirtschaft! Arbeitszeitverkürzung schafft Arbeitsplätze! Eine starke Währung schwächt die Wirtschaft! Die Steuern sind zu hoch! Solcherlei falsche, halbwahre oder zweckpessimistische Aussagen über die Wirtschaft werden nicht dadurch wahrer, dass man sie ständig wiederholt. Klug und verständlich räumt dieses Buch mit den populärsten Wirtschaftsirrtümern auf und entlarvt falsche Statements und Zusammenhänge.

»Dieses Land leidet vor allem an Miesmacherei und Mutlosigkeit. Henrik Müller geht dagegen an, indem er die Mythen der Miesmacher widerlegt. Ein verdienstvolles Buch.«
Wendelin Wiedeking, Vorstandsvorsitzender Porsche AG

»Prägnant, differenziert und in vorbildlich verständlicher Sprache erörtert Müller die Top 20 der wirtschaftlichen Denkfehler … Und kommt so zu ganz erstaunlichen Aussagen.« **Financial Times Deutschland**

Eichborn
Kaiserstraße 66
60329 Frankfurt/Main
Tel. 069/25 50 03-0
Kolur Fax 069/25 60 03-30
www.eichborn.de

Wir schicken Ihnen gern ein Verlagsverzeichnis.